Apresentação

É com muita satisfação que apresentamos aos profissionais do Direito, aos mediadores e aos estudantes a obra "Lei de Mediação Comentada Artigo por Artigo. Dedicado à memória da Profª. Ada Pellegrini Grinover".

A coletânea é uma iniciativa da Comissão Acadêmica do FONAMEC – Fórum Nacional de Mediação e Conciliação, criado em 12 de dezembro de 2014, no Encontro Nacional de Núcleos de Conciliação promovido pelo CNJ.

Conforme o art. 2º de seu estatuto, o FONAMEC tem como finalidade o *implemento da Mediação e Conciliação nos estados e Distrito Federal buscando fomentar a cultura da paz, com a apresentação e discussão de propostas para (1) criação e alteração de leis, regulamentos e procedimentos; (2) desenvolvimento de sistemas de informação, portais e canais de comunicação; (3) congregação de magistrados e servidores que atuem com mediação e conciliação aperfeiçoando e uniformizando os métodos consensuais de resolução de conflitos por meio de intercâmbio de experiências; e (4) melhorar a articulação e integração com o Conselho Nacional de Justiça, órgãos de Governo e demais entidades de apoio e representação que atuem diretamente no segmento*.

Com a edição da Emenda nº 2, de 08/03/2016, à Resolução nº 125/CNJ, o FONAMEC ganhou força e representatividade, especialmente considerando que, após aprovação pela Comissão Permanente de Acesso à Justiça e Cidadania *ad referendum* do Plenário do CNJ, seus enunciados passarão a integrar a Resolução 125/CNJ, para fins de vinculatividade, no que diz respeito à Justiça Estadual (art. 12-A).

O FONAMEC poderá, ainda, nos termos do art. 12-B da Resolução 125/CNJ, estabelecer diretrizes específicas para a Justiça Estadual, especialmente quanto: I – ao âmbito de atuação de conciliadores face ao Novo Código de Processo Civil; II – à estrutura necessária dos Centros Judiciários de Solução de Conflitos e Cidadania; III – ao estabelecimento de conteúdos programáticos para cursos de conciliação e mediação próprios para a atuação em áreas específicas, respeitadas as diretrizes curriculares estabelecidas pelo CNJ.

No exercício das atividades do FONAMEC, constatou-se certa carência doutrinária a respeito da recente Lei 13.140/2015 e de seus 48 (quarenta e oito) artigos, haja vista que as coletâneas existentes no mercado – ao menos até a formatação desta obra – não possuíam como foco principal a análise individual dos dispositivos legais.

Nessa oportunidade iniciou-se uma pesquisa sobre os especialistas que trabalham, estudam ou se interessam pelos diferentes seguimentos da mediação pública e privada, objetivando o atingimento da qualificação necessária e para garantir aos leitores a absoluta fidelidade com a expertise dos melhores profissionais atuantes na área.

E para a alegria da Comissão, houve uma imediata aceitação e receptividade por grandes expoentes da mediação no Brasil.

Costumo dizer que o profissional do direito no século XXI tem que conhecer os institutos da conciliação e mediação. Abre-se para ele ao estudá-los uma nova oportunidade de atuar na realização da justiça. Tenho também dito e repetido que os meios alternativos e adequados para a resolução das controvérsias vieram para ficar e devem passar a ser disciplina obrigatória nos cursos de graduação de direito. Espera-se que as novas gerações busquem o fim pacífico do conflito e não sua eternização nos órgãos jurisdicionais. Soluções adjudicadas costumam demorar e o que é pior, não agradar os sujeitos que estão em conflito, contrariamente ao que ocorre com as soluções consensuais.

A primeira convidada foi a Professora Ada Pellegrini Grinover. Após aceitar o convite, também foi a primeira a entregar seus comentários, e o fez antes mesmo do termo final estabelecido aos demais autores. A surpresa com a pontualidade de uma das maiores processualistas do País, contudo, acabou sendo ofuscada com a notícia, poucos dias depois, de seu falecimento.

Esse talvez tenha sido um dos últimos textos da querida Professora Ada, o que muito nos honra, apesar da fatalidade e da insuperável saudade que ela nos deixa. Mas essa saudade foi transformada em carinho e responsabilidade, que reveste cada etapa desta coletânea, visando honrar, acima de tudo, o profissionalismo da Professora Ada Pellegrini Grinover. Sua dedicação e capacidade de trabalho extraordinárias, somado ao amor pelo direito e por aquilo que é justo, devem ser sempre lembrados às futuras gerações.

Assim, fica o agradecimento do Instituto Brasileiro de Direito Processual – IBDP e da Comissão Acadêmica do FONAMEC não apenas à Professora Ada Pellegrini Grinover, mas a cada autor que contribuiu para a obra, esperando seja útil aos estudiosos e aos praticantes da mediação no Brasil.

Por fim, mas não menos importante, o Instituto Brasileiro de Direito Processual – IBDP e o FONAMEC agradecem, parabenizam e elogiam a Editora *FOCO*, que de forma imediata acolheu o presente projeto, e mais uma vez contempla a comunidade jurídica com uma coletânea.

A presente obra já nasce para ser um sucesso, pois tem a missão de aprimorar o tratamento adequado e humanizado dos conflitos sociais rumo a um grau civilizatório maior, das soluções adjudicatórias para aquelas consensuais, da cultura da sentença à cultura da pacificação.

Paulo Henrique dos Santos Lucon

Presidente do Instituto Brasileiro de Direito Processual
Professor dos Cursos de Graduação e Pós-Graduação da FDUSP

Coordenadores
TRÍCIA NAVARRO XAVIER CABRAL
CESAR FELIPE CURY

LEI *de* MEDIAÇÃO COMENTADA ARTIGO POR ARTIGO

DEDICADO À MEMÓRIA DA
PROFª. ADA PELLEGRINI GRINOVER

APRESENTAÇÃO
PAULO HENRIQUE DOS SANTOS LUCON
PREFÁCIO
MINISTRO LUIS FELIPE SALOMÃO

ADA PELLEGRINI GRINOVER • **ANA** CÂNDIDA MENEZES MARCATO • **BÁRBARA** SECCATO RUIS CHAGAS • **BRUNO** TAKAHASHI • **CESAR** FELIPE CURY • **CLÁUDIO** MADUREIRA • **DALDICE** SANTANA **DIEGO** FALECK • **EDUARDO** TALAMINI • **FERNANDA** MEDINA PANTOJA • **FERNANDA** TARTUCE **GABRIELA** ASSMAR • **GUSTAVO** MILARÉ ALMEIDA • **HILDEBRANDO** DA COSTA MARQUES **HUMBERTO** DALLA • **BERNARDINA** DE PINHO • **JOÃO** LUIZ LESSA NETO • **JOSÉ** HERVAL SAMPAIO JÚNIOR • **JULIANA** LOSS • **KAZUO** WATANABE • **LEONARDO** CARNEIRO DA CUNHA **LORENA** MIRANDA SANTOS BARREIROS • **LUCIANE** MOESSA DE SOUZA • **LUIZ** FELIPE CALÁBRIA LOPES • **MARCO** AURÉLIO GASTALDI BUZZI • **MARIANA** FREITAS DE SOUZA • **RODRIGO** MAZZEI **SUZANA** SANTI CREMASCO • **TRÍCIA** NAVARRO XAVIER CABRAL • **VALERIA** FERIOLI LAGRASTA

10 ANOS EDITORA FOCO
EDITORA FOCO

2018 © Editora Foco
Cooordenadores: Trícia Navarro Xavier Cabral e Cesar Felipe Cury
Autores: Ada Pellegrini Grinover, Ana Cândida Menezes Marcato, Bárbara Seccato Ruis Chagas, Bruno Takahashi, Cesar Felipe Cury, Claudio Madureira, Daldice Santana, Diego Faleck, Eduardo Talamini, Fernanda Medina Pantoja, Fernanda Tartuce, Gabriela Assmar, Gustavo Milaré Almeida, Hildebrando da Costa Marques, Humberto Dalla Bernardina de Pinho, João Luiz Lessa Neto, João Luiz Lessa Neto, José Herval Sampaio Júnior, Juliana Loss, Kazuo Watanabe, Leonardo Carneiro da Cunha, Lorena Miranda Santos Barreiros, Luciane Moessa de Souza, Luciane Moessa de Souza, Luiz Felipe Calábria Lopes, Marco Aurélio Gastaldi Buzzi, Mariana Freitas de Souza, Rodrigo Mazzei, Suzana Santi Cremasco, Trícia Navarro Xavier Cabral e Valeria Ferioli Lagrasta
Diretor Acadêmico: Leonardo Pereira
Editor: Roberta Densa
Assistente Editorial: Paula Morishita
Revisora Sênior: Georgia Renata Dias
Capa Criação: Leonardo Hermano
Diagramação: Ladislau Lima
Impressão miolo e capa: GRÁFICA Meta Brasil

Dados Internacionais de Catalogação na Publicação (CIP) de acordo com ISBD

L525 Lei de Mediação comentada artigo por artigo: dedicado à memória da Profª Ada Pellegrini Grinover / Ada Pellegrini Grinover ... [et al.] ; organizado por Trícia Navarro Xavier Cabral, Cesar Felipe Cury. - Indaiatuba, SP : Editora Foco, 2018.

280 p. ; 17cm x 24cm.

Inclui índice e bibliografia.

ISBN: 978-85-8242-315-8

1. Direito. 2. Lei da mediação. I. Grinover, Ada Pellegrini. II. Marcato, Ana Cândida Menezes. III. Chagas, Bárbara Seccato Ruis. IV. Takahashi, Bruno. V. Cury, Cesar Felipe. VI. Madureira, Claudio. VII. Santana, Daldice. VIII. Faleck, Diego. IX. Talamini, Eduardo. X. Pantoja, Fernanda Medina. XI. Tartuce, Fernanda. XII. Assmar, Gabriela. XIII. Almeida, Gustavo Milaré. XIV. Marques, Hildebrando da Costa. XV. Pinho, Humberto Dalla Bernardina de. XVI. Lessa Neto, João Luiz. XVII. Lessa Neto, João Luiz. XVIII. Sampaio Júnior, José Herval. XIX. Loss, Juliana. XX. Watanabe, Kazuo. XXI. Cunha, Leonardo Carneiro da. XXII. Barreiros, Lorena Miranda Santos. XXIII. Souza, Luciane Moessa de. XXIV. Lopes, Luiz Felipe Calábria. XXV. Buzzi, Marco Aurélio Gastaldi. XXVI. Souza, Mariana Freitas de. XXVII. Mazzei, Rodrigo. XXVIII. Cremasco, Suzana Santi. XXIX. Cabral, Trícia Navarro Xavier. XXX. Lagrasta, Valeria Ferioli. XXXI. Título.

2018-1141 CDD 340 CDU 34

Elaborado por Vagner Rodolfo da Silva - CRB-8/9410
Índices para Catálogo Sistemático: 1.Direito 340 2. Direito 34

Atualizações e erratas: a presente obra é vendida como está, sem garantia de atualização futura. Porém, atualizações voluntárias e erratas são disponibilizadas no site www.editorafoco.com.br, na seção *Atualizações*. Esforçamo-nos ao máximo para entregar ao leitor uma obra com a melhor qualidade possível e sem erros técnicos ou de conteúdo. No entanto, nem sempre isso ocorre, seja por motivo de alteração de *software*, interpretação ou falhas de diagramação e revisão. Sendo assim, disponibilizamos em nosso site a seção mencionada (*Atualizações*), na qual relataremos, com a devida correção, os erros encontrados na obra. Solicitamos, outrossim, que o leitor faça a gentileza de colaborar com a perfeição da obra, comunicando eventual erro encontrado por meio de mensagem para contato@editorafoco.com.br.

Impresso no Brasil (08.2018) • Data de Fechamento (08.2018)

2018

Al. Júpiter 542 – American Park Distrito Industrial
CEP 13347-653 – Indaiatuba – SP

E-mail: contato@editorafoco.com.br
www.editorafoco.com.br

Autores

ADA PELLEGRINI GRINOVER – Professora Titular Senior da Faculdade de Direito da USP

ANA CÂNDIDA MENEZES MARCATO – Advogada, Sócia de Marcato Advogados. Mestre em Direito Processual Civil pela Faculdade de Direito da Universidade de São Paulo. Especialista em Arbitragem pela FGV. Educação Continuada em Mediação pela Universidade de Harvard. Professora em cursos de Extensão e Pós-Graduação. Autora de Obra Jurídica e diversos Artigos Jurídicos.

BÁRBARA SECCATO RUIS CHAGAS – Mestra pela Universidade Federal do Espírito Santo (PPGDIR-UFES). Membro do Núcleo de Estudos em Arbitragem e Processo Internacional (NEAPI-UFES). Diretora temática da Escola Superior da Advocacia (OAB/ES): Métodos adequados de resolução de conflitos.

BRUNO TAKAHASHI – Doutorando e Mestre em Direito Processual Civil pela Universidade de São Paulo. Membro do Comitê Gestor da Conciliação do Conselho Nacional de Justiça. Juiz Federal Substituto em São Paulo.

CESAR FELIPE CURY – Presidente do Núcleo Permanente de Métodos Consensuais de Solução de Conflitos e Cidadania do Tribunal de Justiça do Estado do Rio de Janeiro. Presidente do Fórum Nacional de Mediação e Conciliação. Professor da Escola da Magistratura do Estado do Rio de Janeiro. Coordenador da Escola da Magistratura do Estado do Rio de Janeiro. Mestre em Direito UNESA/RJ. Desembargador no Tribunal de Justiça do Estado do Rio de Janeiro.

CLAUDIO MADUREIRA – Doutor em Direito pela PUC/SP. Mestre em Direito Processual pela UFES. Professor dos Cursos de Graduação e Mestrado em Direito da UFES. Procurador do Estado do Espírito Santo e Advogado.

DALDICE SANTANA – Bacharel em Direito pela Universidade Federal da Bahia, com especialização em Direito Processual Civil pela mesma instituição, em Direito Administrativo pela Fundação Faculdade de Direito da Bahia, em Direito Público pela Pontifícia Universidade Católica de São Paulo e em Direito Constitucional Aplicado pela Escola de Magistrados da Justiça Federal da 3ª Região. Desembargadora Federal do Tribunal Regional Federal da 3ª Região. Conselheira do Conselho Nacional de Justiça, onde preside a Comissão Permanente de Acesso à Justiça e Cidadania.

DIEGO FALECK – Mediador empresarial. Especialista em sistemas de resolução consensual de disputas. Mestre (LL.M.) pela Harvard Law School. Doutor em Direito pela Universidade de São Paulo.

EDUARDO TALAMINI – Livre-Docente, doutor e mestre pela Universidade de São Paulo – USP. Professor de Processo Civil e Arbitragem na Universidade Federal do Paraná – UFPR. Vice-presidente da Câmara de Arbitragem e Mediação da Federação das Indústrias do Paraná (CAM-FIEP). Advogado em Curitiba, São Paulo e Brasília.

FERNANDA MEDINA PANTOJA – Professora da PUC-Rio. Doutora e Mestre em Processo Civil pela UERJ. Pesquisadora Visitante na Universidade de Cambridge e na Queen Mary University of Law (Inglaterra). Cofundadora e Vice-Presidente da Comissão de Mediação de Conflitos da OAB-RJ. Sócia de Tavares Advogados.

FERNANDA TARTUCE – Doutora e Mestra em Processo Civil pela USP. Professora no programa de Mestrado e Doutorado da FADISP (Faculdade Autônoma de Direito de São Paulo). Professora e Coordenadora de Processo Civil na EPD (Escola Paulista de Direito). Advogada, mediadora e autora de publicações jurídicas.

GABRIELA ASSMAR – Gabriela Assmar: Advogada e mediadora. Mestre pela New York University, MBA pela Fundação Dom Cabral e Certificada pela International Ombudsman Association. Pioneira em mediação no Brasil, com prática em diversas áreas (empresarial, família, comunitária, escolar), também nos EUA e Argentina. Foi fellow do JAMS (EUA) e pertence ao painel internacional de mediadores do CPR (EUA). Foi cofundadora da Comissão de Mediação da OABRJ, pela qual venceu o Prêmio Innovare 2009; Supervisiona mediações no TJ-RJ desde 2007 e hoje é mediadora sênior nas Varas Empresariais do TJRJ. É membro do Conselho do CONIMA (Conselho Nacional das Instituições de Mediação e Arbitragem). Foi Diretora Jurídica, Diretora de Relações Institucionais e Ombudsman em grandes empresas e fundou a ProAcordo – Mediação de Conflitos Empresariais. É coautora da Lei Brasileira de Mediação (Lei 13.140/15), tendo integrado a equipe que redigiu o texto original do PLS 517/11, a convite do Senador Ricardo Ferraço, e colaborado com a redação das emendas propostas pelo Deputado Jutahy Júnior ao PL 7169/14, que compõem exatamente os artigos 21 a 23 da Lei 13.140/15, ora comentados.

GUSTAVO MILARÉ ALMEIDA – Doutor e Mestre em Direito Processual pela Universidade de São Paulo (USP). Mediador privado. Advogado. Professor universitário.

HILDEBRANDO DA COSTA MARQUES – Juiz de Direito do Estado de Mato Grosso. Pós-graduado em Direito Civil e Processo Civil pela Universidade Estácio de Sá/RJ. MBA em Poder Judiciário pela FGV. Coordenador do Núcleo Permanente de Métodos Consensuais de Solução de Conflitos do Tribunal de Justiça do Estado de Mato Grosso. Membro do Comitê Gestor da Conciliação do Conselho Nacional de Justiça. Ex-presidente do FONAMEC – Fórum Nacional de Mediação e Conciliação.

HUMBERTO DALLA BERNARDINA DE PINHO – Professor Titular de Direito Processual Civil na Faculdade de Direito da UERJ. Professor Titular de Direito Processual Civil na Universidade Estácio. Professor Titular de Direito Processual Civil na Faculdade de Direito do IBMEC. Martin-Flynn Global Law Professor - Uconn School of Law / USA. Diretor Acadêmico da Fundação Escola do MPRJ. Promotor de Justiça no Estado do Rio de Janeiro.

JOÃO LUIZ LESSA NETO – Doutorando pela Universidade de São Paulo. Mestre pela Universidade Federal de Pernambuco/Queen Mary, University of London. Bacharel pela Faculdade de Direito do Recife (UFPE). Membro da Associação Norte Nordeste de Professores de Processo, do Centro de Estudos Avançados em Processo e do Instituto Brasileiro de Direito Processual. Advogado.

JOSÉ HERVAL SAMPAIO JÚNIOR – Professor da Universidade do Estado do Rio Grande do Norte – UERN, Universidade Potiguar – UNP, Escola da Magistratura do Rio Grande do Norte – ESMARN. Especialista em Processo Civil e Penal ESMARN/UNP. Mestre em Direito Constitucional pela Universidade de Fortaleza - UNIFOR. Doutorando em Direito Constitucional pela Universidade Del Pais Basco/UNP. Membro do Instituto Brasileiro de Direito Processual - IBDP. Membro da Associação Norte Nordeste de Professores de Processo (ANNEP). Membro da Associação Brasileira de Direito Processual Constitucional (ABDPC). Membro da Associação Brasileira de Direito Processual (ABDPRO). Membro do Instituo Potiguar de Processo Civil (IPPC). Autor de diversas obras jurídicas. Palestrante, Juiz de Direito no Estado do Rio Grande do Norte e Coordenador Nupemec TJRN.

JULIANA LOSS – Coordenadora Técnica da iniciativa FGV MEDIAÇÃO da Fundação Getulio Vargas. Mediadora.

KAZUO WATANABE – Doutor e Mestre em Direito Processual Civil pela Universidade de São Paulo. Doutor *honoris causa* pela Universidade de Keio, no Japão. Desembargador aposentado do Tribunal de Justiça do Estado de São Paulo. Professor da Universidade de São Paulo.

LEONARDO CARNEIRO DA CUNHA – Mestre em Direito pela UFPE. Doutor em Direito pela PUC/SP, com pós-doutorado pela Universidade de Lisboa. Professor adjunto da Faculdade de Direito do Recife (UFPE), nos cursos de graduação, mestrado e doutorado. Membro do Instituto Iberoamericano de Direito Processual e do Instituto Brasileiro de Direito Processual. Procurador do Estado de Pernambuco. Advogado e consultor jurídico. Presidente da Associação Norte e Nordeste de Professores de Processo.

LORENA MIRANDA SANTOS BARREIROS – Doutora em Direito Público pela Universidade Federal da Bahia. Membro do Instituto Brasileiro de Direito Processual (IBDP) e da Associação Norte-Nordeste de Professores de Processo (ANNEP). Membro do Conselho Editorial da Revista de Processo (REPRO). Procuradora do Estado da Bahia. Professora da Faculdade Baiana de Direito. Autora de livros e artigos jurídicos.

LUCIANE MOESSA DE SOUZA – Mestre em Direito do Estado (UFPR). Doutora em Direito, Estado e Sociedade (UFSC), tendo sido Visiting Scholar na University of Texas, campus Austin. Pós-Doutora pela Faculdade de Direito da USP, tendo sido Pesquisadora Visitante na Università Luigi Bocconi, em Milão. Procuradora do Banco Central do Brasil em licença não remunerada. Diretora da Soluções Inclusivas Sustentáveis.

LUIZ FELIPE CALÁBRIA LOPES – Mestrando em Direito Empresarial e Graduado em Direito pela Universidade Federal de Minas Gerais. Tem especializações em Mediação de Conflitos Empresariais pelo CPR, em Mediação de Conflitos pela OAB/MG – IMAB e em Mediação Judicial pelo TJMG. Membro da Comissão de Mediação e da Comissão de Arbitragem da

OAB/MG. Advogado do escritório Lima Netto, Carvalho, Abreu, Mayrink Sociedade de Advogados, com atuação em consultivo e contencioso cível e empresarial, arbitragem e mediação e mediador voluntário da OAB/MG.

MARCO AURÉLIO GASTALDI BUZZI – Ministro do Superior Tribunal de Justiça, Mestre em Ciência Jurídica pela Universidade do Vale do Itajaí – UNIVALI/SC (Brasil), Mestrando em Sistemas Alternativos de Resolução de Conflitos pela Universidade Nacional de Lomas de Zamora – UNLZ (Buenos Aires, Argentina) e Especialista (Pós-Graduação) em Direito do Consumo pela Universidade de Coimbra (Portugal).

MARIANA FREITAS DE SOUZA – Advogada e Mediadora. Formada em Direito pela UERJ e Mestre em Direito (LL.M) pela Tulane University, com especialização em ADRs. Sócia de PVS Advogados. Diretora de Mediação do CBMA. Professora de negociação, mediação e arbitragem da Universidade Candido Mendes, da EMERJ, da ESA e de cursos de pós-graduação. Coordenadora do Curso de Formação e Capacitação em Mediação Empresarial do CBMA. Conselheira da OAB/RJ. Membro da Comissão de Mediação de Conflitos, da Comissão de Arbitragem e da Comissão OAB Mulher da OAB/RJ. Membro da Comissão de Conciliação, Mediação e Arbitragem do IAB. Vice-Presidente do ICFML. Autora de artigos na área de ADRs. Mediadora Certificada ICFML. JAMS Weinstein International Fellow.

RODRIGO MAZZEI – Pós-doutorado (UFES), Doutor (FADISP) e Mestre (PUC/SPC). Professor da UFES (graduação e mestrado). Diretor Geral da Escola Superior da Advocacia (OAB/ES). Vice-Presidente do Instituto dos Advogados do Espírito Santo (IAEES). Professor coordenador do Núcleo de Estudos em Arbitragem e Processo Internacional (NEAPI-UFES).

SUZANA SANTI CREMASCO – Doutoranda em Direito pela Universidade de Coimbra em processo de cotutela com a Universidade de São Paulo. Mestre em Direito Processual Civil e Graduada em Direito pela Universidade Federal de Minas Gerais. Professora Assistente de Direito Processual Civil da Faculdade de Direito Milton Campos. Advogada, Secretária -Adjunta do IBDP – Instituto Brasileiro de Direito Processual para Minas Gerais, Diretora Científica do IDPro – Instituto de Direito Processual e Membro do Conselho de Deliberativo e Vice-Presidente de Comunicação da CAMARB – Câmara de Mediação e Arbitragem Empresarial-Brasil. Membro do CBAr – Comitê Brasileiro de Arbitragem, do CEAPRO – Centro de Estudos Avançados em Processo e colunista permanente de Processualistas.

TRÍCIA NAVARRO XAVIER CABRAL – Pós-Doutoranda em Processo Civil pela Faculdade de Direito da USP. Doutora em Direito Processual pela UERJ. Mestre em Direito Processual pela UFES. Juíza Estadual no Espírito Santo. Foi Coordenadora do 1º CEJUSC do TJES (2013-2015). Membro da Comissão Acadêmica do FONAMEC. Membro-efetivo do IBDP. Membro-Fundadora das Processualistas.

VALERIA FERIOLI LAGRASTA – Juíza Titular do Cejusc de Jundiaí-SP.

Prefácio

É com muita satisfação que recebi o convite do Des. Cesar Cury e da Dr^a^. Trícia Navarro para prefaciar a coletânea sobre a Lei nº 13.140/2015 (Lei de Mediação), fruto dos trabalhos desenvolvidos pela Comissão Acadêmica do FONAMEC – Fórum Nacional de Mediação e Conciliação.

A Lei nº 13.140/2015, que representa o marco legal da mediação do Brasil, a Resolução 125/2010 do Conselho Nacional de Justiça e a Lei nº 13.101/2015 (Código de Processo Civil), e a Lei nº 9.307/1996 (Lei de Arbitragem, alterada pela Lei nº 13.129/2015), conferiram relevante evolução nos meios até então usuais de solução de conflitos.

A mediação e a conciliação não são institutos novos em nosso ordenamento. A conciliação, especialmente, já estava inserida em algumas legislações, como na Lei nº 9.099/95 (Lei dos Juizados Especiais) e no próprio Código de Processo Civil de 1973, embora não tenha tido aplicação em sua mais ampla extensão, o que acabou comprometendo a sua eficiência e aceitação social.

Com efeito, no âmbito dos Juizados Especiais não se exigia maior qualificação dos conciliadores, fazendo com que, na prática, as sessões de conciliação fossem conduzidas por estagiários ou pessoas sem o devido preparo para lidar com o referido instrumento, gerando resultados insatisfatórios. Por outro lado, a ausência de solução adequada do conflito, que importava e grande frustração às partes, contribuiu para a percepção de obsolescência do sistema.

Já no Código de Processo Civil de 1973 tínhamos no art. 331 a audiência preliminar, que era presidida pelo juiz, agregada a tentativa de conciliação – se o direito fosse disponível – e, caso não se chegasse a um acordo, prosseguia-se no ato realizando o saneamento do processo. Contudo, no cotidiano forense, era comum os juízes dispensarem essa audiência por reputá-la desnecessária, inviabilizando o contato entre as partes que, muitas vezes, significava o primeiro em mais de dois ou três anos de judicialização do litígio.

Nesse interim, a mediação privada começava a ganhar fôlego em algumas capitais brasileiras, especialmente nas áreas empresarial, familiar, escolar e comunitária.

Em 2010 o Conselho Nacional de Justiça atribuiu ao Poder Judiciário a responsabilidade de implementar a Política Nacional de Tratamento Adequado dos Conflitos, editando a Resolução nº 125, e determinando que os tribunais de todo o País se estruturassem para oferecer ao jurisdicionado a mediação e a conciliação.

Ainda em 2010 foi formada a Comissão de Reforma do Código de Processo Civil, a qual encampou a Política estabelecida pelo Conselho Nacional de Justiça, e durante a tramitação do Projeto, inseriu a mediação e a conciliação em diversas passagens do Código, inclusive no capítulo que versa sobre as normas fundamentais do processo civil, deixando clara a opção do legislador em adotar esses meios de resolução de controvérsias, implementando-se definitivamente a Justiça Multiportas, ideia que já vinha sendo difundida pelo prestigiado Professor de Harvard, Frank Sander, desde 1976.

Na sequência, em 2011, foi apresentado no Senado o PLS nº 517/11 que tratava da mediação nas esferas privada e pública, e que tramitou simultaneamente com o projeto de reforma do Código de Processo Civil, permitindo, assim, a compatibilização das duas legislações. Durante a tramitação do Projeto – da qual tive a honra de participar ativamente – houve significativas contribuições do Ministério da Justiça (PSL nº 434/13 e PLS 405/15), até se formar a versão do Projeto da Câmara dos Deputados (PL nº 7.169/2014) e depois se transformar na Lei nº 13.140/2015.

Por sua vez, a Lei nº 9.307/1996, conhecida como Lei de Arbitragem, também foi alterada pela Lei nº 13.129/2015, permitindo importantes avanços e ampliando o uso da arbitragem no Brasil.

Dessa forma, em 2015 já tínhamos formado um verdadeiro microssistema de métodos adequados de conflitos à disposição da sociedade, tendo o Poder Legislativo cumprido a sua responsabilidade de – ao lado do Executivo e Judiciário – contribuir para a pacificação social, tal qual previsto no preâmbulo da Constituição da República.

Para finalizar, em abril de 2016, o Conselho Nacional de Justiça editou a Emenda 02, atualizando e compatibilizando a Resolução 125/2010 com a Lei nº 13.105/2015 e com a Lei nº 13.140/2015, estabelecendo, ainda, o Anexo III, que cria o Código de Ética de Mediadores e conciliadores Judiciais.

A presente coletânea, comentada artigo por artigo, contribuirá sobremaneira para a evolução e aplicação da mediação no Brasil, tanto na esfera privada, como no âmbito da Administração Pública.

Mas a presente obra vai além, pois dela participam autores que efetivamente vivenciaram o desenvolvimento do tema o Brasil, como a inesquecível Professora Ada Pellegrini Grinover, o Professor Kazuo Watanabe e o Ministro Marco Aurélio Gastaldi Buzzi.

É nesse contexto que, com grande alegria, apresento à comunidade jurídica essa importante coletânea sobre a Lei de Mediação, que foi uma grande conquista para os profissionais do Direito e, acima de tudo, para os jurisdicionados, que agora terão à sua disposição ferramentas adequadas e humanizadas de resolução de conflitos e de pacificação da sociedade.

Boa leitura.

Primavera/2017.

Luis Felipe Salomão

Sumário

ART. 1º

ART. 2º

ART. 3º

ART. 4º

ART. 5º

CAPÍTULOS ON-LINE*

* As atualizações em PDF e Vídeo serão disponibilizadas sempre que houver necessidade, em caso de nova lei ou decisão jurisprudencial relevante, durante o ano da edição do livro.
* Acesso disponível durante a vigência desta edição.

Art. 1º Esta Lei dispõe sobre a mediação como meio de solução de controvérsias entre particulares e sobre a autocomposição de conflitos no âmbito da administração pública.

Parágrafo único. Considera-se mediação a atividade técnica exercida por terceiro imparcial sem poder decisório, que, escolhido ou aceito pelas partes, as auxilia e estimula a identificar ou desenvolver soluções consensuais para a controvérsia.

Leonardo Carneiro da Cunha

1. A MEDIAÇÃO NO CONTEXTO DO SISTEMA MULTIPORTAS DE SOLUÇÃO DE DISPUTAS

Tradicionalmente, sempre se disse que os conflitos de interesse deviam ser resolvidos pelo Judiciário, mas que haveria meios *alternativos* de solução de disputas. Tais meios *alternativos* seriam a mediação, a conciliação e a arbitragem (*Alternative Dispute Resolution – ADR*). Também são identificados como "meios alternativos de resolução de controvérsias – MASCs" ou "meios extrajudiciais de resolução de controvérsias – MESCs".

Mais recentemente, passou-se a afirmar que tais meios não seriam *alternativos*, mas sim *adequados*, formando um modelo de sistema de justiça *multiportas*. Para cada tipo de controvérsia, seria adequada uma forma de solução, de modo que há casos em que a melhor solução há de ser obtida pela mediação, enquanto outros, pela conciliação, outros, pela arbitragem e, ainda, os que se resolveriam pela decisão do juiz estatal. Há, além desses, casos que são melhor resolvidos pela negociação direita (ou resolução colaborativa)[1] ou pelo *dispute board*[2].

Há casos, então, em que o meio *alternativo* é que seria o da justiça estatal. A expressão *multiportas* decorre de uma metáfora: seria como se houvesse, no átrio do fórum, várias portas; a depender do problema apresentado, as partes seriam encaminhadas para a porta da mediação, ou da conciliação, ou da arbitragem, ou da própria justiça estatal.

1. CABRAL, Antonio do Passo; CUNHA, Leonardo Carneiro da. Negociação direta ou resolução colaborativa de disputas (*collaborative law*): "Mediação sem mediador". *Revista de Processo*. São Paulo: RT, v. 259, set.-2016, p. 471-489.

2. WALD, Arnoldo. A arbitragem contratual e os dispute board. *Revista de Arbitragem e Mediação*. São Paulo: RT, ano 2, n. 6, jul.-set. 2005; PITRE, Paloma Gerzeli; ANDRADE, Letícia Queiroz de. Dispute boards: fundamentos e aplicabilidade nos contratos administrativos brasileiros de infraestrutura. *Revista Brasileira de Infraestrutura – RBINF*. Belo Horizonte: Editora Fórum, ano 5, n. 10, p. 151-184, jul.-dez. 2016.

O lugar de aplicação desses meios vem deixando de ocupar a centralidade de sua análise. Daí a tendência de designá-los como meios de resolução *adequada* de disputas – RAD, ao lado da própria opção pelo Judiciário, adequado para inúmeros casos[3]. Ao longo do tempo, a escolha entre os vários meios alternativos de solução de controvérsias deu-se por diversos motivos, alguns deles utilitaristas, como a economia de tempo, simplificação, redução de custos.[4]

É por isso que não se afigura correto defender a mediação ou a arbitragem ou qualquer outro meio "alternativo" como medida a ser adotada para reduzir o grande fluxo de processos no Poder Judiciário. Tais meios não têm essa finalidade específica, devendo ser adotados porque são os mais adequados ou recomendados para o caso. É possível que sua adoção resulte numa diminuição de processos judiciais, porém essa não é, como dito, a sua finalidade específica.

2. ABRANGÊNCIA DA LEI

A Lei nº 13.140, de 2015, disciplina a mediação entre particulares e a autocomposição de conflitos no âmbito da Administração Pública.

A mediação consiste num meio destinado à obtenção de autocomposição. O mediador intermedeia as partes, auxiliando-as para que cheguem a uma solução consensual do conflito. O mediador nada decide; apenas conduz as partes, mediante técnicas adequadas, para que elas tenham melhores condições de darem uma solução à disputa.

Não há, na mediação, qualquer caráter jurisdicional, não sendo conferido ao mediador poder de decidir ou de impor qualquer medida às partes. De igual modo, as partes não estão sujeitas a qualquer supremacia ou poder exercido pelo mediador.

Embora não seja uma solução jurisdicional do conflito, a mediação é regulada por disposições contidas no Código de Processo Civil. O CPC reforça a necessidade de se buscar a melhor e a mais adequada solução do conflito, que pode não ser necessariamente obtida pela decisão judicial.

O § 2º do art. 3º do CPC dispõe que *"o Estado promoverá, sempre que possível, a solução consensual dos conflitos"*. Daí decorre um princípio de estímulo à autocomposição, a orientar a atividade estatal na solução das disputas. Nem sempre será possível ou adequada a solução consensual. Não é por outra razão, aliás, que o texto normativo vale-se da expressão "sempre que possível". Sendo possível, adequada ou recomendável, cumpre construir regras que contribuam para a obtenção da autocomposição.

---

3. VASCONCELOS, Carlos Eduardo. *Mediação de conflitos e práticas restaurativas*. 3ª ed. São Paulo: Método, 2014, p. 53.

4. ENGEL, Martin. *Collaborative law: mediation ohne mediator.* Tübingen: Mohr Siebeck, 2010, p. 42 ss.

A partir do princípio do estímulo à solução por autocomposição, foram estruturadas regras que contribuem para a consecução de tal finalidade. Há, então, no Código de Processo Civil, um capítulo inteiro sobre a mediação e a conciliação (arts. 165 a 175), em cujo âmbito estimula-se a autocomposição no âmbito da própria Administração Pública, com a previsão de instalação de câmaras administrativas de conciliação (art. 174). Ademais, o procedimento comum foi estruturado de modo a conter uma etapa inicial destinada à tentativa de autocomposição (arts. 334 e 695). Permitem-se os negócios processuais atípicos (art. 190), bem como a homologação judicial de acordo extrajudicial de qualquer natureza (art. 515, III; art. 725, VIII) e, bem ainda, que se inclua, no acordo judicial, matéria estranha ao objeto litigioso do processo (art. 515, § 2º).

O § 2º do art. 3º do CPC enuncia uma declaração legal de instituição de uma política pública. O dispositivo ratifica a Resolução nº 125, de 2010, do Conselho Nacional de Justiça – CNJ, que dispõe sobre a *política judiciária nacional de tratamento adequado dos conflitos de interesses no âmbito do Poder Judiciário*. Nos termos da citada resolução (alterada pelas Emendas CNJ 01, de 2013, e 02, de 2016), cabe aos órgãos judiciários oferecer mecanismos de solução de controvérsias, em especial os chamados meios consensuais, como a mediação e conciliação, além de prestar atendimento e orientação ao cidadão.

Por sua vez, o § 3º do art. 3º do CPC é uma norma promocional, aplicando-se tanto no âmbito judicial, como no extrajudicial. Caberá aos magistrados, advogados e membros do Ministério Público, inclusive no curso do processo judicial, estimular o uso da conciliação, mediação e demais mecanismos consensuais de resolução de conflitos (a exemplo da negociação direta), sendo dever do Estado promover a solução consensual dos conflitos. O Estado deverá *promover* o uso dos meios consensuais de solução de disputas e os profissionais da área jurídica deverão *estimular* o seu uso.

Assim, há a construção de um verdadeiro sistema de resolução de disputas, composto pelo Poder Judiciário e por instituições públicas e privadas dedicadas ao desenvolvimento de mediação, conciliação e arbitragem. Por outro lado, abrem-se novas possibilidades de atuação para as profissões jurídicas: os advogados e defensores públicos terão de oferecer aos seus clientes *opções* e *caminhos* possíveis para a solução do seu conflito, dentro do dever profissional de esclarecimento. A regra harmoniza-se com o disposto no arts. 139, V, 359 e 784, IV, todos do CPC, bem como com o art. 2º, parágrafo único, VI, do Código de Ética da OAB e com o art. 4º, II, da Lei Complementar nº 80, de 1994.

O art. 139, V, do CPC reafirma o dever de estímulo à solução consensual, ao impor ao juiz a promoção, a qualquer tempo, da autocomposição, preferencialmente com auxílio de conciliadores e mediadores. O art. 784, IV, do CPC, por sua vez, atribui a natureza de título executivo extrajudicial ao instrumento de acordo celebrado pelo Ministério Público, pela Defensoria Pública, pela Advocacia Pública, pelos advogados dos transatores ou por conciliador ou mediador credenciado pelo tribunal. Já o art. 2º, parágrafo único, V, do Código de Ética e Disciplina da OAB impõe ao advogado o dever ético de *"estimular a conciliação entre os litigantes, prevenindo, sempre que possível, a instauração de litígios"*. É função institucional da Defensoria Pública, nos termos do art. 4º, II, da Lei Complementar nº 80/1994, a promoção, em caráter prioritário, da solução extrajudicial dos litígios, visando à composição entre as pessoas em conflito de interesses, por meio de mediação, conciliação e demais técnicas de composição e administração de conflitos.

Todas essas normas complementam-se pelas disposições da Lei nº 13.140, de 2015, que dispõe sobre a mediação entre particulares, bem como sobre a autocomposição de conflitos no âmbito da Administração Pública.

Quando se trata de Administração Pública, as disposições normativas não utilizam a expressão *mediação*, justamente porque não há previsão de mediação no âmbito da Administração Pública. Realmente, o seu art. 32 prevê a criação de câmaras de prevenção e de resolução administrativa de conflitos, confirmando o disposto no art. 174 do CPC. Por sua vez, o seu art. 35 dispõe sobre transação por adesão, que não é uma mediação: a Administração elabora e disponibiliza um termo de transação para que, quem tiver interesse, a ele adira, celebrando-se, assim, a autocomposição entre a Administração Pública e o particular.

No âmbito tributário, são tantas as restrições previstas no art. 38 da Lei nº 13.140, de 2015, que se pode dizer não ser possível a autocomposição, a não ser em casos de parcelamento previsto em lei ou em hipóteses de transação por adesão. Nesses casos, a Administração Pública cede muito pouco, sendo, até mesmo, questionável se há uma transação, pois esta se caracteriza quando há "concessões mútuas".

3. DEFINIÇÃO LEGAL DE MEDIAÇÃO

As definições que se apresentam sobre a mediação referem-se sempre a procedimento flexível, conduzido por terceiro imparcial. O *Centre for Effective Dispute Resolution – CEDR*, um dos principais provedores de serviços de ADR do Reino Unido, define a mediação como "*... a flexible process conducted confidentially in which a neutral person actively assists parties in working towards a negotiated agreement of a dispute or difference, with the parties in ultimate control of the decision to settle and the terms of resolution.*"[5]

Em tal definição, há menção à flexibilidade procedimental, à condução confidencial e a um terceiro neutro que deve auxiliar as partes a negociarem em busca de um consenso para solução de sua disputa.

As definições apresentadas pela doutrina seguem essa diretriz, focando muito na qualidade do mediador, que deve contribuir para facilitar a comunicação entre as

5. BLAKE, Susan; BROWNE, Julie; SIME, Stuart. *A practical approach to alternative dispute resolution*. 2ª ed. Oxford: Oxford University Press, 2012, n. 14.01, p. 200.

partes envolvidas na disputa[6]. O principal foco da mediação é restaurar o diálogo e a comunicação entre as pastes[7]. A falta de solução decorre, não raras vezes, da quebra do diálogo entre os envolvidos. A mediação tem como grande finalidade permitir que as partes restabeleçam a comunicação entre si, a fim de que possam solucionar sua disputa.

O parágrafo único do art. 1º da Lei nº 13.140, de 2015, definiu a mediação como *"a atividade técnica exercida por terceiro imparcial sem poder decisório, que, escolhido ou aceito pelas partes, as auxilia e estimula a identificar ou desenvolver soluções consensuais para a controvérsia"*. Na definição, há a adoção de elementos comuns contidos em definições doutrinárias e na definição apresentada pelo *Centre for Effective Dispute Resolution – CEDR*. O texto normativo faz constar da definição elementos como "terceiro imparcial", "sem poder decisório", que "auxilia e estimula" as partes "a identificar ou desenvolver soluções consensuais para a controvérsia".

O mediador, como se percebe, é um facilitador do diálogo[8]: as partes envolvidas são por ele auxiliadas em sua comunicação para que possam encontrar respostas adequadas ao impasse que encontram na solução de sua disputa.

Além desses elementos comuns a várias definições apresentadas, merece destaque a indicação, contida no referido dispositivo legal, segundo a qual a mediação é *uma atividade técnica*. Quer isso dizer que a mediação há de ser realizada por pessoa habilitada a tanto, independentemente de sua formação anterior. O mediador não precisa, necessariamente, ter formação jurídica, mas deve ter habilidade para exercer a atividade e deve, ainda, gozar da confiança mútua das partes.

A mediação é atividade que pode ser exercida por profissionais das mais diferentes áreas, sendo, a depender do caso, até mesmo recomendável a participação de dois ou mais mediadores, de diferentes áreas ou formações acadêmicas, que possam contribuir para a busca do consenso entre as partes[9]. É preciso, porém, que sejam todas capacitadas a exercerem a atividade de mediação[10].

Nas mediações extrajudiciais, os mediadores devem ser capacitados e gozar da confiança mútua das partes, não sendo necessário seu registro em cadastro de mediadores do Tribunal ou de Câmara de Mediação aceita pelos Tribunais[11]. Já

---

6. ALLEN, Tony. *Mediation law and civil practice.* West Sussex: Bloomsbury Professional, 2013, n. 2.1, p. 19-27; BLAKE, Susan; BROWNE, Julie; SIME, Stuart. *The Jackson ADR handbook.* Oxford: Oxford University Press, 2013, n. 2.19, p. 15.

7. TARTUCE, Fernanda. *Mediação nos conflitos civis.* 2ª ed. São Paulo: Método, 2015, n. 5.5.1, p. 217-219.

8. TARTUCE, Fernanda. Ob. cit., n. 1.3.2.3.2.2, p. 52.

9. COELHO, Renata Moritz Serpa. Atualidades sobre a mediação de conflitos no Brasil a partir de 2015. *Revista de Processo.* São Paulo: RT, v. 272, out.-2017, p. 458.

10. COELHO, Renata Moritz Serpa. Ob. cit., p. 458.

11. VASCONCELOS, Carlos Eduardo de. *Mediação de conflitos e práticas restaurativas.* 4ª ed. São Paulo: Método, 2015, p. 115.

os mediadores judiciais precisam, conforme exigência do art. 167 do CPC, estar inscritos em cadastro nacional e em cadastro do tribunal, preenchendo requisito de capacitação mínima, por meio de curso realizado por entidade credenciada nos termos definidos pelo CNJ. E, segundo exigência contida no art. 11 da Lei nº 13.140, de 2015, o mediador judicial deve, ainda, ser graduado há pelo menos dois anos em curso de ensino superior.

De todo modo, as partes têm a garantia de, mesmo na mediação judicial, poderem escolher um mediador de sua confiança, ainda que não esteja cadastrado no tribunal. Não havendo consenso sobre quem deva ser o mediador, aí haverá, então, distribuição do caso entre os que estão cadastrados junto ao tribunal (CPC, art. 168).

4. CONCILIAÇÃO E MEDIAÇÃO

A Lei nº 13.140, de 2015, trata da mediação e da atividade do mediador, disciplinando tanto a mediação judicial como a extrajudicial. Já o Código de Processo Civil menciona tanto a conciliação como a mediação, traçando diferenças entre elas.

Em virtude da previsão contida no CPC, é preciso verificar quais as diferenças normativas estabelecidas entre a mediação e a conciliação.

A conciliação e a mediação constituem técnicas que se destinam a viabilizar a autocomposição de disputas ou litígios. Nelas, um terceiro intervém, contribuindo para que as partes componham por si mesmas a disputa que há entre elas. A conciliação e a mediação não se confundem com a arbitragem. Esta é um meio de heterocomposição. O árbitro, assim como o juiz, decide a causa que lhe é submetida. Na conciliação e na mediação, o terceiro é convocado, não para decidir, mas para contribuir com as partes, a fim de que estas, por si, cheguem a uma solução, mediante autocomposição.

Pelos critérios estabelecidos no art. 165 do Código de Processo Civil, a mediação é medida mais adequada aos casos em que tiver havido vínculo anterior entre as partes, a exemplo do que ocorre em matéria societária e de direito de família. Sua função é a de auxiliar os interessados a compreender as questões e os interesses em conflito, de modo que eles possam, pelo restabelecimento da comunicação, identificar, por si próprios, soluções consensuais que gerem benefícios mútuos. Para tanto, o mediador vale-se de técnicas próprias, com diálogo, paciência, simplicidade e constante esclarecimento.

O conciliador deve atuar preferencialmente nos casos em que não tenha havido vínculo anterior entre as partes, como, por exemplo, em acidentes de veículo ou em casos de danos extrapatrimoniais em geral. O conciliador pode sugerir soluções para o litígio, sendo vedada a utilização de qualquer tipo de constrangimento ou intimidação para que as partes conciliem.

Cotejando-se o § 1º com o § 2º, ambos do art. 165 do CPC, tem-se a impressão de que o mediador não sugere qualquer solução para o conflito; só quem poderia fazer sugestões seria o conciliador. Ocorre, porém, que o inciso III do § 1º do art. 30 da Lei nº 13.140, de 2015, menciona a "*manifestação de aceitação de proposta de acordo apresentada pelo mediador*", numa clara indicação de que o mediador pode também fazer sugestões ou apresentar proposta de acordo para as partes se autocomporem.

A legislação brasileira é a única a fazer essa diferença entre mediador e conciliador. Na verdade, a diferença estaria nas técnicas utilizadas. Só que a intermediação de uma autocomposição usa técnicas variadas, a depender da postura das partes envolvidas, do grau de mágoas recíprocas entre elas, do nível de conhecimento que têm, do perfil psicológico, a revelar a existência de maior ou menor ansiedade na solução do problema etc. Em casos em que haja vínculo anterior, é natural haver mágoas ou maiores sentimentos envolvidos, mas as técnicas destinadas a eliminar essas mágoas e angústias ou a diminuir sentimentos recíprocos que repulsa e animosidade podem ser utilizadas também em casos em que não se verifique vínculo anterior entre as partes, mas estas têm perfil psicológico que exige a adoção daquelas técnicas.

Tudo está, portanto, a depender do tipo de problema e, sobretudo, do perfil dos envolvidos na disputa. De todo modo, não há como recusar a existência de textos normativos que impõem a diferença entre a mediação e a conciliação, estabelecendo diversas técnicas contributivas para a obtenção da autocomposição.

A Lei nº 13.140, de 2015, trata apenas da mediação, não mencionando a conciliação. Suas regras devem aplicar-se igualmente à conciliação, pois as diferenças entre mediação e conciliação não são tão acentuadas, variando a adoção de algumas técnicas, a depender das pessoas envolvidas e do objeto da disputa havida entre elas.

CAPÍTULO I
DA MEDIAÇÃO
Seção I
Disposições Gerais

Art. 2º A mediação será orientada pelos seguintes princípios:

I – imparcialidade do mediador;

II – isonomia entre as partes;

III – oralidade;

IV – informalidade;

V – autonomia da vontade das partes;

VI – busca do consenso;

VII – confidencialidade;

VIII – boa-fé.

§ 1º Na hipótese de existir previsão contratual de cláusula de mediação, as partes deverão comparecer à primeira reunião de mediação.

§ 2º Ninguém será obrigado a permanecer em procedimento de mediação.

Leonardo Carneiro da Cunha

1. CONTEÚDO DO DISPOSITIVO

O dispositivo ora comentado trata das normas que orientam a atuação do mediador. Tais normas complementam e reforçam aquelas já decorrentes do disposto no art. 166 do Código de Processo Civil, que assim dispõe: "*A conciliação e a mediação são informadas pelos princípios da independência, da imparcialidade, da autonomia da vontade, da confidencialidade, da oralidade, da informalidade e da decisão informada*".

Assim, conjugando-se o disposto no art. 166 do CPC com a disposição contida no art. 2º da Lei nº 13.140, de 2015, observa-se que a atuação do mediador há de ser conduzida pelos princípios da independência, da imparcialidade, da isonomia entre as partes, da oralidade, da informalidade, da autonomia da vontade das partes, da busca do consenso, da confidencialidade, da boa-fé e da decisão informada.

Além da conjugação de tais dispositivos, convém destacar que o anexo III da Resolução nº 125, de 2010, do CNJ institui o Código de Ética dos conciliadores e mediadores judiciais, atribuindo-lhes o dever de observância aos princípios da confidencialidade, decisão informada, competência, imparcialidade, independência e autonomia, respeito à ordem pública e às leis vigentes, empoderamento e validação.

O que se percebe é que o Código de Ética reafirma a necessidade de observância dos princípios já previstos em lei, mencionando outros que, em verdade, lhes servem de reforço.

Seja como for, o dispositivo ora comentado prevê os princípios que devem orientar a mediação. Todos os princípios previstos no dispositivo orientam a atividade de mediação, estabelecendo balizas a indicar a adoção de uma postura que tranquilize os envolvidos. Cabe ao mediador demonstrar que é natural, comum e normal a ocorrência de conflitos numa sociedade, devendo ser encarada igualmente como natural, comum e normal a busca consensual por uma solução. As partes devem buscar a melhor solução possível e, muitas vezes, é no consenso que se obtém uma boa e justa composição.

A atividade de mediação não é jurisdicional. Logo, não há a *inevitabilidade* existente na atividade jurisdicional. É exatamente por isso que o § 2º do art. 2º da Lei nº 13.140, de 2015, dispõe que *"ninguém será obrigado a permanecer em procedimento de mediação"*.

O mediador, que será designado pelo tribunal ou escolhido pelas partes (Lei nº 13.140, de 2015, art. 4º), conduzirá o procedimento de comunicação entre elas, buscando o entendimento e o consenso e facilitando a resolução do conflito (Lei nº 13.140, de 2015, art. 4º, § 1º). Essa sua condução deve, como já se viu, orientar-se pelos princípios previstos no art. 166 do CPC, bem como pelos mencionados no art. 2º, ora comentado.

Cumpre, então, examinar cada um dos princípios que orientam a atividade do mediador.

2. PRINCÍPIO DA INDEPENDÊNCIA

Para bem desempenhar suas funções, o mediador deve atuar com independência, sem submissão hierárquica a algum órgão ou autoridade. A atuação do mediador submete-se às normas contidas no ordenamento, não estando dependente de qualquer autoridade ou órgão de controle.

Nesse sentido, o Código de Ética dos mediadores judiciais, instituído pelo Anexo III da Resolução nº 125, de 2010, do CNJ, define o princípio da independência e autonomia como o *"dever de atuar com liberdade, sem sofrer qualquer pressão interna ou externa, sendo permitido recusar, suspender ou interromper a sessão se ausentes as condições necessárias para seu bom desenvolvimento, tampouco havendo dever de redigir acordo ilegal ou inexequível"*.

A independência do mediador não permite que ele desrespeite a autonomia da vontade das partes. O mediador deve atuar com independência, mas há de respeitar a autonomia da vontade das partes, inclusive no tocante à definição das regras procedimentais (CPC, art. 166, § 4º).

Cabe ao mediador estabelecer a quantidade de sessões necessárias à tentativa de autocomposição, fixando-lhe as regras a serem aplicadas. Só não pode contrariar a autonomia da vontade das partes. Se estas escolherem regras diversas e optarem por uma quantidade diferente de sessões, o mediador deve respeitar.

Ressalvada a autonomia da vontade das partes, a atuação do mediador é independente, cabendo-lhe adotar o procedimento necessário e suficiente à tentativa da autocomposição. Tal independência não se confunde com poder, nem com coerção. Não deve o mediador coagir, forçar, obrigar as partes a celebrarem, a todo custo, um negócio jurídico que solucione o impasse havido entre elas. Cabe-lhe conduzir o procedimento, mas a liberdade das partes é que prevalecerá em última análise, sendo delas a decisão de firmarem ou não o negócio que irá dar solução à disputa.

3. PRINCÍPIO DA IMPARCIALIDADE

O mediador deve ser imparcial diante dos envolvidos, não podendo ter interesse no resultado em favor de qualquer deles. A aplicação de técnicas negociais pelo mediador, com o objetivo de proporcionar ambiente favorável à autocomposição, não ofende o dever de imparcialidade. O mediador deve atuar com a adoção das técnicas adequadas à obtenção da autocomposição, passando, assim, segurança às partes envolvidas.

O disposto nos arts. 144 e 145 do CPC, que trata das hipóteses de impedimento e suspeição do juiz, aplica-se ao mediador. Com efeito, segundo dispõe no art. 5º da Lei nº 13.140, de 2015, *"aplicam-se ao mediador as mesmas hipóteses legais de impedimento e suspeição do juiz"*. Tal regra concretiza o princípio da imparcialidade. O mediador não deve apresentar qualquer motivo de impedimento ou de suspeição.

A concretização do princípio da imparcialidade exige, ainda, que o mediador revele às partes, antes da aceitação da função, qualquer fato ou circunstância que possa suscitar dúvida justificada em relação à sua isenção para mediar o conflito. Ao mediador cumpre tal dever de revelação, podendo, em tal oportunidade, ser recusado por qualquer das partes (Lei nº 13.140, de 2015, art. 5º, parágrafo único).

Ao tratar do princípio da imparcialidade, o inciso IV do art. 1º do Código de Ética dos mediadores judiciais, instituído pelo Anexo III da Resolução nº 125, de 2010, do CNJ, impõe-lhes o *"dever de agir com ausência de favoritismo, preferência ou preconceito, assegurando que valores e conceitos pessoais não interfiram no resultado do trabalho, compreendendo a realidade dos envolvidos no conflito e jamais aceitando qualquer espécie de favor ou presente"*.

O mediador deve valer-se de técnicas adequadas à obtenção da autocomposição. A aplicação de técnicas de negociação não ofende o dever de imparcialidade do mediador. Daí a disposição contida no § 3º do art. 166 do CPC: *"admite-se a aplicação de técnicas negociais, com o objetivo de proporcionar ambiente favorável à autocomposição"*.

4. PRINCÍPIO DA ISONOMIA ENTRE AS PARTES

Se o mediador deve observar a imparcialidade, deve, de igual modo, observar a isonomia entre as partes. A prática da isonomia pelo mediador está bastante relacionada com sua imparcialidade. O mediador imparcial atua de modo equilibrado, enquanto o parcial favorece uma das partes.

A preocupação com a imparcialidade do mediador tem, em última análise, a finalidade de garantir às partes um tratamento isonômico necessário para que se obtenha uma autocomposição adequada e que solucione, satisfatoriamente, a disputa havida entre elas.

O mediador, ao atuar para facilitar a obtenção da autocomposição, deve praticar e preservar a igualdade entre as partes. Cabe-lhe, não apenas agir com igualdade em relação às partes, mas também, e sobretudo, neutralizar desigualdades, atuando para compensar fraquezas apresentadas por uma delas, tais como pobreza, desinformação, carências psicológicas ou afetivas, deficiência cultural etc.

Ao neutralizar ou diminuir desigualdades, o mediador promove a igualdade substancial, reequilibrando a posição das partes no procedimento destinado à obtenção da autocomposição. É exatamente por isso que o mediador deve conduzir-se observando a igualdade entre as partes.

5. PRINCÍPIO DA ORALIDADE

O princípio da oralidade é informativo do procedimento de mediação, aplicando-se para estabelecer a comunicação entre o mediador e as partes envolvidas. Desse modo, há prevalência das manifestações verbais sobre as escritas, destacando-se a proximidade do mediador com as questões, as angústias, as mágoas e as discussões havidas entre as partes.

Já que o mediador deve conduzir as partes à tentativa de uma autocomposição, a presença delas em sessão de mediação é muito importante. É possível, porém, que o clima entre as partes esteja tão acirrado que a presença delas pode, num primeiro momento, impedir ou dificultar a obtenção de autocomposição. Nesse caso, é possível que as reuniões sejam feitas separadamente. Daí o art. 19 da Lei nº 13.140, de 2015, mencionar que o mediador poderá reunir-se com as partes, em conjunto ou separadamente.

Além da possibilidade de reuniões separadas com cada uma das partes, é possível que estas, em virtude do alto grau de acirramento entre elas, façam-se presentes por representantes, que irão negociar juntamente com o mediador. Havendo maior aproximação entre as partes, podem, em outras sessões designadas pelo mediador, reunir-se conjuntamente com o mediador.

A presença das partes é relevante para o procedimento da mediação. A presença de representantes ou a apresentação de manifestação escrita não aproxima as partes, cabendo ao mediador aproximá-las para que realizem a autocomposição. É possível, como dito, que a presença não seja adequada, hipótese em que as reuniões devem ser feitas separadamente com cada uma delas ou que se façam por seus representantes. Ao mediador cabe envidar esforços para que haja a recomendável aproximação. A busca do consenso pode, de qualquer modo, ser feita por reuniões separadas com cada uma delas, mas sempre respeitada a oralidade.

Em concretização ao princípio da oralidade, o art. 19 da Lei nº 13.140, de 2015, assim dispõe: "*No desempenho de sua função, o mediador poderá reunir-se com as partes, em conjunto ou separadamente, bem como solicitar das partes as informações que entender necessárias para facilitar o entendimento entre aquelas*". As reuniões do mediador com as partes são muito importantes e concretizam o princípio da oralidade. As reuniões podem ser conjuntas ou separadas, fazendo com que se busque o consenso entre elas.

A oralidade contribui para a produção de provas orais, como depoimentos e apresentação de documentos que os confirmem. Tais provas, produzidas perante o mediador, não podem ser utilizadas em eventual processo judicial posteriormente instaurado e que envolva as mesmas partes. Como será visto no item 9 *infra*, a mediação é regida pela confidencialidade, não devendo ser divulgados ou publicizados os depoimentos ou conversas realizadas nas sessões de mediação.

6. PRINCÍPIO DA INFORMALIDADE

A mediação deve realizar-se em ambiente informal, leve, com linguagem simples e de fácil compreensão, sem roupas solenes ou símbolos que inibam os interessados, transmitindo-lhes conforto e confiança, com respeito à oralidade e ao diálogo entre todos. É nesse ambiente que cabe ao mediador tranquilizar os envolvidos, demonstrando que é normal haver um conflito, devendo ser igualmente normal resolvê-lo da melhor forma possível.

As atividades jurídicas são, tradicionalmente, solenes, cheias de simbolismo, com observância de rituais. Os meios de solução de disputas tendem a seguir essa tradição, com uso de sua linguagem técnica e difícil para os leigos e as partes em geral.

Para facilitar a compreensão dos envolvidos, o mediador deve adotar linguagem simples e deixar de exigir formalidades, cabendo-lhe atuar em ambiente simples, sem pompa, sem símbolos que inibam as partes e sem imposição de trajes formais ou desconfortáveis. Além de adotar linguagem simples, o mediador há de respeitar a linguagem popular, não corrigindo as partes e fazendo-se compreender do que dizem, sem restringi-las, inibi-las ou causar-lhes desconforto ou constrangimento.

É preciso que todos estejam bem à vontade para falar, ouvir, ponderar, refletir, voltar a falar e a ouvir. A simplicidade e a informalidade devem marcar as sessões de mediação.

7. PRINCÍPIO DA AUTONOMIA DA VONTADE DAS PARTES

A autonomia da vontade deve ser respeitada, reservando-se um espaço destinado para que os interessados possam decidir assuntos de seu interesse e construir a solução do seu conflito, sob a coordenação do mediador, cuja intervenção deve facilitar o restabelecimento da comunicação entre eles.

Não deve o mediador impor procedimento, condições ou propostas que não agradem as partes ou com as quais elas não estejam de acordo. É preciso, enfim, respeitar a vontade das partes, que podem, até mesmo, não querer "*permanecer em procedimento de mediação*" (Lei nº 13.140, de 2015, art. 2º, § 2º).

A autonomia da vontade também é regra que rege o procedimento da mediação. Nos termos do art. 2º, II, do Código de Ética dos mediadores judiciais, a regra de respeito à autonomia da vontade impõe aos mediadores judiciais o "*dever de respeitar os diferentes pontos de vista dos envolvidos, assegurando-lhes que cheguem a uma decisão voluntária e não coercitiva, com liberdade para tomar as próprias decisões durante ou ao final do processo e de interrompê-lo a qualquer momento*".

8. PRINCÍPIO DA BUSCA DO CONSENSO

A mediação é, como já se viu, uma negociação intermediada por um terceiro (mediador), cuja atividade se destina a contribuir com as partes para que busquem o consenso, para que resolvam, por si, a disputa em que estão envolvidos.

Todas as pessoas são negociadores. Diariamente, todos negociam. Quando um casal escolhe um restaurante para jantar ou decide a hora em que os filhos devem deitar-se para dormir, quando um empregado discute um aumento com o chefe, enfim, há negociação em várias situações diárias. A negociação, em todos esses casos, destina-se a uma decisão consensual, a uma solução conjunta.

Pode-se definir a negociação como um processo de resolução de conflitos mediante o qual uma ou ambas as partes modificam suas exigências até alcançarem compromisso aceitável para ambas[1]. Na mediação, tal negociação é intermediada por um terceiro imparcial, que é o mediador.

A definição de negociação, sua realização e suas técnicas aplicam-se a qualquer meio de autocomposição. Tanto na mediação como na conciliação há negociação: chega-se ao consenso final pelo diálogo. A diferença entre a negociação e a mediação está apenas na presença de um terceiro imparcial nesta última. A negociação é, na realidade, uma "mediação sem mediador". Realmente, "*[e]nquanto na mediação é essencial a existência de um mediador, terceiro imparcial que conduz as partes no cami-*

1. CUNHA, Pedro. *Conflito e negociação*. Porto: Edições Asa, 2001, p. 49.

nho do consenso, na negociação as partes podem estar sozinhas a negociar. As próprias partes em conflito podem utilizar as técnicas da negociação, sem intervenção exterior"[2].

Por isso, há quem diga que a negociação seria apenas um componente dos meios de resolução de litígios, destinados à obtenção de autocomposição, não sendo um meio autônomo de solução de disputas[3].

Segundo esclarece Mariana França Gouveia, a negociação pode seguir modelos diversos. Há, nesse sentido, a negociação competitiva e a negociação cooperativa[4]. A diferença entre tais modelos está no resultado pretendido e na atitude assumida para o alcançar. Efetivamente, "*[e]nquanto no modelo competitivo o negociador pretende ganhar a discussão, no modelo cooperativo o foco está na resolução do problema*"[5].

A tendência atual é a de que tentar conciliar ambas as perspectivas, com momentos, durante o processo negocial, de cooperação e momentos de competição[6]. E, nesse sentido, cabe ao mediador atuar com a finalidade de buscar o consenso e a melhor solução possível para ambas as partes. Ao mediador se impõe valorizar a *negociação cooperativa*, evitando que as partes valham-se da *negociação competitiva*, pois se foca no resultado, separando as pessoas do problema a ser solucionado.

O mediador atua como condutor do procedimento para que se obtenha consenso e a melhor solução possível para ambas as partes. Aliás, o mediador há de ser imparcial, não tendo compromisso direto com o êxito de qualquer uma das partes. Seu compromisso é com a obtenção do consenso entre as partes, atuando com imparcialidade e respeitando a autonomia de vontade delas.

9. PRINCÍPIO DA CONFIDENCIALIDADE

As partes precisam estar à vontade para expor todos seus dramas, objetivos, expectativas, confiando ao mediador a condução segura, discreta e serena dos trabalhos destinados à obtenção de uma autocomposição. A confidencialidade, nos termos do § 1º do art. 166 do CPC, "*estende-se a todas as informações produzidas no curso do procedimento, cujo teor não poderá ser utilizado para fim diverso daquele previsto por expressa deliberação das partes*". O que for narrado, conversado, discutido mantém-se em sigilo, não podendo ser divulgado pelo mediador, nem utilizado por qualquer das partes como argumento ou defesa em eventual disputa judicial posterior, caso frustradas as tentativas de autocomposição pelas partes. O mediador tem dever de

---

2. GOUVEIA, Mariana França. *Curso de resolução alternativa de litígios*. Coimbra: Almedina, 2011, p. 36.
3. Ao elaborar sua proposta de programa para uma disciplina nesta área, Paula Costa e Silva não inclui a negociação como matéria autônoma (*A nova face da justiça: os meios extrajudiciais de resolução de controvérsias*. Coimbra: Coimbra editora, 2009).
4. GOUVEIA, Mariana França. Ob. cit., p. 36-39.
5. GOUVEIA, Mariana França. Ob. cit., p. 37.
6. GOUVEIA, Mariana França. Ob. cit., p. 39.

sigilo, não podendo, inclusive, divulgar ou depor em juízo, seja como parte, seja como testemunha, sobre o que lhe foi confidenciado nas sessões realizadas com as partes. O dever de sigilo estende-se aos membros das equipes do mediador (CPC, art. 166, § 2º).

No início da primeira reunião de mediação, o mediador deve, segundo prescreve o art. 14 da Lei nº 13.140, de 2015, alertar as partes acerca das regras confidencialidade aplicáveis ao procedimento.

As partes podem estabelecer *para quais fins* poderão ser utilizadas as informações produzidas no esforço de resolução consensual. Aliás, a confidencialidade, nos termos do § 1º do art. 166 do CPC, *"estende-se a todas as informações produzidas no curso do procedimento, cujo teor não poderá ser utilizado para fim diverso daquele previsto por expressa deliberação das partes"*. Como regra, os profissionais envolvidos nos processos de negociação não podem revelar nenhuma informação a que tenham tido acesso, nem podem depor sobre o conteúdo das discussões, ressalvada, evidentemente, a comunicação com o seu advogado.

A confidencialidade existe, inclusive, *em face do julgador.* Nos termos do art. 30 da Lei nº 13.140, de 2015, *"toda e qualquer informação relativa ao procedimento de mediação será confidencial em relação a terceiros, não podendo ser revelada sequer em processo arbitral ou judicial, salvo se as partes expressamente decidirem de forma diversa ou quando sua divulgação for exigida por lei ou necessária para cumprimento de acordo obtido pela mediação"*.

Os mecanismos consensuais pressupõem um maior poder e participação das partes sobre o seu próprio conflito. De espectadores do debate elas passam a atoras da resolução. A solução negocial pressupõe uma franqueza que passa, muitas vezes, pela admissão de que a outra parte também tem razão. Não há necessidade de um vencedor e um perdedor. O resultado e a solução precisam ser aceitáveis para ambas as partes. Isso passa, em muitas situações, pela admissão de culpa, pela contemplação das oportunidades, pela revisão dos fatos a partir da visão do outro. Não há resolução consensual de disputa sem diálogo. Não é possível, entretanto, haver diálogo franco se o que for dito durante os debates puder ser utilizado como prova em processo judicial ou arbitral.

É por isso também que o Código de Processo Civil estabelece, como regra, que o juiz não participa das audiências ou encontros de mediação, para que não fique influenciado pelas tratativas das partes. Não há franqueza no debate perante quem poderá vir a decidir impositivamente o caso. Com essa preocupação, o CPC fomenta o acompanhamento do processo de solução amigável por um profissional especificamente capacitado para tanto: o mediador ou o conciliador.

Uma importante faceta da confidencialidade nos meios consensuais de disputas é a impossibilidade de qualquer material produzido no esforço de resolução amigável ser utilizado em uma posterior fase do processo submetido à análise do juiz. É inválida a prova produzida durante as negociações frustradas das partes, tenha ou não havido a presença de um terceiro facilitador do diálogo. A confidencialidade do processo de resolução consensual de disputa em face do julgador pressupõe a impossibilidade de utilização do conteúdo e informações produzidas no esforço de resolução.

Não é por outro motivo, aliás, que o § 1º do art. 30 da Lei nº 13.140, de 2015, estende o dever de confidencialidade às partes, a seus prepostos, advogados, assessores técnicas e a outras pessoas de sua confiança que tenham, direta ou indiretamente, participado do procedimento de mediação. A depender da situação, é preferível que o advogado da disputa judicial não seja o mesmo que atuou na mediação, pois, em razão do dever de confidencialidade, a defesa judicial fique comprometida.

É inadmissível, por isso mesmo, o uso, como prova, de qualquer correspondência trocada pelas partes com o claro objetivo de negociar uma solução consensual para um litígio.

No sistema brasileiro, as correspondências trocadas entre as partes com o intuito de negociar uma solução consensual consistem em provas ilícitas, pois violam a boa-fé objetiva, quebrando a confiança que uma parte depositou na outra. O devido processo legal impõe que haja lealdade e boa-fé comportamental entre as partes. Logo, a quebra da confiança e a apresentação de documento utilizado com a específica finalidade de tentar uma autocomposição não se compatibilizam com a boa-fé e a lealdade processuais, maculando o devido processo legal. É por isso que se tem aí uma prova ilícita.

Tudo isso está confirmado no § 1º do art. 30 da Lei nº 13.140, de 2015, que atribui confidencialidade à mediação, estendendo-a declarações, correspondências, manifestações, reconhecimentos e provas produzidas no procedimento de mediação. Aliás, o § 2º do mesmo dispositivo assim dispõe: *"a prova apresentada em desacordo com o disposto neste artigo não será admitida em processo arbitral ou judicial"*.

O princípio da confidencialidade é de fundamental importância para a mediação. Não é exagero dizer que ele, se não for o mais importante, é um dos mais relevantes. As partes precisam ter a garantia de que podem negociar e dialogar abertamente sobre o conflito, sem o receio de prejudicar a sua estratégia jurídica para uma posterior fase litigiosa. Daí a importância da *confidencialidade em face do julgador*.

10. PRINCÍPIO DA BOA-FÉ

A mediação há de ser orientada pelo princípio da boa-fé. O princípio da boa-fé consiste na boa-fé *objetiva*, ou, simplesmente, *boa-fé lealdade*[7]. Em razão do princípio da boa-fé, a conduta há de ser coerente, e não contraditória, exigindo-se um conteúdo mais ético que evite a frustração de expectativas legítimas.

7. CORDEIRO, António Manuel da Rocha e Menezes. *Da boa fé no Direito Civil*. Coimbra: Almedina, 2001.

A boa-fé é princípio direcionado a todos os sujeitos que participem do procedimento da mediação. O mediador, as partes e seus eventuais representantes devem, todos eles, respeitar a boa-fé, atuando com lealdade. Todos devem, enfim, observar o princípio da boa-fé, atuando com lealdade e com respeito à confiança legítima.

O comportamento leal, coerente e transparente, imposto pela boa-fé objetiva, deve ser observado em negócios ou pactos de autocomposição. Aplica-se o disposto no art. 422 do Código Civil. Do princípio da boa-fé deriva a vedação a comportamentos contraditórios, que consiste na chamada proibição do *venire contra factum proprium*. Não há uma proibição genérica a comportamentos contraditórios. É preciso que tenha havido uma conduta de um dos sujeitos que gerou, na mesma situação jurídica ou em situações jurídicas coligadas, uma expectativa legítima no outro sujeito, vindo tal expectativa a ser frustrada por uma segunda conduta. Esta última é, isoladamente considerada, lícita e conforme o direito, mas, uma vez ligada ao caso concreto, torna-se ilícita. Se esta última conduta contradiz à conduta anterior que causou expectativa legítima na parte contrária e lhe acarretou prejuízos, há de ser considerada ilícita[8].

O dever de lealdade é consequência do princípio da boa-fé. Tal dever é imputado a todos os sujeitos do procedimento de mediação: o mediador, as partes e seus eventuais representantes. Assim, todos devem agir com transparência, lealdade e sem condutas contraditórias.

11. PRINCÍPIO DA DECISÃO INFORMADA

Pelo princípio da *decisão informada*, os interessados devem receber informações quantitativas e qualitativas sobre a composição que podem realizar, sendo advertidas das possíveis implicações e dos riscos a serem assumidos. É necessário, enfim, que os interessados sejam bem informados para que não sejam surpreendidos por qualquer consequência inesperada da solução pela qual venham a optar.

Tal princípio decorre do da boa-fé. É preciso que haja transparência, sendo as partes informadas de como deve ser a condução do procedimento, bem como das vantagens, desvantagens, riscos e implicações da mediação e da autocomposição que se busca obter.

12. OBSERVÂNCIA DA CLÁUSULA DE MEDIAÇÃO

As partes devem comparecer à primeira reunião de mediação, se houver, no contrato entre elas celebrado, cláusula de mediação. Marcada a data para a primeira reunião, a mediação considera-se instituída (Lei nº 13.140, de 2015, art. 17). A cláusula de mediação é vinculante, devendo ser respeitada pelas partes.

---

8. ASTONE, Francesco. *Venire contra factum proprium*. Napoli: Jovene, 2006, p. 79-80.

Embora devam comparecer à primeira reunião de mediação, as partes não são obrigadas a permanecer em procedimento de mediação. Isso porque, como já se viu, prevalece a autonomia da vontade. Percebam que os §§ 1º e 2º do art. 2º da Lei nº 13.140, de 2015, preveem duplamente o respeito à autonomia da vontade: havendo cláusula de mediação, as partes, em respeito ao acordado no negócio jurídico, devem comparecer à primeira reunião de mediação. Mas, igualmente em respeito à autonomia da vontade, não há obrigação de qualquer delas manter-se no procedimento de mediação.

É por isso que, nos termos do art. 18 da Lei nº 13.140, de 2015, "*Iniciada a mediação, as reuniões posteriores com a presença das partes somente poderão ser marcadas com a sua anuência*". Como ninguém é obrigado a manter-se no procedimento de mediação, as reuniões posteriores à primeira somente poderão ser marcadas com a anuência das partes.

É possível que o contrato contenha cláusula escalonada, prevendo que, antes mesmo de um processo arbitral ou judicial, as partes submetam-se, por certo período, a um procedimento de mediação[9]. Nesse caso, se a despeito de haver essa previsão, qualquer das partes propuser ação arbitral ou judicial, cabe ao árbitro ou ao juiz determinar a suspensão do processo para que se realize e se ultime o procedimento de mediação. Essa é uma causa de suspensão do processo, arbitral ou judicial, prevista no art. 23 da Lei nº 13.140, de 2015: "*Se, em previsão contratual de cláusula de mediação, as partes se comprometerem a não iniciar procedimento arbitral ou processo judicial durante certo prazo ou até o implemento de determinada condição, o árbitro ou o juiz suspenderá o curso da arbitragem ou da ação pelo prazo previamente acordado ou até o implemento dessa condição*".

As partes poderão submeter-se à mediação, ainda que haja processo arbitral ou judicial em curso, hipótese em que requererão ao juiz ou ao árbitro a suspensão do processo por prazo suficiente para a solução consensual do litígio (Lei nº 13.140, de 2015, art. 16). É irrecorrível a decisão que suspende o processo nos termos requeridos de comum acordo pelas partes (Lei nº 13.140, de 2015, art. 16, § 1º). Com efeito, se as próprias partes requerem a suspensão do processo para que se submetam à mediação, não é conduta compatível com a boa-fé a interposição de recurso contra a decisão que acolhe tal requerimento. Constitui, em outras palavras, um *venire contra factum proprium* a parte requerer a suspensão do processo e, posteriormente, recorrer da decisão que, em acolhimento a tal requerimento, determina a suspensão do processo. Mesmo que não houvesse previsão expressa no § 1º do art. 16 da Lei nº 13.140, de 2015, de que a decisão que suspende o processo seria irrecorrível, não seria possível admitir-se recurso de qualquer das partes, em razão da aplicação do princípio da boa-fé.

---

9. LEVY, Fernanda Rocha Lourenço. *Cláusulas escalonadas:* a mediação comercial no contexto da arbitragem. São Paulo: Saraiva, 2013.

Durante a suspensão do processo judicial ou arbitral, é vedada a prática de qualquer ato pelo juiz ou pelo árbitro, a não ser para conceder medidas de urgência que obstem a consumação de uma lesão, evitando um risco de dano irreparável ou de difícil reparação (CPC, art. 314). A suspensão do processo obsta a prática de atos processuais, ressalvada a concessão de medidas de urgência pelo juiz ou pelo árbitro (Lei nº 13.140, de 2015, art. 16, § 2º).

Art. 3º Pode ser objeto de mediação o conflito que verse sobre direitos disponíveis ou sobre direitos indisponíveis que admitam transação.

§ 1º A mediação pode versar sobre todo o conflito ou parte dele.

§ 2º O consenso das partes envolvendo direitos indisponíveis, mas transigíveis, deve ser homologado em juízo, exigida a oitiva do Ministério Público.

Humberto Dalla Bernardina de Pinho

1. COMENTÁRIOS

Antes de ingressar no exame do art. 3º da Lei da Mediação, é necessário abordar algumas questões necessárias à adequada compreensão do tema.

Iniciamos com a menção à consensualidade e à cooperação, notas marcantes do novo Código de Processo Civil brasileiro. Além do já citado artigo 6º, que prestigia o princípio da cooperação como norma fundamental do processo civil, o novo diploma legal traz diversas previsões com incentivo ao uso dos meios adequados de solução de controvérsia, notadamente a mediação e a conciliação (art. 3º e 334).

Ademais, o artigo 139, inciso V do CPC prevê que cabe ao juiz "promover, a qualquer tempo, a autocomposição", e o artigo 381, inciso II autoriza a produção antecipada de prova quando esta "seja suscetível de viabilizar a autocomposição ou outro meio adequado de solução de conflito".

Esses exemplos ilustram a ideia do juiz como agente concretizador da política pública de solução de conflitos.

Além disso, o CPC de 2015 inovou ao introduzir no ordenamento jurídico brasileiro a figura das convenções processuais, que são negócios[1] jurídicos bilaterais.

Passamos a ter, agora, três possíveis convenções a serem inseridas nos contratos: convenção de arbitragem (art. 3º da Lei nº 9.307/96), pacto de mediação (art. 23 da Lei nº 13.140/2015) e negócios processuais (art. 190 do CPC). Quanto a esses últimos, além da cláusula geral do art. 190, temos, também os negócios típicos[2], previstos pelo legislador para determinadas situações específicas.

1. "Negócio processual é o fato jurídico voluntário, em cujo suporte fático confere-se ao sujeito o poder de escolher a categoria jurídica ou estabelecer, dentro dos limites fixados no próprio ordenamento jurídico, certas situações jurídicas processuais". DIDIER Jr., Fredie; NOGUEIRA, Pedro Henrique Pedrosa. Teoria dos fatos jurídicos processuais. 2a ed. Salvador: Editora Jus Podivm, 2012, p. 59.

2. Típicos são aqueles previstos na própria lei, como, por exemplo, eleição de foro (art. 63), suspensão convencional do processo (art. 313, II), escolha consensual do mediador e do perito (arts. 168 e 471),

O parágrafo primeiro do art. 3º ressalva que a mediação pode versar sobre todo o conflito ou apenas parte dele. A exemplo do que já ocorre na arbitragem, as partes podem selecionar uma questão específica e submetê-la à mediação. Ou, no caso da cumulação de pedidos, indicar a mediação como ferramenta mais adequada para um deles e a arbitragem ou mesmo o processo judicial para o outro.

Ademais, importante observar os limites subjetivos para o cabimento de cada uma dessas convenções. Como é de conhecimento geral, o art. 3º da Lei de Mediação é um divisor de águas no que se refere à definição dos limites do acordo a partir da espécie de direito em jogo.

É digno de nota que o legislador opta por impor apenas limites objetivos, não excluindo da mediação incapazes ou mesmo vulneráveis.

Assim sendo, nada impede que a mediação seja realizada acerca de direitos titularizados por menores ou incapazes, o que não é possível em outras ferramentas, como a arbitragem (ver art. 1º da Lei nº 9.307/96, que neste ponto, pelo menos numa perpectiva litaral, não foi alterado pela Lei nº 13.140/2015).

Ainda nessa perspectiva, as convenções processuais também não podem ser realizadas quando colocam em risco direitos daqueles que se encontram em manifesta situação de vulnerabilidade, nos exatos termos da parte final do parágrafo único do art. 190 do CPC. Não custa lembrar que vulnerabilidade[3] significa suscetibilidade, e pode ser examinada nos planos material ou processual, como bem salienta Fernanda Tartuce[4].

Feito esse breve intróito, passemos ao exame do art. 3º da Lei nº 13.140/2015.

Para facilitar a compreensão do processo de amadurecimento do texto, apresentamos, abaixo, um quadro comparativo entre os dispositivos dos três Projetos

saneamento consensual (art. 357, § 2º), adiamento da audiência (art. 362, I), distribuição diversa do ônus da prova (art. 373, §§ 3º e 4º), liquidação de sentença por arbitramento (art. 509, I), desistência de uso de documento cuja falsidade é alegada pela parte contrária (art. 432, parágrafo único) e etc.

3. "Vulnerabilidade indica suscetibilidade em sentido amplo, sendo a hipossuficiência uma de suas espécies (sob o viés econômico). A suscetibilidade do litigante, porém, pode advir de outros fatores involuntários que o acometam; como vulnerabilidade pode decorrer da condição pessoal, é essencial adotar critérios objetivos para sua aferição. Traçar de maneira objetiva fatores que ensejam dificuldades adicionais para o litigante vulnerável e propor soluções é crucial para a igualdade real. A insuficiência econômica, também chamada de hipossuficiência, tem repercussão processual na medida em que impede ou dificulta a realização de atos processuais. Sempre que um sujeito processual não conseguir dar andamento ou atuar para defender seu direito por força de um óbice econômico, deve-se perquirir se é legítimo que ele sofra tal limitação em razão do obstáculo pecuniário e atuar de forma coerente com a resposta". TARTUCE, Fernanda. Vulnerabilidade Processual no novo CPC, artigo disponível no seguinte endereço: https://www.academia.edu/25885818/Vulnerabilidade_processual_no_Novo_CPC, acesso em 05 de junho de 2016.

4. "Vulnerabilidade processual é a suscetibilidade do litigante que o impede de praticar atos processuais em razão de uma limitação pessoal involuntária; a impossibilidade de atuar pode decorrer de fatores de saúde e/ou de ordem econômica, informacional, técnica ou organizacional de caráter permanente ou provisório". TARTUCE, Fernanda. Igualdade e Vulnerabilidade no Processo Civil. São Paulo: Método, 2012, p. 184.

de Lei que tramitaram no Senado e a redação do Projeto votado na Câmara e que antecedeu a redação definitiva adotada na Lei nº 13.140/2015.

PLS 517/11 – Sen. Ricardo Ferraço (mediação judicial e extrajudicial)	PLS 434/13 – Ministério da Justiça (mediação extrajudicial, judicial, pública e on-line)	Senado – PLS 405/13 – Min. Luis Felipe Salomão (mediação extrajudicial e on line)	Projeto – versão Câmara dos Deputados – PL 7.169/2014
Art. 8º A mediação pode versar sobre todo o conflito ou parte dele. ... Art. 7º É possível a mediação em todo e qualquer litígio submetido ao Poder Judiciário, desde que as partes a desejem de comum acordo ou que sua realização seja recomendada pelo magistrado, pelo Ministério Público, pela Defensoria Pública ou por outro sujeito do processo.	Art. 3º Pode ser objeto de mediação toda matéria que verse sobre direitos disponíveis ou de direitos indisponíveis que admitam transação. § 1º Os acordos que envolvam direitos indisponíveis somente terão validade após a oitiva do Ministério Público, quando devida, e posterior homologação judicial. § 2º O Ministério Público deverá se manifestar sobre o termo de mediação no prazo máximo de quinze dias. Art. 4º Esta Lei não se aplica aos conflitos que versem sobre: I – filiação, adoção, poder familiar e invalidade de matrimônio; II – interdição; III – recuperação judicial e falência; IV – medidas cautelares.	Art. 2º Pode ser objeto de mediação toda matéria que admita composição. § 1º Os acordos que envolvam direitos indisponíveis deverão ser objeto de homologação judicial. § 2º Quando houver interesse de incapazes, a oitiva do Ministério Público será necessária antes da homologação judicial. Art. 4º O início de processo arbitral ou judicial não implica, por si só, renúncia a se recorrer à mediação ou à conclusão de procedimento de mediação em andamento. Art. 3º Esta lei não se aplica à hipótese de o juiz, no âmbito de processo judicial, ou de o árbitro, no âmbito de processo arbitral, buscar facilitar a obtenção de uma solução acordada entre as partes para o conflito.	Art. 3º Pode ser objeto de mediação o conflito que verse sobre direitos disponíveis ou de direitos indisponíveis que admitam transação. § 1º A mediação pode versar sobre todo o conflito ou parte dele. § 2º O consenso das partes envolvendo direitos indisponíveis, mas transigíveis, deve ser homologado em juízo, exigida a oitiva do Ministério Público. § 3º Salvo em relação aos seus aspectos patrimoniais ou às questões que admitam transação, não se submete à mediação o conflito em que se discuta: I – filiação, adoção, poder familiar ou invalidade de matrimônio; II – interdição; III – recuperação judicial ou falência; IV – relações de trabalho.

Contudo, antes mesmo dessas iniciativas legislativas, é preciso lembrar a redação do antigo PL 4827/98. O Diploma dispunha, em seu artigo 4º, ser "*lícita a mediação em toda matéria que admita conciliação, reconciliação, transação ou acordo de outra ordem*".

Inicialmente, observa-se claramente uma dificuldade conceitual em todas as iniciativas legislativas: definir o alcance objetivo do acordo.

Diante da imprecisão do texto legal, remanescem as indagações: como definir, exatamente, o que seja um direito disponível? Como distingui-lo de um direito indisponível? Seriam esses conceitos estáticos ou dinâmicos, ou seja, um direito rotulado como disponível sempre se comportaria dessa forma? Ou talvez um mesmo direito pudesse assumir, simultaneamente uma e outra característica, dependendo do referencial?

Lembro-me de um exemplo frequentemente utilizado pelo Prof. Sergio Bermudes em suas palestras, por ocasião da Reforma Processual de 1994. Ele se referia ao direito aos alimentos como um direito dúplice, pois para o alimentante, ele se reveste de caráter disponível, ao passo que, para o alimentando, seria, indisponível.

Como se isso não bastasse, interessante remomorar as discussões em torno dos direitos coletivos, que podem ser concomitantemente disponíveis (no plano individual) e indisponíveis (no plano coletivo). É o caso típico dos direitos individuais homogêneos. Os Tribunais Superiores enfrentaram inúmeras vezes essa questão, sobretudo quando tiveram que fixar os limites para a atuação do MP na tutela desses direitos[5].

E a tormentosa discussão tende a ser reacendida diante dos lacônicos termos do art. 32, III da Lei de mediação, reproduzido no art. 174, III do CPC/2015, que prevê a admissibilidade de mediação no TAC, sem no entanto fixar limites quanto à legitimidade, alcance ou objeto, permitindo, ainda que em tese, transação sobre o próprio direito material[6].

Tudo isso reforça a tese de que há a necessidade premente de se determinar o alcance de cada uma das espécies de direito contempladas no art. 3º.

Vamos nos dedicar a essa tarefa nas linhas que se seguem.

Numa interpretação literal do referido dispositivo teremos direitos disponíveis e indisponíveis. Os disponíveis são sempre transacionáveis; os indisponíveis podem ou não admitir autocomposição.

Quanto aos disponíveis, é possível realizar a mediação extrajudicial. Para facilitar a compreensão, apresentamos, abaixo, as quatro hipóteses passíveis de ocorrência nesse caso:

---

5. Apenas a título de exemplo: STJ, AgRg no REsp 280.505-MG, rel. Min. Nancy Andrighi, j. 12-11-2001, *Informativo STJ*, n. 116. STJ, 3ª T., REsp 58.682/95-MG, rel. Min. Carlos Alberto Menezes Direito, disponível no *site* do STJ. STJ, REsp 207.336-SP, rel. Min. Antônio de Pádua Ribeiro, j. 5-12-2000, *Informativo* n. 81. STF, RE 163.231-SP, *DJU*, 29-6-2001, e STF, RE 213.015-DF, rel. Min. Néri da Silveira, j. 8-4-2002, *Informativo STF*, n. 263. STJ, REsp 168.859-RJ, rel. Min. Ruy Rosado, j. 6-5-1999. STJ, REsp 292.636-RJ, rel. Min. Barros Monteiro, j. 11-6-2002, *Informativo STJ*, n. 138. STJ, REsp 200.827-SP, rel. Min. Carlos Alberto Menezes Direito, *Informativo STJ*, n. 144. STJ, REsp 298.432-SP, rel. Min. José Arnaldo da Fonseca, j. 3-12-2002, *Informativo STJ*, n. 157. STJ, REsp 95.347-SE, rel. Min. Edson Vidigal, *DJU*, 1º-2-1999, p. 221. STJ, 2ª T., REsp 162.026-MG, rel. Min. Peçanha Martins, j. 20-6-2002, *Informativo STJ*, n. 139. STJ, REsp 177.965-PR, rel. Min. rel. Min. Ruy Rosado de Aguiar, *DJU*, 23-8-1999, p. 130. STJ, REsp 286.732-RJ, rel. Min. Nancy Andrighi, j. 9-10-2001, *Informativo STJ*, n. 112. STJ, REsp 220.256-SP, rel. Min. José Delgado, *DJU*, 18-10-1999, p. 215. STJ, REsp 332.331-SP, rel. Min. Castro Filho, j. 26-11-2002, *Informativo STJ*, n. 156. STJ, REsp 419.187-PR, rel. originário Min. Laurita Vaz, rel. p/acórdão Min. Gilson Dipp, j. 15-4-2003, *Informativo STJ*, n. 170. STJ, REsp 146.483-PR, rel. Min. Hamilton Carvalhido, j. 5-2-2004, *Informativo*, n. 197. STJ, REsp 416.298-SP, rel. Min. Ruy Rosado, j. 27-8-2002, *Informativo STJ*, n. 140. STJ, REsp 240.033-CE, 1ª T., rel. Min. José Delgado, j. 15-8-2000, *Informativo*, n. 66. STJ, REsp 267.499-SC, rel. Min. Ari Pargendler, j. 9-10-2001, *Informativo*, n. 112.

6. PINHO, Humberto Dalla Bernardina de. VIDAL, Ludmilla Camacho Duarte. Primeiras reflexões sobre os impactos do novo CPC e da lei de mediação no compromisso de ajustamento de conduta, in Revista de Processo, vol. 256, ano 41, jun/2016, Revista dos Tribunais: São Paulo, pp. 371/411.

a) o acordo é firmado na via extrajudicial por instrumento público e, automaticamente, se converte em título executivo extrajudicial, na ofrma do art. 784, II do CPC;

b) o acordo é firmado na via extrajudicial por instrumento particular e, se preenchidos os requisitos formais do art. 784, III do CPC, converte-se em título executivo extrajudicial;

c) o acordo é firmado na via extrajudicial e não preenche os requisitos do art. 784, III, mas atende ao disposto no art. 700 do CPC, ensejando o ajuizamento de ação monitória, no caso de descumprimento.

d) o acordo é firmado na via extrajudicial e as partes desejam submetê-lo à homologação judicial para obter maior grau de segurança jurídica, o que pode ser feito na forma dos arts. 725, VIII c/c 515, III, mesmo que o documento já ostente os requisitos mínimos para constituir título executivo extrajudicial (art. 785).

Por outro lado, pode o acordo ser firmado na via judicial, ou seja, na pendência de uma demanda já ajuizada. Nesse caso, caberá ao magistrado homologá-lo (art. 334, § 11, 515, II, e 487, III, "b"), ainda que venha a envolver sujeito estranho ao processo ou versar sobre relação jurídica que não tenha sido deduzida em juízo (art. 515, § 2º).

Vejamos agora os direitos indisponíveis. Primeiramente temos os direitos indisponíveis não transacionáveis. Nesses casos, haverá ou uma expressa norma proibindo o acordo, ou ainda a violação a um direito fundamental, o que deverá ser apreciado pelo magistrado no caso concreto, já que tais acordos necessitam da homologação judicial, precedida da oitiva do Ministério Público, para que possam produzir seus efeitos.

Assim sendo, caso o juiz entenda que as partes se excederam, e avançaram sobre matéria que não se encontra dentro de sua esfera de disposição, deverá recusar a homologação.

Podemos dizer, então, que se for feito acordo sobre direito indisponível não transacionável, tal avença será nula de pleno direito.

Como exemplos podemos citar os seguintes dispositivos legais:

a) art. 1.609 do Código Civil (O reconhecimento dos filhos havidos fora do casamento é irrevogável).

b) art. 39, § 1º da Lei nº 8.069/90 (a adoção é medida irrevogável).

c) arts. 1º e 9º da Lei nº 9.434/97 (autorizam a disposição apenas gratuita de tecidos, órgãos e partes do corpo humano em vida para fins terapêuticos e de transplante).

Qualquer acordo de vontades que contrarie expressamente tais dispositivos legais será nulo.

Por outro lado, na hipótese dos direitos indisponíveis transacionáveis, o acordo pode ser alcançado nas vias judicial ou extrajudicial, mas enquanto não for submetido ao crivo judicial não poderá produzir seus efeitos. Em outras palavras, a homologação é condição de eficácia do acordo.

Como se percebe facilmente, diante da imprecisão conceitual, há o risco de que o magistrado não homologue um acordo após um longo e complexo procedimento de mediação versando sobre direitos indisponíveis. Basta que o juiz considere o direito indisponível não transacionável.

Nesse caso, ele proferirá decisão interlocutória recusando homologação (art. 334, § 11, a contrario sensu). O grande problema aqui é que essa hipótese não está, em princípio, prevista no art. 1.015 do CPC, o que nos levaria, numa primeira leitura, à conclusão de que tal ato do juiz seria irrecorrível, ao menos naquele momento. Poderiam as partes, futuramente, por ocasião da sentença, apelar e trazer essa questão nas razões ou nas contrarrazoes do apelo, nos exatos termos do art. 1.009, § 1º.

Contudo, pensamos nós, que se na decisão o juiz recusar a homologação sob o argumento de que o direito não admite autocomposição, isso equivale a uma decisão interlocutória de mérito e, nessa hipótese, a via do agravo de instrumento se mostra cabível nos exatos termos do art. 1.015, II (decisão sobre o mérito).

Por outro lado, se a recusa da homologação se prende a ausência de um requisito formal, como por exemplo a ausência de assistência de advogado, ou mesmo ausência de representação ou assistência no caso do incapaz, a decisão resta não agravável, podendo ser atacada, apenas, nos restritos limites dos embargos de declaração, na forma do art. 1.022.

Dois outros dispositivos da Lei de Mediação têm pertinência direta com o art. 3º, § 2º: o art. 23, que trata do pacto de mediação, e o art. 2º (ninguém será obrigado a permanecer em procedimento de mediação).

Como já referimos, a Lei de Mediação acrescenta uma terceira hipótese de convenção, que consiste na necessidade da tentativa de acordo via procedimento de mediação antes de ser provocada a jurisdição estatal, ou instaurada a instância arbitral.

Numa interpretação literal, a primeira parte do comando do art. 23 revela que é possível a inserção de cláusula contratual segundo a qual as partes se comprometem a não iniciar procedimento judicial ou arbitral por certo prazo ou até o implemento de condição.

Trata-se de manifestação concreta da técnica da advocacia colaborativa. Em determinadas situações, é saudável que sejam esgotadas todas as ferramentas conciliatórias antes da adoção de uma solução impositiva[7].

7. "Se o contrato compreende três fases (pré, contratual e pós-contratual), a cláusula de mediação tem a eficácia necessária para garantir a melhor alternativa para a finalização da fase contratual e da pós-contratual, na medida em que por ser um processo de autocomposição, não adversarial, autônomo, a condução destas fases por um mediador privado pode levar as partes para um novo enquadramento que as separem do conflito original para uma resolução de nova adaptação de seus interesses, seja ou não com a manutenção

Antes que se pense que o dispositivo pode gerar embaraços ao princípio da inafastabilidade da prestação jurisdicional, não custa lembrar que, como já deixamos claro em outra oportunidade[8], adotamos uma concepção mais ampla da jurisdição de forma que nesse momento, mesmo que não provocado o judiciário, já haverá jurisdição em sentido lato, observada a nova dimensão dada pelo art. 3º do CPC.

Ademais, como uma precaução salutar, o parágrafo único desse dispositivo ressalva que a norma não se aplica às medidas de urgência, ou seja, àquelas na quais o acesso ao Poder Judiciário é necessário para evitar o perecimento do direito. Obviamente estão incluídas aqui as modalidades de urgência previstas no art. 300 do CPC/2015, ou seja, a cautelar e a antecipatória (quanto a essa última, tanto na forma antecedente como na incidental).

A segunda parte do art. 23 da Lei da Mediação prevê a consequência processual do não atendimento a essa convenção. Assim, o árbitro ou o juiz suspenderá o curso da arbitragem ou da ação pelo prazo previamente acordado.

Não obstante o silêncio do legislador, estamos em que a inobservância do pacto revela clara violação ao dever de colaboração, fato esse que deverá ser examinado pelo magistrado quando do ajuizamento da demanda. Importante observar que em certas hipóteses é possível identificar, claramente, ou o atendimento a esse dever ou a sua violação. Veja-se, por exemplo, o art. 29 da Lei da Mediação, que prevê a isenção das custas caso o acordo seja alcançado antes da citação do réu.

Trata-se, a nosso ver, de medida indutiva, na forma do art. 139, IV do CPC/2015, ou seja, norma que visa não a sanção, mas sim a premiação daquele que se desincumbiu satisfatoriamente do dever de colaboração.

Por outro lado, aquele que dolosamente viola o comando do art. 23 da Lei da Mediação está a merecer medida sancionatória, na medida em que houve direta e nítida violação à disposição contratual inserida por expressa manifestação de vontade de ambos os contratantes.

Seria cabível, aqui, por interpretação extensiva, a imposição da multa do art. 81 do CPC/2015.

Ressalte-se, por fim, que a norma do art. 23 deve ser interpretada em consonância com o disposto no art. 2º, também da Lei de Mediação, segundo o qual ninguém será obrigado a permanecer em procedimento de mediação.

---

das suas relações comerciais ou sociais". SILVA, Vivien Lys Porto Ferreira da. A aderência da cláusula de mediação nos contratos sob a ótica dos princípios contratuais – Efetividade privada versus judicialização, in Revista de Arbitragem e Mediação, vol. 46, Jul-Set/2015, p. 181.

8. PINHO, Humberto Dalla Bernardina de. STANCATI, Maria M. S. Martins. A ressignificação do princípio do acesso à justiça à luz do art. 3º do Código de Processo Civil de 2015. Revista de Processo, v. 254, Abr/2016, São Paulo: Revista dos Tribunais, p. 20.

Como o texto legal utiliza a expressão "permanecer em procedimento" e não "iniciar o procedimento" parece intuitivo que é obrigatório o comparecimento à primeira sessão, denominada por alguns de pré-mediação ou sessão preparatória[9].

Feitas essas ponderações, podemos afirmar que a ideia da mediação envolvendo direitos indisponíveis se coloca dentro de um movimento de expansão do uso dos meios de obtenção de consenso, dentro da lógica de economia processual, efetividade, celeridade, adequação e real pacificação do conflito.

Ademais, a mediação não é meio alternativo à via judicial e nem esta é alternativa a primeira. Todos os meios de resolução de conflito se complementam num sistema integrado, assim como expresso no art. 3º do CPC/2015, que deve abarcar também as hipóteses de desjudicialização, na medida em que essas ferramentas se afinam com a ideia do uso racional dos meios judiciais.

Nesse passo, a aproximação entre o Poder Judiciário e os meios adequados de resolução de conflitos revela um grau maior de acesso democrático à via jurisdicional tradicional, bem como impõe a releitura do conceito clássico do interesse em agir. Começa a se consolidar a ideia de que as partes, antes do ajuizamento da demanda, devem tentar ao menos uma forma de solução amigável do problema.

Minimamente, devem demonstrar ao magistrado, na inicial, que tentaram um contato no sentido de esclarecer o fato ou mesmo desenhar possíveis alternativas à satisfação da pretensão. Essa prática está em perfeita sintonia com a ideia de cooperação, efetividade e duração razoável do processo, e não deve ser confundida com a antiga ideia de "esgotamento" das vias administrativas antes do ajuizamento da demanda. Nesse sentido, como apontado ao longo do trabalho, os Tribunais Superiores já têm redimensionado a figura do interesse em agir.

De outro lado, exsurge a figura do juiz como agente de filtragem de conflitos, cabendo a ele identificar, num ambiente cooperativo, a ferramenta mais adequada e capaz de levar à pacificação do litígio. Em outras palavras, a jurisdição pacificadora se consolida a partir do binômio acessibilidade plena e intervenção mínima ou secundária. Esse binômio permite o acesso qualificado à justiça, ou seja, o uso racional dos instrumentos jurisdicionais.

Uma outra decorrência dessa ideia é a noção de um Poder Judiciário monitorador. Como há um sistema estruturado com múltiplas ferramentas, não há necessidade, em muitos casos, da intervenção automática ou imediata, o que não significa dizer que o Judiciário não deva acompanhar com atenção aquele caso.

Há muito já temos manifestações práticas desse conceito. A própria figura da audiência de justificação, prevista no art. 300, § 2º do CPC/2015, ou mesmo a denominada "audiência especial" muitas vezes designada em varas de família ou nos juizados especiais, servem para que as partes saibam que a questão já está sob exame

9. ALMEIDA, Tania. Caixa de Ferramentas em Mediação, São Paulo: Dash, 2014, p. 39.

do juiz, com participação do Ministério Público e da Defensoria Pública, muitas das vezes. Isso passa ao jurisdicionado uma noção de segurança, ao mesmo tempo em que o instrumento pode ser mais bem explorado, sobretudo para a proposta de convenções, calendarização ou mesmo uso das ferramentas de obtenção de consenso.

Nessa linha, e retomando o conceito de instituição de uma política pública de uso dos meios adequados para a solução dos conflitos, podemos dizer, também, que cabe ao Poder Judiciário uma função pedagógica, educativa e aconselhadora, o que, mais uma vez, se afina com o conceito de jurisdição cooperativa.

Contudo, é necessária prudência, na medida em que somos uma democracia constitucional jovem, pelo menos para os padrões europeus, e a figura do acesso à justiça ainda não está integralmente consolidada entre nós, na medida em que muitos brasileiros ainda não têm o pleno acesso aos mecanismos de proteção dos seus direitos, principalmente por causas externas ao Poder Judiciário, como a miséria, a ausência de condições básicas de educação, saúde e saneamento, e mesmo pela falta de informações adequadas.

Isso justifica a ideia de uma audiência com comparecimento obrigatório das partes para que sejam esclarecidas acerca das ferramentas utilizáveis para tentar a composição do seu conflito. Nesse passo, são plenamente justificáveis o cabimento de sanção para a parte que falta sem justificativa à audiência de conciliação ou de mediação (art. 334, § 8º), a previsão da audiência de mediação ou de conciliação como etapa necessária das ações de família (art. 695 do CPC/2015), a designação de audiência de mediação no litígio coletivo pela posse de imóvel (art. 565), e mesmo as disposições previstas nos arts. 2º, § 2º (ninguém será obrigado a permanecer em procedimento de mediação) e 23 (pacto de mediação) da Lei nº 13.140/2015.

Assim sendo, toda a discussão acerca da "obrigatoriedade" da mediação parece ficar esvaziada. O legislador brasileiro, com extrema sabedoria e sensibilidade, opta por um sistema intermediário entre a mediação facultativa e a obrigatória, acolhendo a ideia de acesso adequado à justiça e a racionalização dos instrumentos de composição do litígio.

Essa primeira audiência tem, ainda, uma finalidade muito importante. Se bem conduzida, por profissional treinado, operoso e justamente remunerado, pode despertar nas partes a compreensão da necessária distinção entre suas posições (manifestações externas do conflito) e interesses (reais desejos), de forma a construir um feixe maior de possibilidades de acordo. Isso é expressamente admitido pelo art. 515, § 2º do CPC/2015 (a autocomposição judicial pode envolver sujeito estranho ao processo e versar sobre relação jurídica que não tenha sido deduzida em juízo).

Contudo, a importação dos meios de obtenção do consenso para o processo judicial pode produzir alguns efeitos colaterais. Idealmente, toda a atividade de busca do acordo deveria preceder o processo judicial. Como isso ocorre na minoria das hipóteses, nosso direito processual precisou se aparelhar para acolher o sistema multiportas, fazendo as necessárias adaptações.

Trata-se de um "transplante" de uma atividade tipicamente extrajudicial para o meio judicial. Entretanto, essa medida, nessa quadra do estágio evolutório do direito brasileiro, é absolutamente necessária, até mesmo como forma de legitimar o uso dos meios adequados perante o jurisdicionado.

Para o bem e para o mal, ainda é muito forte a ideia de que o juiz é o único que pode resolver o problema. É ainda alto o nível de dependência das partes da solução imposta ou mesmo homologada pelo magistrado. Assim sendo, parece-nos temerário conduzir uma mudança radical e abrupta nesse componente cultural de nossa sociedade. Mudanças desse jaez devem ser feitas lentamente, com permanente monitoramento, auscultando a sociedade organizada e mantendo sempre aberto o diálogo com as demais instituições.

Por fim, podemos dizer que o perfil pacificador mitiga a ideia da indisponibilidade absoluta de certos direitos, na medida em que, agora, o art. 3º § 2º da Lei nº 13.140/2015 passa a admitir, expressamente, a transação para certos direitos indisponíveis.

No mesmo sentido, o interesse público passa também por uma releitura, já que a Fazenda pode submeter seus conflitos à mediação (art. 32 da Lei nº 13.140/2015) e mesmo à arbitragem (art. 1º, § 1º da Lei nº 9.307/96, com redação dada pela Lei nº 13.129/2015), além de poder, também, convencionar sobre o procedimento (art. 190 do CPC/2015).

2. BIBLIOGRAFIA

PINHO, Humberto Dalla Bernardina de. *Teoria Geral da Mediação – à luz do Projeto de Lei e do Direito Comparado*, Rio de Janeiro: Lumen Juris, 2008.

______. La Mediación en la Actualidad y en el Futuro del Proceso Civil Brasileño (Libro: Mediación, Arbitraje y Resolución Extrajudicial de Conflictos en el Siglo XXI, Tomo I – Mediación, organizado por: Fernández Canales, Carmen; García Villaluenga, Leticia; Vázquez de Castro, Eduardo; y Tomillo Urbina, Jorge Luis. Editorial Reus, Madrid, 2010, pp. 351-366.

______. Marco Legal da Mediação no Brasil, in GABBAY, Daniela Monteiro. TAKAHASHI, Bruno. *Justiça Federal: inovações nos mecanismos consensuais de solução de conflitos*, Brasília: Gazeta Jurídica, 2014, pp. 35/90.

______. Reflexiones sobre la mediación judicial y las garantías constitucionales del proceso. Revista Confluencia: Análisis, Experiencias y Gestión de Conflictos, vol. 2, 2014, pp. 74/88.

______. The Legal Framework of Mediation in Brazilian Law. *Panorama of Brazilian Law*, year 2, number 2, 2014, pp. 113/141.

_____. Audiência de conciliação ou de mediação: o art. 334 do CPC/2015 e a nova sistemática do acordo judicial, in LUCON, Paulo Henrique dos Santos et alli. Processo em Jornadas, Juspodvm: Salvador, 2016, pp. 445/453.

_____. O Histórico da Lei de Mediação Brasileira: do Projeto de Lei 94 à Lei nº 13.140/2015, in Revista de Arbitragem e Mediação, Ano 12, nº 46, Jul./Set. de 2015, pp. 123/139.

______; HALE, Durval. CABRAL, Tricia. O Marco Legal da mediação no Brasil, São Paulo: Atlas, 2015.

______; ASMAR, Gabriela; PAUMGARTTEN, Michele. Chapter 40. Brazil. In: SCHONEWILLE, Manon; SCHONEWILLE, Fred. *The Variagated Landscape of Mediation. A Comparative Study of Mediation in Europe and the World*. Holanda: Eleven, 2014, pp. 533-549.

______; MARQUES, Paula Menna Barreto. Os meios adequados de solução de conflitos e o novo Código de Processo Civil: a conciliação, a mediação e a arbitragem, in CARNEIRO, Paulo Cezar Pinheiro; GRECO, Leonardo; PINHO, Humberto Dalla Bernardina de. Inovações do Código de Processo Civil de 2015, Rio de Janeiro: GZ, 2016, pp. 247/270.

______; PAUMGARTTEN, Michele Pedrosa. Os Desafios para a Integração entre o Sistema Jurisdicional e a Mediação a Partir do Novo Código de Processo Civil. Quais as Perspectivas para a Justiça Brasileira? In REZENDE, Diogo. PELAJO, Samantha. PANTOJA, Fernanda (org.). A Mediação no Novo Código de Processo Civil, Ed. Forense, Rio de Janeiro, 2015, pp. 11/42.

_____; STANCATI, Maria M. M. S.. A ressignificação do princípio do acesso à justiça à luz do art. 3º do código de processo civil de 2015, in Revista de Processo, vol. 254, São Paulo: Revista dos Tribunais, 2016, pp. 17/44.

Seção II

Dos Mediadores

Subseção I

Disposições Comuns

Art. 4º O mediador será designado pelo tribunal ou escolhido pelas partes.

§ 1º O mediador conduzirá o procedimento de comunicação entre as partes, buscando o entendimento e o consenso e facilitando a resolução do conflito.

§ 2º Aos necessitados será assegurada a gratuidade da mediação.

Trícia Navarro Xavier Cabral

1. A DESIGNAÇÃO DO MEDIADOR

As formas de indicação do mediador estão disciplinadas em três dispositivos legais: a) no art. 1º, parágrafo único, da Lei de Mediação, quando, ao conceituar a atividade de mediação, diz que ela será exercida por terceiro imparcial, aceito ou escolhido pelas partes; b) no art. 4º, *caput,* da Lei de Mediação, que prevê que o mediador pode ser designado pelo tribunal ou escolhido pelas partes; e c) também no art. 168, do CPC, que estabelece a possibilidade de as partes escolherem, de comum acordo, o mediador, o qual pode ou não estar cadastrado no tribunal (§ 1º), sendo que, inexistindo acordo pelas partes, haverá distribuição entre os mediadores cadastrados no tribunal, observada a respectiva formação (§ 2º).

De qualquer forma, na indicação do mediador deve prevalecer sempre a escolha feita pelas partes[1], uma vez que tanto a Lei de Mediação, no art. 2º, inciso V, quanto o CPC, no art. 166, *caput*, prestigiam o princípio da autonomia privada[2], também

1. Em agosto de 2016 o Conselho da Justiça Federal promoveu a I Jornada de Prevenção e Solução Extrajudicial de Litígios, em Brasília, e sobre o tema em comento aprovou o Enunciado 83 – "O terceiro imparcial, escolhido pelas partes para funcionar na resolução extrajudicial de conflitos, não precisa estar inscrito na Ordem dos Advogados do Brasil e nem integrar qualquer tipo de conselho, entidade de classe ou associação, ou nele inscrever-se.".

2. O tema envolvendo o poder de liberdade de conduta das partes dentro do processo pode ser visto na doutrina sob as expressões "autonomia privada", "autonomia da vontade" e "autorregramento", dependendo do critério utilizado pelo autor. O termo "autonomia privada" tem sido considerado o mais adequado por decorrer do direito à dignidade humana e do princípio democrático, que sustentam a noção de liberdade, sendo que a "autonomia da vontade" teria uma conotação mais subjetiva, principiológica, enquanto que o termo "autorregramento" seria restrito ao conceito de negócio jurídico, não envolvendo outras formas e níveis de liberdades comportamentais. (RAATZ, Igor. Autonomia privada e processo civil: negócios jurídicos processuais, flexibilização procedimental e o direito à participação na construção do caso concreto (Coleção Eduardo Espíndula). Salvador, JusPODIVM, 2017, p. 167-172.)

conhecido como princípio da liberdade ou da autodeterminação, que pode ser entendido como uma forma de exercício do poder de autorregramento, ou seja, que contempla a disponibilidade sobre atos pelas partes, incluindo a própria aceitação em participar ou permanecer na sessão, a escolha e a quantidade de mediador presente no ato, a remuneração pelas atividades, e as regras de procedimento[3]. Trata-se de excelente opção legislativa, já que a relação de confiança entre o facilitador e as partes é fundamental para o bom desenvolvimento do procedimento.

Registre-se, entretanto, que o art. 25, da Lei de Mediação, dispõe que, na *mediação judicial*, os mediadores não estarão sujeitos à prévia aceitação das partes, o que gera uma aparente contradição com os dispositivos legais anteriormente mencionados. Contudo, não há incompatibilidade entre essas normas. O fato de o sistema judicial possuir uma forma preestabelecida de distribuição de mediadores não afasta a possibilidade de as próprias partes escolherem, via negócio processual, o profissional que irá atuar no processo. Assim, se as partes escolherem, de comum acordo, o mediador, o juiz deverá tomar as providências para garantir que a sessão seja conduzida pelo profissional eleito; caso não seja feita essa opção pelas partes, o juiz deverá proceder na forma do § 2º, do art. 168, do CPC, ou seja, mediante distribuição alternada e aleatória (art. 167, § 2º), entre os cadastrados no tribunal, observada a respectiva formação.

2. ATIVIDADES DO MEDIADOR

Sobre a atividade dos mediadores, o art. 4º, § 1º, da Lei de Mediação, diz que eles devem conduzir a comunicação entre as partes buscando o entendimento e o consenso, e facilitando a resolução do conflito. Já o art. 165, § 3º, do CPC, foi mais minucioso ao descrever a atividade do mediador, embora também não haja aqui qualquer incompatibilidade entre as normas.

De acordo com o dispositivo da Lei processual, o critério para a escolha da mediação como o método mais adequado de resolução de conflitos é a existência de vínculo anterior entre as partes. Isso porque o mediador, na qualidade de terceiro imparcial e devidamente capacitado, auxilia e estimula os interessados a identificarem ou a desenvolverem, por si próprios, soluções consensuais que gerem benefícios mútuos.

Assim, na mediação, as próprias partes constroem, em conjunto, um sistema de decisão, satisfazendo a todos os envolvidos e oxigenando as relações sociais, com a participação de um terceiro intermediando ou facilitando o alcance do entendimento.

Registre-se que o CPC, embora não tenha estabelecido um conceito próprio para a mediação, ao dispor sobre a atuação do mediador no artigo 165, § 3º, acabou

3. Sobre o tema, consultar artigos em: ZANETI JR., Hermes; CABRAL, Trícia Navarro Xavier. *Justiça Multiportas*: mediação, conciliação, arbitragem e outros meios de solução adequada de conflitos. (Coleção Grandes Temas do Novo CPC – vol. 9). Salvador: JusPODIVM, 2017.

estipulando alguns contornos para a escolha e o exercício da atividade de mediação, que são: a) incide, preferencialmente, casos em que houver vínculo anterior entre as partes; b) auxilia a compreender as questões e os interesses em conflito; c) busca o restabelecimento da comunicação; d) possibilita que as próprias partes identifiquem soluções consensuais que gerem benefícios mútuos. Em razão dessas características, a mediação seria mais adequada aos conflitos familiares, de vizinhança, escolar etc.

3. GRATUIDADE DA MEDIAÇÃO

A remuneração dos mediadores está regulamentada no art. 13, da Lei de Mediação, que diz que ela deve ser fixada pelos tribunais e paga pelas partes. Não obstante, o art. 169, do CPC, prevê que a tabela remuneratória será fixada pelo tribunal, conforme parâmetros do Conselho Nacional de Justiça – CNJ. Acrescenta a Lei processual que a mediação pode ser exercida por trabalho voluntário, observada a regulamentação sobre o assunto (§ 1º), e que o tribunal fixará percentual de audiências gratuitas pelas câmaras em contrapartida ao credenciamento (§ 2º).

Contudo, o CPC não inclui a remuneração dos mediadores/conciliadores como despesas processuais, deixando a dúvida sobre se eles serão detentores de cargo público ou se receberão pela tabela fixada pelo tribunal[4]-[5], conforme parâmetros do CNJ.

Entretanto, o artigo 82, do CPC, prevê que caberá à parte interessada o pagamento dessa despesa. Assim, se o autor e o réu participarem da mediação e fizerem acordo, ainda que tenham demonstrado inicialmente desinteresse na designação da audiência, as despesas processuais serão deliberadas no ato. Por sua vez, se não houver autocomposição entre as partes, o vencido pagará a despesa ao final do processo (art. 82, § 2º, CPC/15).

No que tange à gratuidade, o art. 4º, § 2º, da Lei de Mediação, estabelece que aos necessitados será assegurada a gratuidade da mediação, benefício que também foi disciplinado nos arts. 98 e seguintes do CPC.

Nesse contexto, uma vez comprovada a condição de hipossuficiência financeira pela parte, ela ficará dispensada do pagamento das despesas relativas à remuneração dos mediadores.

---

4. O Estado de São Paulo publicou em 23/04/2015 a Lei A Lei Estadual nº 15.804/2015 que estabelece os valores para a remuneração e a carga horária de atuação dos conciliadores e mediadores inscritos no Cejusc (Centros Judiciários de Solução de Conflitos e Cidadania). O texto prevê jornada semanal máxima de 16 horas semanais (mínimo de duas e máximo de oito horas diárias), com remuneração de 2 UFESPs (Unidades Fiscais do Estado de São Paulo), ou R$ 42,50, por hora. Hoje, quem atua como mediador e conciliador nos Centros, presta trabalho voluntário. Em 26/10/2016 foi ajuizada a ADIN nº 2216.816, que chegou a suspender a eficácia da Lei, mas a liminar foi revogada com o julgamento de improcedência ocorrido em 26/07/2017.

5. No Rio de Janeiro foi expedido o Ato Normativo Conjunto TJ/CGJ nº 73/2016, publicado em 16/03/2016, regulamentando o cadastro de câmaras de conciliação e mediação, bem como a remuneração dos conciliadores e mediadores judiciais.

Importante salientar que, no âmbito judicial, deverão ser aplicadas as regras instituídas pelo CPC quanto aos requisitos e amplitude da gratuidade da justiça. No entanto, na mediação extrajudicial haverá maior dificuldade em se alcançar o benefício, uma vez que a atividade privada dependerá da remuneração para a própria subsistência da pessoa física ou jurídica que exerça a função, o que certamente ensejará uma análise casuística quanto à conveniência de concessão de eventual isenção.

De qualquer forma, deve ser registrado que o cadastro de mediadores instituído pelo Conselho Nacional de Justiça estabelece, entre as caraterísticas do mediador, a sua remuneração e eventual voluntariedade na prestação do serviço, o que pode ser uma ótima opção para quem deseja escolher um mediador qualificado e que esteja disposto a exercer a atividade de forma gratuita.

Art. 5º Aplicam-se ao mediador as mesmas hipóteses legais de impedimento e suspeição do juiz.

Parágrafo único. A pessoa designada para atuar como mediador tem o dever de revelar às partes, antes da aceitação da função, qualquer fato ou circunstância que possa suscitar dúvida justificada em relação à sua imparcialidade para mediar o conflito, oportunidade em que poderá ser recusado por qualquer delas.

Trícia Navarro Xavier Cabral

1. IMPEDIMENTO E SUSPEIÇÃO DO MEDIADOR

O art. 5º, *caput*, da Lei de Mediação, dispõe que são aplicáveis ao mediador as mesmas hipóteses legais de impedimento e suspeição do juiz. E as regras de impedimento e suspeição do magistrado estão previstas nos arts. 144 a 148, do CPC.

Importante registrar que o dispositivo em comento, por constar da subseção I, que trata das disposições gerais atinentes aos mediadores (Seção II), abrange tanto os mediadores judiciais quanto os extrajudiciais, de modo que ambos devem se submeter às hipóteses legais de impedimento e suspeição do juiz. No âmbito judicial, tem-se ainda o art. 148, inciso II, do CPC, estabelecendo que os motivos de impedimento e de suspeição se aplicam aos auxiliares da justiça, o que inclui o conciliador e o mediador, nos termos do art. 149.

A intenção do legislador foi preservar a imparcialidade do mediador, que constitui um dos princípios mais caros que orientam a mediação, estando previsto no art. 2º, inciso I, da Lei de Mediação, no art. 166, *caput*, do CPC, e, ainda, no art. 1º, inciso IV, do Código de Ética dos Conciliadores e Mediadores Judiciais, que consta do Anexo III, incluído pela Emenda nº 2, de 08.03.16, à Resolução 125/2010, do CNJ.

Considerada um princípio fundamental pelo Código de Ética aplicável à atividade, a imparcialidade do mediador é conceituada como o "*dever de agir com ausência de favoritismo, preferência ou preconceito, assegurando que valores e conceitos pessoais não interfiram no resultado do trabalho, compreendendo a realidade dos envolvidos no conflito e jamais aceitando qualquer espécie de favor ou presente*".

Assim, uma vez configurado qualquer motivo de impedimento ou suspeição, o mediador não poderá exercer suas funções.

Embora a Lei de Mediação tenha se referido expressamente ao impedimento e à suspeição, o Código de Processo Civil, no art. 170 e parágrafo único, inserido na seção que aborda os conciliadores e mediadores, menciona, apenas, a hipótese do impedimento, o que na prática e na doutrina pode gerar questionamentos sobre a inclusão da suspeição como limitador aplicável à atividade do mediador.

Ao que parece, o CPC, de fato, disse menos do que deveria, na medida em que o mediador tem verdadeiro dever de revelar qualquer circunstância de suspeição ou de outro motivo, de foro íntimo, que inviabilize a sua atuação[1].

Entretanto, a omissão do legislador não gera a exclusão dos casos de suspeição – ou qualquer outro motivo –, capaz de afetar a imparcialidade do mediador.

Sob outra perspectiva, embora o tratamento das causas de parcialidade do facilitador deva ser simétrico, a falta de referência às causas de suspeição no art. 170, do CPC, pode indicar uma maior preocupação do legislador com as hipóteses de impedimento, que são mais graves e objetivamente consideradas, ao ponto de justificar uma atenção e uma reação mais instantânea pelo mediador.

De qualquer modo, constatado o impedimento, a comunicação deve ser imediata, de preferência por meio eletrônico, devolvendo os autos ao juiz para nova distribuição, ou então, se a causa for apurada quando já iniciado o procedimento, este deverá ser interrompido, lavrando-se ata com relatório do ocorrido e solicitação de distribuição para novo conciliador ou mediador (parágrafo único, art. 170, do CPC).

Como se vê, a lei processual não deu qualquer margem de postergação se a causa for de impedimento, rigidez esta que, em uma interpretação literal, parece não ser exigida no caso de suspeição, embora recomendada.

Por fim, deve ser consignado, ainda, que as regras de impedimento e suspeição também se aplicam às câmaras privadas, nos termos do art. 7º, § 6º, da Resolução 125/2010, do CNJ.

2. DEVER DE REVELAÇÃO DO MEDIADOR

Devido à relevância de se garantir a regularidade no exercício da mediação, o art. 5º, parágrafo único, da Lei de Mediação, acrescenta que o mediador tem o dever de revelar às partes, antes da aceitação da função, qualquer fato ou circunstância que gere dúvida justificada sobre a sua imparcialidade, momento em que poderá ser recusado por qualquer delas.

Trata-se de dever ético e funcional que pode gerar consequências administrativas para o mediador, além da decretação de nulidade dos atos praticados.

---

1. Nesse sentido: GAJARDONI, Fernando. In: GAJARDONI, Fernando da Fonseca; DELLORE, Luiz; ROQUE, Andre Vasconcelos; OLIVEIRA JR., Zulmar Duarte. *Teoria geral do processo*. Comentários ao CPC de 2015. Parte geral. São Paulo: Forense, 2015, p. 552.

Note-se que a Lei determina que essa revelação deva ser feita em momento bem precoce, antes mesmo da aceitação da função, evitando-se retrocessos procedimentais e garantindo a regularidade da mediação.

Desse modo, uma vez informado às partes, de forma tempestiva, sobre eventuais circunstâncias capazes de macular a imparcialidade do mediador ou de gerar qualquer dúvida quanto à lisura de sua atuação, restará oportunizada aos interessados a avaliação sobre a conveniência de se aceitar o mediador ou então de afastá-lo de plano da atividade.

Art. 6º O mediador fica impedido, pelo prazo de um ano, contado do término da última audiência em que atuou, de assessorar, representar ou patrocinar qualquer das partes.

Rodrigo Mazzei

Bárbara Seccato Ruis Chagas

1. COMENTÁRIOS

Os artigos 6º, 7º e 8º da Lei Federal nº 13.140/2015, em complementação ao artigo 5º, visam a garantir a imparcialidade do mediador, descrevendo situações em que tal situação poderia ficar abalada. No sentido os dispositivos aqui comentados buscam garantir que as partes tenham tratamento profissional adequado por parte do terceiro facilitador, para que este labore isento de qualquer interesse desviado de suas funções, criando ambiente que coíbe, em especial, que seu trabalho possa abrir espaço para obtenção de vantagens ilegais ou antiéticas. Analisemos melhor.

O artigo 6º estabelece o que se denomina prazo de *quarentena profissional*[1]: um período, a partir do encerramento dos trabalhos como mediador, durante o qual o profissional que facilitou o tratamento do conflito fica impedido de assessorar, representar ou patrocinar qualquer das partes.

Primeiramente, é de se notar que o artigo 6º da Lei de Mediação, tal qual o artigo 172 do CPC/15[2], fixa um período durante o qual o profissional resta impedido de atuar profissionalmente como assessor, representante ou patrono das partes. Sem prejuízo de tais disposições inseridas em lei ordinária, o Anexo III – Código de Ética de Conciliadores e Mediadores Judiciais, da Resolução nº 125/2010 do Conselho Nacional de Justiça – CNJ (que dispõe sobre a Política Judiciária Nacional de tratamento dos conflitos de interesses no âmbito do Poder Judiciário) prevê, no artigo 7º, que "o conciliador ou mediador fica absolutamente impedido de prestar serviços profissionais, de qualquer natureza, aos envolvidos em processo de conciliação/mediação sob sua condução".

1. Como se sabe, a *quarentena profissional* deve ser vista como período de proibição para a atuação daquele que exerceu determinada função. Embora a expressão possa leva a uma noção de prazo vinculado a quarenta dias, a legislação pode fixar prazos e condições variantes a depender da função. No sentido, basta comparar as regras aqui comentadas com o art. 95, parágrafo único, V, da CF/88, voltada aos magistrados, que prevê que aqueles estão vedados exercer a advocacia no juízo ou tribunal do qual se afastaram, antes de decorridos três anos da aposentadoria ou da exoneração.

2. Art. 172. O conciliador e o mediador ficam impedidos, pelo prazo de 1 (um) ano, contado do término da última audiência em que atuaram, de assessorar, representar ou patrocinar qualquer das partes.

Há – como se percebe – um desalinho entre a Lei de Mediação e o CPC em relação ao citado "Código de Ética" aplicável à mediação, na medida em que no último não há previsão de quarentena, mas de impedimento que se configura como perpétuo. Em suma, o artigo 6º da Lei Federal nº 13.140/2015 e artigo 172 do CPC/15 – apresentam-se menos rigorosos do que o artigo 7º do Código de Ética da Resolução nº 125/2010 do CNJ, tendo em vista que este preveria um impedimento absoluto aos profissionais, enquanto aqueles fixam apenas uma quarentena, logo, temporária[3]. Sem adentrar na constitucionalidade formal de determinadas resoluções do CNJ (que adentram em temas que devem ser tratados por legislação propriamente dita), sustenta Ricardo Goretti[4] que, em respeito à hierarquia de normas, a lei ordinária emanada do Poder Legislativo deve prevalecer sobre a Resolução do CNJ, por se tratar esta de mero ato normativo infralegal, de modo que o impedimento para mediadores – judiciais e extrajudiciais – para atuar profissionalmente com as partes envolvidas no conflito mediado deve respeitar o período de um ano.

Superado o conflito com o artigo 7º do Código de Ética da Resolução nº 125/2010 do CNJ, é importante observar que o dispositivo aqui comentado encontra-se na seção de "Disposições Gerais" da Lei de Mediação e, portanto, aplica-se tanto aos mediadores judiciais quanto aos extrajudiciais. Nessa medida, apresenta-se como determinação mais abrangente do que o artigo 172 do Código de Processo Civil de 2015, que se refere especificamente ao impedimento dos mediadores e conciliadores judiciais[5].

Com a análise conjunta do texto da Lei de Mediação, dos ditames traçados pelo CNJ e dos regramentos postados no CPC/15, que participam do que foi rotulado pela saudosa professora Ada Pellegrini Grinover como *"minissistema brasileiro de Justiça consensual"*[6], deve ser salientado que o CPC/15 possui uma outra hipótese de impedimento ao exercício profissional, consoante § 5º do artigo 167, em relação aos mediadores judiciais com formação jurídica: os advogados cadastrados como mediadores judiciais não poderão exercer a advocacia nos juízos em que desempenhem a função, sem prazo determinado.

---

3. Há, pois, superação do texto do Anexo III da Resolução n. 125/2010 pelo CPC/15. No sentido: MAZZEI, Rodrigo; MERÇON-VARGAS, Sarah. Dos Conciliadores e Mediadores Judiciais. In. Código de Processo Civil Anotado, Simone Diogo Carvalho Fernandes (coordenação), 2ª Ed, 2016, São Paulo: Saraiva, p. 213.

4. GORETTI, Ricardo. *Mediação e Acesso à Justiça*. Salvador: Editora Juspodivm, 2017, p. 240.

5. Com comentários breves sobre os arts. 165-175 do CPC/15, que tratam dos conciliadores e mediadores (como auxiliares do juiz), confira-se MAZZEI, Rodrigo; MERÇON-VARGAS, Sarah. Dos Conciliadores e Mediadores Judiciais. In. Código de Processo Civil Anotado, Simone Diogo Carvalho Fernandes (coordenação), 2ª Ed, 2016, São Paulo: Saraiva, p. 203-216.

6. A autora utiliza a expressão para denominar o sistema normativo composto pela Resolução nº 125/2010 do CNJ, os dispositivos do CPC/15 concernentes à justiça consensual e a Lei de Mediação. *O minissistema brasileiro de Justiça consensual: compatibilidades e incompatibilidades*, Disponível em: <http://dirittoetutela.uniroma2.it/files/2013/03/Origens-eevolu%C3%A7%C3%A3o.pdf>, acesso em 15 de outubro de 2017.

Fazendo uma análise mais contextualizada entre a Lei de Mediação e o CPC/15, é possível se extrair que há pontos sem contato mais amplos do que a previsão do § 5º do art. 167 da codificação. Tanto assim que, a respeito do tema do impedimento das atividades profissionais, Fernanda Tartuce[7] apresenta dois questionamentos essenciais para o debate acerca da atividade de mediador no processo civil brasileiro.

O primeiro ponto de reflexão concerne ao tratamento diferenciado dado pelo Código de Processo Civil a outros auxiliares da justiça, especificamente ao perito judicial. Como destaca Tartuce, a previsão sobre o impedimento, no caso da atuação perante o juízo, "visa evitar a impressão de favorecimentos indevidos ao mediador, já que este, por atuar como auxiliar do juízo em outras oportunidades, poderia acabar encontrando menos embaraços em sua atividade advocatícia"[8]. Todavia, o CPC/15 não traz qualquer menção a impedimento do perito judicial para atuar no juízo, mesmo tendo proximidade até maior com o juiz, do que propriamente o mediador. Logo, não se parece justificável a diferença de tratamento levada a cabo relação aos os auxiliares da justiça.

O segundo ponto questionado refere-se à reserva legal qualificada. Nos dizeres da autora:

> A previsão aborda aspecto ligado à liberdade profissional, tema que configura caso de reserva legal qualificada. Por seu perfil constitucional, a liberdade profissional somente poderá ser restringida por lei formal. Como aponta o Regulamento Geral da OAB, a atividade advocatícia é exercida com observância da Lei n. 8.906/1994, do Regulamento Geral, do Código de Ética e Disciplina e dos Provimentos (art. 1º). Incompatibilidades, impedimentos e violações éticas de advogados são objeto do Estatuto da Advocacia; previsões sobre elas não encontram *lócus* apropriado no CPC, cuja vocação é trabalhar parâmetros para a atuação dos sujeitos processuais em juízo. Assim, para vigorarem legitimamente as restrições à atuação do mediador da área jurídica será preciso haver regramento específico, já que à OAB foi reconhecida a prerrogativa de autorregulação[9].

Ainda, considerando o dever e a presunção de boa-fé objetiva, a autora defende que mais razoável seria a previsão de impedimento do mediador apenas para as controvérsias concernentes ao objeto da mediação, sobre as quais o facilitador tem informações privilegiadas[10].

De outro giro, lembra-se que na mediação, "a aparência é de fundamental importância"[11], é dizer, mesmo o menor dos detalhes pode fazer com que a parte desconfie da imparcialidade do mediador. Isso porque, mais do que o juiz, o mediador é deve ser pelas partes e qualquer detalhe que possa suscitar uma desconfiança pode causar

7. TARTUCE, Fernanda. *Mediação nos Conflitos Civis*. São Paulo: Método, 2015, p. 288-291.

8. TARTUCE, Fernanda. *Mediação nos Conflitos Civis*. São Paulo: Método, 2015, p. 288.

9. TARTUCE, Fernanda. *Mediação nos Conflitos Civis*. São Paulo: Método, 2015, p. 289.

10. Nesse sentido, TARTUCE, Fernanda. *Mediação nos Conflitos Civis*. São Paulo: Método, 2015, p. 291.

11. BRASIL, Conselho Nacional de Justiça. Azevedo, André Gomma de (org.). *Manual de Mediação Judicial*. Brasília: CNJ, 2016, p. 214.

o abandono de uma das partes à sessão[12]. Nesse sentido, Fernando Gajardoni destaca que, para preservar a imparcialidade do mediador, este não pode ter expectativa de receber qualquer vantagem, inclusive a de, por exemplo, ser eventualmente contratado por uma das partes para prestação de serviços[13].

Portanto, seja pela disparidade de tratamento, seja pela reserva legal qualificada, seja pelos meios de se garantir efetivamente a imparcialidade, as previsões de impedimento previstas para o mediador devem passar por crivo de reflexão.

12. PEIXOTO, Ravi. Os "princípios" da mediação e da conciliação: uma análise da Res. 125/2010 do CNJ, do CPC/2015 e da Lei 13.140/2015. In.: ZANETI JR., Hermes; CABRAL, Tricia Navarro Xavier. *Justiça Multiportas*. Salvador: Editora Juspodivm, 2017, p. 96-97.

13. Comentário ao art. 172. In: DELLORE, Luiz; DUARTE; Zulmar; ROQUE, André; GAJARDONI, Fernando (coords.). *Teoria Geral do processo: comentários ao CPC de 2015*. Rio de Janeiro: Forense, 2015, p. 553.

Art. 7º O mediador não poderá atuar como árbitro nem funcionar como testemunha em processos judiciais ou arbitrais pertinentes a conflito em que tenha atuado como mediador.

Rodrigo Mazzei

Bárbara Seccato Ruis Chagas

1. COMENTÁRIOS

O artigo 7º da Lei de Mediação, por seu turno, trata sobre a impossibilidade de o mediador atuar como árbitro, nem funcionar como testemunha, em processos concernentes a conflito em que tenha atuado mediando. Trata-se de desdobramento do princípio da confidencialidade, vez que visa a garantir aos mediados a segurança e a confiança de que poderão falar abertamente com o mediador, horizontalmente, sem receio de serem prejudicados posteriormente – seja por um julgamento, seja por um depoimento.

No que concerne ao árbitro, vale destacar que também se trata de um terceiro imparcial, que deve ser eleito pelas partes (ainda que de forma indireta), porém com poder para julgar a causa, nos conflitos concernentes a direitos patrimoniais disponíveis, nos termos da Lei Federal nº 9.307/96[1]. Em tal contexto, a regra do artigo 7º acaba por contribuir também para a imparcialidade de eventual arbitragem das partes, na medida em que evita que o eventual árbitro tenha tido contato e informações privilegiadas previamente, por meio de mediação. Nesse sentido, vale destacar a existência das "*Guidelines on conflicts of Interest*", elaborada pela *International Bar Association,* com o objetivo de sistematizar as regras quanto aos padrões de imparcialidade para atuação dos árbitros internacionais[2]. Nas referidas

1. Nos dizeres de Ricardo Goreti "O mediador, assim como um juiz, árbitro ou conciliador, pode ser considerado, ao mesmo tempo, intérprete e administrador de conflitos. Esses terceiros imparciais, de diferentes formas, mediante o emprego de métodos e técnicas diversas, dedicam-se à nobre função de administrar pessoas e situações controvertidas, com vistas à pacificação de conflitos" (*Mediação e Acesso à Justiça.* Salvador: Editora Juspodivm, 2017, p. 177).

2. Nos dizeres de Carlos Alberto Carmona, "o trabalho em questão é um notável esforço para estabelecer, especialmente para a arbitragem comercial internacional, parâmetros de conduta. Assim, o "guia" sugere, de modo prático, três listas de situações – uma vermelha, outra laranja e uma última verde – que podem ou não gerar o afastamento do árbitro, com a previsão da necessidade (ou não) de revelação de fatos relevantes". CARMONA, Carlos Alberto. *Arbitragem e Processo.* São Paulo: Editora Atlas S. A., 2009, p. 241.

guidelines, encontra-se no item 2.1.2[3] a previsão da hipótese em que o árbitro tenha tido um envolvimento anterior com a disputa – o que pode ser o caso de uma atuação como mediador. Esta disposição encontra-se na lista de *waivable red list*, ou seja, de circunstâncias que devem obrigatoriamente ser comunicadas às partes, para que elas, uma vez cientes, decidam se desejam permanecer, ou não, com aquele árbitro.

É de se notar, portanto, que a proibição da Lei de Mediação para o árbitro apresenta-se, inclusive, mais rigorosa do que os padrões internacionais. Isso porque, na arbitragem, por ser lastreada basilarmente no princípio da autonomia da vontade, as hipóteses de impedimento e suspeição não são absolutas, podendo ser afastadas pelas partes ou não[4], conforme se sintam desrespeitadas quanto aos demais princípios norteadores da via arbitral. De toda sorte, a preocupação do legislador visa a garantir, de um lado, que as partes não se sentirão intimidadas de falar algo na frente do mediador, por não haver a chance de este se tornar árbitro da causa, e, de outro, não permitir sequer a possibilidade remota de o mediador tentar se beneficiar da posição para buscar uma outra contratação – de árbitro – com aquelas partes.

O artigo 7º da Lei de Mediação trata também da impossibilidade de o mediador funcionar como testemunha em processos pertinentes a conflito em que tenha atuado mediando. Trata-se de desdobramento do princípio da confidencialidade, elemento fundamental do procedimento de mediação, especialmente para garantir que as partes se sintam confortáveis para falar abertamente sobre os interesses e posições que permeia o conflito e, consequentemente, consigam restabelecer o diálogo e buscar um acordo. Nesta toada, a confidencialidade configura tanto uma garantia para a parte, quanto um dever para o terceiro facilitador.

A este respeito vale também a análise normativa sistêmica: no CPC/15, ao tratar dos mediadores e conciliadores judiciais, o § 2º do artigo 166 veda, inclusive às equipes envolvidas no procedimento, a divulgação e o depoimento sobre fatos ou elementos oriundos da conciliação ou da mediação[5]. Nota-se, pois, que o artigo da codificação presenta contornos um pouco mais claros do que a Lei de Mediação sobre a extensão do dever de sigilo, ao falar de fatos ou elementos[6]. O inciso I, do artigo 1º, do Código de Ética de Conciliadores e Mediadores Judiciais (Anexo III,

3. ASSOCIATION, International Bar. *IBA Guidelines on conflicts of interest in international arbitration*. London: International Bal Association, 2014.

4. CARMONA, Carlos Alberto. *Arbitragem e Processo*. São Paulo: Editora Atlas S. A., 2009, p. 252-253.

5. Art. 166 [...] § 2º Em razão do dever de sigilo, inerente às suas funções, o conciliador e o mediador, assim como os membros de suas equipes, não poderão divulgar ou depor acerca de fatos ou elementos oriundos da conciliação ou da mediação.

6. Há vários dispositivos do CPC/15 que devem ser interpretados de conformidade com as diretrizes que envolvem a conciliação e a mediação, não sendo possível sua leitura isolada. Apenas como exemplo, os § § 5º e 6º do artigo 367 do CPC/15 dispõem no sentido de que audiência de instrução e julgamento poderá ser integralmente gravada em imagem e em áudio, em meio digital ou analógico diretamente por qualquer das partes, independentemente de autorização judicial. Tal autorização, por certo, não alcança a fase inicial da referida audiência, que tem natureza conciliatória (art. 359), marcada pela confidencialidade (art. 166).

da Resolução nº 125/2010 do CNJ), a seu turno, ressalva que o dever de sigilo é afastado quanto (1) as partes autorizam expressamente ou (2) ocorre violação à ordem pública ou à lei vigente.

Quanto à autorização expressa dos mediados, não parece restar qualquer dúvida, tendo em vista que a confidencialidade existe justamente para proteger as partes que, a partir da autonomia da vontade, tem a liberdade para determinar os contornos do sigilo. Contudo, a exceção do Código de Ética à violação da ordem pública ou da lei vigente deve ser analisada de maneira parcimoniosa – primeiramente, por se tratar de exceção que consta apenas no ato normativo infralegal, e não em texto de lei ordinária; segundamente, por apresentar exceção a um princípio fundamental da mediação, o que deveria ser feito de maneira restritiva, a partir de definição aberta, que é a definição de "ordem pública". Nesse sentido, vale destacar a disposição processual civil e penal sobre testemunhas:

> Código de Processo Penal, artigo 207: São proibidas de depor as pessoas que, em razão de função, ministério, ofício ou profissão, devam guardar segredo, salvo se, desobrigadas pela parte interessada, quiserem dar o seu testemunho.
>
> Código de Processo Civil de 2015, Art. 448. A testemunha não é obrigada a depor sobre fatos:
>
> [...]
>
> II – a cujo respeito, por estado ou profissão, deva guardar sigilo.

Desta forma, considerando o tratamento processual às testemunhas, bem como o sigilo e a confidencialidade que permeiam o procedimento de mediação, o artigo 7º da Lei 13.140/2015 reforça o desenvolvimento de um contexto de confiança e imparcialidade, para que a relação entre mediador e mediados se desenvolva de maneira fluída e sem receios.

Art. 8º O mediador e todos aqueles que o assessoram no procedimento de mediação, quando no exercício de suas funções ou em razão delas, são equiparados a servidor público, para os efeitos da legislação penal.

Rodrigo Mazzei

Bárbara Seccato Ruis Chagas

1. COMENTÁRIOS

Sequencialmente, a Lei de Mediação traz a equiparação do mediador e de sua equipe, quando no exercício de suas funções ou em razão delas, a servidor público para efeitos da legislação penal. Trata-se de previsão similar ao artigo 17 da Lei Federal nº 9.307/96, que apresenta mesma equiparação para os árbitros. Tais disposições dialogam com o artigo 327 do Código Penal[1], que traz a definição de funcionário público para os efeitos penais, inserido no título do código referente aos crimes contra a Administração Pública, mais especificamente no capítulo sobre os crimes praticados por funcionário público.

Nesse contexto, Carlos Alberto Carmona destaca que o objetivo da equiparação a funcionário público para fins penais consiste em fortalecer a confiabilidade dos terceiros facilitadores, e "sobretudo proteger as partes contra a concussão, a corrupção e a prevaricação", mas também que o terceiro facilitador "possa ser vítima de delitos que só podem ser cometidos contra funcionários públicos, como é o caso da corrupção ativa"[2]. Desta, nota-se que se trata de equiparação que visa fortalecer o procedimento de mediação, seja para evitar que o facilitador execute condutas ilícitas, seja para protegê-lo contra condutas ilícitas de outrem.

Portanto, os artigos 6º, 7º e 8º da Lei 13.140/2015, em diálogo com as demais normas processuais sobre mediação, ao disciplinar certas condutas concernentes ao mediador, fortalece a mediação e seus princípios basilares, notadamente a confidencialidade e a imparcialidade que permeiam todo o procedimento.

1. Art. 327. Considera-se funcionário público, para os efeitos penais, quem, embora transitoriamente ou sem remuneração, exerce cargo, emprego ou função pública. § 1º - Equipara-se a funcionário público quem exerce cargo, emprego ou função em entidade paraestatal, e quem trabalha para empresa prestadora de serviço contratada ou conveniada para a execução de atividade típica da Administração Pública. § 2º A pena será aumentada da terça parte quando os autores dos crimes previstos neste Capítulo forem ocupantes de cargos em comissão ou de função de direção ou assessoramento de órgão da administração direta, sociedade de economia mista, empresa pública ou fundação instituída pelo poder público.

2. CARMONA, Carlos Alberto. *Arbitragem e Processo*. São Paulo: Editora Atlas S. A., 2009, p. 267.

2. BIBLIOGRAFIA

BRASIL, Conselho Nacional de Justiça. Azevedo, André Gomma de (org.). *Manual de Mediação Judicial*. Brasília: CNJ, 2016.

BRASIL, Ordem dos Advogados do. *Código de Ética e Disciplina*. Disponível em <http://www.oab.org.br/content/pdf/legislacaooab/codigodeetica.pdf>, acesso em 15 de outubro de 2017.

BRASIL. *Resolução nº 125, de 29 de novembro de 2010*. Disponível em < http://www.cnj.jus.br/busca-atos-adm?documento=2579>, acesso em 15 de outubro de 2017.

CARMONA, Carlos Alberto. *Arbitragem e Processo*. São Paulo: Editora Atlas S. A., 2009.

GAJARDONI, Fernando. Comentário ao art. 172. In: DELLORE, Luiz; DUARTE; Zulmar; ROQUE, André; GAJARDONI, Fernando (coords.). *Teoria Geral do processo: comentários ao CPC de 2015*. Rio de Janeiro: Forense, 2015.

GORETTI, Ricardo. *Mediação e Acesso à Justiça*. Salvador: Editora Juspodivm, 2017.

GRINOVER, Ada Pellegrini. *O minissistema brasileiro de Justiça consensual: compatibilidades e incompatibilidades*, Disponível em: <http://dirittoetutela.uniroma2.it/files/2013/03/Origens-eevolu%C3%A7%C3%A3o.pdf>, acesso em 15 de outubro de 2017.

MAZZEI, Rodrigo; MERÇON-VARGAS, Sarah. Comentários aos arts. 165-175 (Dos Conciliadores e Mediadores Judiciais) In. Código de Processo Civil Anotado, Simone Diogo Carvalho Fernandes (coordenação), 2ª Ed, 2016, São Paulo: Saraiva.

PEIXOTO, Ravi. Os "princípios" da mediação e da conciliação: uma análise da Res. 125/2010 do CNJ, do CPC/2015 e da Lei 13.140/2015. In.: ZANETI JR., Hermes; CABRAL, Tricia Navarro Xavier. *Justiça Multiportas*. Salvador: Editora Juspodivm, 2017.

TARTUCE, Fernanda. *Mediação nos Conflitos Civis*. São Paulo: Método, 2015.

Art. 9º Poderá funcionar como mediador extrajudicial qualquer pessoa capaz que tenha a confiança das partes e seja capacitada para fazer mediação, independentemente de integrar qualquer tipo de conselho, entidade de classe ou associação, ou nele inscrever-se.

Suzana Santi Cremasco

Luiz Felipe Calábria Lopes

1. INTRODUÇÃO

A Lei de Mediação previu duas espécies de mediador: o judicial e o extrajudicial. Para cada um deles, foram criados critérios específicos que devem ser preenchidos para que o mediador possa exercer sua função.

No entanto, a Lei de Mediação não definiu o que seria um "mediador judicial" e o que seria um "mediador extrajudicial", o que traz certas dificuldades ao operador do direito, que são agravadas pelas regras por vezes contraditórias contidas na Lei de Mediação e no Código de Processo Civil (Lei n. 13.105/2015).[1]

De fato, embora, em sua redação original, a Lei de Mediação previsse que o mediador seria qualificado como judicial quando escolhido pelo Poder Judiciário e extrajudicial quando escolhido pelas partes,[2] tal dispositivo foi alterado durante a tramitação legislativa e não chegou a entrar em vigor. Portanto, o critério da escolha não pode ser aplicado,[3] tendo em vista que, tendo estado diante dela durante o processo legislativo, o legislador optou por retirar da redação final da Lei essa possibilidade.

1. Tanto a Lei de Mediação quanto o Código de Processo Civil regulam a mediação, o que levanta questões de conflito de lei no tempo, já que Lei de Mediação foi publicada em 29 de junho de 2015 (depois do CPC, publicado em 17 de março de 2015), mas entrou em vigor em 26 de dezembro de 2015 (antes do CPC, que entrou em vigor em 17 de março de 2016). Indaga-se, ainda, se a Lei de Mediação poderia ou não ser considerada lei especial em relação ao Código de Processo Civil. Sobre a matéria, cf. TARTUCE, Fernanda. Mediação nos conflitos civis. 3. ed. Rio de Janeiro: Forense, 2016. pp. 268-273. Cf., ainda, NUNES, Antonio Carlos Ozório. Manual de Mediação: guia prático da autocomposição. São Paulo: Revista dos Tribunais, 2016. p. 50-51. Para um quadro comparativo entre os dois diplomas, cf. VASCONCELOS, Carlos Eduardo de. Mediação de conflitos e práticas restaurativas. 5. Ed. Rio de Janeiro: Forense, 2017. pp. 120-137.

2. Cf. art. 6º, PLS 517/2011: "Art. 6º A mediação será judicial quando os mediadores forem designados pelo Poder Judiciário e extrajudicial quando as partes escolherem mediador ou instituição de mediação privada.". Disponível em: <https://legis.senado.leg.br/sdleg-getter/documento?dm=2947679&disposition=inline>. Acesso em: 06 ago. 2017.

3. TARTUCE, Fernanda. Mediação nos conflitos civis. 3. ed. Rio de Janeiro: Forense, 2016. p. 286. De outro lado, defendendo a validade do critério da escolha, cf. HALE, Durval. PINHO, Humberto Dalla Bernardina

Mediadores judiciais e extrajudiciais tampouco podem ser diferenciados segundo a atividade ou função que desenvolvem, pois a Lei de Mediação dispõe, de maneira genérica e sem qualquer distinção, que mediador é um "terceiro imparcial sem poder decisório, que, escolhido ou aceito pelas partes, as auxilia e estimula a identificar ou desenvolver soluções consensuais para a controvérsia" (art. 1º, parágrafo único) e que conduz o "procedimento de comunicação entre as partes, buscando o entendimento e o consenso e facilitando a resolução do conflito" (art. 4º, § 1º).

Também não é possível afirmar que o mediador judicial seria aquele que atua em uma mediação realizada a partir de um procedimento judicial (processual ou pré-processual), já que o Código de Processo Civil permite que partes de uma mediação judicial escolham o seu mediador, mesmo dentre aqueles que não estejam cadastrados no tribunal (art. 168, § 1º).

Assim, pode-se dizer que o mediador será judicial sempre que preencher dois requisitos, de forma cumulativa: (i) estiver cadastrado no tribunal, nos termos do art. 167 do CPC e art. 12 da Lei de Mediação; e (ii) tiver sido indicado (por escolha das partes ou nomeação pelo Poder Judiciário) para atuar em um procedimento judicializado, seja ele de natureza processual ou pré-processual. Pelo raciocínio inverso, considera-se mediador extrajudicial todos aqueles que não estiverem cadastrados no tribunal, ou, se estiverem cadastrados, tiverem sido indicados para atuar na mediação fora do âmbito do procedimento judicializado, ainda que o conflito, em si, esteja sendo discutido no Poder Judiciário.

Analisaremos, abaixo, os requisitos legais para o exercício da função de mediador extrajudicial, que estão dispostos no art. 9º da Lei de Mediação. As regras relativas aos mediadores judiciais serão analisadas nos comentários aos artigos 11 a 13 da Lei de Mediação.

2. REQUISITOS LEGAIS PARA SER MEDIADOR EXTRAJUDICIAL

O art. 9º da Lei de Mediação traz, em suma, três requisitos cumulativos para a atuação do mediador extrajudicial: a capacidade civil, a confiança das partes e a capacitação técnica. Trata-se de requisitos mínimos legais, podendo as partes preverem contratualmente outros critérios, como, aliás, permite de forma expressa o art. 22, III, da Lei de Mediação.[4]

De fato, as partes podem prever, contratualmente, características como o gênero, a formação profissional ou o tempo de experiência do mediador, ou que este seja capaz de se comunicar em determinado idioma, ou que seja proveniente de

de. CABRAL, Trícia Navarro Xavier. O marco legal da mediação no Brasil: comentários à lei n. 13.140, de 26 de junho de 2015. São Paulo: Atlas, 2016. p. 115.

4. "Art. 22. A previsão contratual de mediação deverá conter, no mínimo: [...] II – critérios de escolha do mediador ou equipe de mediação".

determinada cidade, estado ou país. Pode-se prever, ainda, que o mediador deverá possuir certificação de certa entidade, ou que figure na lista de uma câmara privada de mediação específica.

Nesse ponto, pode-se questionar a validade das chamadas "listas fechadas" de determinadas câmaras de mediação, que, em seus regulamentos, restringem a escolha das partes apenas àqueles mediadores cujos nomes constem de sua lista de profissionais. No âmbito da arbitragem – método contencioso de solução de conflitos cuja disciplina normativa contém alguns dispositivos similares àqueles constantes da Lei de Mediação –, discutiu-se a legalidade da restrição às listas fechadas até que, em 2015, a Lei de Arbitragem (Lei 9.307/1996) foi alterada para permitir que as partes, de comum acordo, possam afastar a aplicabilidade das "listas fechadas", se previstas em regulamento.[5] Embora a Lei de Mediação não contenha dispositivo semelhante, neste particular, entende-se que, pelo princípio da autonomia da vontade, a mesma regra pode ser aplicada, analogicamente, aos regulamentos de mediação que limitem a escolha do mediador àqueles nomeados na lista da câmara de mediação.

Indaga-se, por outro lado, se as partes teriam autonomia para dispensar os requisitos legais, isto é, se poderiam escolher um mediador incapaz, que não goze da confiança de uma delas ou, ainda, que não tenha sido devidamente capacitado. Nesse ponto, entende-se que, em tese, as partes têm total liberdade para abrir mão das exigências do art. 9º, tendo em vista o disposto no art. 2º, V, da Lei de Mediação, que institui, como princípio da mediação, a autonomia da vontade. É que, de fato, não pode haver mediação sem vontade, e, havendo vontade, não são necessárias outras exigências (senão a imparcialidade e independência), para que um terceiro auxilie na resolução de um conflito por meio do diálogo.

Além disso, sabe-se que a intenção do legislador, ao regular a mediação extrajudicial, era criar regras gerais e principiológicas, que não engessassem ou eliminassem aquilo que já funcionava bem.[6]

Logicamente, a qualidade da mediação dependerá da qualidade do mediador. Assim, um mediador capaz, de confiança das partes e devidamente capacitado possivelmente prestará um serviço de qualidade superior a um mediador incapaz ou não capacitado ou que não seja de confiança de uma das partes. Porém, a nosso ver, um serviço de qualidade inferior não é motivo necessário para a invalidade do procedimento – embora a nulidade possa existir, a depender das circunstâncias do caso concreto.

---

5. Cf. § 4º do art. 13 da Lei de Arbitragem, acrescido pela Lei 13.129/2015: "§ 4º As partes, de comum acordo, poderão afastar a aplicação de dispositivo do regulamento do órgão arbitral institucional ou entidade especializada que limite a escolha do árbitro único, coárbitro ou presidente do tribunal à respectiva lista de árbitros, autorizado o controle da escolha pelos órgãos competentes da instituição, sendo que, nos casos de impasse e arbitragem multiparte, deverá ser observado o que dispuser o regulamento aplicável."

6. CAETANO, Flávio Crocce. Entrevista. In: NETO, Adolfo Braga. Mediação: uma experiência brasileira. São Paulo: CLA Editora, 2017. p. 56.

A doutrina admite, por exemplo, que a mediação seja conduzida por "qualquer pessoa de confiança das partes"[7] e que "não necessitam demonstrar qualquer formação específica"[8] – o que parece dispensar os requisitos da capacidade civil e da capacitação. Aliás, nas chamadas mediações escolares, não é raro que os próprios alunos (menores incapazes ou relativamente capazes) atuem como mediadores dos conflitos surgidos na escola.[9]

Quanto à capacitação,[10] a Lei de Mediação sequer a regula, não havendo nenhuma previsão de um conteúdo programático ou uma carga horária mínima, ou sobre a necessidade de obtenção de certificados, ao contrário do que ocorre com os mediadores judiciais, que, por força do disposto no art. 11 da Lei de Mediação, devem possuir, além de graduação em ensino superior há pelo menos dois anos, certificação de "escola ou instituição de formação de mediadores reconhecida pela Escola Nacional de Formação e Aperfeiçoamento de Magistrados – ENFAM ou pelos tribunais, observados os requisitos mínimos estabelecidos pelo Conselho Nacional de Justiça em conjunto com o Ministério da Justiça". Não obstante, na prática, um mediador não capacitado pode desviar-se dos procedimentos e técnicas a ponto de descaracterizar o processo de mediação, causando prejuízos às partes que se valem do método.

Até mesmo a confiança das partes no mediador não é requisito essencial para a validade do procedimento, pois é permitido que essa confiança seja desenvolvida "durante a mediação", o que, aliás, em nossa experiência, é bastante comum.[11]

2.1. Pessoa capaz

O primeiro requisito previsto no art. 9º da Lei de Mediação para o exercício da função de mediador extrajudicial é a personalidade ("pessoa") e a capacidade civil ("capaz"). Embora não conste de maneira expressa da Lei de Mediação, entende-

7. TARTUCE, Fernanda. Mediação nos conflitos civis. 3. ed. Rio de Janeiro: Forense, 2016. p. 285.

8. PINHO, Humberto Dalla Bernardina de. SOUZA, Mariana Freitas de. O tratamento legal da mediação no código de processo civil de 2015 – Lei n. 13.105/15In: ASSED, Alexandre Servino. DAVIDOVICH, Larissa. A nova lei de mediação: comentários e reflexões. In: ALMEIDA, Tania. PELAJO, Samantha. JONATHAN, Eva. Mediação de conflitos para iniciantes, praticantes e docentes. Salvador: Jus Podivm, 2016. p. 325.

9. CHRISPINO, Alvaro. BERNARDES, Celia. LIDERCY, Aldenucci. MEURER, Olivia. Mediação escolar: uma via para a convivência pacífica. In: ALMEIDA, Tania. PELAJO, Samantha. JONATHAN, Eva. Mediação de conflitos para iniciantes, praticantes e docentes. Salvador: Jus Podivm, 2016. pp. 543-576. Sobre a mediação escolar e os benefícios que ela traz à sociedade, cf., ainda, GORETTI, Ricardo. Mediação e acesso à justiça. Salvador: Jus Podivm, 2016. pp. 296-307.

10. Defendendo a obrigatoriedade da capacitação, por se tratar de atividade técnica, cf. ASSED, Alexandre Servino. DAVIDOVICH, Larissa. A nova lei de mediação: comentários e reflexões. In: ALMEIDA, Tania. PELAJO, Samantha. JONATHAN, Eva. Mediação de conflitos para iniciantes, praticantes e docentes. Salvador: Jus Podivm, 2016. p. 340.

11. HALE, Durval. PINHO, Humberto Dalla Bernardina de. CABRAL, Trícia Navarro Xavier. O marco legal da mediação no Brasil: comentários à lei n. 13.140, de 26 de junho de 2015. São Paulo: Atlas, 2016. p. 116.

se, por razões práticas e óbvias, que a função do mediador só pode ser exercida por pessoas naturais, não sendo possível a nomeação de pessoas jurídicas para tanto. Isso não quer dizer que as partes não possam escolher uma entidade para nomear o mediador, mas este será, sempre, uma pessoa física.

Com relação à capacidade, refere-se a Lei de Mediação à capacidade civil, prevista no art. 5º do Código Civil (Lei 10.406/2002). Assim, são considerados capazes (e, portanto, aptos a serem mediadores extrajudiciais): (i) os maiores de 18 anos desde que não interditados; ou (ii) os menores emancipados pela concessão dos pais (ou sentença do juiz), pelo casamento, pelo exercício de emprego público efetivo, pela colação de grau em ensino superior, ou, se contar com 16 anos completos, tenha o menor economia própria pelo estabelecimento civil ou comercial ou pela existência de relação de emprego. Excluem-se, ainda, os ébrios habituais e viciados em tóxico, os que não puderem exprimir sua vontade e os pródigos (art. 4º do Código Civil).[12]

Como já se disse, nada impede que as partes, de comum acordo, renunciem ao requisito da capacidade no momento de escolha do mediador, o que, contudo, deve ser feito com cautela, não apenas para que não se ponha em risco a qualidade da mediação – em virtude da inexperiência do mediador no trato das relações humanas, mas, também, para evitar eventuais nulidades que possam advir da condução de um procedimento de mediação em desacordo com os parâmetros da Lei de Mediação.

Há situações, entretanto, em que a escolha de um mediador incapaz possa se revelar a mais adequada à solução do conflito. É o caso dos conflitos escolares, em que a capacitação dos alunos para atuar como mediadores contribui para seu desenvolvimento pessoal e social e permite que a solução do conflito ocorra de forma participativa, por pessoas legitimadas e reconhecidas pelos envolvidos.[13]

2.2. Pessoa de confiança das partes

Em segundo lugar, a Lei de Mediação exige que o mediador extrajudicial tenha a confiança das partes. Se está a dizer, com isso, que o mediador não atua como defensor da parte. Defender os interesses da parte é função do advogado (art. 10) e o mediador deve zelar por sua independência e imparcialidade (art. 2º, I, e 5º). A confiança exigida pela Lei de Mediação refere-se ao reconhecimento, pelas partes em

12. ASSED, Alexandre Servino. DAVIDOVICH, Larissa. A nova lei de mediação: comentários e reflexões. In: ALMEIDA, Tania. PELAJO, Samantha. JONATHAN, Eva. Mediação de conflitos para iniciantes, praticantes e docentes. Salvador: Jus Podivm, 2016. p. 340.

13. MORGADO, Catarina. OLIVEIRA, Isabel. Mediação em contexto escolar: transformar o conflito em oportunidade. Exedra., jun. 2009. pp. 43-56. Cf., ainda, CHRISPINO, Álvaro. Gestão do conflito escolar: da classificação dos conflitos aos modelos de mediação. Ensaio: aval. pol. públ. Educ., Rio de Janeiro, v.15, n.54, p. 11-28, jan./mar. 2007.

conflito, de que o mediador é "capaz de agir e auxiliar na dissolução do conflito".[14] É conceito similar àquele previsto no art. 13 da Lei de Arbitragem.[15]

A grande tarefa do mediador é restaurar (ou facilitar) o diálogo entre as partes (art. 4º, § 1º) e, para que isso ocorra, é imprescindível a criação de um ambiente seguro e confiável. Por isso, a falta confiança no mediador pode acarretar, em determinados casos, a falta de confiança no método da mediação e, consequentemente, frustrar a tentativa de solução consensual. Assim, a confiança da parte no mediador, mais do que um requisito legal, é uma condição prática para o sucesso da mediação.

Como já visto, a confiança pode ser dispensada em um primeiro momento, mas compete ao mediador trabalhar para conquistá-la, para poder auxiliar e estimular as partes a identificar ou desenvolver soluções consensuais para o conflito. É o que se denomina construção do *rapport*,[16] conceito que "traz uma concepção ampla de harmonia, sensação de positividade, cuidado mútuo, compreensão e empatia ao processo de mediação".[17] Várias são as técnicas para que o mediador ganhe a confiança das partes, e este é um cuidado que se deve ter a todo momento. Começa-se com o acolhimento adequado, fazendo com que as partes se sintam bem recebidas. A escuta ativa, o não julgamento, a validação de sentimentos, e, acima de tudo, a manutenção de uma postura neutra (ou imparcial) pelo mediador são essenciais para se atingir a confiança.

Nada impede que o mediador seja nomeado por terceiros, pois, se, por um lado, o mediador escolhido pelas próprias partes usufrua, em tese, de maior legitimidade, aquele escolhido por terceiros pode sofrer menos questionamentos quanto à sua imparcialidade.

Ressalte-se, de resto, que o conceito de confiança está ligado ao de imparcialidade, mas com ele não se confunde, pois a Lei de Mediação prevê hipóteses próprias de impedimento e suspeição e mecanismos para impugnação do mediador parcial (arts. 5º), mas deixa em aberto a questão da confiança, permitindo às partes, a qualquer momento, encerrar a mediação, caso não mais tenham confiança no trabalho que esteja sendo desenvolvido (art. 2º, V, e § 2º).

14. HALE, Durval. PINHO, Humberto Dalla Bernardina de. CABRAL, Trícia Navarro Xavier. O marco legal da mediação no Brasil: comentários à lei n. 13.140, de 26 de junho de 2015. São Paulo: Atlas, 2016. p. 116.

15. "Art. 13. Pode ser árbitro qualquer pessoa capaz e que tenha a confiança das partes."

16. Sobre a construção do rapport, vide GOULART, Juliana Ribeiro. GONÇALVES, Jéssica. O paradigma consensual de justiça e a ferramenta do rapport: construindo confiança entre as partes e o mediador. In: NASCIMBENI, Asdrubal Franco. BERTASI, Maria Odete Duque. RANZOLIN, Ricardo Borges (coordenadores). Temas de mediação e arbitragem. São Paulo: Lex Editora, 2017. pp. 197-212.

17. NUNES, Antonio Carlos Ozório. Manual de Mediação: guia prático da autocomposição. São Paulo: Revista dos Tribunais, 2016. p. 225.

2.3. Pessoa capacitada para fazer mediação

Por fim, a Lei de Mediação exige que o mediador extrajudicial seja pessoa capacitada para mediar. A Lei não trouxe parâmetros para validar essa capacitação. Não é exigido nenhum grau de escolaridade mínimo, nenhuma certificação teórica nem prática específicas, nem nenhuma experiência prévia, nenhum conteúdo programático reconhecido ou carga horária mínima cursada. Tamanha abertura no texto legal gera dificuldades práticas caso seja necessário aferir, no caso concreto, o preenchimento desse requisito por parte do mediador indicado.

Não é correto, a nosso ver, exigir dos mediadores extrajudiciais os requisitos de capacitação previstos no art. 11 para os mediadores judiciais, pois, se assim quisesse, o legislador o teria feito.

Pelo contrário, cabe às partes, no livre exercício da autonomia de sua vontade, analisar o currículo do mediador e decidir se aquela pessoa é suficientemente capacitada para auxiliá-las em seu conflito. Logicamente, conflitos mais simples exigirão menor capacitação e conflitos mais complexos podem demandar não apenas maior formação, mas também experiência prévia e até mesmo trabalhos em equipe e em comediação. Assim, "o próprio mercado, com o tempo, se encarregará de regular melhor essa atividade".[18]

No Brasil, o Conselho Nacional das Instituições de Mediação e Arbitragem – CONIMA, para resguardar a credibilidade e a qualidade do exercício da mediação, elaborou um padrão de capacitação básica em mediação, que compreende um módulo teórico e prático de, no mínimo, 60 horas-aula, e um módulo de estágio supervisionado, com carga horária mínima de 50 horas, considerando ótima a carga horária de 100 horas. Além da capacitação básica, prevê-se cursos de capacitação em áreas específicas (20 horas), estudos avançados em cursos e seminários, capacitação em supervisão e capacitação em docência.[19] Além disso, a doutrina é rica em comentários sobre o conteúdo que deve ser apreendido nos cursos de capacitação.[20]

O importante é que o mediador tenha uma formação própria que o habilite a atuar como tal, desenvolvida a partir de diversos campos do conhecimento humano, para auxiliar as partes a lidarem com o conflito de forma colaborativa, por meio do diálogo. E, como será visto a seguir, não é necessário que o mediador tenha graduação prévia em Direito ou nenhuma formação superior específica.

---

18. NUNES, Antonio Carlos Ozório. Manual de Mediação: guia prático da autocomposição. São Paulo: Revista dos Tribunais, 2016. p. 79. Para múltiplas visões sobre o assunto, cf. BRIQUET, Enia Cecilia. Manual de mediação: teoria e prática na formação do mediador. Petrópolis: Vozes, 2016. pp. 18-24.

19. Informação disponível em: <http://www.conima.org.br/plano_med>. Acesso em: 06 ago. 2017.

20. Cf., p. ex., NETO, Adolfo Braga. Mediação: uma experiência brasileira. São Paulo: CLA Editora, 2017. pp. 106-109.

3. A FORMAÇÃO DE ORIGEM DO MEDIADOR

Discute-se a relevância, no processo de escolha do mediador, de sua formação de origem. Em outras palavras, se o conflito envolve questões técnicas de engenharia civil, seria mais adequado escolher um mediador formado em engenharia civil? E, se o conflito tivesse por base a interpretação de lei ou de contrato, um bacharel em direito seria mais adequado? Como se sabe, a possibilidade de escolha de um julgador especialista na matéria em litígio é uma das vantagens da arbitragem, pois "dota o órgão julgador de capacitação para discutir com profundidade as questões postas a julgamento".[21]

O mesmo raciocínio, contudo, não deve ser aplicado à mediação, pois o mediador, ao contrário do árbitro, não julga o conflito. Aliás, o mediador (facilitativo) sequer emite opinião ou julgamento de valor sobre as questões discutidas no curso do procedimento. Assim, o conhecimento pretérito do mediador sobre a matéria do litígio não tem tanta relevância no processo de mediação (facilitativa)[22] quanto na arbitragem.

Além disso, o mediador pode trazer, com sua formação de origem, preconceitos e pré-julgamentos, que podem prejudicar o processo de mediação. Nesse sentido, já se afirmou, por exemplo, que o "advogado que atuar como mediador terá um pouco de dificuldades no início, pois ele é habituado a interferir, a ser o consultor, a fazer sugestões e a pensar nas melhores alternativas. Na mediação, esse papel é das próprias partes".[23]

O mediador é um "novo profissional" e "não pode agir como advogado [...]; não pode agir como psicólogo [...]; não pode agir simplesmente como um médico" de forma que "não se afigura essencial que [ele] tenha formação jurídica ou de qualquer outra área do conhecimento."[24] Por isso mesmo, a Lei de Mediação dispensa, para o exercício da função de mediador, a inscrição, filiação ou associação a "qualquer tipo de conselho, entidade de classe ou associação" (art. 9º).

A questão, contudo, não é pacífica e há autores[25] que defendem que a formação de origem do mediador deve ser considerada pelas partes no momento de sua

21. CARMONA, Carlos Alberto. Arbitragem e processo: um comentário à lei n. 9.307/96. 3. ed. São Paulo Atlas, 2009. 236.

22. Na mediação avaliativa (assim entendida aquela em que o mediador emite opinião sobre o conflito), a formação de origem do mediador pode ter maior relevância.

23. NUNES, Antonio Carlos Ozório. Manual de Mediação: guia prático da autocomposição. São Paulo: Revista dos Tribunais, 2016. p. 85.

24. TARTUCE, Fernanda. Mediação nos conflitos civis. 3. ed. Rio de Janeiro: Forense, 2016. p. 276.

25. BASÍLIO, Ana Tereza Palhares. MUNIZ, Joaquim de Paiva. Projeto de lei de mediação obrigatória e a busca da pacificação social. In: FERRAZ, Rafaela. MUNIZ, Joaquim de Paiva (coordenadores). Arbitragem doméstica e internacional: estudos em homenagem ao prof. Theóphilo de Azeredo Santos. Rio de Janeiro: Forense, 2008. p. 10.

escolha. A justificativa, nesses casos, está normalmente relacionada ao fato de que o mediador engenheiro, por conhecer os jargões da engenharia e os problemas típicos desse mercado, terá melhores condições de compreender e auxiliar o bom desenvolvimento do diálogo entre as partes.

Há certa verdade nessa afirmação. De fato, se o mediador não conhece a linguagem utilizada pelas partes, poderá enfrentar dificuldades na condução do processo de mediação. Isso não quer dizer, contudo, que o mediador deva, necessariamente, possuir graduação no objeto do litígio. A nosso ver, o mediador deve ser especialista no método e, como todo profissional, deve se preparar com antecedência para exercer sua função, o que inclui buscar adquirir todo o conhecimento necessário a que ele, durante a mediação, possa viabilizar a compreensão do conflito existente e a restauração do diálogo entre as partes. Assim, ao mediar um conflito médico envolvendo cirurgia cardiovascular, o mediador deve procurar estudar o tema, para se familiarizar com os termos utilizados naquela área do conhecimento. E nada impede, por exemplo, que, deparado com um termo desconhecido, o mediador peça às partes que o expliquem, para que todos tenham o mesmo nível de informação.

Mesmo quando o mediador conhece os termos utilizados, pode ser seu papel fazer perguntas para que as partes troquem informações, o que poderá restaurar o equilíbrio negocial entre elas (com o empoderamento da parte que desconhecia a informação), ou até mesmo esclarecer mal-entendidos oriundos de interpretações divergentes do mesmo termo.

4. CONCLUSÕES

O art. 9º da Lei de Mediação lista os requisitos para exercício do ofício de mediador extrajudicial: capacidade civil, confiança das partes e capacitação específica. Não se trata de requisitos formais de validade absolutos do processo de mediação, pois as partes podem dispensá-los, se assim desejarem, embora, nesse caso, corram maior risco de optarem por uma mediação de qualidade inferior, ou por um procedimento que não se enquadra no conceito de mediação, ou, em casos extremos, de nulidade, caso o mediador (por inexperiência ou falta de conhecimento), viole dispositivos mandatórios da Lei de Mediação, como a imparcialidade do mediador ou a voluntariedade do processo. Além disso, também pelo princípio da autonomia da vontade, as partes podem estipular, na cláusula de mediação, requisitos adicionais, como número de mediadores, gênero, formação específica, experiência prévia, nacionalidade, ou outro que entenderem pertinente para o caso concreto.

A Lei de Mediação é omissa quanto à formação do mediador extrajudicial, dispondo apenas que não é necessária nenhuma associação ou inscrição em qualquer tipo de conselho, entidade de classe ou associação. A forma e o conteúdo dos cursos de capacitação, portanto, ficarão à cargo do mercado, orientado pela doutrina especializada. A esse respeito, um dos pontos de divergência na doutrina parece ser quanto à formação de origem do mediador, indagando-se se a escolha de um mediador engenheiro, advogado ou psicólogo (por exemplo), traria mais vantagens ou desvantagens aos mediandos. Embora não pareça haver divergência quanto à prescindibilidade de uma formação específica, as discussões sobre as vantagens e desvantagens dessa formação ainda é incipiente e necessita de maior aprofundamento.

5. BIBLIOGRAFIA

ASSED, Alexandre Servino. DAVIDOVICH, Larissa. A nova lei de mediação: comentários e reflexões. In: ALMEIDA, Tania. PELAJO, Samantha. JONATHAN, Eva. **Mediação de conflitos para iniciantes, praticantes e docentes**. Salvador: Jus Podivm, 2016. pp. 333-350.

BASÍLIO, Ana Tereza Palhares. MUNIZ, Joaquim de Paiva. Projeto de lei de mediação obrigatória e a busca da pacificação social. In: FERRAZ, Rafaela. MUNIZ, Joaquim de Paiva (coordenadores). **Arbitragem doméstica e internacional**: estudos em homenagem ao prof. Theóphilo de Azeredo Santos. Rio de Janeiro: Forense, 2008.

BRIQUET, Enia Cecilia. **Manual de mediação**: teoria e prática na formação do mediador. Petrópolis: Vozes, 2016.

CAETANO, Flávio Crocce. Entrevista. In: NETO, Adolfo Braga. **Mediação**: uma experiência brasileira. São Paulo: CLA Editora, 2017.

CHRISPINO, Álvaro. Gestão do conflito escolar: da classificação dos conflitos aos modelos de mediação. **Ensaio: aval. pol. públ. Educ.**, Rio de Janeiro, v.15, n.54, p. 11-28, jan./mar. 2007.

______________. BERNARDES, Celia. LIDERCY, Aldenucci. MEURER, Olivia. Mediação escolar: uma via para a convivência pacífica. In: ALMEIDA, Tania. PELAJO, Samantha. JONATHAN, Eva. **Mediação de conflitos para iniciantes, praticantes e docentes**. Salvador: Jus Podivm, 2016. pp. 543-576.

GORETTI, Ricardo. **Mediação e acesso à justiça**. Salvador: Jus Podivm, 2016.

GOULART, Juliana Ribeiro. GONÇALVES, Jéssica. O paradigma consensual de justiça e a ferramenta do rapport: construindo confiança entre as partes e o mediador. In: NASCIMBENI, Asdrubal Franco. BERTASI, Maria Odete Duque. RANZOLIN, Ricardo Borges (coordenadores). **Temas de mediação e arbitragem**. São Paulo: Lex Editora, 2017. pp. 197-212.

HALE, Durval. PINHO, Humberto Dalla Bernardina de. CABRAL, Trícia Navarro Xavier. **O marco legal da mediação no Brasil**: comentários à lei n. 13.140, de 26 de junho de 2015. São Paulo: Atlas, 2016.

MORGADO, Catarina. OLIVEIRA, Isabel. Mediação em contexto escolar: transformar o conflito em oportunidade. **Exedra.**, jun. 2009. pp. 43-56.

NUNES, Antonio Carlos Ozório. **Manual de Mediação**: guia prático da autocomposição. São Paulo: Revista dos Tribunais, 2016.

PINHO, Humberto Dalla Bernardina de. SOUZA, Mariana Freitas de. O tratamento legal da mediação no código de processo civil de 2015 – Lei n. 13.105/15In: ASSED, Alexandre Servino. DAVIDOVICH, Larissa. A nova lei de mediação: comentários e reflexões. In: ALMEIDA, Tania. PELAJO, Samantha. JONATHAN, Eva. **Mediação de conflitos para iniciantes, praticantes e docentes**. Salvador: Jus Podivm, 2016. pp. 317-332.

TARTUCE, Fernanda. **Mediação nos conflitos civis**. 3. ed. Rio de Janeiro: Forense, 2016.

VASCONCELOS, Carlos Eduardo de. **Mediação de conflitos e práticas restaurativas**. 5. Ed. Rio de Janeiro: Forense, 2017.

Art. 10. As partes poderão ser assistidas por advogados ou defensores públicos.

Parágrafo único. Comparecendo uma das partes acompanhada de advogado ou defensor público, o mediador suspenderá o procedimento, até que todas estejam devidamente assistidas.

Trícia Navarro Xavier Cabral

Fernanda Medina Pantoja

1. A MEDIAÇÃO EXTRAJUDICIAL

A mediação privada não é novidade no Brasil e nem se iniciou com o advento da Lei nº 13.140/15. Trata-se de atividade há muito exercida em nossa sociedade, especialmente em grandes capitais, com maior ênfase na esfera empresarial, embora também presente na esfera comunitária, escolar, familiar, entre outras. Por outro lado, denota-se que antes mesmo da existência de legislação específica sobre a mediação, o tema já vinha sendo amplamente difundido no âmbito acadêmico, e até já tinha sido percebida dentro de órgãos do Poder Judiciário.

Por essa razão a comunidade jurídica aguardava ansiosa pela regulamentação da matéria, cujo projeto embrionário tratando do tema foi apresentado na Câmara dos Deputados em 1998[1], e chegou a tramitar por longos anos, vindo por fim a ser arquivado.[2] Até que, em 2011, foi concebido o Projeto de Lei que viria a resultar no

1. Disponível em: [http://www.camara.gov.br/proposicoesWeb/fichadetramitacao?idProposicao=21158]. Acesso em: 07.06.2015.

2. A primeira proposta de regulamentação da mediação no Brasil surgiu com o Projeto de Lei nº 4.827/1998, apresentado à Câmara dos Deputados pela Deputada Federal Zulaiê Cobra, objetivando institucionalizá-la como método de prevenção e solução consensual de conflitos. Registre-se que o referido Projeto foi apresentado em 10.11.88, ou seja, praticamente um mês após a promulgação da Constituição da República, ocorrida em 05.11.1988. Com a aprovação pela Câmara dos Deputados, o Projeto foi enviado ao Senado Federal, onde sofreu fusão com o Projeto de Lei de uma comissão específica criada pelo Instituto Brasileiro de Direito Processual (IBDP), coordenada pela Professora Ada Pellegrini Grinover. O Projeto Substitutivo (PLC 94/2002) foi apresentado pelo Senador Pedro Simon, tendo o plenário do Senado Federal confirmado o texto substitutivo oriundo da Comissão de Constituição e Justiça, em 11.07.2006. A Emenda do Senado classificou a mediação em i) judicial ou ii) extrajudicial e iii) prévia ou iv) incidental, determinando, em seu artigo 34, que a mediação incidental ao processo fosse obrigatória, fixando o procedimento nos artigos seguintes. Em síntese, logo após a distribuição da petição inicial, o mediador receberia uma cópia do processo judicial e intimaria as partes para comparecimento em dia, hora e local designados por ele, quando então seria realizada a mediação. Na sequência, o Projeto de Lei foi reenviado à Câmara dos Deputados para a apreciação das modificações elaboradas pelo Senado. Na Câmara, o relator, Deputado José Eduardo Martins Cardoso (PT/SP), apresentou Parecer e Relatório, opinando favoravelmente pela aprovação do

marco legal da mediação no Brasil (Lei nº 13.140/15). Aprovado em 2015, tramitou paralelamente à reforma do Código de Processo Civil e, portanto, influenciou e foi influenciado pelo legislador processual.

Na Lei de Mediação, a Seção II se dedica a regulamentar a atuação dos mediadores, e o faz em três subseções: disposições gerais (I); mediadores extrajudiciais (II); e (III) mediadores judiciais.

Na subseção que aborda os mediadores extrajudiciais, o legislador previu que as partes poderão ser assistidas por advogados e defensores públicos. A intenção do legislador é simples: garantir que haja um equilíbrio entre as partes e que elas tomem decisões de forma consciente, dispondo de informações quanto aos seus direitos e ao contexto fático no qual estão inseridas, atendendo-se, respectivamente, aos princípios da isonomia, previsto no art. 2º, da Lei nº 13.140/15 e ao da decisão informada, inserido no art. 166, *caput*, do CPC.

O mediador extrajudicial deve zelar pelo tratamento igualitário das partes, tanto no aspecto formal, ou seja, perante a lei, quando no material, concernente à vedação de atuar com atos de privilégio, vantagem ou qualquer outro comportamento específico que crie o desequilíbrio no relacionamento com as partes.

Por outro lado, o facilitador deve identificar e respeitar as diferentes caraterísticas das partes, promover igualitariamente a participação delas no processo autocompositivo e, ainda, perceber eventual vulnerabilidade de algum dos envolvidos que possa ser prejudicial, como, por exemplo, a ausência de advogado ou defensor público, sugerindo que a parte busque a devida assistência para a continuidade do procedimento.

Isso porque o processo de mediação envolve diversas etapas procedimentais e uma delas consiste em fornecer instruções e explicações no que constitui a mediação, quais são suas fases, os métodos de trabalho, as garantias e os benefícios, contribuindo para o devido empoderamento das partes.

Projeto, diante da sensível melhora ofertada pelo Senado Federal. O Projeto aguardava a sua aprovação final desde então, mas foi devolvido "sem manifestação" à Comissão de Constituição e Justiça e da Cidadania no dia 16.12.2010 – um dia após a aprovação pelo Senado Federal do Projeto de Lei para o novo Código de Processo Civil. Em 12.07.2011 houve a apresentação do Parecer do Relator Deputado Arthur Oliveira Maia, aprovado em 19.6.2013 e encaminhado à publicação em 04.07.13, tendo sido esta a última movimentação legislativa. Não obstante, em 2011 foi apresentado no Senado Federal o PLS 517/11, de iniciativa do Senador Ricardo Ferraço do Espírito Santo, objetivando regular de modo abrangente a mediação, suprindo a lacuna existente em nossa legislação. O Projeto, após ser consolidado pelas propostas apresentadas pela Comissão de Juristas instituída pelo Ministério da Justiça e presidida pelo Ministro do Superior Tribunal de Justiça (STJ) Luiz Felipe Salomão, teve o texto aprovado e encaminhado à Câmara dos Deputados como Projeto de Lei nº 7169/2014. Em seguida houve a apresentação e análise de Emendas, e o texto foi aprovado pela Comissão de Constituição e de Justiça e de Cidadania da Câmera em 07.04.2015, retornando ao Senado para a votação final do marco legal da mediação. Ao final, o texto foi colocado em pauta do Plenário do Senado em caráter de urgência e aprovado no dia 02.06.2015, seguindo para a sanção Presidencial, que ocorreu em 26.06.2015, dando ensejo à publicação da Lei nº 13.140/15, em 29.06.2015.

O mediador pode ou não possuir formação jurídica, e, em caso negativo, isso não compromete a mediação, já que a prestação de informação quanto ao procedimento não se confunde com assessoria jurídica, referindo-se, na verdade, ao próprio processo autocompositivo.

De qualquer forma, não cabe ao mediador prestar assessoria jurídica, sob pena de comprometer a sua neutralidade, e, por conseguinte, ferir o princípio da imparcialidade, previsto no art. 2º, da Lei de Mediação e também no art. 166, *caput*, do CPC.

Assim, qualquer dúvida ou falta de informação das partes acerca de direitos e deveres deve ser solucionada por meio de advogado ou defensor público, profissionais habilitados para tal finalidade, devendo o mediador garantir que essa assistência jurídica seja prestada de modo presencial ou mesmo à distância.

2. A FACULTATIVIDADE SUGERIDA PELA LEI

A utilização do verbo "*poderão*" no dispositivo legal tem causado grande polêmica no meio jurídico, principalmente por parte da classe dos advogados, havendo quem defenda, inclusive, a sua inconstitucionalidade.

Inicialmente deve-se esclarecer que a atuação de mediadores extrajudiciais pode ocorrer em diversos ambientes, tanto no âmbito de instituições privadas, como as câmaras de mediação e plataformas *on-line* de solução de disputas, como dentro do próprio Poder Judiciário, em sessões de mediação que são realizadas nos CEJUSCS. Os Centros Judiciários de Solução de Conflitos e Cidadania ("Centros") têm como objetivo principal realizar as sessões de conciliação e mediação do tribunal, inclusive as pré-processuais, ou seja, quando ainda não houve distribuição para varas, sem prejuízo de poderem atuar também em demandas já distribuídas que sejam encaminhadas para os Centros, os quais servirão de apoio aos Juízos, Juizados e Varas na realização de mediações. Por esse motivo, o Centro é tratado como sendo o "corpo autocompositivo" do Tribunal.

E justamente pela abrangência da atuação dos mediadores extrajudiciais, iniciou-se um movimento, inclusive de alteração legislativa, para tornar obrigatória a participação de advogados ou defensores públicos nas mediações extrajudiciais.

Registre-se que nas mediações judiciais é obrigatória a presença de advogados ou defensores públicos, nos enfáticos termos do art. 334, § 9º, do CPC e do art. 26 da Lei de Mediação[3].

3. Art. 26. As partes deverão ser assistidas por advogados ou defensores públicos, ressalvadas as hipóteses previstas nas Leis nºs 9.099, de 26 de setembro de 1995, e 10.259, de 12 de julho de 2001.
Parágrafo único. Aos que comprovarem insuficiência de recursos será assegurada assistência pela Defensoria Pública.

Contudo, o art. 11, da Resolução 125/2010 do CNJ[4], também indica facultatividade da presença de advogados e defensores públicos perante os CEJUSCS, nos mesmos moldes da Lei de Mediação.

Essa diferenciação entre os procedimentos de mediação extrajudiciais e judiciais tem causado reações de parte da classe dos advogados, que entendem que a presença do advogado deveria ser obrigatória nas duas hipóteses, e que qualquer disposição legal em contrário seria inconstitucional.

Para os defensores dessa tese de inconstitucionalidade do dispositivo em comento, há clara violação ao disposto no art. 133, da Constituição Federal, segundo o qual o advogado é indispensável à administração da justiça, de modo que a sua participação em conciliações ou mediações deve ser obrigatória.

Com base nessa premissa, a OAB-SP já reclamara sobre o tema ao Conselho Nacional de Justiça, e ainda propôs ao Conselho Federal da Ordem dos Advogados do Brasil que ingressasse com Ação Direta de Inconstitucionalidade contra a falta de obrigatoriedade da presença dos advogados nos CEJUSCS.

Em seu entender, a utilização de métodos consensuais de solução de conflitos sem intervenção de advogado representaria uma afronta aos direitos fundamentais de acesso à justiça e ao devido processo legal, violando, ainda, o contraditório e a ampla defesa, cujos princípios são garantidos pela indispensabilidade enunciada no art. 133 da Constituição Federal.

Com esse entendimento, o Conselho Pleno da OAB autorizou a entidade a apresentar proposta de alteração do art. 11 da Resolução nº 125 do CNJ e do art. 10 da Lei nº 13.140/2015 (Lei de Mediação) para que vigorassem com a expressa indicação da obrigatoriedade da participação dos advogados para assistirem as partes nas mediações e conciliações extrajudiciais. A justificativa para as alterações legislativas seria a de evitar injustiças, nulidades e ilegalidades em acordos firmados sem a participação de advogado.[5]

Ainda no campo legislativo, tramita na Câmara dos Deputados o Projeto de Lei nº 5511/2016, de autoria do Deputado José Mentor, que prevê a obrigatoriedade da intervenção de advogado na solução consensual de conflito, o que incluiria a mediação extrajudicial. O Projeto de Lei, aprovado em 28/09/2017 pela Comissão de Constituição e Justiça e de Cidadania da Câmara Federal, propõe uma alteração no art. 2º, § 4º, da Lei nº 8.906/94 (Estatuto da Advocacia), tornando obrigatória a participação do advogado na solução consensual de conflitos, tais como a conciliação e a mediação.

4. Art. 11. Nos Centros poderão atuar membros do Ministério Público, defensores públicos, procuradores e/ou advogados.

5. Notícia veiculada pelo CONIMA em maio de 2017. Cf.: [http://www.conima.org.br/arquivos/15933].

Outro argumento utilizado em favor dessa tese é o fato de que, se o Código de Processo Civil (art. 3º) e o Código de Ética da Advocacia (art. 2º, § 1º) estimulam a utilização pelos advogados de métodos não adversariais de resolução de disputas, a obrigatoriedade de sua presença nas mediações extrajudiciais seria essencial para resguardar os direitos de seus clientes, não podendo haver distinção dessa necessidade nas esferas judiciais e extrajudiciais, sob pena, ainda, de haver contradição com o próprio espírito da lei, que foi o de incentivar os profissionais do direto a conhecerem e a se valerem dos métodos consensuais de resolução de disputas.

Não nos parece, contudo, que a facultatividade da presença física dos advogados no procedimento de mediação extrajudicial seja inconstitucional. Trata-se, na verdade, de uma escolha justificável, diante das particularidades e dos princípios que informam esse método de resolução de conflitos.

Na medida em que a mediação, diferentemente de outros meios, preconiza o protagonismo das partes, alçando-as ao papel de verdadeiras autoras da solução consensual, é aceitável que se dispense a obrigatoriedade da presença dos advogados às sessões. Tanto é assim que a mesma condição se verifica em outros ordenamentos jurídicos, como nos Estados Unidos, onde o *Uniform Mediation Act* de 2003 prevê que o advogado "pode" acompanhar a parte na mediação[6], e em Portugal, cuja Lei de Mediação (nº 29/2013) estabelece a possibilidade de participação dos advogados.[7]

E mais: a opção legislativa, em relação à mediação extrajudicial, não foi somente a de afastar a obrigatoriedade da participação dos advogados na sessão de mediação, como ainda a de tornar despiciendo que o termo de acordo eventualmente obtido seja assinado por tais profissionais. À primeira vista, portanto, a lei torna legítima a realização de uma mediação sem nenhum tipo de intervenção de advogados.

Importante esclarecer que não é o fato de não haver julgamento que autoriza a ausência de advogado na mediação extrajudicial, mas sim a natureza e as características desse meio de resolução de conflitos que faz com que a assistência das partes pelos advogados não seja obrigatória e nem inconstitucional.

Aliás, a questão da dispensabilidade de advogado por leis infraconstitucionais já foi alvo de análise pelo Supremo Tribunal Federal, tendo a Corte concluído ser a

6. "SECTION 10. PARTICIPATION IN MEDIATION. An attorney or other individual designated by a party may accompany the party to and participate in a mediation." Disponível em: [http://www.uniformlaws.org/shared/docs/mediation/uma_final_03.pdf], com último acesso em 14.12.2007.

7. "Art. 18 Presença das partes, de advogado e de outros técnicos nas sessões de mediação:

1 – As partes podem comparecer pessoalmente ou fazer-se representar nas sessões de mediação, podendo ser acompanhadas por advogados, advogados estagiários ou solicitadores.
2 – As partes podem ainda fazer-se acompanhar por outros técnicos cuja presença considerem necessária ao bom desenvolvimento do procedimento de mediação, desde que a tal não se oponha a outra parte.

3 – Todos os intervenientes no procedimento de mediação ficam sujeitos ao princípio da confidencialidade.". Disponível em: [http://www.pgdlisboa.pt/leis/lei_mostra_articulado.php?nid=1907&tabela=leis], com último acesso em 14.12.2007.

imprescindibilidade do advogado relativa, podendo ser afastada pela lei, como ocorreu nas hipóteses dos Juizados Especiais, na Justiça de Paz e na Justiça do Trabalho[8].

No referido julgamento, que envolveu a análise da constitucionalidade do art. 10 da Lei nº 10.259/2001 (dispõe sobre a dispensabilidade dos advogados nas causas cíveis dos Juizados Especiais Federais), os fundamentos para afastar a ofensa à Constituição foram os fatos de que a norma (a) constitui exceção à indispensabilidade de advogado legitimamente estabelecida em lei; e (b) tem por finalidade efetivamente ampliar o acesso à justiça.

Transpondo os referidos argumentos para o art. 10 da Lei de Mediação, tem-se que seriam perfeitamente aplicáveis. Note-se que a Lei não veda a constituição ou a assistência de advogado, o que seria inconstitucional, mas apenas faculta a sua participação, ampliando, assim, as possibilidades de solução consensual de conflitos pelas partes.

A mesma situação ocorre com o art. 21, § 3º, da Lei de Arbitragem (Lei nº 9.307/96, alterada pela Lei nº 13.129/2015), que também prevê a facultatividade da representação das partes por advogado no procedimento arbitral. Embora haja vozes que defendam a inconstitucionalidade do dispositivo por ser o procedimento arbitral também um meio de distribuição de justiça, produzindo sentença que se equipararia à sentença judicial, e, portanto, tornando imprescindível a presença de advogado, não há notícias de declaração de inconstitucionalidade de lei ou de nulidade de sentenças arbitrais por falta de representação das partes por advogado.

Não obstante, na ADI 1.539 –7/UF que analisou a constitucionalidade do art. 9º, da Lei nº 9.099/95 (Lei dos Juizados Especiais) que faculta a presença de advogado na hipótese ali prevista, chamou-se a atenção para a parte final do art. 133, da Constituição Federal[9], que diz que deve ser aplicado "nos limites da lei".[10]

Portanto, conclui-se que não há qualquer inconstitucionalidade no art. 10, da Lei de Mediação.

3. A IMPORTÂNCIA DA PARTICIPAÇÃO DOS ADVOGADOS E DEFENSORES PÚBLICOS

Como demonstrado, a facultatividade da presença física dos advogados no procedimento de mediação não encerra qualquer pecha de inconstitucionalidade.

---

8. Conferir teor da ADI 3.168/DF.

9. Art. 133. O advogado é indispensável à administração da justiça, sendo inviolável por seus atos e manifestações no exercício da profissão, nos limites da lei.

10. Voto do Ministro Maurício Corrêa (Relator): "A lei estabeleceu, de forma legítima e com total pertinência, exceção ao postulado da imprescindibilidade do advogado para a administração da justiça, aliás, como autoriza a parte final do próprio artigo 133 da Carta Federal.". Ementário nº 2135-3, publicado no D.J. 05.12.2003, pg. 405.

Contudo, tal circunstância não pressupõe ser ideal a dispensabilidade do profissional da advocacia.

Conquanto haja quem defenda que o comparecimento dos causídicos seria pernicioso à mediação, pelo suposto fato de o discurso jurídico prejudicar o empoderamento dos mediandos[11], parece-nos, ao contrário, que a sua atuação pode ser valiosa – desde que se trate de profissionais que conheçam o método, saibam como contribuir para o seu proveito e que estejam dispostos a agir de forma colaborativa, estremada do paradigma adversarial.

Advogados bem preparados podem, por exemplo, ajudar a identificar interesses e necessidades, aventar soluções de benefício mútuo e auxiliar na eleição da melhor alternativa para o seu cliente. A sua presença pode, ainda, ajudar a conter a carga emocional a que normalmente está sujeita a parte[12], permitindo-lhe enxergar a situação de forma mais objetiva e racional. Por fim, a atuação do advogado é capaz de proporcionar um maior equilíbrio entre as partes nas negociações, inibindo a imposição de decisões de uma a outra, por conta de suas diferenças de estilo[13] ou de capacidade argumentativa.

De todo modo, ainda que não se conte com as vantagens da presença física dos advogados às sessões, é certo que a prestação de assessoria jurídica aos mediandos é bastante recomendável, senão imprescindível.

Não se pode correr o risco de realizarem-se avenças inexequíveis, ou mesmo temerárias, nas quais os participantes disponham de direitos de que não sabiam sequer ser titulares. Em outras palavras, para que a vontade manifestada pelas partes em determinado acordo seja verdadeiramente livre e consciente, é preciso que tenham pleno conhecimento dos seus próprios direitos.

A importância de assessoria aos mediandos em matéria jurídica é corolário do que se convencionou chamar de "princípio da decisão informada", a que se refere o art. 166 do Código de Processo Civil, que enuncia os princípios da mediação. As partes devem ter amplo conhecimento acerca do método ao qual irão se submeter,

---

11. MEIRELLES, Delton Ricardo Soares; e MARQUES, Giselle Picorelli Yacoub. In HALE, Durval; PINHO, Humberto Bernardina de; e CABRAL, Tricia Navarrro Xavier (coord), *O Marco Legal da Mediação no Brasil*. São Paulo: ed. Atlas, 2016, p. 117.

12. "A presença dos advogados nas sessões de mediação pode ser muito útil e em alguns casos é fundamental. É ele que garante a seu cliente estar fazendo as melhores opções dentro do que possa ser exequível juridicamente. Por não estar emocionalmente envolvido no caso, o advogado também pode servir como um bastião para a checagem de realidade do cliente, que já lhe deposita confiança. Além disso, o advogado é de grande importância na escolha do melhor mediador para o caso." ASSMAR, Gabriela; e PINHO, Débora. Mediação privada – um mercado em formação no Brasil. In ZANETI JR., Hermes; e CABRAL, Tricia Navarro Xavier (coord.), *Grandes Temas do Novo CPC*, vol. 9. Justiça Multiportas. Salvador: ed. JusPodivm, 2016, p. 602.

13. ALMEIDA, Diogo Assumpção Rezende de; PAIVA, Fernanda. Dinâmica da Mediação: Atores. In ALMEIDA, Tania; PELAJO, Samantha; e JONATHAN, Eva. *Mediação de Conflitos: para iniciantes, praticantes e docentes*. Salvador: ed. JusPodivm, 2016, p. 264.

do contexto fático da controvérsia e dos seus direitos materiais na hipótese em discussão.[14] Desse modo, podem tomar decisões conscientes quanto a submeterem-se ou não ao procedimento, e quanto à conveniência de firmarem ou não um eventual acordo para pôr fim ao litígio.

Ainda que as informações sobre as características do procedimento possam ser prestadas pelo mediador, e o contexto fático seja conhecido, melhor do que ninguém, pelas próprias partes, os parâmetros jurídicos não podem ser fornecidos senão pelos advogados.

Não por outro motivo, a doutrina tem defendido o acompanhamento desses profissionais mesmo no caso da mediação extrajudicial, porquanto as partes "emitirão vontades e firmarão compromissos com consequências jurídicas", conforme explicam Rodrigo Mazzei e Barbara Chagas.[15]

A função informativa exercida pelos advogados envolve também a orientação sobre seus direitos e garantias fundamentais em relação ao próprio procedimento. E a assessoria pode ser útil desde a fase prévia à instauração da mediação, para auxílio na escolha do mediador privado.[16]

Reputa-se conveniente, por derradeiro, que o termo final de acordo seja subscrito pelos advogados das partes, se estas desejarem que constitua título executivo extrajudicial.

Como se depreende do art. 784 do Código de Processo Civil, no caso da mediação privada, não basta que o instrumento de transação seja assinado pelo mediador e pelas partes para que constitua título executivo extrajudicial – na medida em que a lei somente atribui essa natureza ao acordo referendado por mediador credenciado no tribunal.

Assim, para a formação de um título executivo a partir de um acordo alcançado na mediação extrajudicial, são necessárias, alternativamente, as assinaturas de duas testemunhas ou dos advogados dos transatores (incisos III e IV do art. 784). Em nosso entender, deve-se privilegiar que sejam os advogados a firmar o termo, em vez das testemunhas, a fim de garantir a revisão do documento, inclusive para verificar o cumprimento dos demais requisitos de um título executivo.

Nesse exato sentido, por exemplo, o Regulamento da Câmara de Mediação do Conselho Nacional das Instituições de Mediação e Arbitragem – CONIMA, es-

14. Art. 1°, inciso II, do Código de Ética para Mediadores e Conciliadores, anexo à Resolução n° 125/2010, CNJ.

15. MAZZEI, Rodrigo; CHAGAS, Barbara Seccato Ruis. Breve ensaio sobre a postura dos atores processuais em relação aos métodos adequados de resolução de conflitos. *In* Justiça Multiportas: Mediação, Conciliação, Arbitragem e outros meios de solução adequada de conflitos. Salvador: ed. Juspodivm, 2016, p. 80.

16. ALMEIDA, Tania. Mediação e Conciliação: dois paradigmas distintos, duas práticas diversas. In CASELLA, Paulo Borba; SOUZA, Luciane Moessa de (coord.). *Mediação de Conflitos: novo paradigma de acesso à justiça.* Belo Horizonte: ed. Forum, 2009, p. 100.

tatui em seu art. 20 que os acordos obtidos na mediação "podem ser informais ou constituírem-se títulos executivos extrajudiciais", caso em que devem incorporar a assinatura de duas testemunhas, "preferencialmente os advogados das partes".

4. A NECESSIDADE DE EQUILÍBRIO NO PROCEDIMENTO

É de se notar que, no parágrafo único do art. 10, a Lei de Mediação estabelece que, comparecendo uma das partes acompanhada de advogado ou defensor público, o mediador deverá suspender o procedimento, até que todas estejam devidamente assistidas.

A norma concretiza o princípio da isonomia, de matiz constitucional[17], sendo certo que pressupõe não apenas a igualdade das partes perante a lei, chamada "isonomia formal", mas também a proibição de distinções fundadas nas particularidades dos indivíduos, dita "isonomia material". Assim, a adequada promoção desta garantia fundamental impõe que os desiguais sejam tratados de forma diferenciada, na exata medida em que se distinguem dos demais, justamente a fim de preservar a equiparação mútua.[18]

Na mediação, o acolhimento desse princípio significa que o mediador deve cuidar de prover iguais oportunidades de manifestação e escuta, além de condições equânimes para avaliação de eventuais ofertas de acordo.

Ora, é certo que a representação de apenas uma das partes por advogado implica um grave desequilíbrio de poderes e de informações, que não pode ser suprido pelo mediador, sob pena de comprometer a sua isenção, como já mencionado. Daí porque a lei veda o prosseguimento da mediação caso apenas uma das partes esteja acompanhada por advogado ou defensor público, até que a outra também o providencie.

O princípio da isonomia impõe, ainda, que o mediador oriente as partes a buscar um advogado sempre que constatar a sua hipossuficiência técnica ou jurídica.

17. Art 5°, *caput* e inciso I, e art. 7°, incisos XXX e XXXI, da Constituição Federal.

18. BARBOSA, Rui. *Oração aos Moços* (edição popular anotada por Adriano da Gama Kury), 5ª ed. Rio de Janeiro: Casa de Rui Barbosa, 1999. Disponível na *Internet* em www.casaruibarbosa.gov.br, com último acesso em 13.12.2017: "A regra da igualdade não consiste senão em quinhoar desigualmente aos desiguais, na medida em que se desigualam. Nesta desigualdade social, proporcionada à desigualdade natural, é que se acha a verdadeira lei da igualdade. O mais são desvarios da inveja, do orgulho, ou da loucura. Tratar com desigualdade a iguais, ou a desiguais com igualdade, seria desigualdade flagrante, e não igualdade real."

Subseção III

Dos Mediadores Judiciais

Art. 11. Poderá atuar como mediador judicial a pessoa capaz, graduada há pelo menos dois anos em curso de ensino superior de instituição reconhecida pelo Ministério da Educação e que tenha obtido capacitação em escola ou instituição de formação de mediadores, reconhecida pela Escola Nacional de Formação e Aperfeiçoamento de Magistrados – ENFAM ou pelos tribunais, observados os requisitos mínimos estabelecidos pelo Conselho Nacional de Justiça em conjunto com o Ministério da Justiça.

Ana Cândida Menezes Marcato

1. REQUISITOS GERAIS PARA OS MEDIADORES JUDICIAIS

Desejando atuar como mediador judicial, o candidato deverá ser indivíduo detentor de capacidade absoluta, nos termos da lei civil (arts. 1/10 do CC), além de ser graduado, por pelo menos dois anos, em curso de ensino superior de instituição reconhecida pelo Ministério da Educação.

Não há exigência de que o curso superior seja de formação jurídica, podendo o candidato ser graduado em qualquer curso superior, desde que a instituição seja reconhecida pelo MEC e que sua formação seja superior a dois anos.

2. REQUISITOS PARA CAPACITAÇÃO MÍNIMA DOS MEDIADORES[1]

O terceiro requisito exigido pela lei para que o mediador possa atuar na esfera judicial é a detenção de formação em escola ou instituição reconhecidas pelos próprios tribunais ou pela Escola Nacional de Aperfeiçoamento de Magistrados (Enfam), ente oficial responsável pela formação dos magistrados brasileiros, criada pela Emenda Constitucional nº 45 e efetivamente instituída pela Resolução nº 3 do Superior Tribunal de Justiça.

Essa formação obedecerá aos requisitos da capacitação mínima, conforme parâmetros curriculares definidos pelo Conselho Nacional de Justiça e pelo Ministério da Justiça.

1 A esse respeito, vide meus comentários prévios ao art. 167 do NCPC: MARCATO, A. *Código de Processo Civil Interpretado, Coordenador Antonio Carlos Marcato, São Paulo: Atlas-GEN, no prelo.*

Portanto, as diretrizes curriculares para essa capacitação vêm disciplinadas no Anexo I da Resolução 125/2010 do CNJ, já com a redação dada pela Emenda nº 2, prevendo que o curso de capacitação básica dos terceiros facilitadores objetiva transmitir informações teóricas gerais sobre a mediação, bem como vivência prática para aquisição do mínimo de conhecimento que torne o corpo discente apto ao exercício da mediação judicial.

O curso é dividido em módulos teóricos e práticos. Nos módulos teóricos, de duração mínima de 40 (quarenta) horas, serão desenvolvidos estudos relacionados às principais linhas técnico-metodológicas para a mediação, por meio de material didático composto por apostilas, obras de natureza introdutória (manuais, livros-textos etc.) e obras ligadas às abordagens de mediação adotadas.

Na parte prática haverá etapa essencial de exercícios simulados e o estágio supervisionado de 60 (sessenta) e 100 (cem) horas, possibilitando a aplicação do aprendizado teórico a casos reais, nos quais os alunos serão sempre acompanhados por um supervisor e desempenharão, necessariamente, as funções de observador, comediador e mediador principal.

Art. 12. Os tribunais criarão e manterão cadastros atualizados dos mediadores habilitados e autorizados a atuar em mediação judicial.

§ 1º A inscrição no cadastro de mediadores judiciais será requerida pelo interessado ao tribunal com jurisdição na área em que pretenda exercer a mediação.

§ 2º Os tribunais regulamentarão o processo de inscrição e desligamento de seus mediadores.

Ana Cândida Menezes Marcato

1. CADASTROS ATUALIZADOS DOS MEDIADORES JUDICIAIS JUNTO AOS TRIBUNAIS DE JUSTIÇA

Desejando o mediador atuar junto ao Poder Judiciário, em mediações judiciais, que ocorrerão no curso de processos judiciais instaurados, ou junto aos "Cejuscs" pré-processuais, deverá se submeter aos regramentos compatíveis.[1]

Tratando-se de atividade voltada à iniciativa pública, é necessário que tais mediadores promovam seu registro também no cadastro regional dos tribunais estaduais ou federais correspondentes, além daquele nacional requerido pelo CNJ.

Assim, desejando um mediador cadastrar-se para atuação no Tribunal de Justiça do Estado de São Paulo, por exemplo, não bastará cadastrar-se junto a esse tribunal, sendo necessário o duplo registro, também junto ao cadastro nacional, centralizando-se as informações sobre os facilitadores disponíveis para atuação.

O registro mantido pelos tribunais contará com profissionais habilitados – e, portanto, aptos ao exercício da função, posto serem capacitados de acordo com as regras do CNJ e do Ministério da Justiça –, e indicação da área profissional de atuação de cada facilitador, diante da diversidade possível.

Tendo em vista a possibilidade de que os mediadores judiciais sejam oriundos de inúmeras formações profissionais diferentes, e levando em conta que essa informação é importante para a escolha do mediador específico para cada tipo de conflito determinado, a listagem do tribunal contará, também, com essa informação.

Feita a listagem, e existindo profissionais da área específica cadastrados, será possível às partes indicarem se desejam que suas sessões consensuais sejam promovidas por um mediador com formação jurídica, em psicologia, em recursos humanos

1. A esse respeito, vide meus comentários prévios ao art. 167 do NCPC: MARCATO, A. *Código de Processo Civil Interpretado, Coordenador Antonio Carlos Marcato, São Paulo: Atlas-GEN, no prelo.*

etc, diante da previsão complementar existente no art. 168, NCPC, possibilitando a escolha do mediador de comum acordo pelas partes.

2. REQUISIÇÃO DOS MEDIADORES PARA SUA INSERÇÃO NO CADASTRO JUDICIAL

Concluída a capacitação de acordo com os requisitos elencados no artigo anterior, caberá ao mediador formado que deseje se inscrever nos cadastros dos tribunais de justiça locais requerer a sua inscrição ao tribunal competente na área em que pretenda atuar.

No Estado de São Paulo, esse pedido de credenciamento deverá obedecer aos requisitos do Provimento CSM-2287/2015, do TJSP, o qual prevê o seguinte:

> Artigo 1º A inclusão de conciliadores e mediadores no cadastro dependerá de prévia aprovação do candidato pelo Juiz Coordenador do Centro Judiciário de Solução de Conflito e Cidadania da unidade judiciária competente e pelo Núcleo Permanente de Métodos Consensuais de Solução de Conflitos.
>
> Artigo 2º São requisitos para a inscrição no processo de seleção de conciliadores e/ou mediadores:
>
> I – ser capacitado em conciliação ou mediação por entidade habilitada perante o Núcleo Permanente de Métodos Consensuais de Solução de Conflitos, cujos cursos tenham sido ministrados de acordo com o conteúdo programático fixado pelo Comitê Gestor do Movimento pela Conciliação.
>
> II – ser brasileiro nato ou naturalizado, com idade mínima de 21(vinte e um) anos;
>
> III – ser graduado há pelo menos dois anos em curso de ensino superior;
>
> IV – estar em pleno gozo dos direitos políticos;
>
> V – não sofrer incapacidade que impossibilite o exercício da função;
>
> VI – não ser cônjuge, companheiro ou parente, consanguíneo ou afim, em linha reta ou colateral, até o terceiro grau inclusive, do Juiz Coordenador, do Juiz Coordenador Adjunto, bem como do Chefe de Seção Judiciário responsável pelo CEJUSC;
>
> VII – não ter sofrido penalidade administrativa nem praticado ato desabonador no exercício de cargo público, da advocacia ou da atividade pública ou privada;
>
> § 1º Para a inscrição, os candidatos deverão apresentar os seguintes documentos:
>
> *a)* currículo completo e atualizado;
>
> *b)* certidões de distribuição cível e criminal expedidas pelas diretorias de Serviços de informações Cíveis e Criminais do Tribunal de Justiça do Estado de São Paulo;
>
> *c)* cópia da carteira de identidade;
>
> *d)* cópia do CPF;
>
> *e)* cópia do título de eleitor;
>
> *f)* cópia de comprovante de endereço;
>
> *g)* cópia do certificado de conclusão de curso superior h) cópia do certificado de capacitação em conciliação ou mediação e especializações;

§ 2º O Juiz Coordenador do Centro poderá solicitar a complementação da documentação apresentada.

Artigo 3º O candidato a conciliador ou mediador submeterá a sua admissão ao Juiz Coordenador do Centro Judiciário de Solução de Conflitos e Cidadania instruída com os documentos referidos no artigo 2º para análise.

§ 1º A avaliação das candidaturas de conciliadores e/ou mediadores será de competência do Juiz Coordenador do Centro, independentemente da efetiva instalação do Centro Judiciário de Solução de Conflitos e Cidadania na comarca.

§ 2º Nas Comarcas de Vara Única sem Juiz Coordenador do Centro Judiciário de Solução de Conflitos e Cidadania designado, a apreciação da candidatura do conciliador ou mediador será de competência do Juiz Coordenador do Centro Judiciário de Solução de Conflitos e Cidadania da sede da Região Administrativa Judiciária.

§ 3º A lista dos Juízes Coordenadores e Adjuntos dos Centros Judiciários de Solução de Conflitos e Cidadania do Estado de São Paulo será disponibilizada na página do Núcleo Permanente de Métodos Consensuais de Solução de Conflitos na rede mundial de computadores.

§ 4º O Juiz Coordenador do Centro Judiciário de Solução de Conflitos e Cidadania avaliará o candidato, permitindo-se seu exame mediante prova, concurso público, entrevistas ou qualquer outro meio idôneo, e lançará a sua aprovação.

§ 5º Os candidatos aceitos pelo Juiz Coordenador do Centro terão suas candidaturas submetidas ao Núcleo Permanente de Métodos Consensuais de Solução de Conflitos, que disponibilizará a inclusão de seus nomes no cadastro eletrônico estadual mantido na rede mundial de computadores, colocando os aprovados à disposição das unidades judiciárias da Comarca ou da Região Administrativa Judiciária, se for o caso.

Artigo 5º Após a aprovação dos nomes dos conciliadores ou mediadores e sua inclusão no cadastro eletrônico estadual do NUPEMEC, deverão os conciliadores ou mediadores assinar termo de compromisso, conforme modelo estabelecido no Anexo I.

3. DESLIGAMENTO DOS MEDIADORES

Regulamentada a inscrição do mediador judicial no cadastro de determinado tribunal de justiça local, caberá ao próprio tribunal examinar eventuais casos de desligamento desse mediador e proceder à competente regulamentação.

O afastamento pode ser requerido: i) voluntariamente, pelo próprio mediador; ii) mediante requerimento dos juízes coordenadores dos Cejuscs; ou iii) por qualquer pessoa que tome ciência de eventual infração.

O pedido de desligamento poderá vir fundado na constatação de práticas de infração do mediador a seus deveres gerais, infração ao Código de Ética previsto pela Resolução 125/2010 do CNJ ou em virtude de problemas decorrentes de seu desempenho.

Especificamente no âmbito do Tribunal de Justiça do Estado de São Paulo, essas especificidades estão regradas nos arts. 25 a 28 do Provimento CSM-2285/2015, nos seguintes termos:

Artigo 25. Os juízes Coordenadores dos Centros Judiciários de Solução de Conflitos e Cidadania, constatando a prática de infrações na atividade da mediação ou conciliação, poderão propor ao NUPEMEC Núcleo Permanente de Métodos Consensuais de Solução de Conflitos a aplicação de penas aos conciliadores, mediadores ou câmaras privadas de conciliação e mediação.

§ 1º Os Juízes das varas ou juizados em que forem desenvolvidas as atividades de conciliação ou mediação poderão propor ao Juiz Coordenador do Centro a exclusão de conciliadores ou mediadores cadastrados por meio de ofício.

§ 2º Qualquer pessoa que venha a ter conhecimento de conduta inadequada por parte do conciliador ou mediador poderá representar ao Juiz Coordenador a fim de que sejam adotadas as providências cabíveis.

Artigo 26. A violação dos deveres do conciliador e do mediador permite a aplicação de penalidades em seu desfavor.

§ 1º A prática de infração do Código de Ética previsto na Resolução 125/2010 do Conselho Nacional de Justiça, ato de improbidade pelo conciliador ou mediador, prática de conduta inadequada ou condenação definitiva em processo criminal levará à exclusão do conciliador ou mediador do cadastro eletrônico estadual mantido pelo NUPEMEC.

§ 2º O conciliador ou mediador também poderá ser dispensado por desempenho insuficiente, falta de assiduidade, impontualidade, falta de urbanidade e não observância das orientações do Juiz Coordenador do Centro ou do Coordenador da unidade.

§ 3º Para infrações de menor gravidade, o conciliador ou mediador poderá sofrer penas de advertência, ou, em caso de reincidência, de suspensão.

Artigo 27. O Juiz Coordenador do Centro poderá afastar imediatamente o conciliador ou o mediador de sua atividade pelo prazo de 180 (cento e oitenta) dias, por decisão fundamentada, sem prejuízo da instauração do procedimento disciplinar cabível.

Parágrafo único. Observar-se-á, na apuração de violação dos deveres e obrigações do conciliador e do mediador, a legislação que rege o procedimento administrativo disciplinar estadual.

Artigo 28. O conciliador ou mediador poderá se afastar voluntariamente das atividades mediante requerimento dirigido ao Juiz Coordenador do Centro, comunicando-se o afastamento ao NUPEMEC.

Parágrafo único. Em caso de afastamento voluntário, o conciliador ou mediador poderá requerer ao Juiz Coordenador do Centro a sua reintegração ao quadro de conciliadores e mediadores, devendo ser comunicado o deferimento do pedido ao NUPEMEC, para a sua reinserção no cadastro eletrônico estadual.

Art. 13. A remuneração devida aos mediadores judiciais será fixada pelos tribunais e custeada pelas partes, observado o disposto no § 2º do art. 4º desta Lei.

Ana Cândida Menezes Marcato

1. CRITÉRIOS DE FIXAÇÃO DA REMUNERAÇÃO DE MEDIADORES PELOS TRIBUNAIS[1]

A atuação de mediadores na esfera judicial exige dispêndio de custo e tempo com formação, capacitação, registro nos cadastros nacionais e locais; portanto, nada mais justo que sua atividade seja remunerada.

Assim, esse artigo prevê que, excepcionados os casos de atuação gratuita, que serão analisados em seguida, a atuação dos demais será remunerada conforme tal previsão.

A remuneração será prevista em tabela fixada pelos tribunais de justiça locais, conforme parâmetros estabelecidos pelo CNJ (art. 6º, XI da Resolução 125/2010 do CNJ e art. 169, CPC). Ficará a cargo dos Núcleos Permanentes de Métodos Consensuais de Solução de Conflitos (Nupemec), existentes na estrutura dos tribunais de justiça, a regulamentação dessa tabela de remuneração, nos termos do art. 7º, VIII, da Resolução 125/2010, CNJ.

Encontra-se tramitando no CNJ, por meio de sua comissão permanente de acesso à Justiça e cidadania, minuta de Ato Normativo a ser posteriormente apreciado pelo Plenário do CNJ[2] prevendo cinco níveis remuneratórios. Nesse sentido, caberá ao próprio facilitador indicar em qual das faixas deseja atuar, por ocasião de seu cadastro nacional: o primeiro patamar prevê atuação voluntária; seguem-se a esses quatro níveis de remuneração: o básico, o intermediário, o avançado e o extraordinário. Nesses três primeiros, serão aplicados valores previstos em tabela própria, que deverão ser discutidos no âmbito dos tribunais de justiça.

Já no patamar extraordinário, caberá ao próprio facilitador negociar sua remuneração diretamente com as partes.

1. A respeito da remuneração, vide meus comentários prévios ao art. 169 do NCPC: MARCATO, A. *Código de Processo Civil Interpretado, Coordenador Antonio Carlos Marcato, São Paulo: Atlas-GEN, no prelo.*

2. Vide notícia na página do CNJ no seguinte endereço: CNJ, 2016, página: [http://www.cnj.jus.br/noticias/cnj/82339-comissao-do-cnj-aprova-minuta-de-resolucao-sobre-pagamento-de-mediadores].

A minuta do Ato Normativo dispõe, ainda, que os tribunais possam ajustar os valores previstos na tabela para atender à realidade local.

Por fim, cabe aqui um questionamento: a despeito de toda essa previsão de regulamentação para estabelecimento de valores fixos aos mediadores, não seria possível – ou até mesmo salutar – às partes e aos facilitadores, no exercício de sua autonomia da vontade, sempre regularem livremente os honorários desses profissionais, seguindo o funcionamento do nível extraordinário de remuneração?

Nos parece que à exceção das hipóteses de necessidade de concessão de gratuidade, essa opção seria viável e saudável, servindo de incentivo à atuação de profissionais experientes e qualificados nos cadastros dos tribunais de justiça, que merecem ser remunerados apropriadamente. Como exemplo, poderíamos imaginar a circunstância de as partes escolherem em conjunto seu facilitador e, ato contínuo, já combinarem com ele qual será o valor de sua remuneração (na hipótese de uma mediação judicial regulada também pelos termos do art. 168, CPC).

Aliás, tal opção seria mais consentânea ao que acontece com outra categoria de auxiliares da Justiça, os peritos judiciais, que não possuem valores fixos de honorários, estimando eles próprios seus honorários, podendo haver impugnação das partes antes da determinação final pelo juiz.

1.1. Legislação paulista sobre o abono variável de mediadores

O Estado de São Paulo promulgou, em 22 de abril de 2015, uma lei a respeito da fixação de abono variável aos mediadores, Lei 15.804/2015. O art. 2° da lei prevê que o valor do abono variável para mediadores atuantes no Estado de São Paulo, de cunho puramente indenizatório, será de duas Unidades Fiscais do Estado de SP (UFESPS) para cada hora trabalhada.

Essa quantia eleita pela lei confirma nossa preocupação com o risco que a adoção de tabelas fixas de honorários pode representar: afinal, a ser futuramente confirmada quantia remuneratória nesses parâmetros, a realidade compreenderá remuneração insatisfatória para mediadores cadastrados no tribunal, afastando qualquer incentivo para que bons facilitadores privados resolvam também se cadastrar. A alternativa possível seria a livre fixação de honorários entre as partes e facilitadores, conforme questionamento lançado no item acima.

A respeito dessa lei paulista, ocorre que o Procurador Geral de Justiça ajuizou ação direta de inconstitucionalidade em face dela, alegando que por ser de iniciativa do Tribunal de Justiça do Estado de São Paulo, criara despesa pública sem indicar recursos orçamentários disponíveis próprios e renováveis para o atendimento desses novos encargos (feito n° 2216816-83.2016.8.26.0000).

Inclusive, foi requerida e concedida liminar para a suspensão da eficácia da lei, a qual vigorou até julho de 2017, oportunidade em que a ADIN foi julgada improcedente, retomando a eficácia da lei.

Entretanto, não havendo até o momento previsão orçamentária definitiva no Tribunal de Justiça do Estado de São Paulo, a realidade é que os mediadores judiciais permanecem trabalhando de maneira gratuita.

2. RESPONSABILIDADE PELO CUSTEIO DA REMUNERAÇÃO DOS MEDIADORES JUDICIAIS

Os procedimentos autocompositivos pressupõem atuação das partes com autonomia da vontade e participação ativa, em cooperação. Diante disso, a interpretação desejável a este art. 13 é no sentido de que o pagamento da remuneração dos mediadores seja custeado por ambas as partes, de preferência, em frações iguais.

Com isso, as partes sentem-se igualmente protagonistas do procedimento, aportando a mesma importância ao seu envolvimento nas atividades lá desenvolvidas.

É também essa a diretriz que vem sendo construída pelo CNJ no mencionado Ato Normativo, cuja minuta prevê que os honorários do mediador deverão ser recolhidos, de preferência, em frações iguais pelas partes, não havendo cobrança no primeiro contato com o mediador, no qual será feita projeção das horas necessárias ao procedimento.

A minuta prevê, ainda, que o número mínimo de horas pagas variará conforme o valor da causa. De início, a ideia é fixar, em demandas abaixo de R$ 500.000,00 (quinhentos mil reais), que o mediador terá direito ao pagamento de cinco horas mínimas de trabalho, desde que haja anuência das partes em seguir com o procedimento de autocomposição após a primeira reunião. Em casos acima de R$ 500.000,00 (quinhentos mil reais), seriam previstas vinte horas mínimas pagas ao mediador, sujeitas a complementação.

Em todos os casos, o mediador só fará jus às horas mínimas se houver uma sessão de autocomposição após a apresentação do procedimento.

Com relação aos pagamentos, esses serão feitos ao longo do procedimento, em adiantamento das horas.

O mediador deverá encaminhar ao Cejusc ao qual estiver vinculado, no final de cada mês, relatório das horas trabalhadas.

Caso não se verifique o cenário ideal de pagamento da remuneração pelas partes, em fração igual e ao longo do procedimento, podemos nos valer do auxílio interpretativo fixado nas premissas existentes no NCPC a esse respeito.

O art. 82 do diploma processual dispõe que incumbe às partes prover as despesas dos atos que realizarem ou requererem, antecipando-lhes o pagamento, sendo do autor o ônus de adiantar as despesas cuja determinação para realização se dê de ofício pelo juiz, condenando-se o vencido, ao final, ao reembolso das despesas que o vencedor antecipou.

Assim, é possível imaginar vários cenários de pagamento diante da designação da audiência de mediação judicial, prevista pelo art. 334, NCPC: i) se ambas as partes requererem sua designação, as despesas deverão ser divididas em frações iguais; ii) se apenas uma das partes requerer, o pagamento ficará a cargo de quem requereu; iii) em ambas as hipóteses, não havendo acordo, ao final o vencido será condenado a reembolsar o vencedor; iv) por fim, havendo acordo, e nada tendo as partes disposto sobre o pagamento das despesas, estas serão divididas igualmente (art. 90, § 2º, NCPC).

3. OBSERVÂNCIA DO § 2º DO ART. 4º E A MEDIAÇÃO VOLUNTÁRIA

A remuneração devida aos mediadores encontra uma exceção fixada na lei de mediação, relativa à possibilidade de atuação voluntária dos mediadores, nos casos em que as partes necessitem do atendimento gratuito.

O regramento produzido pelo CNJ para os meios consensuais já continha previsão possibilitando a atuação voluntária, seja no art. 7º, § 5º, da Resolução 125/2010, seja no Ato Normativo acima mencionado, ao prever que a primeira categoria de remuneração dos facilitadores poderá ser a voluntária.

Nesse mesmo Ato Normativo, discute-se a possibilidade dos mediadores, em contrapartida às suas inscrições no cadastro nacional, atuarem, a título não oneroso, em pelo menos 10% (dez por cento) dos casos encaminhados pelo Poder Judiciário, com a finalidade de atender aos processos em que foi deferida a gratuidade, cabendo ao Cejusc ou ao Nupemec a indicação dos casos que serão atendidos nessa modalidade.

Não bastasse isso, no âmbito do Tribunal de Justiça do Estado de São Paulo há regramento específico nos Provimentos nºs 50/1989 e 30/2013, da Corregedoria Geral da Justiça, que se revestem nas Normas de Serviço desse tribunal. Mais especificamente, seu art. 605, essa norma prevê que "*os conciliadores e mediadores prestarão seus serviços a título honorário, sem nenhum vínculo com o Estado, valendo o efetivo exercício das funções como título em concurso de ingresso na Magistratura no Estado de São Paulo*".

Art. 14. No início da primeira reunião de mediação, e sempre que julgar necessário, o mediador deverá alertar as partes acerca das regras de confidencialidade aplicáveis ao procedimento.

Marco Aurélio Gastaldi Buzzi

1. COMENTÁRIOS

Após muitos debates entre os operadores do direito, foi editada e publicada a Lei n.º 13.140/2015, com o destacado propósito, entre outros, de disponibilizar à sociedade métodos de resolução de conflitos alternativos aos tradicionais, tudo no afã de dinamizar e racionalizar a entrega de uma mais célere modalidade de prestação jurisdicional, seguindo, para tanto, a política nacional inaugurada pela Resolução n.º 125/2010 do Conselho Nacional de Justiça – CNJ e, assim, promover o rompimento gradativo do paradigma estabelecido pela cultura do litígio ou da sentença[1], buscando, sobretudo, o restabelecimento da PACIFICAÇÃO social, algo que não é OBTIDO com a mera prolação da sentença judicial.

A mediação[2], dentre outros meios alternos, é um instrumental hábil a mitigar a beligerância entre os envolvidos e, por muitas vezes, capaz até mesmo de reconstruir as pontes ou ligações sociais e individuais entre os particulares. Para tanto, é dotada de princípios ou premissas ético-normativas que orientam, desde a sua primeira reunião, a validade do procedimento e regulam a condução do rito da mediação, prescrevendo o modo, o agir e o comportamento esperado entre os envolvidos e, também, é claro, do mediador.

Esses valores abstratos são, metaforicamente, o trilho condutor deste meio consensual de pacificação social e, ainda, é cabido afirmar categoricamente que o seu

1. "O mecanismo predominantemente utilizado pelo nosso Judiciário é o da solução adjudicada de conflitos, que se dá por meio de sentença do juiz. E a predominância desse critério vem gerando a chamada 'cultura da sentença', que traz como consequência o aumento cada vez maior da quantidade de recursos, o que explica o congestionamento não somente das instâncias ordinárias, como também dos Tribunais Superiores, e até mesmo da Suprema Corte" (WATANABE, Kazuo. **Política Pública do Poder Judiciário Nacional para Tratamento Adequado dos Conflitos de Interesses.** *In:* Conciliação e mediação: estruturação da política judiciária nacional/coordenadores Morgana de Almeida Richa e Antonio Cezar Peluso; colaboradores Ada Pellegrini Grinover [*et al*] Rio de Janeiro: Forense, 2011, p. 4).

2. "A mediação assemelha-se à conciliação: os interessados utilizam a intermediação de um terceiro, particular, para chegarem à pacificação de seu conflito. Distingue-se dela somente porque a conciliação busca sobretudo o acordo entre as partes, enquanto a mediação trabalha o conflito, surgindo o acordo como mera consequência. Trata-se mais de uma diferença de método, mas o resultado acaba sendo o mesmo" (ARAÚJO CINTRA, Antonio Carlos de, GRINOVER, Ada Pellegrini, DINAMARCO, Cândido Rangel. Teoria geral do processo. 30. ed. revista, atualizada e aumentada. São Paulo: Malheiros, 2014, p. 47).

sucesso, deve-se à observância destes preceitos axiológicos, pois, como bem leciona Robert Alexy[3], os princípios são os instrumentos de otimização do sistema jurídico.

Na mediação, os indivíduos envolvidos são assistidos por um terceiro imparcial, cabendo-lhe auxiliar os participantes de modo que identifiquem o porquê do conflito e, juntos, construam caminhos que levem à solução consensual (art. 165, § 3º do NCPC), uma vez que a mediação não é um processo impositivo e o mediador não tem poder decisório (art. 1º, parágrafo único, da Lei de Mediação).

A mediação é realizada em um ambiente reservado, sendo imprescindível, desde o primeiro momento ou reunião, para que possa haver o estabelecimento de um diálogo de confiança entre os mediandos, o esclarecimento acerca do resguardo e sigilo recíproco e absoluto das impressões e informações trocadas entre os circunstantes, o mediador, os sujeitos diretamente interessados e os partícipes, o que chega a ser uma conclusão óbvia, resultante não apenas da lei regente, mas do ânimo que vetoriza essa atividade, daí resulta não proibida mas também nefasta a revelação não autorizada do ocorrido nos respectivos encontros, mesmo que não presenciais, condição que deve ser formalizada por compromisso escrito, reduzido a termo.

Assim, é imperativo que as pessoas envolvidas firmem um **acordo de confidencialidade**[4] entre si, fomentando um clima de confiança e respeito, necessário ao desenvolvimento de uma conversa franca, direta e idônea entre os participantes para bem oportunizar o desenvolvimento das tratativas de composição do acordo.

O respeito ao sigilo das conversas constrói o diálogo aberto[5] entre os envolvidos, sendo oportuno destacar também que, caso os advogados constituídos pelos particulares participem de alguma sessão de mediação, eles devem obrigatoriamente ser incluídos e, por conseguinte, respeitar o pacto de confidencialidade.

A ênfase do artigo ora comentado quanto à proteção das informações é justificável para se estabelecer, desde o início e durante as tratativas, confiança no mediador[6] e segurança aos interesses dos envolvidos.

Ora, não se pode ignorar que as pessoas têm resistência em confidenciar determinados fatos relativos a um conflito, tanto é que o doutrinador Christopher

---

3. ALEXY, Robert. **Teoria dos Direitos Fundamentais**. Trad. Virgílio Afonso da Silva. 5ª ed., São Paulo: Malheiros, 2008.

4. Nos termos do **Manual da Mediação Judicial**, publicado pelo Conselho Nacional de Justiça, está albergado pelo acordo de confidencialidade tudo o que for trazido, gerado, conversado entre as partes durante a mediação, restando o material produzido adstrito àquele procedimento. Disponível em: <http://www.cnj.jus.br/files/conteudo/arquivo/2016/07/f247f5ce60df2774c59d6e2dddbfec54.pdf>. Acesso em: 02/08/2017.

5. "Dialogar é dizer o que pensamos e suportar o que os outros pensam" (ANDRADE, Carlos Drummond de Andrade. **O Avesso das Coisas – Aforismos**. Rio de Janeiro: Record, 1990).

6. Segundo o **Manual da Mediação Judicial**, "o mediador, uma vez adotada a confidencialidade, deve enfatizar que tudo que for dito a ele não será compartilhado com mais ninguém, excetuado o supervisor do programa de mediação para elucidações de eventuais questões de procedimento" (obra citada, p. 141).

Moore[7], reconhecendo a existência deste dado de percepção empírica, é categórico ao afirmar que a tarefa mais crítica para os disputantes é a maximização das trocas seguras de informação, possuindo o instrumental da confidencialidade o condão de flexibilizar ou derruir a oposição defensiva dos envolvidos na mediação.

Com o sigilo das informações, assim entendido como uma espécie de incentivo, os interessados, que valorizam a manutenção do relacionamento social, imprescindível nos dias atuais, vislumbram a possibilidade de uma solução integrativa do conflito e, deste modo, são encorajados, graças à confidencialidade, a participarem da mediação.

Depreende-se, portanto, que a mediação almeja, enquanto procedimento confidencial e voluntário, a formação de um contexto essencialmente **colaborativo**, de modo que a decisão final compete – sempre – aos envolvidos.

Aliás, dentre os inúmeros princípios de regência da mediação, contidos expressamente no artigo 166 do Novo Código de Processo Civil, percebe-se que a **confidencialidade** possui especial relevo e destaque neste microssistema[8], por constituir, primordialmente, o cerne deste procedimento consensual, podendo, para tanto, ser conceituada como o dever dos envolvidos (inclusive o mediador – art. 166, § 2º, do NCPC) de manter sigilo sobre todas as informações obtidas na sessão, salvo autorização expressa das partes ou nos casos em que prevaleça o **interesse público** das informações (em nítido juízo de ponderação de valores).

Este mesmo juízo de hermenêutica principiológica, à título de ilustração, encontra-se expressamente[9] disposto na lei de regência da mediação em Portugal (**Lei n.º 29/2013**).

Destaque-se, a propósito, que todos os normativos pátrios de regência da mediação consagram a importância da **confidencialidade**, podendo ser citados, à guisa de exemplificação, a Resolução n.º 125/2010 **do CNJ** (art. 1º), o **Código de Processo Civil de 2015** (art. 166) e a **Lei da Mediação** (arts. 2º, VII; 14 e 30). E, ainda, decorre do dever de confidencialidade, o impedimento do mediador de depor como testemunha em juízo nos conflitos em que tenha atuado nesta função (art. 7º da Lei n.º 13.140/2015 c/c 448, II, do NCPC).

---

7. MOORE, Christopher. *O Processo de Mediação – Estratégias práticas para a Resolução de Conflitos*. 2ª ed., Porto Alegre: Artmed, 1998.

8. Resolução nº 125/2010 do CNJ, CPC/2015 e Lei nº 13.140/2015.

9. "O dever de confidencialidade sobre a informação respeitante ao conteúdo da mediação só pode cessar por razões de ordem pública, nomeadamente para assegurar a proteção do superior interesse da criança, quando esteja em causa a proteção da integridade física ou psíquica de qualquer pessoa, ou quando tal seja necessário para efeitos de aplicação ou execução do acordo obtido por via da mediação, na estrita medida do que, em concreto, se revelar necessário para a proteção dos referidos interesses" (art. 5º da Lei de Mediação de Portugal, de 19 de abril de 2013).

E, ante o princípio da confidencialidade, em sede de reflexões como as ora expostas, é prudente ao menos mencionar a existência de entendimento, ainda que não uniforme, no sentido de que a audiência prevista no art. 334, do NCPC[10], não deve ser realizada pelo juiz de direito dirigente do feito, pois ele, ao presidir este ato, ainda que involuntariamente, poderá ouvir das partes manifestação subjetiva cujo conteúdo, uma vez não obtida a composição voluntária do conflito, não mais seja possível desconsiderar posteriormente, quando vier a proferir a sentença para aquela demanda.

Nesse viés, o **dever de confidencialidade** aplica-se ao mediador, seus assessores, partes e prepostos, advogados presentes e serventuários da justiça, enfim, às pessoas que participaram do procedimento. Daí que na lei 13.140/2015 e no Código de Processo Civil a confidencialidade foi erigida à condição de princípio, verdadeiro apanágio do instituto da mediação, no qual todas as informações produzidas em seu curso não podem ser utilizadas para outro fim, sequer poderão ser objeto de depoimento e, assim, de elemento de convicção para fundamentar a sentença.

Ainda a respeito do sigilo, seja da reunião ou da audiência voltada à mediação, Guilherme Rizzo Amaral[11] afirma, todavia, que não se trata meramente de proteger os dados confidenciais das partes, mas – e isto é importante – de estabelecer a **incomunicabilidade entre os procedimentos de mediação e o processo contencioso**, de modo que é vedada aos participantes a utilização das declarações na eventual ação litigiosa, objetivando-se, assim, a maximização dos resultados na tentativa de composição amigável do litígio.

O principal escopo do princípio encartado no art. 14 da Lei de Mediação é, portanto, como foi ressaltado, o de proteger os seus participantes no caso de ausência ou infrutífera composição de acordo, impedindo que as informações ou conversas possam ser utilizadas em desfavor de uma das partes em eventual processo judicial.

O **enunciado 56** da Escola Nacional de Formação e Aperfeiçoamento de Magistrados – ENFAM[12], aliás, reflete a conclusão acima afirmada ao estabelecer que "nas atas das sessões de conciliação e mediação, somente serão registradas as informações expressamente autorizadas por todas as partes".

Ressalte-se, novamente, dada a sua importância, que nada do que foi conversado ou sugerido na reunião de mediação, existindo ou não composição entre os

10. Art. 334. Se a petição inicial preencher os requisitos essenciais e não for o caso de improcedência liminar do pedido, o juiz designará audiência de conciliação ou de mediação com antecedência mínima de 30 (trinta) dias, devendo ser citado o réu com pelo menos 20 (vinte) dias de antecedência.

11. AMARAL, Guilherme Rizzo. **Comentários às alterações do novo CPC**. São Paulo: Thompson Reuters, 2015.

12. Disponível no sítio: <http://www.enfam.jus.br/wp-content/uploads/2015/09/ENUNCIADOS-VERSÃO-DEFINITIVA-.pdf>. Acesso em 23/07/2017.

envolvidos, poderá, em detrimento do acordo de confidencialidade firmado, servir como fundamento decisório caso haja a judicialização do conflito.

A confidencialidade, por decorrência lógica, abrange todas as informações produzidas no curso do procedimento consensual (art. 166, § 1º, do NCPC).

Assim, de forma exemplificativa, a Lei da Mediação (precisamente o art. 30, § 1º, I a IV) procurou ilustrar quais seriam as informações particulares protegidas pelo sigilo, podendo-se citar: **a**) a declaração, opinião, sugestão, promessa ou proposta formulada por uma parte à outra na busca de entendimento para o conflito; **b**) o reconhecimento de fato por qualquer das partes no curso do procedimento de mediação; **c**) a manifestação de aceitação de proposta de acordo apresentada pelo mediador; e, **d**) o documento preparado unicamente para os fins do procedimento de mediação.

Porém, como os demais fundamentos principiológicos, ela não é absoluta, podendo sofrer mitigações, tendo, inclusive, a própria lei de regência expressamente disposto sobre suas exceções (art. 30).

Com efeito, as informações e os documentos apresentados nas reuniões de mediação excepcionalmente poderão ser utilizados em outros procedimentos, inclusive, os judiciais, nas hipóteses em que, nos termos do artigo 30 da Lei de Mediação, as partes expressamente decidirem de forma diversa; quando sua divulgação for exigida por lei ou necessária para cumprimento de acordo obtido pela mediação; e, por fim, quando estiverem relacionadas com a ocorrência de crime de ação pública (art. 30, § 3º, da Lei n.º 13.140/2015).

A regra de sigilo não afasta o dever dos participantes, mormente as pessoas jurídicas de direito público (sobretudo as empresas públicas), de prestarem informações à administração tributária após a conclusão do procedimento da mediação (art. 198, § 3º, do Código Tributário Nacional), em respeito ao princípio da publicidade da Administração Pública[13], que também se encontra disposto no art. 3º, I, da Lei de Acesso à Informação (Lei n.º 12.527/2011). Aplica-se, entretanto, aos servidores públicos a obrigação funcional de manterem sigilo das **informações compartilhadas**, conforme o disposto nos artigos 30, § 4º da Lei de Mediação e 198, *caput*, do CTN.

Idêntico silogismo lógico foi utilizado no **procedimento arbitral** dos entes públicos, tendo a Lei n.º 13.129/2015[14] expressamente disposto que "a arbitragem que envolva a administração pública será sempre de direito e respeitará o princípio da publicidade" (art. 1º, § 3º).

13. Art. 3º Os procedimentos previstos nesta Lei destinam-se a assegurar o direito fundamental de acesso à informação e devem ser executados em conformidade com os princípios básicos da administração pública e com as seguintes diretrizes:

I – observância da publicidade como preceito geral e do sigilo como exceção;

14. Dispõe sobre a arbitragem.

Percebe-se, portanto, que na colisão de princípios (sigilo x publicidade), o legislador manifestou claramente, ao solidificar a estrutura legal e sistêmica dos mecanismos de resolução consensual de conflito (mediação e arbitragem), a escolha pela prevalência do interesse coletivo na transparência e na publicidade dos procedimentos que envolvam os entes públicos.

Pode-se, assim, afirmar, seguramente, que a mediação e a arbitragem das quais faça parte o Poder Público não são abrangidas pelo dever de confidencialidade, salvo, por óbvio, as hipóteses de exceção previstas na Lei n.º 12.527/2011, podendo-se citar, exemplificadamente, as informações que revelem segredos industriais (art. 23), que tragam riscos à soberania nacional (art. 24) e, ainda, violem o respeito à intimidade, à vida privada, à honra e à imagem das pessoas (art. 31, *caput*).

Outrossim, cumpre destacar que, além de não ser um princípio absoluto, como já foi dito e comprovado, o axioma da confidencialidade faz parte de um ordenamento jurídico, devendo, portanto, ser interpretado de forma sistêmica. Por conseguinte, o sigilo procedimental não pode e não deve ser utilizado indevidamente como escudo ou subterfúgio para comportamentos abusivos e/ou protelatórios, derruindo frontalmente o cenário de lealdade esperado pelos envolvidos e construído pelos princípios da boa-fé e da cooperação (arts. 5º e 6º do NCPC), de modo a enfraquecer o mecanismo consensual da mediação.

A mediação é, enquanto procedimento prévio e colaborativo da justiça, um instrumento importantíssimo para a prestação jurisdicional do Estado, de modo que, caso seja infrutífera, o mediador deverá comunicar ao juízo se os participantes cooperaram[15] ou se, infelizmente, algum deles a utilizou como forma de procrastinar ou agravar o conflito, podendo o magistrado, na qualidade de fiscal do instituto, uma vez que a audiência prévia lhe é um mecanismo auxiliar à solução da lide que lhe foi conferido pelo Novo Código de Processo Civil, reconhecer a prática de ato de **litigância de má-fé** (art. 77, III, do NCPC) e, por consequência, sancionar o particular que assim agiu violando a **probidade processual**[16].

---

15. "Não se ignora o antagonismo estabelecido entre as partes. Tampouco se pode desconsiderar que, em primeiro lugar, cada parte tem o direito de, nos limites da boa-fé, exercer todas as faculdades processuais possíveis para obter no processo o resultado que lhes seja o mais favorável possível. No entanto, nada disso afasta a consideração de que o único objeto a que legitimamente se pode aspirar no processo é uma tutela jurisdicional justa e oportuna. Esse escopo é idêntico para todos os sujeitos do processo – e ele serve de pauta e meta para o dever de cooperação" (WAMBIER, Luiz Rodrigues. **Curso Avançado de Processo Civil: Teoria Geral do Processo** – volume 1. São Paulo: Editora Revista dos Tribunais, 2016, p. 83).

16. "Probidade Processual. O processo civil está pautado pela necessidade de observância da probidade em todos os seus atos. Trata-se de preocupação de fundo ético, que se busca atender com a previsão de deveres éticos ao longo de todo o processo. O art. 77, CPC, prevê deveres. Não se trata de ônus. Eventual desatendimento gera sanção (arts. 77, §§ 2.º e 7.º, 79, 81 e 96, CPC). O art. 77, CPC, é o fundamento da necessidade de boa-fé objetiva no processo civil. A boa-fé objetiva revela-se no comportamento merecedor de fé, que não frustre a confiança do outro. Age com comportamento adequado aquele que não abusa de suas posições jurídicas" (MARINONI, Luiz Guilherme. Novo Código de Processo Civil comentado. São Paulo: Editora Revista dos Tribunais, 2016, p. 219).

É preciso que os operadores do direito, em conjunto, independentemente de sua atuação profissional, fomentem e almejem a construção de balizas sólidas para o desenvolvimento e a recepção social dos mecanismos alternos de resolução de conflitos, pautando a conduta dos envolvidos (partes, mediador e advogados) nos princípios da boa-fé processual e no dever de cooperação à justiça.

Relativamente às consequências da violação da confidencialidade pelos participantes, caso as informações ou documentos particulares sejam utilizados em processo judicial ou arbitral, hão de ser considerados como prova ilícita, por violação aos deveres de boa-fé e lealdade, nos exatos termos do art. 30, § 2º, da Lei n.º 13.140/2015.

E, na hipótese de causar danos a uma das partes, no que pertine à responsabilidade civil, será cabível indenização.

Por fim, cumpre ressaltar que, em razão da confidencialidade funcional, o mediador não pode divulgar ou depor como testemunha sobre fatos ou elementos relacionados à mediação (art. 166, § 2º, do NCPC).

A Resolução n.º 125/2010 do CNJ, em seu Anexo III, estabeleceu, desde o início da implementação da política nacional do Poder Judiciário de fomento à cultura da resolução consensual de conflitos, as responsabilidades e sanções do mediador, impondo a ele respeitar as regras e os princípios informativos da mediação. Foi expressamente disposto no artigo 8º do Código de Ética que o descumprimento dos princípios e regras estabelecidos neste normativo de conduta, bem como a condenação definitiva em processo criminal, resulta na exclusão do mediador do respectivo cadastro e no impedimento para atuar nesta função em qualquer outro órgão judiciário pátrio.

Com o advento do Novo Código de Processo Civil (Lei n.º 13.105/2015) a penalidade imposta na Resolução n.º 125/2010 do CNJ foi absorvida pelo ordenamento jurídico pátrio, restando, nos termos do artigo 173 do NCPC, estabelecido que será excluído do cadastro de mediador aquele que agir com dolo ou culpa na condução da mediação sob sua responsabilidade ou violar o dever de sigilo das informações obtidas na reunião de mediação.

Em linhas gerais, o artigo 14 da Lei de Mediação explicita claramente a importância da confidencialidade para o desenvolvimento do diálogo colaborativo entre os mediandos, definindo-o, ainda, como dever funcional dos mediadores, procurando assim estimular o fortalecimento deste importante instrumento de resolução consensual de conflitos.

2. REFERÊNCIAS BIBLIOGRÁFICAS

ALEXY, Robert. **Teoria dos Direitos Fundamentais**. Trad. Virgílio Afonso da Silva. 5ª ed., São Paulo: Malheiros, 2008.

AMARAL, Guilherme Rizzo. **Comentários às alterações do novo CPC**. São Paulo: Thompson Reuters, 2015.

ANDRADE, Carlos Drummond de Andrade. **O Avesso das Coisas – Aforismos**. Rio de Janeiro: Record, 1990.

ARAÚJO CINTRA, Antônio Carlos de. GRINOVER, Ada Pellegrini. DINAMARCO, Cândido Rangel. **Teoria Geral do Processo**. 30. ed. revista, atualizada e aumentada. São Paulo: Malheiros, 2014.

BRASIL. CONSELHO NACIONAL DE JUSTIÇA. Azevedo, André Gomma de (Org.). **Manual de Mediação Judicial**, 6ª Edição (Brasília/DF: CNJ), 2016.

BRASIL. ESCOLA NACIONAL DE FORMAÇÃO E APERFEIÇOAMENTO DE MAGISTRADOS – ENFAM. **ENFAM divulga 62 enunciados sobre a aplicação do novo CPC**. Disponível em: <http://www.enfam.jus.br/2015/09/enfam-divulga-62-enunciados-sobre-a-aplicacao-do-novo-cpc/>. Acesso em 10.07.2017.

BRASIL. Lei nº 13.105, de 16 de março de 20015. Disponível em: <http://www.planalto.gov.br/ccivil_03/_ato2015-2018/2015/lei/l13105.htm>. Acesso em 02/08/2017.

BRASIL. Lei nº 13.140, de 26 de junho de 2015. Disponível em: <http://www.planalto.gov.br/ccivil_03/_ato2015-2018/2015/Lei/L13140.htm>. Acesso em: 02/07/2017.

BRASIL. Lei nº 13.129, de 26 de maio de 2015. Disponível em: <http://www.planalto.gov.br/ccivil_03/_Ato2015-2018/2015/Lei/L13129.htm>. Acesso em: 02/07/2017.

BUZZI, Marco. O Princípio da Cooperação e a Audiência Prevista no Artigo 334 do Novo Código de Processo Civil. **Revista FONAMEC** – Rio de Janeiro, v.1, n. 1, p. 263-272, maio 2017

MARINONI, Luiz Guilherme. **Novo Código de Processo Civil comentado**. São Paulo: Editora Revista dos Tribunais, 2016.

MOORE, Christopher. ***O Processo de Mediação – Estratégias práticas para a Resolução de Conflitos***. 2ª ed., Porto Alegre: Artmed, 1998.

WAMBIER, Luiz Rodrigues. **Curso Avançado de Processo Civil: Teoria Geral do Processo** – volume 1. São Paulo: Editora Revista dos Tribunais, 2016.

WATANABE, Kazuo. **Política Pública do Poder Judiciário Nacional para Tratamento Adequado dos Conflitos de Interesses**. *In*: Conciliação e mediação: estruturação da política judiciária nacional/ coordenadores Morgana de Almeida Richa e Antonio Cezar Peluso; colaboradores Ada Pellegrini Grinover [*et al*] Rio de Janeiro: Forense, 2011.

Art. 15. A requerimento das partes ou do mediador, e com anuência daquelas, poderão ser admitidos outros mediadores para funcionarem no mesmo procedimento, quando isso for recomendável em razão da natureza e da complexidade do conflito.

Mariana Freitas de Souza

1. COMENTÁRIOS

O artigo 15 da Lei 13.140/15 dispõe acerca da possibilidade de ocorrência da chamada comediação – ou seja, da atuação de mais de um mediador em determinado caso. Como se verifica da linguagem da lei, a comediação é uma possibilidade, excepcional, e que pode ser utilizada quando a natureza ou complexidade do conflito a justificarem.

Por ser exceção e não regra, a comediação deve ser requerida pelas partes envolvidas no conflito, ou pelo mediador que estiver atuando no caso – mas sempre com o conhecimento e concordância das partes.

A possibilidade de utilização da comediação não é nova, e esteve presente em diversas discussões e projetos de lei anteriores à Lei 13.140/15.

O projeto de lei 4.827/98, da Deputada Zulaiê Cobra, alterado pela Emenda nº 1/CCJ do Senado Federal ao Projeto de Lei da Câmara n. 94/02 já tratava da matéria em seus artigos 16 e 33:

> "Art. 16. É lícita a comediação quando, pela natureza ou pela complexidade do conflito, for recomendável a atuação conjunta do mediador com outro profissional especializado na área do conhecimento subjacente ao litígio.
>
> § 1º A comediação será obrigatória nas controvérsias submetidas à mediação que versem sobre o estado da pessoa e Direito de Família, devendo dela necessariamente participar psiquiatra, psicólogo ou assistente social.
>
> § 2º A comediação, quando não for obrigatória, poderá ser requerida por qualquer dos interessados ou pelo mediador.
>
> Art. 33. Em razão da natureza e complexidade do conflito, o mediador judicial ou extrajudicial, a seu critério ou a pedido de qualquer das partes, prestará seus serviços em regime de comediação com profissional especializado em outra área que guarde afinidade com a natureza do conflito."

Da mesma forma, o assunto veio tratado no projeto de lei do Senado (PLS) 405/13 (elaborado pela Comissão de Juristas instituída no Senado Federal e presidida pelo Min. Luis Felipe Salomão), nos seguintes termos:

> "Art. 11. As partes poderão, de comum acordo, nomear um ou mais mediadores para o procedimento de mediação, podendo ainda, para esse fim, adotar as regras de uma entidade especializada."

Paralelamente, o PLS 405/13 elaborado pela Comissão de Juristas instituída pelo Conselho Nacional de Justiça e pelo Ministério da Justiça dispunha, em seu art. 9º:

> "Art. 9º Poderá haver a comediação quando, a pedido das partes ou do mediador e em razão da natureza ou complexidade do conflito, for recomendável a atuação conjunta de outros mediadores."

Posteriormente, o substitutivo ao PLS 517/11 – que formou a versão consolidada do PLS 405/13 e do PLS 434/13 – do Senador Vital do Rêgo, tratou da matéria, chegando à versão do texto atualmente constante da Lei 13.140/2015.

Finalmente, a questão foi também trazida pelo novo Código de Processo Civil (Lei 13.105/2015), nos seguintes termos:

> "Art. 168. As partes podem escolher, de comum acordo, o conciliador, o mediador ou a câmara privada de conciliação e de mediação.
>
> § 1º O conciliador ou mediador escolhido pelas partes poderá ou não estar cadastrado no tribunal.
>
> § 2º Inexistindo acordo quanto à escolha do mediador ou conciliador, haverá distribuição entre aqueles cadastrados no registro do tribunal, observada a respectiva formação.
>
> § 3º Sempre que recomendável, haverá a designação de mais de um mediador ou conciliador."

Como se depreende da legislação mencionada, a comediação sempre foi vista como uma possibilidade para situações específicas, nas quais a atuação de apenas um mediador – que é a regra geral – não seja recomendada ou desejável.

Uma dessas hipóteses é a natureza ou complexidade da causa justificar a comediação. Por exemplo, quando os mediandos tiverem vivido uma relação longa e desgastada, com marcas afetivas e emocionais, em que apenas um mediador pode sentir-se inseguro frente a tantas informações e pautas objetiva e subjetiva a serem tratadas. Nesse caso, o trabalho em dupla pode ajudar a garantir uma melhor escuta por parte dos mediadores, além de lhes dar maior conforto, uma vez que poderão conversar e trocar impressões entre si ao longo do processo de mediação, debatendo a melhor forma de condução.

Outra hipótese é quando as partes solicitarem que haja mais de um mediador envolvido no caso. Tome-se como exemplo um divórcio, no qual a esposa exija uma mediadora mulher, e o marido um mediador homem, pois acreditam que um mediador do sexo oposto não seria capaz de realmente entender como pensam e sentem os homens ou as mulheres. Nessa situação, a presença de dois mediadores trará conforto aos mediandos – isso se não for, até mesmo, uma exigência por parte deles para participar do processo de mediação.

Em recente mediação em que atuamos, os mediandos eram irmãos e sócios em uma empresa, sendo 3 homens e 1 mulher. As mediações vinham sendo conduzidas por um mediador do sexo masculino, até que a sócia da empresa começou a sentir-se preterida nas discussões, passando a exigir a presença de uma mediadora. Como os irmãos não desejavam abrir mão do mediador que atuava até aquele momento, optou-se pela contratação de uma comediadora para, em atuação conjunta com o mediador, dar mais conforto à sócia e, ao mesmo tempo, dar continuidade ao trabalho que já vinha sendo desenvolvido pelo mediador.

Além das hipóteses previstas na lei brasileira, há também exemplos clássicos de quando se utiliza a comediação em um processo. Um deles diz respeito a situações em que a presença de um segundo mediador pode legitimar o processo de mediação. Imagine-se, por exemplo, um conflito em uma comunidade específica, em que os integrantes reconhecem a liderança em um uma pessoa que se sobressai no meio social, religioso, ou até mesmo político. Ocorrendo um conflito, e sendo as partes convidadas à mediação, pode ocorrer de elas se recusarem a participar do processo por não reconhecerem autoridade no mediador que lhes for apresentado – e que, como tal, domina as técnicas do processo de mediação.

Por outro lado, essas mesmas partes respeitam e estão abertas a dialogar com o seu líder local. Nessa situação, é recomendável que o referido líder e o mediador atuem conjuntamente, aliando legitimidade para o processo a técnica de mediação.

Ainda, uma outra possibilidade de ocorrência de comediação se dá quando um dos mediadores está em treinamento, sendo o outro seu professor ou tutor. Nesses casos, a comediação serve para que esse mediador em treinamento obtenha experiência e segurança na condução de um processo de mediação, tendo a sua duração limitada – ou seja, o papel do comediador só vai existir enquanto aquele segundo mediador estiver em treinamento; concluído o treinamento, ele passa a conduzir seus processos de mediação de forma autônoma.

Como se verá adiante, diversos autores nacionais e estrangeiros já se debruçaram sobre o tema da comediação, sendo unânime o posicionamento de que esta modalidade de mediação somente deve se dar de modo excepcional, permanecendo a mediação conduzida por um único mediador como regra.

E nem poderia ser diferente. A experiência no papel de mediador mostra que a comediação, quando não é extremamente necessária, acaba por atrapalhar o andamento do processo de mediação. Quando em comediação, os mediadores, além de terem os cuidados e preocupações inerentes ao processo – quais sejam, escuta dos mediandos, imparcialidade, independência etc. – acabam por terem que se preocupar com a dinâmica do trabalho em equipe, preocupação essa que mais atrapalha do que ajuda no trabalho do mediador.

Em comediação, os mediadores têm que ficar atentos aos movimentos da sua dupla. Não raramente, cada mediador acaba seguindo uma linha de raciocínio diferente durante as perguntas às partes, e a intervenção da dupla, se não for muito bem ensaiada, pode colocar a perder todo caminho trilhado pelo mediador naquela sessão.

Kimberlee Kovach[1] discorre sobre as vantagens e desvantagens da comediação, chamando a atenção para as situações em que os mediadores não têm familiaridade um com o outro; nesses casos, o processo de mediação será mais demorado; a fase de questionamentos será mais longa, e os mediadores terão que fazer intervalos para que possam conversar privadamente entre eles. Além disso, pode ocorrer um conflito entre as diferentes formas de trabalhar adotadas por cada um dos mediadores, que pode levar ao insucesso do processo de mediação. O principal, portanto, para que a comediação funcione, é que haja uma boa comunicação entre os mediadores, antes, durante e depois das sessões.

A autora também destaca o fato de que os mediadores, quando atuando em conjunto, devem permanecer juntos durante toda a sessão de mediação, resistindo, assim, à tentação de fazerem reuniões privadas cada um com uma parte, com o objetivo de agilizar o processo. Caso contrário, nenhum dos mediadores teria as informações completas das partes, o que poderia levar ao insucesso do processo.

Na mesma linha, Ricardo Goretti Santos[2] reforça a preocupação com a dinâmica de atuação dos mediadores quando agem em dupla, chamando a atenção para a sua prática com ou sem prévia delimitação de atribuições e hierarquia entre os mediadores:

> "No primeiro caso, os mediadores operam como se fossem uma só pessoa, em absoluto pé de igualdade funcional e hierárquica. Não há prévia repartição de funções entre esses facilitadores, sendo o processo de interação entre mediadores caracterizado como um 'movimento de conjunção'. Este modelo de interação é complexo, por pressupor que os mediadores atuem conjuntamente na mais perfeita sincronia de ações, pensamentos e estratégias. Sem que os facilitadores tenham afinidade (o que somente se adquire após a experimentação de atuações conjuntas anteriores), dificilmente, terão condições de atuar de forma ordenada.
>
> O segundo modelo de comediação, por sua vez, se caracteriza pela ausência de hierarquia ou prévia delimitação de atribuições entre os mediadores, que devem assumir papéis distintos no processo, como por exemplo: promover o discurso de abertura do processo; formular perguntas às partes; enfatizar pontos importantes nas falas dos mediados. O movimento executado entre esses facilitadores é, portanto, um 'movimento de diferenciação', que se revela indicado quando os mediadores pretendem conferir organização ao processo de comediação, mas ainda não adquiriram experiência em termos de atuação conjunta."

Outra questão que merece reflexão na comediação são os custos impostos às partes. Como se sabe, a praxe é que os mediadores cobrem pelo seu trabalho com base na hora trabalhada. Dessa forma, independentemente da duração do processo, o mediador será remunerado pelo trabalho que efetivamente desempenhou. Como seria essa remuneração em caso de comediação? Não nos parece justo que os mediadores passem a dividir o valor da hora entre eles, ficando cada um com apenas parte de seus honorários. Assim, considerando-se que a comediação é excepcional,

1. Kovach, Kimberlee. Mediation in a nutshell. Editora Thomson West, 2014. Páginas 274/275
2. Santos, Ricardo Goretti. Manual de mediação de conflitos. Editora Lumen Juris, 2012, páginas 170/171

e deve ser solicitada ou ao menos obter a concordância das partes, nada mais justo do que, nesses casos, as partes remunerarem os dois mediadores pelo trabalho desempenhado, uma vez que houve o reconhecimento da necessidade da atuação de dois profissionais naquele processo.

Ainda, deve-se ter em mente que, em determinadas situações, a utilização da comediação seria absolutamente inviável. Em mediações avaliativas – muito utilizadas em casos comerciais nos EUA – as partes buscam o consenso mas, para isso, desejam (e precisam) que o mediador faça uma avaliação do seu caso. Nessas situações, as partes e seus advogados buscam mediadores com conhecimentos específicos, e que os ajudarão na formulação de propostas a outra parte.

Em situações tais, não seria possível a avaliação do caso por dois mediadores ao mesmo tempo pois, não havendo consenso entre eles, a própria utilidade da avaliação deixaria de existir.

Como se vê, a comediação, apesar de ser uma possibilidade, deve ser utilizada com cautela, em casos específicos, e sempre com a anuência das partes envolvidas. Além disso, há uma grande preocupação com a atuação dos mediadores em dupla, considerando o ineditismo da atuação e o risco de ausência de sincronismo entre eles, o que pode ser desastroso para o processo de mediação.

Por esses motivos, é importante que se observe, no Brasil, a experiência internacional, além da própria legislação que regula o tema. O mediador tem plena capacidade de conduzir o processo de mediação, devendo a comediação ser sempre encarada com ressalvas e utilizada em casos excepcionais, sob o risco de alongar-se, onerar-se e burocratizar-se o processo de mediação desnecessariamente.

2. BIBLIOGRAFIA

KOVACH, Kimberlee. Mediation in a nutshell. Editora Thomson West, 2014. Páginas 274/275

SANTOS, Ricardo Goretti. Manual de mediação de conflitos. Editora Lumen Juris, 2012, páginas 170/171

SOUZA, Mariana Freitas de, PINHO, Humberto Dalla Bernardina de. O tratamento legal da mediação no código de processo civil de 2015 – Lei n. 13.105/15. In ALMEIDA, Tania, PELAJO, Samantha, JONATHAN, Eva (orgs). *Mediação de Conflitos para iniciantes, praticantes e docentes*. Editora JusPodivm, 2016.

TAVARES, Fernando Horta. Mediação & Conciliação. Editora Mandamentos, 2002.

Art. 16. Ainda que haja processo arbitral ou judicial em curso, as partes poderão submeter-se à mediação, hipótese em que requererão ao juiz ou árbitro a suspensão do processo por prazo suficiente para a solução consensual do litígio.

§ 1º É irrecorrível a decisão que suspende o processo nos termos requeridos de comum acordo pelas partes.

§ 2º A suspensão do processo não obsta a concessão de medidas de urgência pelo juiz ou pelo árbitro.

Eduardo Talamini

1. SUSPENSÃO DO PROCESSO JUDICIAL PARA REALIZAÇÃO DE MEDIAÇÃO

1.1. Introdução

O art. 16 da Lei 13.140/2015 disciplina uma importante interface entre os diferentes mecanismos de solução de conflitos. Conforme seus termos:

> Art. 16. Ainda que haja processo arbitral ou judicial em curso, as partes poderão submeter-se à mediação, hipótese em que requererão ao juiz ou árbitro a suspensão do processo por prazo suficiente para a solução consensual do litígio.
>
> § 1º É irrecorrível a decisão que suspende o processo nos termos requeridos de comum acordo pelas partes.
>
> § 2º A suspensão do processo não obsta a concessão de medidas de urgência pelo juiz ou pelo árbitro.

Esse conjunto de disposições reflete a preferência do ordenamento pelas soluções autocompositivas e extrajudiciais. Existindo a perspectiva de se atingir solução consensual, fora de um processo destinado a uma solução adjudicatória (também dita heterônoma, como são o processo judicial e o arbitral), essa via não apenas não fica proibida como deve ser privilegiada.

Mas as regras em destaque também lançam luz sobre outro aspecto relevante sobre o atual sistema "multiportas" de solução dos conflitos. A existência de uma pluralidade de instrumentos para a composição de litígios põe a questão do emprego simultâneo de mais de um deles. Nesse sentido, a expressão "multiportas" não é de todo adequada. Afinal, e descartada a ubiquidade, ninguém, em um corredor, poderá entrar em mais de uma porta ao mesmo tempo. Todavia, a adoção simultânea de mais de um meio de solução de conflito não é necessariamente algo censurado pelo sistema. Obviamente se repudia o *bis in eadem* – e a litispendência entre demandas judiciais e (ou) arbitrais é expressão disso. A pendência de duas ou mais ações sobre o mesmo objeto e entre as mesmas partes representa indevida e desnecessária multiplicação da carga de trabalho dos agentes e órgãos jurisdicionais – o que, no âmbito do processo estatal, é algo vedado pela ordem pública. Mais que isso, a litispendência gera o risco de soluções adjudicatórias contraditórias, que ampliarão a insegurança e não contribuirão para a eliminação do conflito. Bem o contrário, irão ampliá-lo. Esse segundo grupo de razões também escapa do âmbito de disponibilidade das partes – aplicando-se inclusive ao processo arbitral. Mas nenhum desses argumentos aplica-se necessariamente aos mecanismos autocompositivos, que eventualmente podem ser acionados de modo conjunto ou paralelamente a um processo heterocompositivo.

O art. 16 da Lei 13.140/2015 tem por objeto a expressa disciplina de apenas uma dessas hipóteses: a coexistência de processo judicial e mediação. Diante dele, há duas indagações relevantes: (1ª) Esse regramento constitui propriamente inovação ou a reiteração didática de diretrizes normativas já antes vigentes? (2ª) Ele aplica-se apenas à hipótese nele explicitada ou pode ser estendido a outras formas de solução autocompositiva simultânea ao processo heterocompositivo? O enfrentamento das questões a seguir postas permite não apenas identificar melhor o sentido e alcance das disposições em pauta, como também responder a essas duas indagações.

2. PRINCÍPIOS DISPOSITIVO, DO IMPULSO OFICIAL E DA DISPONIBILIDADE

Pelo princípio dispositivo, incumbe àquele que se diz titular de pretensão que deva ser protegida (ou àquele a quem a lei autoriza a agir em seu lugar) colocar em movimento o aparato jurisdicional, para dele obter concreta solução quanto à parcela do conflito trazida a juízo (CPC, art. 2º). A princípio, o agente jurisdicional é inerte, só atuando mediante a provocação do interessado. Por isso, fala-se também de princípio da inércia inicial da jurisdição. Duas nobres razões justificam essa diretriz: (1ª) o juiz poderia ter sua imparcialidade afetada, se ele mesmo desse início aos processos: ao reputar que determinada tutela jurisdicional é necessária, o juiz já estaria tomando uma posição acerca da lide;[1] (2º) a instauração de processos de ofício (i.e., sem provocação do interessado) normalmente não contribuiria para a pacificação social: se as partes não foram ao Judiciário, isso significa, muitas vezes, que não reputam o litígio relevante para tanto.[2]

Mas a jurisdição é inerte apenas quanto ao início e aos limites de sua atuação. Uma vez instaurado o processo por iniciativa da parte, esse se desenvolve por ini-

1. LIEBMAN, Enrico T. Fondamento del principio dispositivo. In: *Problemi del processo civile*, Milão: Morano, 1962, p. 9-13.

2. DINAMARCO, Cândido. *A instrumentalidade do processo*, 3. ed. São Paulo: Malheiros, 2003, p. 53-54 e 164-165.

ciativa do juiz, em regra independentemente de novas manifestações de vontade de seus sujeitos parciais. O juiz, como agente do poder jurisdicional, promove e determina que se promovam atos processuais de forma que o processo siga sua marcha em direção à solução da lide que lhe foi posta. Isso está também expresso no art. 2º do CPC: "O processo começa por iniciativa da parte e se desenvolve por impulso oficial, salvo as exceções previstas em lei".[3] O abandono do processo pelas partes não impede nem dispensa o juiz de levá-lo adiante – ainda que seja para extingui-lo anormalmente (CPC, art. 485, II e III e § 1º).

Aliás, mais do que independer da vontade das partes para fazer o processo andar, o juiz tem o poder-dever de, dentro de certos limites, levá-lo adiante mesmo contra a vontade delas. As hipóteses de suspensão do processo constituem exceção à marcha contínua ditada pela norma do impulso oficial (CPC, arts. 313 e 315). Em regra, ligam-se a eventos que obstam o próprio desenvolvimento da atividade processual ou, quando menos, prejudicam gravemente sua qualidade. Nesse contexto, a suspensão do processo de conhecimento (*rectius*: do processo *em sua fase de conhecimento*) pela mera vontade das partes (CPC, art. 313, II) é algo ainda mais extraordinário. Trata-se de convenção processual típica, limitada normativamente quanto a seus efeitos: o § 4º do art. 313 do CPC estabelece que ela não pode durar mais do que seis meses. Esgotado esse prazo, o juiz tem dever de retomar o processo (art. 313, § 5º). Tampouco se admitem ajustes sucessivos de suspensão do processo, de modo a se burlar o limite temporal de seis meses.[4] Ainda que a regra comporte algum tempero interpretativo,[5] ao impulso oficial somam-se os princípios da eficiência e da razoável duração do processo para impor a tal prazo caráter cogente.

---

3. Idêntica norma aplica-se ao árbitro, que, uma vez investido pelas partes da função de ditar a solução do conflito após o devido processo legal, tem o dever de conduzir esse processo adiante, até seu objetivo final. As considerações que seguem serão feitas tomado em conta, nomeadamente, o processo judicial. Ao final, apontam-se possíveis peculiaridades da arbitragem (n. 17).

4. Ver, por todos: ARAGÃO, Egas Dirceu Moniz de. *Comentários ao Código de Processo Civil*. 7. ed. Rio de Janeiro: Forense, 1992, vol. II, p. 505; MIRANDA, Pontes de. *Comentários ao Código de Processo Civil*. 4. ed. atual. Sergio Bermudes. Rio de Janeiro: Forense, 1997, t. III, p. 454. Na jurisprudência: STJ, 1ª Turma, REsp 617.722, v.u., rel. Min. Luiz Fux, j. 18.08.2004 *DJ* 29.11.2004. Orientação que segue adotada no CPC/2015: ASSIS, Araken de. *Processo civil brasileiro: parte geral – institutos fundamentais*. São Paulo: Revista dos Tribunais, 2015, vol. II, t. II, p. 857; MARINONI, Luiz Guilherme; ARENHART, Sérgio Cruz; MITIDIERO, Daniel. *Novo Código de Processo Civil comentado*. São Paulo: Revista dos Tribunais, 2015, p. 329; NEVES, Daniel Amorim Assumpção. *Novo Código de Processo Civil comentado*. 2. ed. Salvador: JusPodivm, 2017, p. 545; TALAMINI, Eduardo. Da suspensão do processo. In: ALVIM, Angélica Arruda; ASSIS, Araken de; ALVIM, Eduardo Arruda; LEITE, George Salomão (coord.). *Comentários ao Código de Processo Civil*. 2. ed. São Paulo: Saraiva, 2017, p. 421. Em sentido contrário, em posição francamente minoritária: FABRICIO, Adroaldo Furado. Da suspensão do processo. In: TUCCI, José Rogério Cruz e; FERREIRA FILHO, Manoel Caetano; APRIGLIANO, Ricardo de Carvalho; DOTTI, Rogéria Fagundes; MARTINS, Sandro Gilbert (coord.). *Código de Processo Civil anotado*. 2. ed. Rio de Janeiro: LMJ Mundo Jurídico, 2017, p. 464.

5. "Os enunciados normativos da legislação processual devem ser interpretados de modo a observar a eficiência. Dispositivos relacionados à suspensão do processo, por exemplo, que impõe um limite temporal máximo para a suspensão (art. 313, § 4.º, CPC), devem ser interpretados com temperamento: em certas situações, o prosseguimento do processo, após o vencimento do prazo máximo de suspensão, é medida

Já a hipótese do art. 16 da Lei 13.140/2015 foge dessas balizas. A suspensão processual requerida pelas partes para o desenvolvimento de mediação constitui regra especial, inconfundível com a regra geral da mera suspensão convencional. A suspensão destina-se a ampliar a chance de sucesso da via autocompositiva. Nesse caso, outro princípio vem à baila. O processo, o direito processual, deve refletir fielmente os desígnios do direito material. Não cabe ao processo criar nem diminuir direitos. O processo é instrumento do direito material, de modo que regras e princípios processuais jamais podem ser utilizados para adulterar ou distorcer os resultados que adviriam se não estivesse sendo necessária a tramitação de um processo. Essa noção está sintetizada na insuperável formulação de Chiovenda, no sentido de que *o processo deve dar a quem tem direito tudo aquilo e precisamente aquilo a que ele tem direito.*[6] As situações conflituosas que poderiam ser espontaneamente resolvidas extrajudicialmente continuam podendo ser igualmente compostas, dispensando-se decisão judicial, *mesmo depois de instaurado o processo*. Sustentar o contrário – sustentar que, uma vez instaurado o processo, as partes não teriam mais a possibilidade de compor o litígio por conta própria – significaria supor que o processo, fenômeno eminentemente instrumental, teria o condão jurídico-material de mudar os parâmetros de disponibilidade. A pretensão que era disponível (no sentido amplo de admitir solução extrajudicial)[7] antes do processo disponível permanece depois de proposta a ação judicial. As partes mantêm-se investidas do poder de disposição que já antes titularizavam. Eis o princípio da disponibilidade.[8] A suspensão do processo na pendência da mediação destina-se a propiciar melhores condições para a busca de solução autocompositiva. Depois de instaurado o processo, a autocomposição permanece não apenas cabível como desejável. Se as partes permanecem legitimadas à tentativa de resolução consensual do conflito, não há por que lhes criar obstáculos a esse propósito. A insistência em levar adiante o processo contra a vontade das partes, quando elas estão efetivamente tentando atingir uma solução consensual, implicaria, se não negar, frustrar a eficácia e assim enfraquecer, no plano concreto, o poder de disponibilidade de que elas estão investidas.

---

que pode revelar-se extremamente ineficiente, sob o ponto de vista da administração do processo" (DIDIER JR., Fredie. *Curso de direito processual civil*. 18. ed. Salvador: JusPodivm, 2016, vol. 1, p. 105).

6. CHIOVENDA, Giuseppe. Dell' azione nascente dal contrato preliminare. In: *Saggi di Diritto Processuale Civile (1894-1937)*. 3ª ed. reimp. Milão: Giuffrè, 1993, vol. I, p. 110.

7. Sobre o tema reporto-me ao que expus em oportunidades anteriores (esp. em: TALAMINI, Eduardo. A (in) disponibilidade do interesse público: consequências processuais (composições em juízo, prerrogativas processuais, arbitragem, negócios processuais e ação monitória) – versão atualizada para o CPC/2015. *Revista de Processo*, São Paulo, vol. 264, fev. 2017, p. 87-88.

8. BARBOSA MOREIRA, José Carlos. O problema da "divisão do trabalho" entre juiz e partes: aspectos terminológicos. *Revista de Processo*, São Paulo, vol. 41, jan./mar. 1986, p. 7 e 11; BEDAQUE, José Roberto dos Santos. *Poderes instrutórios do juiz*. 7. ed. São Paulo: Revista dos Tribunais, 2013, p. 141 e 148.

3. OBJETO DA REGRA: MEDIAÇÃO EXTRAJUDICIAL

O art. 16 da Lei 13.140/2015 refere-se à mediação *extrajudicial*. Vale dizer, aquela não realizada incidentalmente a um processo como consequência da provocação feita pelo próprio juiz, em sessão oportuna (CPC, art. 334) ou a qualquer tempo (CPC, art. 139, V), para que as partes busquem solução consensual (Lei 13.140/2015, arts. 24 a 29). Trata-se da mediação desenvolvida de modo externo ao processo judicial (Lei 13.140/2015, arts. 21 a 23). As partes trarão a notícia dela aos autos e poderão então pedir a suspensão do processo.

Na mediação judicial, a suspensão do resto do processo já é uma decorrência normal do próprio ingresso nessa fase de tentativa de solução autocompositiva. Nesse sentido, por exemplo, o art. 335, I, do CPC, prevê que o prazo de contestação inicia-se apenas a partir "da audiência de conciliação ou de mediação, ou da última sessão de conciliação, quando qualquer parte não comparecer ou, comparecendo, não houver autocomposição". Vale dizer: enquanto pendente a tentativa de autocomposição, os atos subsequentes do processo não se praticam. A mediação judicial deverá durar até sessenta dias – sem prejuízo de que, se o procedimento de mediação ainda estiver efetivamente em curso no fim desse prazo, ele seja ampliado a pedido das partes (Lei 13.140/2015, art. 28).

4. REGRA DISPOSITIVA

As partes não são obrigadas a requerer a suspensão do processo por pender a mediação extrajudicial – a despeito de o emprego do verbo no presente do indicativo, no art. 16 da Lei 13.140, sugerir o contrário.

Se a suspensão do processo fosse uma decorrência cogente da instauração da mediação extrajudicial, a lei não teria subordinado tal suspensão ao pedido conjunto de ambas as partes. Bastaria que qualquer delas, unilateralmente, noticiasse o fato ao juiz, para que a suspensão devesse ser deferida. Aliás, nessa hipótese, mesmo tomando conhecimento de ofício da existência da mediação, o juiz haveria então de suspender o processo judicial.

A necessidade de requerimento conjunto das partes confere à norma caráter dispositivo. Trata-se, tal qual a hipótese do art. 313, II, do CPC, de uma convenção processual – mas nessa hipótese qualificada e especializada por um móvel típico, que é a existência da mediação.

Se qualquer das partes não quiser suspender o processo, ele permanecerá tramitando paralelamente à mediação. Caberá à outra parte avaliar se lhe convém levar adiante procedimento de mediação mesmo assim. Mas eventualmente a opção de não suspender o processo judicial deriva até de consenso entre as partes. A possibilidade de tramitação paralela ao processo judicial é precisamente característica apta a diferenciar a mediação extrajudicial da judicial.[9]

Tende a ser pouco eficiente uma mediação desenvolvida durante o efetivo andamento do processo judicial sobre o mesmo objeto. O mediador estará tentando aproximar as partes ao mesmo tempo em que as vicissitudes do embate judicial tenderão a acirrar a disputa... Mas ainda assim o caráter não cogente da norma de suspensão do processo judicial parece ter sido a opção mais adequada em prol do incentivo à mediação. Em muitos casos, a parte poderá estar reticente em participar da mediação porque teme perder tempo da tramitação do processo judicial infrutiferamente. Assim, a perspectiva de manter o processo judicial em andamento pode diminuir a resistência da parte à mediação. Depois, com o procedimento mediatório em andamento e a concreta perspectiva de que ele chegue a bom termo, a parte tenderá a concordar com a suspensão do processo judicial.

5. PLEITO COMUM

Como indicado no tópico anterior, o requerimento de suspensão há de ser feito conjuntamente por ambos os polos da lide. Não cabe pleito unilateral. É possível, contudo, que as partes tenham convencionado que qualquer delas poderá apresentar sozinha em juízo o pedido de suspensão – o que equivale ao pleito conjunto.

Se houver litisconsórcio unitário, todos os litisconsortes precisarão participar da mediação e, para que o processo judicial se suspenda, todos haverão de subscrever o pleito de suspensão (CPC, art. 117).

Na hipótese de litisconsórcio simples (i.e., não unitário), a mediação pode ter por objeto pretensão atinente a apenas um ou alguns dos litisconsortes. Em tal caso, os litisconsortes alheios ao objeto da mediação não participarão desse procedimento – e o pedido de suspensão do processo judicial, em princípio, também não lhes dirá

9. A situação aqui considerada é inconfundível com a hipótese de "cláusula escalonada", em que se condiciona a instauração e desenvolvimento do processo contencioso (judicial ou arbitral) à prévia tentativa de solução autocompositiva, mediante mediação ou outro método. No caso da "cláusula escalonada", já se decidiu que há invalidade no desenvolvimento do processo contencioso sem a prévia instauração e exaurimento da mediação (TJPR, 7ª Câm. Cív., Apelação n. 1.668.801-0, v.m., rel. Des. Ramon Nogueira, j. 22.8.2017 – sobre tal acórdão, v.: KULESZA, Gustavo; PEDROSO, Luiza; VIEIRA, Thaís. Cláusula escalonada: Tribunal de Justiça do Paraná anula sentença arbitral por desrespeito à etapa de negociação pré-arbitral. Disponível em [http://www.cbar.org.br/blog/artigos/clausula-escalonada-tribunal-de-justica-do-parana-anula-sentenca-arbitral-por-desrespeito-a-etapa-de-negociacao-pre-arbitral#_edn7], acesso em 06.11.17). À parte uma possível discussão sobre efetivo prejuízo para justificar a anulação, a decisão parece acertada. Mas em tal caso, a impossibilidade de andamento do processo contencioso na pendência da mediação advém de prévia e livre escolha das partes, que pactuaram o escalonamento – e a consequente impossibilidade de desenvolvimento do processo judicial sem a prévia tentativa de autocomposição. Isso é diferente da hipótese aqui analisada, em que, no curso do processo contencioso, as partes resolvem tentar a mediação extrajudicial. Nesse caso, reitere-se, se elas não convencionarem em ato próprio nem formularem pleito conjunto de suspensão, a pendência da mediação não suspende, por si só, o processo contencioso.

respeito. Questão outra consiste em saber se seria cabível uma suspensão parcial do processo – o que se examina adiante.

6. AUSÊNCIA DE DISCRICIONARIEDADE NA SUSPENSÃO

Feito o pedido de suspensão, cabe ao juiz apenas verificar se tal pleito foi corretamente feito de modo conjunto. Não lhe compete, ao menos num primeiro momento, nem sequer exigir a comprovação de que o procedimento de mediação já foi instaurado. Afinal, as partes poderiam convencionar a suspensão processual até mesmo independentemente da realização de mediação (CPC, art. 313, II). A efetiva existência da mediação terá relevância para a duração da suspensão, e não para o seu deferimento inicial – como se vê adiante (n. 10). Portanto, no momento do deferimento do pleito de suspensão, valem os parâmetros da regra geral da suspensão por acordo entre as partes.

E como na hipótese da regra geral, o juiz fica vinculado ao pedido de suspensão devidamente formulado. Ele não poderá deixar de decretar a suspensão. Não há sob esse aspecto nenhuma margem de discricionariedade.[10]

7. SUSPENSÃO TOTAL OU PARCIAL

Em princípio, estando pendente a mediação e havendo o requerimento das partes, o processo será integralmente suspenso (v. n. 8, a seguir). Mas já se viu no tópico n. 5 que é possível que a mediação verse apenas sobre uma parte do objeto litigioso, no caso de litisconsórcio simples. Isso também pode ocorrer mesmo na ausência de litisconsórcio, sempre que o objeto do processo for composto por uma pluralidade de pretensões independentes ou até por uma pretensão única mas "decomponível".[11] Em todos esses casos, a mediação poderá ser parcial em relação ao objeto do processo.

---

10. Tratando da regra geral do art. 313, II: WAMBIER, Luiz Rodrigues; TALAMINI, Eduardo. *Curso avançado de processo civil*. 16. ed. São Paulo: Revista dos Tribunais, 2016, vol. 1, p. 463; ASSIS, Araken de. *Processo civil brasileiro: parte geral – institutos fundamentais*. São Paulo: Revista dos Tribunais, 2015, vol. II, t. II, p. 856; MARINONI, Luiz Guilherme; ARENHART, Sérgio Cruz; MITIDIERO, Daniel. *Novo Código de Processo Civil comentado*. São Paulo: Revista dos Tribunais, 2015, p. 329; NEVES, Daniel Amorim Assumpção. *Novo Código de Processo Civil comentado*. 2. ed. Salvador: JusPodivm, 2017, p. 545; TALAMINI, Eduardo. Da suspensão do processo. In: ALVIM, Angélica Arruda; ASSIS, Araken de; ALVIM, Eduardo Arruda; LEITE, George Salomão (coord.). *Comentários ao Código de Processo Civil*. 2. ed. São Paulo: Saraiva, 2017, p. 421. Tratando do tema, nesse mesmo sentido, ainda sob a égide do Código anterior: ARAGÃO, Egas Dirceu Moniz de. *Comentários ao Código de Processo Civil*. 7. ed. Rio de Janeiro: Forense, 1992, vol. II, p. 504. Na jurisprudência: STJ, 1ª Turma, REsp 617.722, v.u., rel. Min. Luiz Fux, j. 18.08.2004 *DJ* 29.11.2004; TJSP, 29ª Câmara de Direito Privado, AC 0002645-25.2010.8.26.0300, v.u., rel. Des. Hamid Bdine, j. 14.05.2014, *DJe* 14.05.2014.

11. Expressão empregada por Cândido Dinamarco, em *Capítulos de sentença* (São Paulo: Malheiros, 2002, p. 70 e ss.), para referir-se a pretensões que comportam fracionamento quantitativo. Imagine-se a hipótese em que, formulado um pedido condenatório de um milhão, as partes concordam levar à arbitragem a negociação relativa a quinhentos mil, deixando a outra metade submetida à decisão judicial.

Nesses casos, cabe suspensão parcial do processo – i.e., apenas em relação à parcela de seu objeto que está também submetida à mediação? Contrariamente a tal hipótese, haveria o argumento de que a finalidade do litisconsórcio e da cumulação de pedidos é precisamente propiciar economia processual e racionalidade à atuação jurisdicional, mediante instrução e decisão conjuntas – o que se poderia frustrar com a suspensão parcial. No entanto, o sistema processual vigente confere especial valor e operacionalidade à resolução fracionada do objeto litigioso (CPC, arts. 354, par. ún., e 356). Logo, e como estão presentes na mediação "parcial" as mesmas razões que justificam a suspensão do processo quando ela é total, cabe também em tal caso a suspensão – que então atingirá apenas o objeto submetido à mediação.

De resto, e na medida em que a suspensão em exame depende do requerimento conjunto das partes, não se pode descartar hipótese em que, embora sendo "total" a mediação, as partes requeiram suspensão do processo apenas em relação a uma parte do objeto litigioso. Valem aqui as razões expostas no n. 4, acima.

8. SUSPENSÃO PRÓPRIA

A doutrina alude à suspensão *própria* do processo quando nenhum ato processual (com exceção dos urgentes – n. 12, adiante) puder ser realizado. Já a suspensão *imprópria* ocorre quando, apesar da suspensão, determinado incidente ou conjunto de incidentes (além dos atos urgentes) permanecem sendo praticados. Exemplo de suspensão imprópria é aquela causada pela arguição de impedimento ou de suspeição, em que o resto do procedimento fica estancado, prosseguindo apenas o incidente relativo à arguição.[12]

Viu-se no tópico anterior que a suspensão do processo por força da mediação extrajudicial pode ser parcial. Nesse caso, obviamente, não há que se falar de suspensão própria. Mas quando tal suspensão for total, ela será também própria: nenhum outro incidente ou ato se desenvolverá no processo – ressalvados os urgentes.

Já a suspensão advinda da mediação judicial é imprópria. Como visto, ela constitui um incidente do processo judicial, que se suspende quanto ao resto para que ela se desenvolva (n. 3, acima).

9. TERMO INICIAL DA SUSPENSÃO

Uma vez deferida pelo juiz, a suspensão retroage à data de protocolo do requerimento conjunto das partes. Trata-se da mesma diretriz adotada no caso da suspensão convencional prevista no art. 313, II, do CPC: importa o momento em que as partes

12. Cf. WAMBIER, Luiz Rodrigues; TALAMINI, Eduardo. *Curso avançado de processo civil*, vol. 1, cit., p. 459-460; MARINONI, Luiz Guilherme; ARENHART, Sérgio; MITIDIERO, Daniel. *Novo código de processo civil comentado*. São Paulo: Revista dos Tribunais, 2015, p. 327.

formalizaram o ajuste para suspender o processo, e não a data da decisão que, dando cumprimento à convenção das partes, oficializa a suspensão.

Por outro lado, para o termo inicial da suspensão também não é relevante a data da instauração do procedimento de mediação. Como visto (n. 6), o requerimento de suspensão pode até ser feito quando ainda não há mediação formalmente iniciada. E também já se viu que mediação pode iniciar-se sem que as partes cheguem a consenso quanto a desde logo pedir a suspensão do processo. Portanto, reitere-se, importa sempre a data do pleito de suspensão em juízo.

10. DURAÇÃO DA SUSPENSÃO

Em regra, a suspensão convencional tem prazo de seis meses, não prorrogável. A especialidade da regra do art. 16 da Lei 13.140/2015 reside sobretudo nesse ponto. Não há limite temporal predefinido para a suspensão do processo judicial.[13] O art. 16 alude a "prazo suficiente para a solução consensual do conflito". Então, o processo ficará suspenso enquanto durar a mediação extrajudicial. Não compete ao juiz pretender definir previamente qual seria o "prazo suficiente" e, assim, preestabelecer um termo final para a suspensão. Enquanto estiver tramitado o procedimento da mediação, há a perspectiva da solução consensual – e ela deve ser privilegiada.

Evidentemente, deverá ser reprimido qualquer desvio de finalidade que se venha a comprovadamente detectar. Se o juiz constatar que as partes estão se valendo dessa hipótese de suspensão do processo para atingir objetivo escuso, caber-lhe-á adotar decisão que mais apropriadamente frustre esse propósito (CPC, art. 142) – retomando o curso do processo ou mesmo o extinguindo, se for o caso.

Como já afirmado, as partes podem requerer a suspensão mesmo antes de haver instaurado a mediação. Afinal, poderiam convencioná-la independentemente desse fundamento, com base na regra geral do art. 313, II, do CPC. Mas a suspensão imotivada, reitere-se, só pode durar seis meses. Assim, se em seis meses não houver sido tomada nenhuma medida concreta e idônea para a instauração ou o desenvolvimento do procedimento de mediação, o juiz deverá retomar o processo judicial.

Idêntica providência haverá de ser adotada se for constatado o inequívoco abandono do procedimento de mediação pelas partes por período superior a seis meses.

11. IRRECORRIBILIDADE DA DECISÃO DE SUSPENSÃO

Nos termos do § 1º do art. 16 da Lei 13.140/2015, "é irrecorrível a decisão que suspende o processo nos termos requeridos de comum acordo pelas partes". Tal regra não tem caráter inovativo. Já decorreria das regras gerais.

13. Nesse sentido: BUENO, Cassio Scarpinella. *Manual de direito processual civil*. São Paulo: Saraiva, 2015, p. 251.

Em primeiro lugar, se as partes pediram em conjunto a suspensão e ela lhes foi deferida, faltaria interesse jurídico para recorrer da decisão de deferimento: as partes obtiveram o que tinham pedido.

Mas a questão não é só de carência de interesse recursal. É também de admissibilidade e adequação recursal. O Código de Processo Civil de 2015 estabeleceu o princípio geral de irrecorribilidade autônoma das decisões interlocutórias. Ressalvados casos excepcionais (art. 1.015), a impugnação da interlocutória deve fazer-se na apelação (art. 1.009). A decisão que suspende o curso do processo não está no rol do art. 1.015 – assim como também não está a que indefere o pedido de suspensão.

Assim, mesmo em casos em que se configure interesse jurídico para impugnar a decisão de suspensão, não caberá recurso. Imagine-se a hipótese em que: (i) uma das partes requer sozinha a suspensão, sem a concordância da outra, e o juiz defere; (ii) as partes pedem a suspensão apenas relativamente a uma das pretensões cumuladas, e o juiz determina a sustação integral do processo; (iii) as partes requerem conjuntamente a suspensão do processo, e o juiz a indefere. Em todos esses casos, ainda que configurado o interesse recursal, não cabe agravo de instrumento.

E tampouco haverá utilidade em se impugnar a decisão na apelação. De que adiantará reconhecer-se que o processo não deveria ter ficado suspenso por vários meses, se já ficou? De que serve declarar-se que o processo deveria ter ficado suspenso por determinado período, se não ficou?

Então, em tais casos, diante da inutilidade da discussão postergada da questão, caberá mandado de segurança, sempre que a parte interessada puder apresentar prova pré-constituída para fundamentar sua impugnação (CF, art. 5º, LXIX).

12. MEDIDAS URGENTES DURANTE A SUSPENSÃO

Mesmo na hipótese de suspensão total do processo, fica ressalvada a possibilidade da prática de atos urgentes. Providências destinadas a evitar dano irreparável ou de difícil reparação, inclusive tutelas de urgência (art. 300 e ss.), podem ser determinadas e efetivadas mesmo quando o processo está suspenso.

A possibilidade de medidas urgentes durante a suspensão do processo é expressão da garantia constitucional da efetividade da tutela jurisdicional (CF, art. 5º, XXXV).

O § 2º do art. 16 da Lei 13.140/2015 não faz mais do que reiterar a regra geral do art. 314 do CPC. De resto, o parágrafo único do art. 296 do CPC tem a mesma inspiração. Salvo expressa e fundamentada decisão no sentido oposto, a tutela provisória (fundada na urgência ou na evidência) anteriormente concedida mantém seu efeitos no período em que o processo está suspenso.

13. EFICÁCIA DOS DEMAIS ATOS PRATICADOS DURANTE A SUSPENSÃO

Em regra, são nulos os atos praticados no período em que o processo deveria estar suspenso, ressalvada a ausência de prejuízo – hipótese em que se mantém o ato.[14]

A suspensão do processo implica inclusive suspensão dos prazos processuais. Esse entendimento deve ser aplicado a todos os casos de suspensão do processo. O art. 221 do CPC traz a seguinte previsão: "suspende-se o curso do prazo (...) ocorrendo qualquer das hipóteses do art. 313". Ou seja, tal dispositivo não repete a discutível fórmula do art. 180 do CPC/1973, que levava muitos a afirmar que, em determinados casos (p. ex., na suspensão convencionada pelas partes), não haveria suspensão dos prazos em curso.[15] Esse entendimento não se aplica ao ordenamento atual.[16] E não há por que não aplicar a diretriz do art. 221 a outros casos de suspensão, previstos fora do CPC, como se dá na regra em exame.

14. AUSÊNCIA DE PRESCRIÇÃO INTERCORRENTE

A suspensão do processo judicial para a tentativa da solução consensual mediante mediação é medida autorizada e incentivada pelo ordenamento. Assim, estando no exercício legítimo de um direito, as partes não podem ser prejudicadas quanto a suas posições jurídico-materiais. Portanto, não flui prazo de prescrição intercorrente no período em que o processo está suspenso com base no art. 16 da Lei 13.140/2015.

Essa já seria a solução normalmente aplicada a quaisquer hipóteses de suspensão do processo.[17] Mas ainda há no caso aspecto específico que confirma essa orientação. O parágrafo único do art. 17 da Lei 13.140/2015 prevê que na pendência de procedimento de mediação prévio a uma demanda judicial, fica suspenso o prazo prescricional. Tal norma foi reiterada, no âmbito da mediação envolvendo a Administração Pública, no art. 34 da mesma Lei. Se não flui prazo prescricional antes do exercício da pretensão, tampouco há de fluir prazo para prescrição intercorrente.

---

14. STJ, 4ª Turma, REsp 959.755, v.u., rel. Min. Luis Felipe Salomão, j. 17.05.2012, *DJe* 29.05.2012.

15. Como exemplo dessa concepção ora superada, v. STJ, 3ª Turma, AgRg no REsp 1.160.145, v.u., rel. Min. Paulo de Tarso Sanseverino, j. 28.02.2012, *DJe* 07.03.2012.

16. WAMBIER, L. R.; TALAMINI, Eduardo. *Curso avançado de processo civil*, vol. 1, cit., p. 459.

17. ASSIS, Araken de. *Processo civil brasileiro: parte geral – institutos fundamentais*. São Paulo: Revista dos Tribunais, 2015, vol. II, t. II, p. 778; STJ, 2ª Turma, REsp 1.657.326, v.u., rel. Min. Herman Benjamin, j. 04.04.2017, *DJe* 25.04.2017; STJ, 3ª Turma, AgInt nos EDcl no AREsp 821.983, v.u., rel. Min. Ricardo Villas Bôas Cueva, j. 25.10.2016, *DJe* 04.11.2016.

15. A RETOMADA DO PROCESSO

A suspensão do processo na hipótese em exame cessará:

i) com a notícia do sucesso da mediação, com o atingimento de solução consensual.

Nesse caso, qualquer das partes está autorizada a pedir ao juiz que profira sentença homologando o ato autocompositivo (CPC, art. 487, III), que terá autoridade de coisa julgada (CPC, art. 487 c/c art. 502). Se a autocomposição atingir apenas uma parte do objeto do processo (seja porque a mediação era "parcial", seja porque, sendo total, apenas logrou êxito parcial), a homologação dar-se-á por decisão interlocutória de mérito (CPC, art. 354, par. ún.) – prosseguindo o procedimento judicial relativamente à parcela da lide que não foi consensualmente resolvida. Se a autocomposição abranger todo o objeto litigioso, o pronunciamento homologatório consistirá em sentença (CPC, art. 203, § 1º). Nesse caso, o procedimento judicial que estava em curso (fase de conhecimento ou de execução) será extinto, ainda que o processo como um todo eventualmente não o seja, para que aguarde o possível futuro cumprimento de decisão homologatória da autocomposição, que é título executivo judicial (CPC, art. 515, III).

Mas também é possível que as partes estejam concordes em não obter a homologação judicial do ato autocompositivo. Nesse caso, apenas formularão em juízo pedido conjunto de desistência da ação, a fim de que o processo seja extinto (se a autocomposição tiver abrangido todo o objeto litigioso – CPC, art. 203, § 1º, c/c art. 485, VIII) ou que tenha seu objeto reduzido sem resolução de mérito (em caso de autocomposição parcial – CPC, art. 354, par. ún., c/c art. 485, VIII). Frise-se, contudo, que basta que uma das partes deseje a homologação judicial da autocomposição para que possa obtê-la. Diferentemente do pleito de suspensão do processo, o pleito de homologação de autocomposição extrajudicial pode ser unilateral (tal como sempre se interpretou o art. 57 da Lei 9.099/1995);

ii) com a notícia do insucesso da mediação – hipótese em que o processo retomará seu curso desde o ponto em que se encontrava antes da suspensão;

iii) com a constatação do decurso de seis meses desse o início da suspensão sem que as partes tenham praticado quaisquer atos concretos e formais para a instauração do procedimento de mediação ou pela verificação de que abandonaram esse procedimento por mais de seis meses (v. n. 6 e n. 10, acima).

16. REGRA APLICÁVEL À ADMINISTRAÇÃO PÚBLICA

As considerações até aqui desenvolvidas aplicam-se também à Administração Pública, se e quando ela participar de mediação. Não há o que peculiarize a incidência da regra nesses casos. São relativamente largos os limites em que a Administração Pública pode participar de soluções autocompositivas – e a autocomposição pode e deve ser buscada mesmo quando já houver processo judicial em curso.[18] Quando isso ocorrer, será aplicável a regra do art. 16 da Lei 13.140/2015.

17. A SUSPENSÃO DO PROCESSO ARBITRAL

A disposição em exame alude à suspensão tanto do processo judicial quanto arbitral. Em linhas gerais, o exposto até aqui aplica-se igualmente à arbitragem. Mas as peculiaridades do processo arbitral, como mecanismo privado e essencialmente regrado pelas partes, podem implicar particularidades na incidência da regra do art. 16 da Lei 13.140/2015. Destacam-se aqui duas delas.

Não há, no direito brasileiro, normas legais gerais sobre suspensão do processo arbitral.[19] A regulação do tema está destinada à convenção arbitral, ao regramento da instituição arbitral e ao termo de arbitragem. Evidentemente, há maior carga de disponibilidade quanto à suspensão do processo, dado seu caráter não estatal. Mas cabe sempre ressalvar a possível existência de regras de observância obrigatória ditadas por instituição arbitral que as partes tenham eleito para administrar a arbitragem. Entre tais regras, pode haver as que estabeleçam limites cogentes à suspensão convencional do processo. De qualquer modo, se as partes tiverem optado pela incidência da legislação brasileira para regular o processo arbitral, a limitação de prazo à pura e simples suspensão convencional da arbitragem, eventualmente estabelecida no regramento institucional, em princípio, não se aplicará à hipótese prevista no art. 16 da Lei 13.140/2015, pelas mesmas razões já expostas no n. 10, acima.

Por outro lado, o árbitro não é obrigado a ficar indefinidamente vinculado a uma arbitragem. Ao aceitar a incumbência, ele pressupõe atuação em um prazo razoável. Imagine-se a hipótese de o árbitro ser investido da função e depois o processo arbitral ser suspenso, para o desenvolvimento de uma mediação, e assim permanecer, por três, quatro, cinco anos... Isso exorbita de qualquer expectativa razoável de duração da arbitragem e de vinculação do árbitro ao seu múnus. A questão não se põe propriamente no plano processual da arbitragem, mas no plano contratual do árbitro em face das partes. Consideradas as específicas circunstâncias concretas (duração da suspensão, as normas específicas regentes da arbitragem, indícios de que o procedimento de mediação não está sendo diligentemente conduzido para que tenha uma solução oportuna...), a sustação prolongada da arbitragem para que se desenvolva a mediação poderá constituir justa causa para o árbitro desligar-se de sua função. O processo arbitral, todavia, nem por isso se extinguirá (ressalvada a hipótese de o árbitro haver sido escolhido em caráter personalíssimo – Lei 9.307/1996, art. 12, I e II). Deverão ser aplicadas as regras de substituição do árbitro.

18. Sobre o tema: TALAMINI, Eduardo. A (in)disponibilidade do interesse público..., cit., p. 91 e ss.

19. A única hipótese expressamente disciplinada na redação original da Lei 9.307/1996, em seu art. 25, foi revogada pela Lei 13.129/2015.

18. EXTENSÃO A OUTROS PROCEDIMENTOS ORGANIZADOS DE BUSCA DE AUTOCOMPOSIÇÃO

A mediação não é o único instrumento apto à busca da autocomposição. Há outros mecanismos procedimentalizados que visam a esse mesmo fim. A regra de suspensão processual aqui examinada seria também aplicável quando as partes noticiassem o emprego de algum outro desses mecanismos?

Não há dificuldades para a resposta positiva relativamente a outros mecanismos que empregam a intermediação de terceiro(s) para a busca de solução consensual – ainda que não se enquadrando na mediação em sentido estrito. O exemplo mais evidente é o da conciliação. Por muito tempo, a doutrina controverteu quanto aos critérios diferenciais da conciliação e da mediação. Atualmente, a distinção é delineada em lei: o conciliador atua "preferencialmente nos casos em que não houver vínculo anterior entre as partes", cabendo-lhe sugerir soluções para o litígio; o mediador atua "preferencialmente nos casos em que houver vínculo anterior entre as partes", cumprindo-lhe auxiliar os litigantes "a compreender as questões e os interesses em conflito, de modo que eles possam, pelo restabelecimento da comunicação, identificar, por si próprios, soluções consensuais que gerem benefícios mútuos" (CPC/2015, art. 165, § 2º e 3º). Na essência, a conciliação pode ser reconduzida ao gênero da mediação, tal como regulado na Lei 13.140/2015. O mesmo pode dizer-se da tentativa de solução de conflitos desenvolvida por meio de *dispute boards* (ou "comitês de resolução de disputas").[20] Nesse caso, além da busca da solução consensual é possível, a depender da modalidade de *dispute board*, que esse emita um pronunciamento relativamente vinculante para as partes, destinado a vigorar até sua eventual revisão pelo órgão jurisdicional estatal ou arbitral.[21] Mas mesmo nesse caso, prevalece a função de intermediação na busca de solução de consenso. Assim, é viável a suspensão processual mediante pedindo conjunto das partes, pelo período necessário ao desenvolvimento desses mecanismos.

Mas as partes podem ainda organizar um procedimento de negociação direta.[22] Na medida em que essa conversação direta entre as partes esteja razoavelmente institucionalizada, submetida a um itinerário preestabelecido que possa ser apresentado ao juiz, parece também adequado aplicar-lhe a regra do art. 16 da Lei 13.140/2015 – até porque, no procedimento de negociação direto, põe-se usualmente o compromisso de não demandar.

---

20. Sobre o tema: RIBEIRO, Ana Paula Brandão; RODRIGUES, Isabella C. Miranda. Os *dispute boards* no direito brasileiro. *Revista Direito Mackenzie*. vol. 9, n. 2, 2015, p. 128-159.

21. WALD, Arnoldo. A arbitragem contratual e os *dispute boards*. *Revista de Arbitragem e Mediação*, São Paulo, vol. 6, jul./set. 2005, p. 5 de sua versão digital.

22. Sobre o tema: CUNHA, Leonardo Carneiro da; CABRAL, Antonio do Passo. Negociação direta ou resolução colaborativa de disputas (collaborative law): "mediação sem mediador". *Revista de Processo*. vol. 259, 2016, p. 471-489.

Por fim, é possível que, na pendência do processo judicial, as partes instaurem um procedimento arbitral. Mas nesse caso, é inviável a suspensão do processo judicial, que terá de ser extinto (CPC/2015, art. 485, VII).[23] Os dois mecanismos adjudicatórios não podem ser cumulados. Nem cabe nesse ponto invocar os arts. 24 a 26 da Lei 9.099/1995, que previam que o processo do Juizado Especial permaneceria suspenso, enquanto tramitasse arbitragem convencionada em juízo. Tais regras fundavam-se na premissa, vigente no direito anterior à Lei 9.307/1996, de que era necessária a homologação judicial do laudo arbitral – e por isso mantinham o processo judicial vigente para que, uma vez ultimada a arbitragem, ali se homologasse o pronunciamento final do árbitro (Lei 9.099, art. 26). Desde que a sentença arbitral independe de homologação (Lei 9.307, art. 18), não cabe, nem no âmbito dos Juizados Especiais, manter o processo judicial suspenso na pendência da arbitragem.

19. CONCLUSÃO

A norma do art. 16 da Lei 13.140/2015 inova ao não estabelecer limite temporal rígido para a suspensão do processo, na hipótese ali prevista. No mais, no que tange ao caráter convencional da suspensão, seu caráter vinculante para o juiz, o termo inicial e irrecorribilidade, os parâmetros aplicáveis são idênticos aos já antes vigentes.

A norma em questão não se aplica apenas à mediação extrajudicial em sentido estrito. Incide também quando houver qualquer modalidade sistematizada de busca de solução consensual, como nos casos de conciliação extrajudicial, *dispute board* ou negociação direta.

23. Ver, entre outros: CARMONA, Carlos Alberto. *Arbitragem e processo: um comentário à Lei 9.307/96*. São Paulo: Malheiros, 1998, p. 130.

Art. 17 Considera-se instituída a mediação na data para a qual for marcada a primeira reunião de mediação.

Parágrafo único. Enquanto transcorrer o procedimento de mediação, ficará suspenso o prazo prescricional.

Fernanda Tartuce

1. FINALIDADES DO DISPOSITIVO

Como a Lei 13.140/2015 faz parte do "minissistema brasileiro de métodos consensuais de solução judicial de conflitos" – integrado pela Resolução nº 125 do CNJ e pelo CPC/2015[1] – é preciso analisar o art. 17, como os demais dispositivos da Lei de Mediação, no contexto desse conjunto.

Integrando o grupo de dispositivos que preconiza ao fomento à solução consensual de conflitos sem fazer menos da garantia constitucional de inafastabilidade da jurisdição, o art. 17 busca conciliar a opção pela autocomposição com a preservação do direito de ação de forma estreitamente associada à dicção do art. 3º do CPC/15. Nesse dispositivo, o *caput*, ecoando o art. 5º, inc. XXXV, da CF/88, determina que "não se excluirá da apreciação jurisdicional ameaça ou lesão a direito", para pouco adiante destacar que "o Estado promoverá, sempre que possível, a solução consensual dos conflitos" (§ 2º).

De igual modo, o art. 17 da Lei de Mediação busca equilibrar autocomposição e jurisdição. O dispositivo garante, por um lado, que o envolvimento efetivo com a solução consensual não resultará na perda do direito de ação por força de eventual prescrição – o que é importante para evitar o favorecimento de manobras ardilosas intentadas por pessoas apenas aparentemente interessadas na solução consensual, mas de fato desejosas de fazer o tempo agir a seu favor e contrariamente a quem deseja se valer do direito de ação. O art. 17 assegura, ao determinar que o procedimento meramente suspende (e não interrompe) o prazo prescricional que a mediação tampouco servirá a uma desproporcional ampliação do tempo em favor do titular do direito de ação (caso este precise ou deseje promover a demanda).

Em certa medida, pode-se afirmar que a previsão do art. 17 funciona como verdadeiro estímulo à solução consensual. Como bem aponta Francisco José Cahali, a previsão desestimula o ajuizamento de ação judicial como simples meio de evitar a

1. ADA PELLEGRINI GRINOVER. Os métodos consensuais de solução de conflitos no Novo CPC. In: AAVV. *O Novo Código de Processo Civil: questões controvertidas*. São Paulo: Atlas, 2015, p. 1-21, aqui p. 1-2.

prescrição, de modo que a prescrição não penda sobre as cabeças de quem efetivamente deseje resolver consensualmente uma controvérsia.[2]

Em suma, trata-se de garantir que o tempo da mediação terá o menor impacto possível sobre o tempo que a lei material estabelece para o exercício do direito de ação. Se a mediação for frutífera por ter ensejado a celebração de acordo sobre a totalidade da controvérsia, o interesse no ajuizamento da ação terá, em princípio desaparecido, e os mediandos poderão se engajar no procedimento sem medo de que o direito de ação seja afetado. Se isso não ocorrer, os sujeitos em conflito estarão exatamente no mesmo ponto em que estavam antes do procedimento consensual, não sendo vitimados por indevidas ampliações ou restrições ao direito de ação. Evita-se, assim, que se desvirtue o propósito da mediação ao tentar torná-la um mecanismo útil a estratégias de má-fé.

A concisão do artigo, contudo, levanta algumas dúvidas que merecem análise detida.

2. APLICABILIDADE AMPLA

O art. 17 está localizado nas "Disposições Comuns" (Subseção I) da seção relativa ao "Procedimento de Mediação" (Seção III), isto é, antepondo-se às subseções específicas relativas às mediações extrajudicial (Subseção II) e judicial (Subseção III). Essa localização, aliada à amplitude da redação do artigo, conduz à interpretação de que tanto o engajamento em uma mediação extrajudicial como naquela realizada judicialmente suspendem o prazo prescricional.

Poder-se-ia questionar da pertinência de prever que a mediação judicial suspende a prescrição: afinal, o despacho que ordena a citação interrompe a prescrição, retroagindo seus efeitos à data de propositura da ação (CPC/15, art. 240, § 1º). Sem dúvida, há que se pensar em duas hipóteses relevantes aqui.

A primeira é a da mediação pré-processual – seja ela judicial, nos termos dos arts. 24 e seguintes da Lei de Mediação, seja ela extrajudicial, nos termos dos arts. 21 e seguintes da lei. Como nesse caso não houve ainda citação, a ausência de previsão sobre a suspensão do prazo prescricional poderia levar quem se julga merecedor de tutela jurisdicional a evitar a mediação se imaginasse correr o risco de se ver destituído da pretensão ao final do procedimento consensual.

A segunda hipótese possivelmente contemplada pelo artigo pode se dar mesmo no caso de mediação judicial; afinal, é possível que o objeto discutido na mediação seja mais amplo do que aquele que consta como objeto em certa demanda. Imagine-se, por exemplo, que na pendência de um divórcio com pedido apenas de decreto do fim do vínculo conjugal instaure-se uma mediação em que se acabe debatendo

2. FRANCISCO JOSÉ CAHALI. *Curso de arbitragem: mediação, conciliação, Resolução CNJ 125/2010*. 5ª edição. São Paulo: RT, 2015, p. 109.

objeto mais amplo que o do processo (incluindo alimentos, guarda, convivência familiar e partilha de bens). Ora, a suspensão da prescrição abarcará as pretensões relativas a cada um desses objetos, prestigiando assim a diretriz da mediação de tratar o conflito, caso este seja o desejo das partes, na maior amplitude possível (cf. Lei de Mediação, art. 3º, § 1º).

Nessa segunda hipótese, levanta-se relevante questão sobre a comprovação do objeto da mediação em caso de inexistência de acordo (parcial ou total), de modo a que o juízo, em eventual futuro processo, possa se certificar da suspensão da prescrição, naquele período, relativamente às pretensões abrangidas pela mediação. É de todo aconselhável que, considerando o caso de ser a mediação infrutífera em termos de acordo, seja assinado ao fim de cada sessão um termo de mediação que especifique as pretensões que foram objeto do procedimento consensual (cf. Lei 13.140/2015, art. 20, *caput*).

Vale destacar que o termo assinado ao final da sessão poderá ser sucinto: basta que indique a data, os nomes dos participantes e os temas debatidos. Por força da confidencialidade, não será essencial que o termo contemple informações compartilhadas durante a reunião – a não ser que as partes desejem fazer a inclusão de seu teor no termo.

Como se percebe, ao advogado diligente mais uma tarefa se apresentará: ao se preparar junto ao cliente para a sessão consensual, ele deverá atentar para o fato de que, ante a potencialidade de serem apresentadas propostas, será preciso decidir sobre a conveniência de haver o registro de seu teor[3]. Caso entenda interessante, deverá ajustar com os outros participantes a inclusão. Não havendo propostas ou mesmo adesão à inserção das que porventura existirem, caberá aos advogados atentarem para que o termo assinado ao fim da sessão registre pelo menos os temas debatidos.

Uma adicional questão pode ser levantada quanto a eventual pluralidade de controvérsias: como o diálogo promovido na mediação tende a evoluir, é possível (mesmo provável) que o objeto das sessões consensuais se amplie ao longo de um conjunto de reuniões frutíferas em termos de efetivo diálogo entre os participantes. Se isso ocorrer, surgirá o problemático questionamento: haverá prazos distintos em função da sessão em que começou a ser discutido determinado tema ou todas as pretensões se aglutinam, por assim dizer, no mesmo prazo inicial? A melhor opção, tendo em vista a ideia de que o conflito é uma situação global complexa – apenas cindida pelo direito para fins de atender ao imperativo da "decidibilidade" – parece ser a segunda.

Ajudando a esclarecer essas questões, confira-se o Enunciado 2 do Grupo de Estudos de Mediação Empresarial Privada do Comitê Brasileiro de Arbitragem (GEMEP – CBAr):

3. TARTUCE, Fernanda. Mediação nos conflitos civis. 3ª ed. São Paulo: Método, 2017, p. 212.

O disposto no parágrafo único do art. 17 da LM aplica-se aos casos de mediação extrajudicial e de mediação judicial pré-processual, uma vez que a interrupção do prazo prescricional nos casos judicializados ocorrerá com o despacho que ordena a citação.

3. TERMO INICIAL

A previsão do *caput* do art. 17 visa a resolver o problema do termo *a quo* a ser considerado para a suspensão dos prazos prescricionais. No entanto, a redação não é de todo clara. Afinal, a suspensão incidiria apenas a partir da data da primeira reunião? A parte não se veria potencialmente prejudicada por circunstâncias completamente alheias à sua vontade, tais como o abarrotamento da agenda dos CEJUSCs, cuja fila de espera poderia dar causa à prescrição das pretensões dos futuros mediandos?

Conforme pondera Najla Lopes Cintra, há um ponto obscuro em relação ao marco inicial da suspensão da prescrição: "começaria a suspensão a contar (a) do convite para a realização de mediação, (b) do recebimento do convite ou (c) da data da primeira reunião? A Lei nº 13.140/2015 não esclarece."[4]

A interpretação que parece melhor prestigiar os objetivos da mediação – especialmente tendo em vista a ideia de compulsoriedade da primeira sessão de mediação ou, *rectius*, de pré-mediação –, é a de que, por analogia com o art. 240, § 1º, do CPC/15,[5] a suspensão se efetiva com o comparecimento de uma das partes à primeira sessão, mas retroage à data em que se requereu a designação de sessão – no caso da mediação judicial – ou em que se convidou a outra parte para a sessão, no caso da mediação extrajudicial.

De forma alinhada a tal visão, foi apresentada uma interessante proposta de enunciado para debate na I Jornada de Prevenção e Solução de Conflitos promovido pelo Conselho da Justiça Federal em agosto de 2016: "considera-se instituída a mediação na primeira reunião de mediação, ou seja, na oportunidade em que as partes, pessoalmente, ou por meio de representante legal, comparecem em data e local agendados perante o mediador para dar início à mediação". Ao justificar sua pertinência, assim afirmou a autora da proposta Sandra Bayer:

> O termo inicial da mediação só poderá ser considerado, em outras palavras, quando as partes já se encontrarem vinculadas à mediação, após receberem todas as informações necessárias, bem como após escolha e aceitação do mediador. Do contrário, o prazo para a mediação correria desde muito antes de a mediação efetivamente iniciar-se, o que seria um contrassenso. Ou mais: poderia iniciar antes mesmo de ambas as partes afirmarem interesse na realização da mediação. Nesse sentido, considerando a primeira reunião efetiva de mediação como o termo inicial, os efeitos da definição de tal termo ajustar-se-ão efetivamente à real realização da mediação.

4. NAJLA LOPES CINTRA. Mediação privada: aspectos relevantes da Lei nº 13.140/2015. Disponível em: [http://www.rkladvocacia.com/mediacao-privada-aspectos-relevantes-da-lei-no-13-1402015/]. Acesso em: 26 ago. 2017.

5. Art. 240. (...) § 1º A interrupção da prescrição, operada pelo despacho que ordena a citação, ainda que proferido por juízo incompetente, retroagirá à data de propositura da ação.

Embora a proposta de enunciado não tenha sido aprovada na citada jornada, a lógica que o permeia merece guarida.

Cabe ainda frisar que a suspensão não pode, em hipótese alguma, depender do comparecimento de ambas as partes; afinal, exigir a dupla presença resultaria em permitir que a parte interessada na prescrição deixasse de comparecer para gerar prejuízo àquele que efetivamente pudesse ter interesse em se engajar no procedimento consensual.

Questão intricada é saber o que acontece com o prazo em caso de rejeição do convite ou de indeferimento da abertura do procedimento pelo juiz. Neste último caso, de indeferimento judicial, não há maiores problemas, já que o prazo prescricional se encontra interrompido pela citação; não é possível, no entanto, vislumbrar a possibilidade de ampliação do conjunto de pretensões apenas em razão de pedido não aceito pelo juízo. Já no caso de rejeição do convite para mediação extrajudicial, é preciso buscar um equilíbrio, não se podendo imaginar que uma demora na resposta negativa sirva a fins maliciosos, nem que com o mesmo propósito se reiterem convites descabidos que se sabe não serão aceitos.

Na ausência de regra legal, parece razoável entender que um primeiro convite, com resposta negativa, é apto a realizar a suspensão até a recepção da resposta negativa – desde que considerado um prazo razoável a ser determinado em função do caso concreto; no silêncio do texto legal, soa temerário apontar um prazo fechado. Convites sucessivos, após uma primeira negativa, em princípio, não devem ser prestigiados com a suspensão.

4. BIBLIOGRAFIA

CAHALI, FRANCISCO JOSÉ. *Curso de arbitragem: mediação, conciliação, Resolução CNJ 125/2010*. 5ª edição. São Paulo: RT, 2015.

CINTRA, NAJLA LOPES. Mediação privada: aspectos relevantes da Lei nº 13.140/2015. Disponível em: <http://www.rkladvocacia.com/mediacao-privada-aspectos-relevantes-da-lei-no-13-1402015/>. Acesso em: 26 ago. 2017.

GRINOVER, ADA PELLEGRINI. Os métodos consensuais de solução de conflitos no Novo CPC. In: AAVV. *O Novo Código de Processo Civil: questões controvertidas*. São Paulo: Atlas, 2015, p. 1-21.

TARTUCE, Fernanda. *Mediação nos conflitos civis*. 3ª ed. São Paulo: Método, 2017.

Art. 18. Iniciada a mediação, as reuniões posteriores com a presença das partes somente poderão ser marcadas com a sua anuência.

Gustavo Milaré Almeida

1. POSSIBILIDADE DE OUTRAS REUNIÕES DE MEDIAÇÃO

Em sua parte inicial, o art. 18 da Lei nº 13.140/2015 (Lei de Mediação) deixa clara a possibilidade do procedimento de mediação, judicial ou extrajudicial, ser composto por mais de uma reunião (ou sessão ou audiência) de mediação.

De fato, ao fazer referência expressa a "reuniões posteriores", o art. 18 ora em comento autoriza a realização de novas tentativas para as partes chegarem à solução consensual do conflito após iniciada a mediação, ou seja, após a primeira reunião do procedimento.

Não há quantidade limite para as reuniões posteriores referidas no texto legal, mas é imprescindível que tais reuniões se mostrem efetivamente necessárias à composição amigável entre os mediandos, a fim de evitar o uso dessa faculdade de forma indevida por uma parte mal-intencionada ou mesmo o desvirtuamento da mediação para verdadeira terapia.

Nesse sentido, cabe ao mediador, enquanto gestor do procedimento, aferir a real possibilidade das partes chegarem a uma solução consensual do conflito para, então, agendar uma nova reunião entre elas. Sem essa perspectiva, o mediador deve encerrar a mediação para evitar o eventual mau uso referido acima.[1]

Daí porque o art. 1º, V, do Anexo III ("Código de Ética de Conciliadores e Mediadores Judiciais") da Resolução nº 125, de 29 de novembro de 2010 do Conselho Nacional de Justiça (CNJ), que juntamente com aquela norma e com a Lei nº 13.105, de 16 de março de 2015 (CPC) forma hoje em dia um minissistema de métodos consensuais de solução de conflitos no Brasil[2], dispõe que o mediador "dever de atuar com liberdade, sem sofrer qualquer pressão interna ou externa, sendo permitido recusar, suspender ou interromper a sessão se ausentes as condições necessárias

1. Miriam E. Markus bem lembra que "Una de las tareas más dificiles vinculadas con la *expertise* del mediador es la de saber cómo, cuándo y para qué intervenir en un proceso de mediación" (*El vibrar de las narrativas en mediación: una mirada del conflicto desde la teoría de las narrativas, la teoría energética y la metafísica*, Buenos Aires, Paidós, 2013, p. 51).

2. Ada Pellegrini Grinover, O minissistema brasileiro de Justiça consensual: compatibilidades e incompatibilidades. Disponível em: http://dirittoetutela.uniroma2.it/files/2013/03/Origens-e-evolu%C3%A7%C3%A3o.pdf. Acesso em 28.08.2017.

para seu bom desenvolvimento, tampouco havendo dever de redigir acordo ilegal ou inexequível".

Quanto ao prazo para a conclusão do procedimento, a Lei nº 13.140/2015 (Lei de Mediação) dispôs que, em se tratando de mediação extrajudicial, as partes podem convencioná-lo contratualmente em cláusula de mediação (art. 23), ao passo que, em se tratando de mediação judicial, tal prazo é de até sessenta dias[3], contado da data da primeira reunião, se as partes, de comum acordo, não requererem sua prorrogação (art. 28), hipótese na qual deixará de existir aquela limitação temporal.

2. AUTONOMIA DA VONTADE DAS PARTES

A parte final do art. 18 da Lei nº 13.140/2015 (Lei de Mediação) também deixa clara que a possibilidade da multiplicação das reuniões de mediação, judicial ou extrajudicial, depende necessária e exclusivamente da manifestação de vontade das partes. Em casos de litisconsórcio, dependendo do seu tipo conforme a uniformidade da solução[4], essa manifestação não precisa ser de todos os litisconsortes.

Em caso de litisconsórcio simples, ou seja, em que qualquer um dos litisconsortes pode se compor com a parte contrária independentemente do consentimento do(s) outro(s) litisconsorte(s), não se exige que todos os litisconsortes estejam de acordo com a outra parte para que reuniões posteriores sejam agendadas na tentativa de se chegar à solução consensual do conflito. Nessa hipótese, cada nova reunião de mediação ocorrerá entre os mediandos que manifestarem seu interesse em seguir no procedimento.

Diferente, porém, é a orientação no caso de litisconsórcio unitário, isto é, naquele em que a solução deve ser uniforme para todos os litisconsortes. Embora as reuniões posteriores e eventual solução consensual do conflito possam envolver apenas parcela dos litisconsortes, os efeitos dessa composição amigável podem não ser sentidos no plano do processo[5] ou, principalmente, em termos de exequibilidade na vida prática, razão pela qual não se recomenda o agendamento de reuniões posteriores quando, em se tratando de litisconsórcio unitário, todos os litisconsortes não estiverem de acordo em seguir no procedimento.

A obrigatoriedade do consentimento das partes para o agendamento das reuniões posteriores referida na parte final do art. 18 em comento decorre do chamado

3. Como regra geral, essa previsão foi acolhida e praticamente repetida pelo § 2º do art. 334 da Lei nº 13.105, de 16 de março de 2015 (CPC). Nas ações de família, porém, não existe essa limitação temporal, de modo que podem ocorrer tantas audiências (ou reuniões ou sessões) de mediação quantas forem necessárias para viabilizar a solução consensual do conflito (cf. art 696 da Lei nº 13.105, de 16 de março de 2015 (CPC)).

4. A esse respeito, entre outros, v. Daniel Amorim Assumpção Neves, *Manual de direito processual civil – Volume único*, 8ªed., Salvador, JusPodvim, 2016, p. 245-246.

5. Cassio Scarpinella Bueno, *Manual de direito processual civil: inteiramente estruturado à luz do novo CPC – Lei n. 13.105, de 16-3-2015*, São Paulo, Saraiva, 2015, p. 273.

princípio da autonomia da vontade das partes (ou da voluntariedade ou do consensualismo processual)[6], que é um dos princípios que informa a mediação, como, aliás, registrado no inciso V do art. 2º Lei nº 13.140/2015 (Lei de Mediação), e que "estabelece que somente deve haver mediação se as partes consentirem espontaneamente com esse processo"[7].

Além de expressamente positivada e explicitada de diferentes formas e diversas vezes nessa norma, a liberdade das partes de definirem os rumos do procedimento ainda está assegurada no § 2º daquele dispositivo legal, que dispõe que "Ninguém será obrigado a permanecer em procedimento de mediação"[8].

E essa liberdade refere-se não apenas à permanência ou não das partes no procedimento, mas também aos temas que, nele, serão abordados e, mais, ao conteúdo de eventual composição amigável, uma vez que referido princípio da autonomia da vontade deve nortear toda a mediação e, nessa medida, orientar ainda as decisões do mediador sobre seu desenvolvimento ou não.[9]

No ponto, esclareça-se que não se está fazendo referência à obrigatoriedade ou não da realização da mediação (judicial) enquanto nova fase incluída na sistemática do processo civil brasileiro com o advento da Lei nº 13.105, de 16 de março de 2015 (CPC) – uma das questões mais controvertidas a respeito da matéria[10], ainda

6. Daniel Amorim Assumpção Neves registra que o poder das partes relativo à forma e ao conteúdo da solução consensual ainda pode ser chamado de princípio da liberdade ou da autodeterminação (in *Manual*... cit., p. 12).

7. in *Manual de Mediação Judicial* (org. André de Azevedo Gomma), 6ª ed., Brasília, Conselho Nacional de Justiça, 2016, p. 251. Disponível em: [http://www.cnj.jus.br/files/conteudo/arquivo/2016/07/f247f5ce60df2774c59d6e2dddbfec54.pdf. Acesso em 22.08.2017]. No mesmo sentido, Alexandre Freitas Câmara esclarece que "um dos princípios reitores da mediação (e da conciliação) é o da voluntariedade, razão pela qual não se pode obrigar qualquer das partes a participar, contra sua vontade, do procedimento de mediação ou conciliação" (in *O novo processo civil brasileiro*, 2ª ed., São Paulo, Atlas, 2016, p. 199).

8. Igualmente no § 4º do art. 166 da Lei nº 13.105, de 16 de março de 2015 (CPC), que dispõe que "A mediação e a conciliação serão regidas conforme a livre autonomia dos interessados, inclusive no que diz respeito à definição das regras procedimentais".

9. María Elena Caram, Diana Teresa Eilbaum e Matilde Risolía afirmam que o princípio da autonomia da vontade das partes "refiere específicamente a la posibilidad que ellas tienen de decidir si concurren o no a la mediación; la decisión de permanecer o no en ella; en este caso, la de decidir los temas que abordarán en las reuniones; la elección de sus opciones, propuestas y, en última instancia, alcanzar o no un acuerdo. Y, si lo alcanzan, determinar su contenido. Esta desagregación del rasgo de la voluntariedad revela que su presencia acude en todo momento durante el desarrollo del proceso y que la convicción de su supremacía alienta todas las decisiones de procedimiento del mediador" (in *Mediación – Diseño de una práctica*, 4ª ed., Buenos Aires, Astrea, 2013, p. 32).

10. Parte da doutrina defende que a não realização da audiência de mediação (ou conciliação) prevista no art. 334, § 4º, da Lei nº 13.105, de 16 de março de 2015 (CPC) depende necessariamente de ambas as partes manifestarem, expressamente, seu desinteresse na composição consensual, pois "apenas uma delas manifestando-se contra, o legislador aposta na possibilidade de a conciliação ou de a mediação vencer a sua resistência ao acordo em audiência" (Luiz Guilherme Marinoni, Sérgio Cruz Arenhart e Daniel Mitidiero, *Novo Código de Processo Civil comentado*, São Paulo, Revista dos Tribunais, 2015, p. 356; no mesmo sentido, entre outros, v. Teresa Arruda Alvim Wambier, Maria Lucia Lins Conceição, Leonardo Ferres da Silva

mais quando também considerado o disposto no art. 27 da Lei nº 13.140/2015 (Lei de Mediação)[11] –, mas somente da necessária manifestação da vontade das partes exigida pelo art. 18 em comento em continuarem ou não em um procedimento de mediação já iniciado.[12]

Por óbvio, essa necessária manifestação de vontade não pode ser viciada, sob pena de tornar nulo o procedimento e eventual composição amigável a que cheguem as partes, já que o pressuposto de um consenso é sempre um acordo de vontades.

3. DECISÃO INFORMADA

A fim de que não seja viciada, a necessária manifestação de vontade das partes para o agendamento das reuniões posteriores referida no art. 18 em comento precisa estar baseada no chamado princípio da decisão informada, que também orienta a mediação.[13]

A Lei nº 13.140/2015 (Lei de Mediação) não definiu esse princípio.

Porém, de acordo com o art. 1º, II, do Anexo III ("Código de Ética de Conciliadores e Mediadores Judiciais") da Resolução nº 125, de 29 de novembro de 2010 do

---

Ribeiro e Rogério Licastro Torres de Mello, *Primeiros comentários ao Novo Código de Processo Civil artigo por artigo*, São Paulo, Revista dos Tribunais, 2015, p. 571; e Eduardo Cambi, Comentário ao artigo 334, in *Breves comentários ao Novo Código de Processo Civil* (coords. Teresa Arruda Alvim Wambier, Fredie Didier Jr., Eduardo Talamini e Bruno Dantas), São Paulo, Revista dos Tribunais, 2015, p. 885). Outra parte da doutrina, embora critique essa opção do legislador e chegue a afirmar se tratar de "uma triste demonstração do fanatismo que tem tomado conta do âmbito doutrinário e legislativo a respeito da solução consensual do conflito", sustenta, porém, que a obrigatoriedade é de presença das partes, e não de se submeterem à mediação (ou à conciliação), tampouco de resolverem o conflito pela via consensual (Daniel Amorim Assumpção Neves, *Manual*... cit., p. 572-573; no mesmo sentido, entre outros, v. Daniel Colnago Rodrigues, Comentários aos artigos 334 e 335, in *Comentários ao Novo Código de Processo Civil* (coords. Antônio do Passo Cabral e Ronaldo Cramer), Rio de Janeiro, Forense, 2015, p. 535). E uma outra parte da doutrina ainda, com a qual concordamos, defende que "A manifestação prévia de qualquer das partes no sentido de não haver interesse na autocomposição frustra, desde logo, o desiderato da audiência", tendo em vista a imprescindibilidade da autonomia da vontade das partes para a solução consensual do conflito, de modo que – adicionamos – insistir no contrário é se apegar demasiadamente à literalidade da lei e admitir que a vontade do legislador deve se sobrepor a uma decisão que é das partes, e somente delas, sem mencionar ainda se tratar de opção legislativa pouco inteligente ante a realidade do Poder Judiciário brasileiro (José Miguel Garcia Medina, *Novo Código de Processo Civil comentado: com remissões e notas comparativas ao CPC/1973*, 4ª ed., São Paulo, Revista dos Tribunais, 2016, p. 591; no mesmo sentido, entre outros, v. Cassio Scarpinella Bueno, *Manual*... cit., p. 272; e Alexandre Freitas Câmara, *O novo*... cit., p. 199).

11. Daniel Amorim Assumpção Neves entende "que o art. 27 da Lei 13.140/2015 tenha sido revogado pelo art. 334, § 4º, do Novo CPC porque, não obstante a Lei de Mediação ter sido publicada depois do Novo Código de Processo, entrou em vigência antes dele, em razão da diferença temporal de *vacatio legis* entre ambas (6 meses e 1 ano)" (in *Manual*... cit., p. 573).

12. Marinés Suares, *Mediación: conducción de disputas, comunicación y técnicas*, Buenos Aires, Paidós, 2012, p. 63-64.

13. O *caput* do art. 166 da Lei nº 13.105, de 16 de março de 2015 (CPC) dispõe que "A conciliação e a mediação são informadas pelos princípios da independência, da imparcialidade, da autonomia da vontade, da confidencialidade, da oralidade, da informalidade e da decisão informada".

Conselho Nacional de Justiça (CNJ), o princípio da decisão informada consiste no dever do mediador de manter o jurisdicionado plenamente informado quanto aos seus direitos e ao contexto fático no qual está inserido.

Na prática, concordamos que o princípio da decisão informada "impõe o esclarecimento, por parte dos mediadores, sobre os direitos do mediando em relação a aceitar participar da vida consensual e de seguir participando das sessões."[14]

Isso porque, embora a composição amigável não dependa do direito material que as partes possuam (ou acreditem possuir), é imprescindível que elas disponham de todos os esclarecimentos fáticos e jurídicos relativos ao conflito que necessitem para decidirem continuar ou não no procedimento e, assim, entre outros atos, definirem se têm ou não interesse no agendamento de novas reuniões, como facultado pelo art. 18 em comento, para tentarem chegar a uma solução consensual do conflito.

Ainda que – em teoria – tais esclarecimentos prestados às partes não comprometam a exigida[15] imparcialidade do mediador[16], ou seja, seu dever de atuar de forma equidistante e livre de quaisquer comprometimentos com relação às partes, é recomendável que as partes, sempre que possível e independentemente do tipo de mediação (judicial ou extrajudicial), estejam acompanhadas de seus advogados ao longo de todo o procedimento.

Além de evitar ou, ao menos, minimizar o risco de eventual e indesejável parcialidade do mediador, essa assessoria técnica tende ainda a trazer mais conforto e segurança para as partes tomarem suas decisões no curso do procedimento e, nessa medida, a cooperar com mencionado dever de informação, sobretudo considerando que não se exige que o mediador tenha formação jurídica para exercer a sua função.

4. BIBLIOGRAFIA

ARENHART, Sérgio Cruz; MARINONI, Luiz Guilherme; MITIDIERO, Daniel, *Novo Código de Processo Civil comentado*, São Paulo, Revista dos Tribunais, 2015.

BUENO, Cassio Scarpinella, *Manual de direito processual civil: inteiramente estruturado à luz do novo CPC – Lei n. 13.105, de 16-3-2015*, São Paulo, Saraiva, 2015.

CÂMARA, Alexandre Freitas, *O novo processo civil brasileiro*, 2ª ed., São Paulo, Atlas, 2016.

---

14. Fernanda Tartuce, *Mediação nos conflitos civis*, 2ª ed., Rio de Janeiro, Forense, São Paulo, Método, 2015, p. 192.

15. Conforme art. 2°, I, da Lei nº 13.140/2015 (Lei de Mediação) e, adicionalmente, *caput* do art. 166 da Lei nº 13.105, de 16 de março de 2015 (CPC).

16. Segundo o art. 1°, IV, do Anexo III ("Código de Ética de Conciliadores e Mediadores Judiciais") da Resolução nº 125, de 29 de novembro de 2010 do Conselho Nacional de Justiça (CNJ), a imparcialidade consiste no dever do mediador "de agir com ausência de favoritismo, preferência ou preconceito, assegurando que valores e conceitos pessoais não interfiram no resultado do trabalho, compreendendo a realidade dos envolvidos no conflito e jamais aceitando qualquer espécie de favor ou presente".

CAMBI, Eduardo, Comentário ao artigo 334, in *Breves comentários ao Novo Código de Processo Civil* (coords. Teresa Arruda Alvim Wambier, Fredie Didier Jr., Eduardo Talamini e Bruno Dantas), São Paulo, Revista dos Tribunais, 2015.

CARAM, María Elena; EILBAUM, Diana Teresa; RISOLÍA, Matilde, *Mediación – Diseño de una práctica*, 4ª ed., Buenos Aires, Astrea, 2013.

CONCEIÇÃO, Maria Lucia Lins; WAMBIER, Teresa Arruda Alvim; RIBEIRO, Leonardo Ferres da Silva; MELLO, Rogério Licastro Torres de, *Primeiros comentários ao Novo Código de Processo Civil artigo por artigo*, São Paulo, Revista dos Tribunais, 2015.

EILBAUM, Diana Teresa; RISOLÍA, Matilde; CARAM, María Elena, *Mediación – Diseño de una práctica*, 4ª ed., Buenos Aires, Astrea, 2013.

GOMMA, André de Azevedo (org.), *Manual de Mediação Judicial*, 6ª ed., Brasília, Conselho Nacional de Justiça, 2016.

GRINOVER, Ada Pellegrini, O minissistema brasileiro de Justiça consensual: compatibilidades e incompatibilidades. Disponível em: <http://dirittoetutela.uniroma2.it/files/2013/03/Origens-e-e-volu%C3%A7%C3%A3o.pdf>.

MARINONI, Luiz Guilherme; ARENHART, Sérgio Cruz; MITIDIERO, Daniel, *Novo Código de Processo Civil comentado*, São Paulo, Revista dos Tribunais, 2015.

MARKUS, Miriam E., *El vibrar de las narrativas en mediación: una mirada del conflicto desde la teoría de las narrativas, la teoría energética y la metafísica*, Buenos Aires, Paidós, 2013.

MEDINA, José Miguel Garcia, *Novo Código de Processo Civil comentado: com remissões e notas comparativas ao CPC/1973*, 4ª ed., São Paulo, Revista dos Tribunais, 2016.

MELLO, Rogério Licastro Torres de; WAMBIER, Teresa Arruda Alvim; CONCEIÇÃO, Maria Lucia Lins; RIBEIRO, Leonardo Ferres da Silva, *Primeiros comentários ao Novo Código de Processo Civil artigo por artigo*, São Paulo, Revista dos Tribunais, 2015.

MITIDIERO, Daniel; MARINONI, Luiz Guilherme; ARENHART, Sérgio Cruz, *Novo Código de Processo Civil comentado*, São Paulo, Revista dos Tribunais, 2015.

NEVES, Daniel Amorim Assumpção, *Manual de direito processual civil – Volume único*, 8ª ed., Salvador, JusPodvim, 2016.

RIBEIRO, Leonardo Ferres da Silva; WAMBIER, Teresa Arruda Alvim; CONCEIÇÃO, Maria Lucia Lins; MELLO, Rogério Licastro Torres de, *Primeiros comentários ao Novo Código de Processo Civil artigo por artigo*, São Paulo, Revista dos Tribunais, 2015.

RISOLÍA, Matilde; CARAM, María Elena; EILBAUM, Diana Teresa, *Mediación – Diseño de una práctica*, 4ª ed., Buenos Aires, Astrea, 2013.

RODRIGUES, Daniel Colnago, Comentários aos artigos 334 e 335, in *Comentários ao Novo Código de Processo Civil* (coords. Antônio do Passo Cabral e Ronaldo Cramer), Rio de Janeiro, Forense, 2015.

SUARES, Marinés, *Mediación: conducción de disputas, comunicación y técnicas*, Buenos Aires, Paidós, 2012.

TARTUCE, Fernanda, *Mediação nos conflitos civis*, 2ª ed., Rio de Janeiro, Forense, São Paulo, Método, 2015.

WAMBIER, Teresa Arruda Alvim; CONCEIÇÃO, Maria Lucia Lins; RIBEIRO, Leonardo Ferres da Silva; MELLO, Rogério Licastro Torres de, *Primeiros comentários ao Novo Código de Processo Civil artigo por artigo*, São Paulo, Revista dos Tribunais, 2015.

Art. 19. No desempenho de sua função, o mediador poderá reunir-se com as partes, em conjunto ou separadamente, bem como solicitar das partes as informações que entender necessárias para facilitar o entendimento entre aquelas.

Juliana Loss

1. INTRODUÇÃO

Às vésperas de completar o primeiro biênio de vigência do marco regulatório da mediação no Brasil, os comentários aqui tecidos abordarão um ponto relevante para a prática da mediação no Brasil e há décadas divide opiniões entre profissionais e teóricos no âmbito da resolução de disputas: o uso, não uso, e quiçá, até mesmo o abuso (BRANDON , 2005) de reuniões privadas na mediação.

A lei de mediação em seu artigo 19 prevê expressamente a possibilidade do mediador lançar mão dessa ferramenta. Entretanto o faz de maneira adequada porquanto respeita a flexibilidade e a variedade de estilos entre mediadores ao deixar ao mediador a possibilidade de realizar ou não reuniões privadas no desempenho de sua função.

Antecipe-se de pronto que os comentários aqui realizados serão em parte vinculados às implicações jurídicas decorrente do tema, mas sobretudo voltados à compreensão prática da ferramenta analisada. Para tanto, serão trabalhadas as hipóteses de sua utilização, os riscos apontados pela literatura, assim como a aplicabilidade da confidencialidade interna no procedimento de mediação.

2. SESSÃO PRIVADA, FLEXIBILIDADE DE ESTILOS E METODOLOGIAS

A mediação é mecanismo de solução de conflitos flexível, baseado na oralidade e informalidade. Embora tenha etapas procedimentais conhecidas, estas são maleáveis e permitem adequação seja ao contexto conflitivo, seja ao perfil do terceiro que atuará como mediador.

Ilustrativamente, o contexto conflitivo pode implicar em customização de procedimento quanto ao tempo e local das sessões, assim como em relação à utilização de outros profissionais durante o curso do processo na busca da solução consensual. Não é raro, por exemplo, que outros profissionais atuem de forma auxiliar, tais como psicólogos, peritos financeiros, advogados especializados, naqueles casos em que o mediador e as partes entenderem como benéfico à mediação.

Ademais, a troca de informações não é rígida como em um processo heterocompostivo, até porque a mediação não tem por fim identificar a verdade dos fatos ou determinar quem tem ou não razão, uma vez que se orienta por critérios de satisfação dos interesses das partes e, muito frequentemente, o caminho até o acordo é guiado por visão voltada ao futuro e não necessariamente ao passado.

Ainda que não tenha por fim específico a determinação da veracidade de fatos, nada impede, se for em benefício da compreensão e facilitação de diálogo entre aqueles que enfrentam o conflito, que sejam solicitadas informações pelo mediador ou que documentos sejam intercambiados entre as partes. Também a participação de terceiros não diretamente ligados ao conflito, mas relevantes para a solução, pode ser válida para o sucesso do processo e para a sustentabilidade de eventuais acordos.

A flexibilidade no uso de ferramentas de mediação se estende também à utilização de sessões ou reuniões privadas (também conhecidas como *caucus* na literatura norte-americana) entre o mediador e as partes[1], que são objeto de nossa análise.

3. TEORIA E PRÁTICA DA SESSÃO PRIVADA

Na mediação, sessões privadas supõem "reuniões confidenciais entre o mediador e um ou mais participantes excluindo outros participantes" (YARN, 1999, p. 69).

Embora possa ser considerada etapa procedimental da mediação, sua realização não é obrigatória e dependerá sobretudo do estilo do mediador. O mesmo raciocínio se aplica à finalidade de sua utilização e ao momento de sua ocorrência. Isso quer dizer que, em regra, é o mediador quem pode ou não optar pelo uso do *caucus*. Há também a possibilidade de o mediador conferir às partes a possibilidade delas próprias solicitarem uma reunião privada. De todo modo, desde seu discurso inicial, o mediador deve esclarecer o que seria essa sessão privada, e também sobre a possibilidade de utilizar essa ferramenta. Há ainda aqueles que ao explicar a pertinência do uso dessas sessões privadas às partes, exemplificam algumas hipóteses em que encontros individualizados podem ser úteis, e assim o fazem com fim de estimular a compreensão das partes, e sobretudo de seus advogados, caso queiram utilizar o procedimento em benefício de sua estratégia negocial ou para favorecer um fluxo produtivo na mediação. Lembre-se que o procedimento da mediação é flexível e também o procedimento passa pela convenção entre mediadores e partes.

Entretanto é comum que diferentes mediadores deixem maior ou menor espaço às partes sobre a decisão de questões procedimentais. Isso porque, embora sejam elas, sempre, as detentoras do controle do resultado da mediação, o processo utili-

1. Embora a configuração de sessões privadas entre mediador e uma das partes seja a mais típica e utilizada, também é possível que sejam realizadas sessões privadas entre Mediador e somente as partes (sem a presença dos advogados) ou mesmo entre Mediador e somente Advogados das partes, no que é denominado por alguns como *Cross-Caucus*.

zado até chegar a ele é conduzido pelo mediador. Também é prudente que, quando realizada reunião privada com uma das partes, a prática seja realizada também com a outra parte, para não criar uma sensação de desequilíbrio ou disparidade entre elas. É importante lembrar que na mediação, é o sentimento da parte em relação à confiança que tem no mediador que realmente importa, portanto não basta ser imparcial, competente, é indispensável que o mediador assim seja percebido por todas as partes.

Sobre a linha de atuação mais conservadora em relação ao uso se sessões privadas, e que prioriza o uso exclusivo de sessões conjuntas, argumenta-se que ao levar e trazer informações em sessões privadas, ao final, seria o mediador quem teria a maior visão da questão e das possibilidades, e não as partes, portanto estaria em uma posição melhor que as partes para tomar decisões. Assim, como o modelo baseado no entendimento das partes busca fortemente dotar as próprias partes de responsabilidade pela solução, prefere-se um modelo sem o uso de sessões privadas (FRIEDMAN & HIMMELSTEIN , 2006, pp. 3-4).

Além disso, segundo essa mesma linha de raciocínio, ao evitar ou excluir o uso de sessões privadas, se evitaria eventuais interpretações equivocadas pelo mediador e também o risco de que uma das partes perca a confiança na neutralidade do profissional. Apesar de ser uma linha interessante e relevante metodologicamente, parece que a possibilidade do uso de reuniões privadas pode auxiliar bastante o processo até uma solução consensual. Será sempre uma opção do mediador, que possui liberdade metodológica e estilo próprio, adequado à natureza do conflito e ao contexto concreto, sendo somente limitado pelos princípios legais e éticos da mediação.

Como há um espaço relevante de liberdade e flexibilidade quanto às opções metodológicas do mediador (HILL, et al., 2015, pp. 148-149) e também de seu estilo, como dito, há mediadores que se inclinam por um perfil de jamais utilizar sessões privadas, assim como há aqueles que chegam a realizar o que denominamos *shuttle mediation*, procedimento em que se conduz a busca pela solução consensual sem que as partes nunca se encontrem em uma reunião conjunta, ou com mínimos contatos conjuntos ao final. Naturalmente os níveis entre a prática de não uso e de e uso exclusivo de sessões privadas variam enormemente a depender, por exemplo, de costumes regionais, nacionais, e especialmente da natureza dos conflitos em jogo. Assim, é bastante comum que sessões privadas sejam utilizadas com abundância em mediação empresarial ou cível, mas menos comum em contextos familiares.

A percepção da *finalidade* para usar, assim como *quando* usar a sessão privada se distingue de tal maneira entre os profissionais, que essas diferenças foram evidenciadas em recente estudo conduzido por Thomas Stipanovich (STIPANOWICH, 2016, p. 5) no ano passado. Segundo os dados apresentados, a pesquisa demonstra grande disparidade entre práticas de mediadores:

> A pesquisa mostrou significante divergência na prática de mediadores sobre um aspecto do processo que tem estimulado boas discussões nos últimos anos: o uso de *caucus* (reuniões privadas

entre mediador e partes individualmente com ou sem a presença do advogado) versus sessões conjuntas (sessões nas quais o mediador conversa com todas as partes e advogados na mesma sala e ao mesmo tempo).

(tradução própria)

Não necessariamente essas percepções diversas entre uso ou não de sessões privadas são nocivas. Ou seja, não necessariamente uma linha será melhor que a outra. Ao contrário, da mesma maneira, ainda na mediação, grandes diferenças de estilo e metodologia variam entre escolas e verificamos divergências em relação a outras práticas como comediação *vs.* mediação individual, conhecimento técnico específico da matéria *vs.* desconhecimento da matéria pelo mediador, e assim segue. É claro que, mais que preocupações, essas diferenças, muitas vezes estimuladas pela influência de expoentes acadêmicos ou distinções regionais, oferecem uma riqueza de ferramentas que garante à mediação uma adaptabilidade e uma maleabilidade que outros mecanismos não possuem. De todo modo, o conhecimento da prática e o aprofundamento do conhecimento sobre o uso de técnicas é recomendável e parece frutificar em benefício do avanço da mediação. Como resultado disso, algumas práticas antes realizadas hoje já caíram em desuso, como a realização de sessões privadas em que os comediadores se dividem para acompanhar separadamente as partes.

Se, por um lado, muitos levantam os riscos do uso de sessões privadas, por outro, seu uso é bastante frequente na prática da mediação, seja em outros países, seja na recente prática no Brasil. David Hoffman (HOFFMAN, 2011, pp. 263-264), em artigo esclarecedor, aponta para os benefícios do uso das sessões privadas e sobre a arte de levar e trazer informações. Na linha do que foi explicado acima, o autor destaca a controvérsia existente a opção de alguns profissionais por mediação totalmente sem uso de reuniões privadas[2] e salienta que a cautela no uso de sessões privadas é mais voltado para situações em que há uma relação contínua entre as partes. Ainda assim, Hoffman aponta para os benefícios do uso das sessões privadas e as formas de sua utilização.

No que respeita ao momento do uso da ferramenta, como dito, o procedimento de mediação é flexível e o uso do *caucus* não é obrigatório, porém alguns traços são marcantes no vínculo entre a finalidade, isto é, razão pela qual faz-se uso da sessão privada e o momento em que ela acontece.

Na lição de Christopher W. Moore (2014, p. 491), o uso de sessões privadas pode ser útil para:

2. Sobre a linha de atuação que prioriza o uso exclusivo de sessões conjuntas, argumenta-se que ao levar e trazer informações em sessões privadas, ao final, é o mediador quem terá a maior visão da questão e das possibilidades, e não as partes, portanto estará em uma posição melhor que as partes para tomar decisões, e como o modelo baseado no entendimento das partes busca fortemente dotar as próprias partes de responsabilidade pela solução, prefere-se um modelo sem o uso de caucus.

Controlar comunicação entre as partes para que estas foquem em questões substanciais e eliminem toda a comunicação emocional problemática transmitida por discurso direto ou por sinais não verbais das partes em disputa

Permitir às partes (ou ao mediador) fazer uma pausa na pressão por avanços em sessão conjunta muito intensa e que não esteja promovendo trocas produtivas

Descortinar informações confidenciais que não devam ser reveladas em sessão conjunta

Educar uma parte inexperiente sobre procedimentos negociais potencialmente mais produtivos

Atuar como amplificador para uma parte, permitindo a ele ou ela explorar totalmente suas ideias ou aquelas propostas pela outra parte

Desenvolver opções de acordos em um ambiente que separa o processo de geração de opções do processo de avaliação

Determinar se um espaço aceitável de barganha foi estabelecido (ou tentar estabelecer um)

Desenhar propostas ou ofertas que possam depois ser trazidas à sessão conjunta

Precaver uma parte de realizar concessões ou comprometimentos prematuros na sessão conjunta, ou de aderir a uma posição insustentável ou de linha dura

Conduzir testes de realidade de uma proposta da parte

Desenvolver um texto único resultante da negociação quando as partes são muito numerosa, questões muito complexas, ou as emoções estão muito acaloradas para que se continue os encontros cara a cara

Testar a aceitabilidade de uma proposta de uma das partes pela outra ao apresentar a uma oferta como uma opção que o próprio mediador identificou ou gerou

Fazer apelo a princípios comuns ou ressaltar objetivos para encorajar acordos

Direcionar o foco e a motivação das partes ao motivo pelo qual o acordo é tão importante, ou explorar a melhor alternativa ao acordo negociado da parte e potenciais procedimentos alternativos para a disputa

Expressar a percepção ou ponto do de vista do intermediário em relação à situação, e possivelmente fazer sugestões de opções de acordo

(Tradução própria)[3]

As razões que baseiam o uso das sessões privadas variam, mas é comum, por exemplo, que as reuniões privadas realizadas em um momento prévio a uma primeira sessão conjunta sejam voltadas a ventilar as emoções das partes e criar a confiança entre partes e mediador. Assim como é bastante comum que as sessões privadas que aconteçam em um momento adiantado da mediação tenham por fim auxiliar a criação de opções de acordo, e, quando realizadas ao final, para desemaranhar nós surgidos na negociação ou barganha.

Um estudo aponta que o uso de sessões privadas com o intuito de construir *rapport*, e desenvolver confiança entre partes e mediador logo em momentos iniciais, precisamente com o uso de *caucus* em pré-mediação, pode ser muito positivo. O uso de sessões privadas antes da mediação tem por finalidade reduzir a tensão conflitiva,

3. Algumas das possibilidades mencionadas pelo autor, como expressão do ponto de vista do mediador e sugestões, não necessariamente se adequam ao modelo facilitativo de mediação, mais comum no Brasil.

ventilar emoções negativas, e estabelecer confiança no mediador, e parecem ter o efeito até de impactar na maior probabilidade de realização de acordos (SWAAB & BRETT, 2007, pp. 12-14), tamanha é a importância do estabelecimento dessa confiança no mediador. Contudo, o mesmo estudo aponta que o uso de sessões privadas previamente em pré-mediação ainda é reduzido se comparado ao seu uso durante a mediação, isto é, quando já iniciadas as reuniões conjuntas.

A flexibilidade da mediação e suas ferramentas é tão interessante que há avanços em experiências existentes até mesmo no Brasil, em que mesmo quando a mediação ocorre em ambiente online, que o mediador possa lançar mão de tenha ferramentas que reproduzem o que seria uma sessão privada em uma mediação clássica, com a possibilidade de realizar conversas reservadas com as partes separadamente.

4. IMPLICAÇÕES QUANTO À CONFIDENCIALIDADE

O microssistema de métodos autocompositivos no Brasil já contempla a confidencialidade como regra, o que implica dizer que, salvo decisão contrária das partes, o procedimento de mediação é confidencial e o sigilo se estende ao mediador, à sua equipe e também às partes e advogados que dele participam. Há ainda, no que respeita às reuniões privadas, a confidencialidade que balizará as informações que o mediador poderá compartilhar em sessões conjuntas. Por essa razão, uma das maiores cautelas que o profissional deve ter é, ao final da sessão privada, confirmar e esclarecer exatamente os limites do que pode e do que não pode ser dito na presença da parte que não participou do encontro privado.

No início da mediação, o mediador explicará o que são as sessões privadas e a confidencialidade que recai sobre ela, mas há duas formas mais comuns de trazer a confidencialidade para o conteúdo dessa reunião: por um lado alguns manifestarão à parte que todas as informações ali trocadas são abarcadas pela confidencialidade, salvo aquelas que a parte expressamente indicar que não; por outro lado, há aqueles profissionais que preferem explicitar essa proteção de uma forma diferente, esclarecendo que considerará todas as informações trazidas como passíveis de serem levadas à reunião conjunta, a não ser aquelas expressamente mencionadas como confidenciais ou sensíveis pela própria parte que as relata. A proteção é a mesma, e ambas as formas são admissíveis, o importante é que a parte esteja informada e consciente de sua decisão sobre abrir ou não informações e se elas serão trabalhadas nas reuniões conjuntas. Com efeito, será prudente, ao final da sessão privada, confirmar se a parte presente e o mediador têm a visão clara em relação a quais são as matérias confidenciais e as que não requerem essa cautela.

Da mesma forma que as exceções sobre a confidencialidade se aplicam às sessões conjuntas, também se aplicarão às sessões privadas. Por isso é importante que as partes sejam informadas não somente sobre a confidencialidade, mas também sobre as hipóteses excepcionais de sua não aplicação, afinal a mediação é mecanismo baseado em confiança e decisão informada.

5. CONSIDERAÇÕES FINAIS

Ao analisar o instituto da sessão privada, mencionado como possibilidade pelo legislador no artigo 19 da Lei de Mediação, percebe-se que mesmo na literatura e prática internacional, trata-se de uma ferramenta controversa e cuja utilização variará em frequência, momento, finalidade e até mesmo uso e não uso. De um lado os benefícios do aprofundamento em informações importantes, possibilidade de aprofundar a confiança com a parte, de outro o risco de desprestigiar a responsabilidade e compreensão mútua de questões, entre outros pontos relevantes.

Não obstante a existência de controvérsia, e de diferentes modelos metodológicos e estilos de mediar, a sessão privada é um instrumento que pode ser útil, muitas vezes até fundamental, e deve estar à escolha do mediador e das partes em cada procedimento utilizá-lo ou não, assim como a decisão sobre o momento. Daí a beleza da flexibilidade da mediação e da possibilidade de adaptação de procedimentos feito à medida na busca do diálogo, da solução consensual e satisfatória para as partes.

6. REFERÊNCIAS

SWAAB , R. & BRETT, J., 2007. Caucus with care: The Impact of Pre-Mediation Caucuses on Conflict Resolution. *IACM 2007 Meetings Paper.*

BRANDON , M., 2005. Use and abuse of private session and shuttle in mediation and conciliation. *ADR Bulletin*, Volume 8.

FRIEDMAN, G. & HIMMELSTEIN ,J., 2006. Gary Friedman and Jack Himmelstein,Resolving Conflict Together: The Understanding-Based Model of Mediation. *Journal of Dispute Resolution*.

HILL, F. P., ASSMAR, G., LOPES, V. & GAMA, V., 2015. Procedimento. Em: D. HALE, H. D. B. d. PINHO & T. N. X. CABRAL, eds. *O marco legal da mediação no Brasil.* Rio de Janeiro: Gen Atlas, pp. 129-190.

HOFFMAN, D. A., 2011. Mediation and the Art of Shuttle Diplomacy. *Negotiation Journal*, 18 July, pp. 263-309.

MOORE, C. W., 2014. *The mediation process.* 4 ed. São Francisco: Jossey-Bass.

STIPANOWICH, T., 2016. Insights on Mediator Practices and Perceptions. *Dispute Resolution Magazine.*

YARN, D., 1999. *Dictionary of conflict resolution.* São Francisco: Jossey-Bass. Tradução própria.

Art. 20. O procedimento de mediação será encerrado com a lavratura do seu termo final, quando for celebrado acordo ou quando não se justificarem novos esforços para a obtenção de consenso, seja por declaração do mediador nesse sentido ou por manifestação de qualquer das partes.

Parágrafo único. O termo final de mediação, na hipótese e celebração de acordo, constitui título executivo extrajudicial e, quando homologado judicialmente, título executivo judicial.

Hildebrando da Costa Marques

1. INTRODUÇÃO

A mediação é um método autocompositivo de resolução de disputas e como se desenvolve por meio de um procedimento precisa ter princípio, meio e fim.

A Lei nº 13.140/2015, como marco legal da mediação, cuidou de estabelecer um procedimento básico para o instituto, sem olvidar seu caráter eminentemente voluntário (art. 2º, § 2º) e o empoderamento das partes (art. 2º, V), inclusive para dispor sobre o rito (art. 22).

A seção III do capítulo I da Lei de Mediação trata desse procedimento, estabelecendo na subseção I as regras gerais, na subseção II as da mediação extrajudicial e na subseção III as da mediação judicial.

De acordo com o *caput* do art. 17, a mediação tem início *na data para a qual for marcada a primeira reunião* o que produz efeitos imediatos e práticos como, por exemplo, a suspensão do prazo prescricional durante todo o procedimento (cf. art. 17, parágrafo único).

Por sua vez, o art. 20, que é o objeto de nosso comentário, trata do *encerramento da mediação*, o que também tem grande importância prática, como se verá na sequência.

2. ENCERRAMENTO DA MEDIAÇÃO

O encerramento da mediação se dá por meio da lavratura do termo final, onde restará consignado o acordo a que as partes chegaram ou a impossibilidade, ao menos naquele momento, de obtenção de consenso, a juízo das partes ou do próprio mediador.

Portanto, a mediação se encerra quando as partes chegam a um consenso ou quando se conclui que esse consenso não será alcançado, sendo inútil envidar mais esforços nesse sentido.

Pode-se afirmar, então, que o *instrumento* que encerra a mediação é o *termo final* e *os motivos da finalização do procedimento*, que serão consignados no termo, são (1) a *obtenção do consenso* ou a conclusão de que (2) a *autocomposição não será obtida naquele procedimento*.

Nada obstante o legislador tenha utilizado a possibilidade ou não do consenso como fator determinante para decisão sobre finalizar ou prosseguir com o procedimento, não se pode perder de vista que chegar ao acordo *não é o único fim da mediação*.

Partindo dessa premissa, é importante indagar: quando realmente deve ser encerrado o processo de mediação?

Bem, uma vez *obtido o acordo*, não há qualquer dúvida de que o procedimento se encerra, lavrando-se o termo onde o ajustamento feito será consignado.

Da mesma forma, quando *qualquer das partes manifestar seu desinteresse na mediação* não há sentido no prosseguimento, até mesmo por força dos princípios da /*voluntariedade* e da *autonomia da vontade*, que estão expressos no art. 2º da LM (cf. inciso V e § 2º). Aliás, o § 2º do referido artigo é explícito em afirmar que ninguém *será obrigado a permanecer em procedimento de mediação*, de modo que manifestada a vontade da parte pela finalização das tratativas não há outra alternativa a seguir.

Porém, a situação muda de figura quando o dispositivo em comento trata do encerramento da mediação por declaração do mediador, vale dizer, quando *a juízo do mediador não se justificarem novos esforços para a obtenção de consenso*. Tem-se aqui uma *alta carga de subjetividade*, que deve ser temperada tendo em vista os reais objetivos de um procedimento de mediação, sob pena de a impaciência ou falta de preparo do mediador ensejar o prematuro encerramento, inclusive das sessões.

Na verdade, todo processo de resolução de disputas visa *pacificar por meio de critérios justos*, e na mediação não é diferente[1]. Contudo, a mediação possui um escopo muito mais amplo do que a mera obtenção de um acordo.

A mediação apresenta-se como um método de solução consensual dos conflitos, que visa devolver às partes o poder de resolver suas questões da melhor forma para elas próprias (empoderamento) e integra, juntamente com a conciliação, a política de tratamento adequado dos conflitos de interesse, que começou a ser implementada pelo Conselho Nacional de Justiça, por meio da Resolução nº 125/2010, e foi adotada pelo legislador pátrio na Lei de Mediação e no novo Código de Processo Civil (Lei nº 13.105/2015).

1. BRASIL. CONSELHO NACIONAL DE JUSTIÇA. Azevedo, André Gomma de (Org.). Manual de Mediação Judicial. 6. ed. Brasília/DF: CNJ, 2016, p. 196.

Essa política, mais do que apenas reduzir o enorme volume de processos em trâmite no Poder Judiciário nacional[2], tem por objetivo mudar a cultura do nosso povo que, nestes anos de democracia e de busca por facilitar o acesso à justiça, aprendeu a ser extremamente litigante.

No procedimento de mediação, portanto, busca-se precipuamente *restabelecer a comunicação* entre as partes envolvidas, prejudicada pelo conflito surgido, fazendo-as *compreender-se mutuamente*, deixando de lado suas *posições intransigentes* e focando nos *interesses comuns*, o que cria condições para a resolução do conflito e a efetiva pacificação. Durante o processo, com a utilização de ferramentas adequadas, o mediador *busca as origens da contenda*, ou seja, aquilo que *realmente está provocando a situação conflituosa* e que *nem sempre coincide com o pedido inicialmente formulado pelas partes*[3].

Uma mediação bem-sucedida, destarte, não é necessariamente aquela em que se obtém o acordo, mas sim a que consegue fazer as partes conversarem civilizadamente, com real intenção de se compreenderem e compreenderem o conflito, cooperando para buscar uma solução que atenda aos interesses de ambas.

Nessa linha de raciocínio, embora no caso concreto o consenso possa parecer de difícil obtenção, se o mediador estiver conseguindo, com as técnicas adequadas, melhorar a comunicação, apaziguar os ânimos exaltados, fazer com que as partes se enxerguem como pessoas que merecem respeito recíproco, enfim, *estiver obtendo avanços na qualidade do relacionamento dos envolvidos*, o processo, s.m.j., não deve ser encerrado, a não ser que as próprias partes assim desejem. Em suma, vale investir um pouco mais de esforço na pacificação da relação entre os mendiandos, o que, inclusive, poderá render futuramente uma solução consensual.

Em outras palavras, defende-se que o encerramento da mediação deve ocorrer apenas *quando não se mostrar mais possível extrair qualquer proveito do seu prosseguimento*, incluindo o aspecto pedagógico do processo.

É o que se infere, claramente, do Manual de Mediação Judicial[4]:

> Percorrido o caminho até aqui e depois de o mediador se valer de muitos instrumentos, há casos em que as partes permanecem inconciliáveis. Se elas simplesmente não conseguem mudar o foco direcionando-o para o futuro, cabe ao mediador explicar claramente o que a mediação pode e o que ela não pode fazer por elas, demonstrando sempre as experiências positivas que foram

---

2. Segundo os dados recentes do relatório **Justiça em Números** do CNJ, finalizamos o ano de 2016 com aproximadamente **109 milhões de processos** em tramitação no Brasil, sendo 79,7 milhões de processos pendentes e 29,4 milhões de casos novos. Informação disponível em: [http://www.cnj.jus.br/programas-e-acoes/pj-justica-em-numeros], acesso em 13/09/2017.

3. É o que o magistrado e professor Roberto Portugal BACELLAR (*in* Juizados especiais: a nova mediação paraprocessual. São Paulo: Revista dos Tribunais, 2003, p. 223) chama de *lide sociológica*, em contraposição à *lide processual*, manifestada no pedido formulado pela parte.

4. Op. Cit. p. 243-244.

> tiradas do processo, ainda que não tenha saído um acordo. Ademais, o mediador deve agradecer às partes pelo esforço em obter um acordo, deixando claro que o acordo não é o único resultado possível e satisfatório dentro da mediação. (sublinhado nosso)

Isso se justifica especialmente levando-se em consideração que o princípio do *empoderamento* das partes, é bom que se diga, não se refere apenas a elas assumirem a solução do conflito que está sendo tratado naquele momento, e sim, muito mais que isso, refere-se a um *processo pedagógico*, voltado a ensiná-las como tratar futuros casos em que possam estar envolvidas. Sob essa ótica, compete ao mediador assumir o papel, dentre outros, de *treinador*, que instrui os negociadores iniciantes, inexperientes ou despreparados no processo de barganha.

Embora esse princípio não esteja contemplado na Lei nº 13.140/2015, encontra-se explícito no inciso VII do art. 1º do Código de Ética dos Conciliadores e Mediadores (anexo III da Resolução nº 125/2010/CNJ) [5]:

> Art. 1º São princípios fundamentais que regem a atuação de conciliadores e mediadores judiciais: confidencialidade, decisão informada, competência, imparcialidade, independência e autonomia, respeito à ordem pública e às leis vigentes, empoderamento e validação.
>
> (...)
>
> VII – Empoderamento – dever de estimular os interessados a aprenderem a melhor resolverem seus conflitos futuros em função da experiência de justiça vivenciada na autocomposição; (sublinhados nossos)

Essas características reforçam a convicção de que nosso sistema legal adotou um *modelo híbrido de mediação*, haja vista que não estabelece um formato estanque, predefinido, mas, muito pelo contrário, adota diversos princípios que se complementam e abrem um grande leque de possibilidades para atuação do mediador, especialmente na mediação extrajudicial[6].

Vemos traços do Modelo Tradicional-Linear de Harvard, baseado nos trabalhos do antropólogo americano Willian URY, professor da Universidade de Harvard; grande influência do Modelo de Mediação Transformativa, desenvolvido por Robert A. Barush BUSH, teórico da negociação, e Joseph F. FOLGER, teórico da comunicação; bem como do Modelo Circular-Narrativo de Sara COBB. Aliás, esses modelos e escolas também não trabalham de forma rígida, mas possuem características comuns, o que, no entanto, não será possível abordar neste momento, ante o objeto específico do comentário.

---

5. É importante destacar, que atualmente temos no Direito pátrio um *microssistema legislativo dos métodos autocompositivos*, formado pela Resolução nº 125/2010 do CNJ e seus anexos, pela Lei nº 13.105/2015 (Código de Processo Civil-CPC) e pela Lei nº 13.140/2015 (Lei de Mediação-LM), diplomas legais que se complementam. Assim, os princípios não encontrados em um, mas presentes em outro desses atos normativos, devem ser considerados integrados ao sistema de regência.

6. É crucial lembrar que o art. 20, ora em comento, está inserido no Capítulo I da Seção III da Lei de Mediação, que cuida do "Procedimento de Mediação", e especificamente na Subseção I, que disciplina as "Disposições Comuns", ou seja, aplica-se tanto ao procedimento da mediação *judicial* como ao da *extrajudicial*.

O importante aqui é verificar que *o mediador deve ter muita cautela antes de considerar que seus esforços serão inúteis para obtenção do consenso, evitando a interrupção prematura do processo de mediação.*

3. TERMO FINAL DE MEDIAÇÃO

Etapa importantíssima do processo de mediação é a lavratura do termo final.

Havendo o encerramento da mediação, judicial ou extrajudicial, por qualquer dos motivos já explicitados anteriormente, deve ser lavrado o termo final.

Esse é um momento solene, assim como o do início, porque possui diversas consequências jurídicas, especialmente no que diz respeito ao retorno da fluência do prazo prescricional (art. 17, parágrafo único, da LM).

No caso de *não ter sido possível o consenso*, em regra esse termo declarará apenas que as partes compareceram e, apesar da aplicação das técnicas apropriadas, não chegaram à solução autocompositiva. Isso porque, em razão do princípio da *confidencialidade*, nada do que foi tratado na audiência ou sessão deve ficar registrado e não pode ser revelado nem servirá de prova em processo arbitral ou judicial (art. 30 da LM).

Aqui verificamos grande diferença entre a sessão ou audiência de mediação e as audiências a que estamos acostumados a vivenciar no tradicional processo judicial. Enquanto nas audiências comuns do processo judicial[7] é direito das partes e dos advogados ver registrado na ata ou no termo tudo quanto ocorreu durante o ato, nos termos do art. 360, V, do CPC, podendo inclusive protestar por isso, nas audiências e sessões de conciliação ou mediação a regra é que nada conste, salvo o acordo final, se houver.

Evidentemente, há exceções a essa regra. Podem constar no termo as informações que *as partes expressamente decidirem* que serão registradas, isso em homenagem aos princípios da *autonomia da vontade* e da *busca do consenso* (art. 2°, V e VI, da LM, e 166, § 1°, do CPC). Da mesma forma, aquelas cuja divulgação for exigida por lei ou forem necessárias para dar cumprimento ao ajuste entabulado, devem restar consignadas.

Por outro lado, caso as partes *tenham chegado a um acordo*, total ou parcial, quanto ao objeto do conflito, no termo deverão ser registradas cuidadosamente todas as questões identificadas e quais as soluções encontradas, com especial cuidado quanto à forma de cumprimento de cada obrigação eventualmente assumida.

---

7. Ressalvadas, obviamente, as audiências de conciliação ou mediação judiciais, que, embora realizadas no curso do processo (como a audiência prevista no art. 334 do CPC, por exemplo), estão sujeitas ao princípio da confidencialidade, por expressa previsão legal (art. 30 e §§ da LM e art. 166 e §§ do CPC).

Não se pode admitir que, após todo trabalho da mediação, o termo final seja limitado, confuso, omisso, ou possua vícios que dificultem o futuro cumprimento dos ajustes feitos. Devem ser identificadas com clareza as questões tratadas e as soluções acordadas; os prazos e a forma de cumprimento das obrigações; e, preferencialmente, os procedimentos a serem adotados, bem como as consequências nos casos de inadimplemento. É altamente recomendável que também sejam resolvidas as pendências referentes aos honorários dos advogados das partes, caso estejam devidamente assistidas[8].

No caso de mediações judiciais, ainda é extremamente relevante que se verifique se todos os pedidos formulados na petição inicial e em eventual reconvenção ou pedido contraposto foram tratados, bem como resolver as questões atinentes à extinção ou prosseguimento do processo (no caso de acordo parcial), pagamento de custas finais e despesas processuais, honorários de sucumbência e outras próprias do procedimento judicial.

É necessário frisar, que um acordo é celebrado para ser cumprido espontaneamente e, quando a mediação é bem feita, geralmente o é. Contudo, consoante previsto no parágrafo único do dispositivo legal em comento, o termo de mediação é *título executivo extrajudicial* e, quando homologado judicialmente, torna-se *título executivo judicial*. É o que também prevê o art. 515 do CPC, ao indicar quais são os títulos executivos judiciais, e elenca, nos incisos II e III, a *decisão homologatória de autocomposição judicial* e a *decisão homologatória de autocomposição extrajudicial de qualquer natureza*.

Desse modo, o termo de acordo deve sempre expressar, no que for cabível, obrigações *líquidas, certas e exigíveis*, que possam ser, caso necessário, objeto de execução judicial forçada. A *liquidez*, segundo MARINONI e ARENHART[9], (...) *diz respeito à extensão e à determinação do objeto da prestação (art. 1.533 do Código Civil revogado). De fato, não se pode exigir de alguém a prestação de alguma coisa que não se sabe exatamente o que é. Portanto, a liquidez diz respeito à exata definição daquilo que é devido e de sua quantidade.* Já a *certeza*, para os mesmos autores[10], (...) *refere-se à existência da prestação que se quer ver realizada.* Por fim, a *exigibilidade* refere-se à inexistência de motivos que impeçam o credor de reclamar o cumprimento da obrigação. Não pode o credor, por exemplo, pretender receber um crédito antes da data

8. Lembrando que estamos tratando aqui de dispositivo aplicável tanto à mediação judicial como à extrajudicial, e que, na primeira, a presença do advogado é indispensável (conf. arts. 10 e 26 da LM). Inclusive, o Código de Ética de Conciliadores e Mediadores Judiciais – CECMJ, constante do Anexo III da Resolução nº 125/2010-CNJ, no art. 4º, parágrafo único, estabelece que: *O mediador/conciliador deve, preferencialmente no início da sessão inicial de mediação/conciliação, proporcionar ambiente adequado para que advogados atendam o disposto no art. 48, § 5º, do Novo Código de Ética e Disciplina da Ordem dos Advogados do Brasil.*

9. MARINONI, L. A.; ARENHART, S. C. Curso de processo civil. 2. ed. rev. e atual. 2 tir. São Paulo: Revista dos Tribunais, 2008. vol. 3, p. 121.

10. Op. cit., p. 120.

do vencimento, porque apesar de líquida e certa, a obrigação ainda não é exigível, porquanto não se encontra vencida.

Isso não afasta, no entanto, a possibilidade de se registrar no termo soluções e compromissos assumidos consensualmente pelas partes – e que elas queiram fazer constar –tais como pedidos de desculpas, elogios, retratação de ofensas e outras avenças ou opções criativas, que, embora não constituam obrigações líquidas, certas e exigíveis, tenham por objetivo validar sentimentos, resolver o conflito e restaurar relacionamentos, porquanto esse é o principal objetivo do processo de mediação.

4. CONCLUSÃO

De tudo quanto se viu, pode-se extrair que a mediação, como um processo autocompositivo de solução de conflitos, precisa ter princípio, meio e fim.

Destarte, tanto o início da mediação, como o seu final, devem ser registrados em termos específicos, que possuem diversas consequências jurídicas, como, por exemplo, definir a data da suspensão do prazo prescricional e do restabelecimento de sua fluência (art. 17 da LM).

Importante destacar, também, que a decisão de encerrar a mediação, quando tomada pelo mediador, deve levar em consideração não somente a *impossibilidade de se chegar a um acordo final*, mas também de *não se conseguir obter mais avanços* no que diz respeito ao tratamento do conflito e, principalmente, ao restabelecimento do relacionamento entre as partes, porquanto esse entendimento prestigia o caráter pedagógico do método (empoderamento) e pode, inclusive, viabilizar o consenso, no futuro.

Ainda, havendo a solução autocompositiva, o termo final deve ser lavrado com grande esmero, já que a lei lhe confere o *status* de título executivo extrajudicial (art. 20, parágrafo único, da LM, e art. 784, IV, do CPC) e, quando homologado judicialmente, de título executivo judicial (art. 515, II e II, do CPC).

5. REFERÊNCIAS BIBLIOGRÁFICAS

BRASIL. CONSELHO NACIONAL DE JUSTIÇA. Azevedo, André Gomma de (Org.). *Manual de Mediação Judicial*. 6. ed. Brasília/DF: CNJ, 2016.

Justiça em Números 2017: ano-base 2016/Conselho Nacional de Justiça – Brasília: CNJ, 2017.

Roberto Portugal BACELLAR. *Juizados especiais: a nova mediação paraprocessual*. São Paulo: Revista dos Tribunais, 2003.

MARINONI, L. A.; ARENHART, S. C. *Curso de processo civil*. 2. ed. rev. e atual. 2 tir. São Paulo: Revista dos Tribunais, 2008. vol. 3.

Subseção II

Da Mediação Extrajudicial

Art. 21. O Convite para iniciar o procedimento de mediação extrajudicial poderá ser feito por qualquer meio de comunicação e deverá estipular o escopo proposto para a negociação, a data e o local da primeira reunião.

Parágrafo único. O convite formulado por uma parte à outra considerar-se-á rejeitado se não for respondido em até 30 (trinta) dias da data de seu recebimento.

Gabriela Assmar

1. INTRODUÇÃO

Trataremos os termos "mediação extrajudicial" e "mediação privada" como sinônimos nas reflexões aqui compartilhadas. Ressaltamos esta associação, não apenas semântica, logo no início da análise dos artigos 21 a 23 da Lei 13.140/14 (a "Lei"), pois a criação de um salutar mercado privado de mediação, num país afundado na cega cultura da judicialização, foi o principal norteador da redação que vingou para estes artigos, através dos diversos substitutivos que compuseram o trâmite legislativo.

Não obstante pareça óbvio para alguns, a prática destes primeiros anos de uso da Lei tem dado largas margens à confusão de funções e objetivos da mediação na sociedade, para a sociedade e pela sociedade, em contraponto às funções e objetivos do Poder Judiciário. Hoje se realiza "mediação extrajudicial" em alguns Centros Judiciários de Solução Consensual de Conflitos ("CEJUSCS" – objeto do art. 24 da Lei 13.140/15 – Da Mediação Judicial). O termo foi adotado para as mediações solicitadas ao Poder Judiciário antes que haja um processo judicial em curso. É oportuno notar que esta "espécie" de mediação extrajudicial não foi pensada no seio dos artigos que compõem a Subseção II da Lei "Da Mediação Extrajudicial".

Ao construirmos a espinha dorsal da Lei, o espaço da "mediação extrajudicial" era definido pela sua fronteira com o latifúndio da "mediação judicial"; i.e., as mediações oferecidas pelos CEJUSCS, dentro das estruturas do Poder Judiciário, seriam processuais, quando já houvesse ação em curso, ou pré-processuais, quando fossem conduzidas em caráter preventivo, antes da petição inicial iniciar o processo litigioso. Ou seja, a mediação extrajudicial aconteceria física, econômica, filosófica e administrativamente fora dos prédios do Judiciário, enquanto a mediação judicial – processual ou pré-processual – aconteceria dentro desse contexto.

Por extrajudicial ou privada, pretendíamos nos referir à mediação na qual as partes almejem a solução consensual, antes de cruzar as fronteiras do poder público.

Este é o cenário no qual as partes, seus advogados ou outros que lhes aconselham, escolhem a mediação pela convicção de ser um método qualitativamente superior para o tipo de conflito que precisem gerir.

É bem verdade que o texto final da Lei não estabeleceu com precisão uma definição de Mediação Judicial ou Mediação Extrajudicial, limitando-se a regular aspectos gerais e alguns específicos. Com o advento do novo Código de Processo Civil ("NCPC"), quase concomitante à entrada em vigor da Lei e cujo escopo abarca somente a mediação pertinente ao processo judicial, mais confusão se fez na interpretação da Lei específica. Interessante notar que temos hoje, no Brasil, normas que regulam a mediação: a Lei, o NCPC e a Resolução 125 do Conselho Nacional de Justiça ("CNJ"), sendo a Lei o diploma mais específico e o único em cuja abrangência cabe a Mediação privada. Não obstante, estas três referências normativas trazem incongruências nítidas que impactam a interpretação da Lei. Um exemplo são as três diferentes listas de princípios aplicáveis à mediação. Outro fator de complexidade é a menção que o NCPC faz ao envio de litígios judicializados a Câmaras de Mediação privadas. Estes conflitos ainda estão por ser mediados!...

De toda forma, em qualquer modalidade de mediação, a adoção posterior de um método impositivo (judiciário ou arbitragem), em caso de não acordo, é sempre o "plano B", ou seja, o que se pode fazer a despeito da vontade da outra parte. A opção de caminhar sozinho é, muitas vezes, a pior alternativa à negociação. Outrossim, o Judiciário tende a ser o método mais utilizado porque é o único que uma das partes pode iniciar sozinho, quando não há acordo prévio por um método privado. Mas há uma diferença profunda, no impacto que o ambiente produz sobre o processo decisório das partes em mediação, quando estão no espaço físico e sob as regras do Judiciário, ou quando contrataram o mediador privado, de sua escolha. As partes que optam pela mediação originalmente privada estão um passo à frente na longa estrada cultural do "decidir decidir"; ou seja, da tomada de consciência acerca do seu poder decisório sobre sua própria vida, que implica no inevitável – e muitas vezes incômodo – binômio "poder/dever", que a mediação há de trazer à tona. Se decidimos juntos por uma alternativa de solução para o problema que é de ambos, e quero que o outro cumpra a parte dele no combinado, também preciso cumprir o que me coube neste compromisso que visa ganhos mútuos. Não há como culpar terceiros por qualquer aspecto negativo da decisão tomada. A autoria traz consigo a responsabilidade pela implementação da decisão.

Historicamente, o Brasil é uma nação especialmente alienada de seu poder decisório. Alcançamos a independência sem sangue, mas também sem autodeterminação. A família real dos colonizadores decidiu por nós. E aceitamos. Aceitamos a independência política e a manutenção do fluxo de impostos para Portugal. Que sentido tinha? Não nos perguntamos. Não negociamos. Não lutamos. Depois reclamamos. Mas ainda não conseguimos cortar as amarras decisórias que nos obrigam a pagar diferentes tipos de "tributos" a quem se serve de nós, sem nos servir. Não estamos falando do Judiciário e de muitos magistrados que cumprem seu papel de decisor do que as pessoas não decidiram por si mesmas. Também não nos cabe analisar a conduta de juízes não tão bons, já que há profissionais bons e ruins em qualquer meio. Falamos de algo muito maior: de uma estrada que pode ser trilhada por cada um de nós e que pode ser transformativo de dentro pra fora, do indivíduo à comunidade, e à sociedade como um todo.

Agora, quase 200 anos depois da nossa independência não tão independente, a mediação se expande no mundo como uma metodologia capaz de operacionalizar o protagonismo dos indivíduos em suas relações. Trouxemos o instituto para o Brasil, com ampla divulgação e pompa de lei, mas ainda o colocamos estruturalmente no ambiente em que, tipicamente, alguém há de decidir por nós. Que sentido faz? Perguntemos! Quem lê estas linhas tem, no mínimo, algum interesse pela mediação. E nunca é demais lembrar que a arte de perguntar é da essência deste método. Então convide-se ao exercício das perguntas, preparado para o que der e vier nas respostas!

É fácil ter alguém para culpar por tudo que não tem dado certo, seja o colonizador, o imperador, o Congresso, o juiz, a diretora da escola, o síndico do prédio ou a nossa família. O desafio é tomar pra si a responsabilidade de fazer diferente daqui pra frente, para poder esperar resultados diferentes. Isto é "decidir decidir".

Agora olhemos para o ser humano comum, não apenas no Brasil, mas em qualquer parte do globo terrestre. A necessidade do estímulo externo para que as partes cheguem à mediação é neurologicamente comprovada. Embora todos possam compreender, intelectualmente, os benefícios de cada método de resolução de conflitos, quando estão envolvidos num litigio real, querem ganhar tudo e/ou impor perda ao outro lado. É comum que, na sua percepção, cada parte creia já ter tentado todo o humanamente possível para obter uma solução consensual, mas o outro não colaborou... Neste contexto, o cérebro lhes diz: "Pare de dar murro em ponta de faca! Parta para o ataque!". Daí é fácil compreender o porquê do Judiciário ser a primeira opção de muitas pessoas de boa fé: é o único método em que uma parte pode iniciar a busca de solução sem precisar do aval da outra.

Como já comentei em outras publicações, o aspecto neurológico do conflito sobre o processo decisório das partes geralmente bloqueia a possibilidade de negociação, ainda que seja acerca do método de sua resolução ou dos profissionais que possam operá-los sob a confiança de todos. Por isso, a opção por qualquer método, exceto o Judiciário, deve ser ANTERIOR (lei, política interna de uma organização ou contrato) ou EXTERIOR (lei, Judiciário, encaminhamento de um psicólogo de família ou advogado etc.) ao conflito em concreto. Há que se pensar em todas as opções de resolução de eventuais conflitos quando e onde o raciocínio é sistêmico.

O exemplo da arbitragem no Brasil corrobora esta afirmativa. Sendo a arbitragem um método tão adversarial e baseado em direitos quanto o Judiciário – ou seja, qualitativamente similar, embora com procedimentos mais flexíveis – está prevista em nossa legislação desde a Constituição Federal de 1824, mas só passou a ser utilizada quando a Lei 9.307/96 tornou a cláusula compromissória exequível. A arbitragem não "pegava" porque sua previsão contratual era uma mera intenção, restando ser confirmada por compromisso arbitral depois do conflito em concreto.

Neste complexo quadro sociocultural, quando surgiu a oportunidade de colaborar na redação do projeto de Lei, no tocante à mediação extrajudicial, a inspiração veio das exitosas experiências de desenvolvimento do mercado privado de mediação após as legislações italiana e argentina (Província de Buenos Aires), culturas próximas à nossa. Estas normas introduziram a tentativa de mediação privada como requisito pré processual obrigatório; i.e., só se pode protocolar uma petição inicial no Judiciário (em determinadas naturezas de demanda) mediante a comprovação de haver tentado mediar a controvérsia, e não logrado acordo total. Por diversas questões que extrapolam o objetivo dos comentários aos artigos 21 a 23 da Lei, a mediação privada/pré judicial obrigatória não foi viável no Brasil.

A escolha pelo foco na cláusula compromissória teve por "norte" a necessidade de instrumentalizar operadores privados do Direito, "do Oiapoque ao Chui", no exercício da escolha prévia de um método consensual. O parâmetro oposto, ou "sul", no mapa de opções para a regulação da mediação extrajudicial foi a impossibilidade técnica e política de se construir pontes nítidas entre os universos da mediação judicial e extrajudicial, como constava no texto original do PLS 517/11, de autoria do Senador Ricardo Ferraço. O fluxo entre os ambientes Judicial e privado para equilíbrio de mercado seria muito salutar. Sob a égide do Estado seriam oferecidas mediações de exceção: (i) para quem não pode pagar pelo serviço privado; (ii) para quem não conseguiu definir com a outra parte a instituição provedora ou o mediador; (iii) a tentativa de mediação quando só um lado a deseja; ou ainda (iv) uma última tentativa, mesmo após a mediação privada ter sido tentada. Ao mercado privado caberiam todas as mediações que as partes possam pagar, com salutar concorrência e valores decididos por critérios de livre mercado, idênticos aos dos demais serviços liberais (advogados, arquitetos, psicólogos, médicos etc.). Ou seja: a regra seria a mediação privada. Isso faria todo sentido para a sociedade, assim como a dualidade entre o SUS e hospitais privados: quem usa um hospital público e tem plano de saúde, deve ressarcir o erário. Também faria sentido para o Judiciário, já que o grande mote da instituição é "desafogar-se". Como pode a mediação ser vista como solução à superlotação do Judiciário, passando a ser mais uma função – completamente alheia à sua natureza – dentro dele?

Ficam as reflexões do que poderia ter sido, talvez úteis às gerações futuras, mas vamos agora analisar o que coube à Mediação Extrajudicial na redação final da Lei.

Ao encaminhamento para o método privado, restou apenas o que reside no livre arbítrio de quem pode contratar. Assim, o texto legal buscou tornar tal escolha mais consciente, consistente e eficiente, indicando os elementos necessários para que a mediação possa começar com "o pé direito".

2. COMENTÁRIOS AO ART. 21

Este artigo nasceu da mescla dos Projetos de Lei 517/11, 405/13 e 434/13. O anteprojeto de Lei de Mediação proposto pelo grupo de arbitralistas, capitaneado pelo Ministro Luis Felipe Salomão – que se uniu para propor revisões à Lei de Arbitragem (Lei 9307/96) e decidiu oferecer também proposta de Lei de Mediação – foi denominado PLS 405/13. Logo depois, um seleto time de juristas e mediadores, reunidos pelo Ministério da Justiça, ofereceu o PLS 434/13. Ambas as propostas foram reunidas, quando o tema já tramitava com base na proposta do Senador Ricardo Ferraço: PLS 517/11.

Quando o texto do Senado chegou à Câmara dos Deputados estava caótico. No primeiro Substitutivo do relator, Deputado Sergio Zveiter, constava apenas que o convite poderia ser feito por qualquer meio de comunicação. E seu parágrafo único já invalidava a previsão contratual de mediação caso tal convite não fosse respondido no prazo. A Emenda número 4, proposta pelo Deputado Jutahy Júnior ao primeiro texto na Câmara, visava extinguir o parágrafo único, por ser esta invalidação incompatível com o § 1º do Art. 2º ("Na hipótese de existir previsão contratual de cláusula de mediação, as partes deverão comparecer à primeira reunião de mediação.").

A lógica deste parágrafo parece perseguir a utopia da voluntariedade absoluta na primeira reunião de mediação, permitindo que ignorem compromisso anterior (cláusula compromissória) de buscar a mediação em caso de litígio. Neste caso, a figura da negociação assistida seria rejeitada mesmo antes das partes terem oportunidade de refletir sobre as suas possibilidades em concreto – objetivo da primeira reunião diante de um mediador capacitado.

A voluntariedade de participação no processo de mediação é, de fato, um princípio que não pode ter fim. Mas há que se ter em mente a diferença entre obrigação de participar numa primeira assentada diante do mediador – opção escolhida voluntariamente e sacramentada em contrato vinculante – e a obrigação de mediar propriamente, i.e., se engajar em negociação de boa-fé.

O princípio da voluntariedade das partes é da natureza da mediação: as partes só permanecem no processo enquanto acreditam que a mediação ainda é melhor que as alternativas fora da mesa de negociação. Mas a obrigação de comparecer a um primeiro encontro é o que, muitas vezes, faz com que as partes e seus advogados parem e pensem seriamente nas possibilidades de acordo. Ao se prepararem para as alternativas negociais traçam rumos de raciocínio muitas vezes opostos aos argumentos que construiriam diante de um decisor externo (juiz ou árbitro). Num litígio, cada lado procura mostrar todas as suas forças e fraquezas do outro lado. O comportamento é de exclusão. Numa mediação, assim como numa negociação direta, onde ambas são protagonistas, as partes se dão conta de sua interdependência e tendem, por simples lógica, a proporem opções que o outro lado possa aceitar. O comportamento é de inclusão. Daí surge o jargão "ganha-ganha". Mas é necessário oportunizá-lo.

As experiências de países como Argentina e Itália, onde a tentativa de mediação é requisito à entrada no Judiciário, mostram o quanto a oportunidade de estar à mesma mesa aumenta a probabilidade de acordo. No mundo inteiro, são consistentes os altos índices estatísticos que medem o percentual de acordos depois que as partes decidem iniciar a mediação. A diferença que faz a obrigatoriedade de uma primeira reunião de mediação é que a base para o percentual de acordos aumenta drasticamente.

O parágrafo único ao art. 21, portanto, só pode ser considerado válido nos casos em que não exista cláusula compromissória válida. Havendo cláusula válida, nos moldes do art. 22, os primeiros passos já estarão delineados e o convite, conforme caput do art 21, apenas preencherá as lacunas para que a primeira reunião de mediação ocorra.

Mas a pergunta que fica é: quando não exista previsão anterior de mediação – casos de família, vizinhança, sucessões, brigas societárias ou mesmo relações contratuais sem cláusula compromissória – porque haveria necessidade de se formalizar um convite e esperar a resposta com pouca probabilidade de se concretizar? Não seria mais eficiente falar diretamente, ou através de advogados, com o outro lado e marcar data, hora e mediador de comum acordo?

Quando a parte num conflito procura um mediador experiente e lhe pergunta como abordar a outra, a fim de iniciarem uma mediação privada não prevista em contrato, geralmente o mediador sugere que: (i) pessoa de confiança de ambas as partes seja o portador da ideia; (ii) 3 ou mais mediadores sejam entrevistados pelas partes e seus advogados; e (iii) que criem critério objetivo para a escolha do mediador que todos aceitem (ex.: parte 1 sugere três nomes e parte 2 escolhe um dentre os três ou, no seu silêncio, vale o primeiro da lista). Essa é uma prática. Convite pra quê?

Pode-se argumentar que o convite seria útil para a configuração de "pretensão resistida": – "Eu tentei uma solução consensual, mas ele não quis nem tentar!". Mas que utilidade jurídica teria esta lógica, na maioria das naturezas relacionais?

O convite passa a ser relevante quando seu registro seja o marco temporal para evitar o perecimento de um direito. Nestes casos, torna-se de suma importância que o meio de comunicação escolhido para seu registro seja confiável, com prova de recebimento.

Art. 22. A previsão contratual de mediação deverá conter, no mínimo:

I – Prazo mínimo e máximo para a realização da primeira reunião de mediação, contado a partir da data de recebimento do convite;

II – Local da primeira reunião de mediação;

III – Critérios de escolha do mediador ou equipe de mediação;

IV – Penalidade em caso de não comparecimento da parte convidada à primeira reunião de mediação.

§ 1º A previsão contratual pode substituir a especificação dos itens acima enumerados pela indicação de regulamento, publicado por instituição idônea prestadora de serviços de mediação, no qual constem critérios claros para a escolha do mediador e realização da primeira reunião de mediação.

§ 2º Não havendo previsão contratual completa, deverão ser observados os seguintes critérios para a realização da primeira reunião de mediação:

I – Prazo mínimo de 10 (dez) dias úteis e prazo máximo de 3 (três) meses, contados a partir do recebimento do convite;

II – Local adequado a uma reunião que possa envolver informações confidenciais;

III – Lista de 5 (cinco) nomes, informações de contato e referências profissionais de mediadores capacitados. A parte convidada poderá escolher, expressamente, qualquer um dos 5 (cinco) mediadores. Caso a parte convidada não se manifeste, considerar-se-á aceito o primeiro nome da lista.

IV – O não comparecimento da parte convidada à primeira reunião de mediação acarretará a assunção, por parte desta, de 50% (cinquenta por cento) das custas e honorários sucumbenciais caso venha a ser vencedora em procedimento arbitral ou judicial posterior, que envolva o escopo da mediação para a qual foi convidada.

§ 3º Nos litígios decorrentes de contratos comerciais ou societários que não contenham cláusula de mediação, o mediador extrajudicial somente cobrará por seus serviços caso as partes decidam assinar o termo inicial de mediação e permanecer, voluntariamente, no procedimento de mediação.

Gabriela Assmar

1. COMENTÁRIOS AO ART. 22

O art. 22 da Lei representa o epicentro da regulação brasileira, no que tange as especificidades da Mediação Extrajudicial. Como comentamos na introdução ao tema, a preferência pelo detalhamento dos itens relevantes a uma cláusula compromissória, mas com respeito à necessidade de adaptação destas cláusulas às incontáveis naturezas de contratos em que podem habitar, foi destinada a ressaltar a importância da escolha pelo método, anterior ou exterior ao conflito.

Antes de mais nada, cabe notar que o § 2º traz parâmetros a serem aplicados apenas em caso de cláusulas compromissórias vazias ou lacunosas. A intenção precípua do art. 22 é que o § 2º não seja utilizado, uma vez que os operadores do Direito se sofistiquem e escrevam cláusulas de mediação completas e eficazes, absolutamente adaptadas à realidade contratual das partes. Em outras palavras: o § 2º só deve ser acionado quando o *caput* ou o § 1º do art. 22 da Lei não tenham sido suficientes para esclarecer o acordo das partes acerca do início de uma mediação.

Na arbitragem, os casos de cláusulas compromissórias vazias ou defeituosas acabam sendo sanados em processos judiciais. Este é um contrassenso em relação aos objetivos dos métodos privados de solução de conflitos, já que quase todos os seus principais benefícios (celeridade, confidencialidade etc.) seriam invalidados. Pensando nisso, o texto da Lei optou por conter em si as referências mínimas para, em caso de dúvida, nortear a instalação de mediação, sem que as partes precisem ir ao Judiciário.

Um aspecto polêmico deste artigo tem sido os incisos IV do *caput* e do § 2º (penalidade em caso de não comparecimento à primeira reunião).

Muitos debates já foram travados acerca da aplicabilidade de cláusula compromissória de mediação a contratos de adesão, que pressupõem grande desequilíbrio de poder decisório entre as partes. O principal argumento pela invalidade é a impossibilidade de se impor penalidade ao aderente ou de obrigá-lo a abrir mão do Judiciário.

Parece-nos claro que mesmo nas relações de consumo, típicos contratos de adesão, a cláusula compromissória, na forma da Lei, pode ser usada. Ela, obviamente, deve ser adaptada, já identificando a que instituições provedoras de serviços de mediação o consumidor pode recorrer, quando assim deseje. Nestes contextos, a mediação deve ser uma opção para o consumidor e uma obrigação para a empresa que a disponibiliza. Penalidade pelo não comparecimento à primeira reunião de mediação só pode, portanto, ser zero. O consumidor deve, idealmente, ter oportunidade de escolher o mediador ou instituição neutra, e ser esclarecido de que: (i) só haverá acordo se ambas as partes concordarem; e (ii) caso não se chegue a acordo, ele poderá procurar o Judiciário como o faria se não tivesse havido tentativa de mediação. Ou seja, o consumidor terá uma grande probabilidade de resolver sua questão em menos tempo e sem custo algum, mas não perderá nada em caso de não acordo.

Nas empresas que experimentam relação direta de consumo com seus clientes, é impressionante o número de ações judiciais nas quais os consumidores sequer tentaram resolver o problema administrativamente, junto à empresa. Isso se deve, sobretudo, à falta de confiança de que a instituição deseje resolver o problema. A despeito dos enormes investimentos que muitas empresas fazem em seus departamentos de atendimento ao cliente, muitos preferem nem tentar. Justo ou injusto, é uma decisão baseada na percepção do consumidor. Não há como obrigá-lo a trilhar o caminho que a empresa desenhou para atendê-lo. Com a oferta de um ambiente neutro de mediação, fora da estrutura da própria empresa, seria mais provável que este cliente descrente aceitasse tenta-la antes de cruzar a fronteira do Judiciário. Enquanto muitos serviços de atendimento ao cliente (SACs) são vistos como monólogos, com *scripts* rígidos e feitos para que o cliente desista de reclamar, a empresa demonstraria boa-fé ao abrir mais uma porta real ao diálogo.

Nunca é demais lembrar de outras duas vantagens proporcionadas pela mediação comercial, independente do equilíbrio de poder entre as partes: (i) em vez de afastar as partes na lógica acusatória das peças processuais (partes alijadas do processo, que passa a fluir apenas entre advogados), constrói uma melhor compreensão acerca das necessidades e possibilidades do outro, num diálogo direto entre os interessados; e (ii) a satisfação com o resultado e com o processo é qualitativamente incomparável – já que as partes têm seu processo decisório focado no negócio e não na briga, melhor informado e otimizado. Pra quem não deseja perder um cliente, parceiro ou fornecedor, estas vantagens são valiosas, ainda que de difícil mensuração financeira direta.

Não obstante o quão racional os representantes de pessoas jurídicas sejam, quando a situação conflituosa fica tensa, o comportamento dos decisores é também de antagônico à busca de consenso. A cláusula compromissória facilitará sobremaneira a utilização de um método amigável, com altíssimos índices de acordo e satisfação das partes.

Art. 23. Se, em previsão contratual de cláusula de mediação, as partes se comprometerem a não iniciar procedimento arbitral ou processo judicial durante certo prazo ou até o implemento de determinada condição, o árbitro ou o juiz suspenderá o curso da arbitragem ou da ação pelo prazo previamente acordado ou até o implemento dessa condição.

Parágrafo único. O disposto no caput não se aplica às medidas de urgência em que o acesso ao Poder Judiciário seja necessário para evitar o perecimento de direito.

Gabriela Assmar

1. COMENTÁRIOS AO ART. 23

O art. 23 apenas explicita o impacto de cláusulas compromissórias de mediação nos métodos impositivos que a sucederão em caso de não acordo. A redação é clara e direta, como desejaríamos que todas fossem.

2. CONCLUSÃO

Embora a existência de uma Lei específica seja muito importante para a difusão do conhecimento sobre mediação e para que, no nosso arcabouço cultural, advogados e leigos se sintam mais confortáveis em adotar o instituto, a Mediação Extrajudicial não precisaria de Lei para ter validade fática e jurídica. Bastaria a legislação de contratos para dar exequibilidade a acordos mediados, que nada mais são do que contratos construídos pelas partes, através de um processo decisório qualitativamente mais sofisticado, já que facilitado por um especialista em reconstrução da capacidade de colaboração entre elas.

A proteção da Lei à confidencialidade na mediação e outros aspectos gerais muito ajudam o trabalho do mediador. Mas o fundamental para que mediações, de melhor qualidade e eficácia pacificadora, aconteçam é a condução das partes à sua tentativa, exatamente no momento em que, embebidas no conflito, elas já não conseguem tomar decisões em conjunto. Daí a relevância da cláusula contratual que preveja de forma completa a opção pela mediação, como motivam os artigos 21 a 23 da Lei.

Subseção III

Da Mediação Judicial

Art. 24. Os tribunais criarão centros judiciários de solução consensual de conflitos, responsáveis pela realização de sessões e audiências de conciliação e mediação, pré-processuais e processuais, e pelo desenvolvimento de programas destinados a auxiliar, orientar e estimular a autocomposição.

Parágrafo único. A composição e a organização do centro serão definidas pelo respectivo tribunal, observadas as normas do Conselho Nacional de Justiça.

Kazuo Watanabe

Daldice Santana

Bruno Takahashi

1. COMENTÁRIO

A obrigatoriedade da criação de centros judiciários de solução consensual de conflitos já estava prevista na Resolução n. 125/2010, do Conselho Nacional de Justiça (CNJ)[1], que instituiu a Política Judiciária Nacional de tratamento adequado dos conflitos de interesses no Poder Judiciário. Posteriormente, este artigo 24 da Lei de Mediação e o artigo 165 do Código de Processo Civil de 2015 (Lei n. 13.105/2015) trouxeram previsão idêntica, reforçando a obrigação.

1. A competência do CNJ para emitir ato normativo com força de lei emana diretamente da Constituição Federal (artigo 103-B da CF/88, introduzido pela Emenda Constitucional n. 45/2004), consoante entendimento sufragado pelo Colendo Supremo Tribunal Federal em diversas oportunidades. De fato, na ementa do julgamento da Medida Cautelar na Ação Declaratória de Constitucionalidade n. 12, que tratou da Resolução CNJ n. 07/2005, que veda o nepotismo, consta o seguinte trecho: "*A Resolução n. 07/05 se dota, ainda, de caráter normativo primário, dado que arranca diretamente do § 4º do art. 103-B da Carta-cidadã e tem como finalidade debulhar os próprios conteúdos lógicos dos princípios constitucionais de centrada regência dze toda a atividade administrativa do Estado, especialmente o da impessoalidade, o da eficiência, o da igualdade e o da moralidade.*" (ADC 12 MC, Relator Min. Ayres Britto, Tribunal Pleno, julgado em 16/02/2006, DJ 01/09/2006). Do mesmo modo, ao negar a liminar nos Mandados de Segurança n. 31.945 e 32.040, que impugnavam a Resolução CNJ n. 70/2013, o Relator, Ministro Celso de Mello, deixou assim consignado na ementa das decisões: "*Competência do Conselho Nacional de Justiça que traduz direta emanação do texto da constituição da república e que lhe outorga poder para, legitimamente, **praticar atos e expedir** regulações normativas **destinados a viabilizar o cumprimento, por parte dos magistrados, de seus deveres funcionais, notadamente os de probidade e de respeito aos princípios da legalidade, da moralidade e da impessoalidade no desempenho** do ofício jurisdicional*" (MS n. 31.945, julgado em 07/11/2013, DJ 11/11/2013; e MS n. 32.040, julgado em 08/07/2013, DJ 05/08/2013).

Para compreender o papel desempenhado pelos centros judiciários, é preciso tratar do conceito atualizado de acesso à justiça.

Nesse contexto, o preceito contido no inciso XXXV do artigo 5º da Constituição Federal deve ser interpretado não apenas como garantia de mero acesso aos órgãos do Poder Judiciário (juízo, juizado, varas), mas também como garantia de acesso à ordem jurídica justa, de forma *efetiva*, *tempestiva* e *adequada*. Nesse conceito atualizado, os cidadãos têm o direito de ser ouvidos e atendidos não somente em situação de controvérsia com outrem, como também em situação que envolva questões jurídicas impeditivas do pleno exercício da cidadania, como no caso de dificuldades para a obtenção de documentos. Afinal, o exercício da cidadania é um dos fundamentos da República Federativa do Brasil (artigo 1º, inciso II, da CF/88).

Na dimensão atualizada, o acesso à justiça abrange não apenas a esfera judicial, mas também a extrajudicial.

Quanto a esse aspecto, cabe salientar que a Constituição Federal de 1967, no § 32 do artigo 150, garantia o direito de *"assistência Judiciária aos necessitados"*. A Constituição Federal de 1988, por sua vez, em seu artigo 5º, inciso LXXIV, ampliou a obrigação do Poder Público ao dispor que *"o Estado prestará assistência jurídica integral e gratuita aos que comprovarem insuficiência de recursos"*.

Na esfera extrajudicial, há bons exemplos de instituições que, bem organizadas e com o funcionamento correto, podem assegurar o acesso à justiça aos cidadãos nessa concepção mais ampla. É o caso do "Poupa Tempo", em São Paulo, que oferece um conjunto de serviços ao cidadão, e das Câmaras de Mediação.

Na esfera judiciária, a atualização do conceito de acesso à justiça vem provocando repercussão na amplitude e na qualidade dos serviços judiciários, assim como no elenco de técnicas e estratégias utilizadas pela Justiça na solução dos conflitos de interesses.

Nessa visão mais ampla, o papel do Judiciário não deve limitar-se à solução dos conflitos de interesses de forma passiva e pelo clássico método da adjudicação por meio de sentença. Cabe a ele a utilização de todos os métodos adequados de solução das controvérsias, em especial os métodos de solução consensual, de **forma ativa**, com organização e oferta de serviços de qualidade para esse fim.

A mediação e a conciliação passaram, assim, a integrar o instrumental do Poder Judiciário para o exercício de suas atribuições, não mais se constituindo meras ferramentas de utilização eventual à disposição de juízes mais vocacionados às soluções amigáveis, mas sim ferramentas de utilização imperiosa para o correto exercício da judicatura.

Os jurisdicionados têm, hoje, o direito ao oferecimento, pelo Estado, de todos os métodos adequados à solução de suas controvérsias e não apenas do tradicional método adjudicatório[2].

A obrigação envolve não somente a solução dos conflitos judicializados, como também a solução das controvérsias na fase pré-processual, evitando-se, dessa forma, a judicialização excessiva e, muitas vezes, desnecessária dos conflitos de interesses de fácil solução, mas de grande relevância social. Esses serviços devem ser prestados com qualidade e devem contar com a participação de mediadores e conciliadores devidamente capacitados, treinados e em constante aperfeiçoamento.

No sentido mais amplo do conceito de acesso à justiça, cabe, ainda, ao Estado oferecer os serviços de orientação e informação aos jurisdicionados para a solução de problemas jurídicos que estejam impedindo ou dificultando o pleno exercício da cidadania.

Foi com base nesse conceito atualizado de acesso à justiça que a Resolução n. 125/2010 do CNJ foi pensada. Tanto é assim que em um de seus "considerandos" consta expressamente que *"o direito de acesso à Justiça, previsto no art. 5º, XXXV, da Constituição Federal além da vertente formal perante os órgãos judiciários, implica acesso à ordem jurídica justa"*.

Conforme dispõe o artigo 2º da Resolução, a implementação da política judiciária nacional de tratamento adequado de conflitos sustenta-se em três alicerces: a centralização das estruturas judiciárias, a adequada formação e treinamento de servidores, conciliadores e mediadores e o acompanhamento estatístico específico.

Desse modo, adota-se o critério da centralização na organização e na uniformização dos serviços de mediação, conciliação e outros métodos consensuais de solução de conflitos, evitando-se as disparidades de orientação em suas práticas e assegurando-se a continuidade dos serviços, respeitadas as especificidades regionais e de cada segmento da Justiça. A obrigatoriedade de criação de centros judiciários de solução consensual de conflitos atende, precisamente, a essa preocupação.

---

2. Como afirma Herbert Cornelio Pieter de Bruyn Jr: *"Assim como, segundo afirmava Heráclito, o mundo encontra-se em contínuo movimento e nada cessa de fluir, também o sistema jurídico, lecionava Kelsen, é dinâmico. Como objeto cultural e, em especial, forma de linguagem, é de sua natureza adaptar-se ao meio circundante pelos modelos nele estabelecidos: se não pelo ingresso de novos enunciados, ao menos pela possibilidade de novas interpretações. Não surpreende, pois, o surgimento de novas denotações relativas aos conceitos de justiça, 'acesso à justiça', bem como quanto às funções do Estado, particularmente no âmbito da manutenção da ordem e da pacificação social. Em meio a esse dinamismo, não se pode deixar de reconhecer, no atual estágio do sistema jurídico pátrio, a existência de um nítido direito subjetivo de toda pessoa do povo poder, sempre que possível, utilizar-se dos procedimentos voltados à resolução consensual de conflitos, motivo pelo qual eles devem ser postos à disposição."* (O Direito Subjetivo à Conciliação no Estado democrático de Direito e sua aplicabilidade às causas de competência da Justiça Federal. In: GABBAY, Daniela Monteiro; TAKAHASHI, Bruno (coord.). *Justiça Federal: Inovações nos Mecanismos Consensuais de Solução de Conflitos*. Brasília: Gazeta Jurídica, 2014, p. 139-140).

Para harmonizar com o conceito atualizado de acesso à justiça, o centro judiciário deve possuir ao menos três setores: um voltado à tentativa de solução consensual de processos já ajuizados (setor processual); outro, ao uso de mecanismos consensuais em conflitos ainda não judicializados (setor pré-processual); e o terceiro voltado à orientação e à informação de natureza jurídica (setor de cidadania).

Nos termos do § 1º do artigo 8º da Resolução CNJ n. 125/2010, apenas excepcionalmente as sessões processuais podem ser realizadas fora do centro; já as sessões pré-processuais **sempre** devem ocorrer no centro[3]. Trata-se do reflexo natural da centralização dos serviços.

O setor de cidadania merece atenção especial, pois, em um País com altas taxas de analfabetismo funcional e exclusão social, ainda há grande desconhecimento de direitos e muita dificuldade para se lidar com problemas jurídicos simples. Não por acaso, o que a Lei de Mediação chama de "centro judiciário de solução consensual de conflitos" teve origem no que a Resolução CNJ n. 125/2010 intitulou "centro judiciário de solução de conflitos e cidadania". Não se deve ignorar a importância da expressão "cidadania" na configuração dos centros, ainda que injustificadamente a Lei de Mediação não a tenha utilizado.

Cada centro deve contar com ao menos um servidor, com dedicação exclusiva e capacitação em métodos consensuais, responsável pela triagem e direcionamento do caso (artigo 9º, § 2º, da Resolução n. 125/2010). Tal direcionamento pode ser tanto para serviços do próprio Centro como para serviços de outras varas ou juizados. Dessa forma, a prestação de serviços variados, com a integração dos diversos juízos, faz com que os centros sejam o germe da institucionalização do tribunal multiportas no Brasil.

O parágrafo único do artigo 24 da Lei de Mediação remete a composição e a organização dos centros aos tribunais, observadas as normas do CNJ. Em sua redação original, o § 2º do artigo 8º da Resolução n. 125/2010 estabelecia a obrigatoriedade de instalação de centros nos locais em que houvesse **mais de um** juízo, juizado ou vara com ao menos uma das seguintes competências: cível, fazendária, previdenciária, de família ou dos Juizados Especiais Cíveis e Fazendários. A Emenda n. 01/2013 inseriu a menção a Juizados Especiais e, em especial, alterou o § 2º do artigo 8º para tornar obrigatória a instalação de centros somente **a partir de cinco** unidades jurisdicionais. Por sua vez, a Emenda n. 02/2016, dando nova redação ao mesmo § 2º, estabeleceu a obrigatoriedade de instalação dos centros onde existirem **dois**

---

3. Em Consulta no CNJ acerca da competência para homologação de acordos pré-processuais, o Relator, Conselheiro Lelio Bentes, manifestou-se nos seguintes termos: "*(...) pode-se afirmar que é da competência dos juízes coordenadores dos Centros Judiciários de Solução de Conflitos e Cidadania homologar: i) acordos pré-processuais decorrentes de sessões realizadas nos Centros; ii) acordos pré-processuais realizados por intermédio de plataforma digital; iii) acordos extrajudiciais realizados por mediadores/conciliadores privados e/ou Câmaras Privadas, quando requerida a homologação judicial.*" (CNJ, 0003548-04.2016.2.00.0000, Consulta, julgado em 02/02/2017).

Juízos, Juizados ou Varas com competência para realizar audiência, nos termos do artigo 334 do Código de Processo Civil.

Em locais com menos de dois Juízos, Juizados ou Varas, a instalação de centros é facultativa, mantendo-se a obrigatoriedade da realização da audiência prevista no artigo 334 do CPC. De todo modo, para atender as localidades com essa composição, os tribunais podem criar centros regionais ou itinerantes (artigo 8º, §§ 3º e 4º, da Resolução n. 125/2010), bem como valer-se de meios eletrônicos que permitam a realização do ato à distância (artigo 334, § 7º, do CPC, e artigo 46 da Lei de Mediação).

É preocupante, porém, o fato de não ter sido atingido até hoje o número mínimo de centros obrigatórios, independentemente das alterações quanto à quantidade exigida. Analisados cada um dos Tribunais Regionais Federais e os Tribunais de Justiça, nota-se que muitas localidades ainda carecem de centros judiciários de solução consensual de conflitos, a despeito da obrigatoriedade. Além disso, muitos dos centros instalados não contam com a estrutura básica exigida para a boa prestação dos serviços. Em certos locais, nota-se deficiência também quanto à capacitação em meios consensuais dos profissionais que lá trabalham, em especial de mediadores, conciliadores, servidores e juízes. Embora haja bons exemplos de centros judiciários, o fato é que não existe uniformidade pelo País.

A perenidade e o êxito pleno da Política Judiciária Nacional de tratamento adequado dos conflitos de interesses, instituída pela Resolução n. 125/2010 e acolhida pelo CPC e pela Lei de Mediação, dependem do apropriado funcionamento dos centros. Os centros devem ser as células do Poder Judiciário, especializadas em métodos consensuais de resolução de controvérsias, em aperfeiçoamento constante e com memória própria e independente da do magistrado temporariamente à sua testa, para garantia de um dos princípios informadores da Política Judiciária referida, que é a qualidade dos serviços prestados aos jurisdicionados. Uma das causas do insucesso ou do pouco êxito das tentativas de implementação da política de solução consensual de conflitos de interesses postas em prática pelo nosso País desde a Constituição Imperial de 1824 é a ausência de estratégias adequadas para sua correta utilização e aperfeiçoamento, e para sua institucionalização permanente. A pedra de toque da Política Judiciária mencionada está precisamente na organização adequada e no correto funcionamento dos centros em todo o País, atendidas as peculiaridades de cada região.

Para que isso seja possível, a solução está na criação de um órgão permanente encarregado do desenvolvimento da política judiciária nacional instituída pela Resolução n. 125/2010, e referendada pela Lei de Mediação, que cuidaria do monitoramento, em caráter nacional, da criação dos centros e do seu adequado funcionamento, bem como da avaliação da capacitação e do treinamento dos mediadores/conciliadores, orientando e apoiando os Estados que estiverem enfrentando dificuldades no cumprimento da Resolução n. 125/2010. Há de ser ressaltado, em especial, que a avaliação dos terceiros facilitadores é imprescindível para a boa qualidade dos serviços, não podendo ser descuidada.

Esse órgão permanente seria composto por pessoas com pleno conhecimento da política judiciária, em toda sua extensão e profundidade, realmente comprometidas com sua correta implementação e não sujeitas a mandato limitado. Seria ideal que a criação desse órgão e o acompanhamento de seu desempenho fossem de pleno conhecimento de todas as pessoas que assumirão as gestões dos tribunais para evitar que essa importante política seja interrompida.

Um primeiro passo rumo à efetivação desse órgão permanente foi dado pela Emenda n. 02/2016, que acrescentou o inciso XII ao artigo 6º da Resolução n. 125/2010, para incluir, entre as atribuições do CNJ, a de "*monitorar, inclusive por meio do Departamento de Pesquisas Judiciárias, a instalação dos Centros Judiciários de Solução de Conflitos e Cidadania, o seu adequado funcionamento, a avaliação da capacitação e treinamento dos mediadores/conciliadores, orientando e dando apoio às localidades que estiverem enfrentando dificuldades na efetivação da política judiciária nacional instituída por esta Resolução*".

A propósito, é interessante observar que o professor norte-americano Frank Sander[4], considerado o idealizador do conceito de tribunal multiportas, já apontava a necessidade do monitoramento dos mecanismos a serem implantados. Tanto é que, ao encerrar a sua famosa apresentação na *Conferência Pound*, fez as seguintes considerações (sem grifos no original):

> *"Eu gostaria de encerrar com uma sugestão final. Ao me preparar para esta conferência, eu me deparei com vários volumes de resumos contendo os procedimentos de reuniões similares anteriores. Eu fiquei chocado com a natureza recorrente de muitos problemas que estamos discutindo, e me perguntei como nós poderíamos evitar o destino infeliz que parece ter sido o de muitas ideias lançadas nesses encontros passados. Não tenho dúvidas de que os organizadores desta conferência se sentem confiantes de que nós estamos mais determinados a evitar um destino parecido e, pelo que sei, vendo este impressionante aglomerado de cidadãos preocupados e capazes, eles estão certos. Ainda assim, parece-me que na conclusão desta reunião os organizadores da conferência poderiam designar um pequeno grupo de pessoas dedicadas que iriam se encarregar de* ***monitorar o progresso*** *de algumas das promissoras ideias que virão à tona aqui. Talvez este grupo possa até editar Análises de Impacto das Conferências Pound periodicamente para nos lembrar das nossas realizações, bem como dos nossos objetivos remanescentes. Dessa maneira, nós todos seremos aptos a* ***continuar contribuindo para a solução de muitos dos graves problemas que atualmente incomodam os tribunais e que presumidamente nos trouxeram aqui****".*

Dessa forma, o artigo 24 da Lei de Mediação reforça a importância dos centros judiciários de solução consensual de conflitos para a Política Judiciária Nacional de tratamento adequado dos conflitos de interesses.

Para que haja a prestação de um serviço público de qualidade, os centros devem ser efetivamente instalados. Além disso, suas atividades devem ser acompanhadas pelo CNJ, para a busca do constante aprimoramento das práticas consensuais.

---

4. Varieties of Dispute Processing. In: LEVIN, A. Leo; WHEELER, Russell R. *The Pound Conference: Perspectives on Justice in the Future*. Saint Paul: West Publishing, 1979, p. 86-87, em tradução livre.

Art. 25. Na mediação judicial, os mediadores não estarão sujeitos à prévia aceitação das partes, observado o disposto no art. 5º desta Lei.

Kazuo Watanabe

Daldice Santana

Bruno Takahashi

1. COMENTÁRIO

A escolha do terceiro facilitador, prioritariamente, deve ser de atribuição das próprias partes, em respeito ao princípio da autonomia da vontade (artigo 2º, V, da Lei de Mediação e artigo 166 do CPC). De fato, o Código de Processo Civil, no "caput" do artigo 168, estabelece que as partes, de comum acordo, podem escolher o conciliador, o mediador ou a câmara privada de conciliação e de mediação, sem distinguir a hipótese de mediação judicial da mediação extrajudicial. Dessa forma, como regra, a indicação é feita pelas partes.

O artigo 25 da Lei de Mediação dispensa a prévia aceitação das partes em relação ao mediador judicial, o que indicaria que tal escolha poderia ficar a cargo do juiz, desde que respeitadas as hipóteses de impedimento e suspeição do terceiro facilitador, as quais, conforme dispõe o referido artigo 5º da Lei de Mediação, são idênticas às do juiz.

Todavia, partindo da ideia de complementaridade entre o CPC e a Lei de Mediação[1], a interpretação conjunta dos dispositivos permite a conclusão de que não há necessidade de submeter-se previamente às partes o nome do mediador judicial que irá atuar em determinado processo. Não se trata, assim, de condição de procedibilidade. Contudo, caso as partes queiram recusar o mediador selecionado pelo

1. Adota-se o seguinte ensinamento de Ada Pellegrini Grinover sobre o tema: "*Os marcos regulatórios que regram os métodos consensuais no Brasil são três: (a) a Resolução nº 125/2010 do Conselho Nacional de Justiça, que – embora em nível de norma administrativa – instituiu e continua regendo a política nacional dos meios adequados de solução de conflitos; (b) os novos dispositivos do CPC; e (c) as normas sucessivamente promulgadas como a Lei de Mediação (Lei nº 13.140/2015). Em sua grande maioria, as normas dos marcos regulatórios são compatíveis e complementares, aplicando-se suas disposições à matéria. Mas há alguma incompatibilidade entre poucas regras do novo CPC em comparação com as da Lei de Mediação, de modo que, quando entrarem em conflito, as desta última deverão prevalecer (por se tratar de lei posterior, que revoga a anterior, e de lei específica, que derroga a genérica). Apesar disto, pode-se falar hoje de um minissistema brasileiro de métodos consensuais de solução judicial de conflitos, formado pela Resolução nº 125 do CNJ, pelo CPC e pela Lei de Mediação, naquilo em que não conflitarem.*" (Os Métodos Consensuais de Solução de Conflitos no Novo CPC. IN: VVAA. *O Novo Código de Processo Civil: questões controvertidas*. São Paulo, Atlas, 2015, p. 2-3)

tribunal, é possível que, de comum acordo, escolham outro. A exigência de aceitação das partes é posterior à indicação do mediador; não se exige que seja feita antes.

Há de ressalta-se ainda que, por ser de confiança das partes – e não do juiz – o mediador e o conciliador não se confundem com o perito judicial. Por isso, é vedado ao juiz indicar um terceiro facilitador, valendo-se da autorização do artigo 25, como se estivesse nomeando um perito. Descabe impor determinado profissional para as partes e arbitrar honorários periciais. O que deve prevalecer é a vontade das partes.

Art. 26. As partes deverão ser assistidas por advogados ou defensores públicos, ressalvadas as hipóteses previstas nas Leis nos 9.099, de 26 de setembro de 1995, e 10.259, de 12 de julho de 2001.

Parágrafo único. Aos que comprovarem insuficiência de recursos será assegurada assistência pela Defensoria Pública.

Kazuo Watanabe

Daldice Santana

Bruno Takahashi

1. COMENTÁRIO:

A Lei de Mediação torna obrigatória a participação de advogados ou defensores públicos nas mediações judiciais, com a ressalva das hipóteses de ações de competência dos Juizados Especiais, estaduais e federais, nas quais não se exige advogado (artigo 9º da Lei n. 9.099/1995 e artigo 10 da Lei n. 10.259/2001). Estabelece-se, assim, um regime diferenciado do que o praticado nas mediações extrajudiciais, no qual a presença do profissional, embora recomendada, somente passa a ser obrigatória para as partes caso uma delas esteja assistida por advogado ou defensor público (artigo 10). Sem dúvida, a participação dos advogados pode contribuir significativamente para a qualidade da mediação, zelando pelo respeito ao princípio da decisão informada (artigo 166 do CPC). Como responsável pela orientação jurídica, o advogado aconselha o seu cliente, o que é vedado ao mediador. Dessa forma, ele pode colaborar com o esclarecimento dos termos do acordo, suprindo desequilíbrio de informações e auxiliando na obtenção de um acordo mais justo.

Para isso, porém, ainda é necessária uma mudança na formação profissional do advogado. Espera-se o alcance da percepção de que, como profissional dedicado ao assessoramento técnico, o principal objetivo do advogado, coincidente com o da parte, é a solução de conflitos, incumbindo-lhe eleger o caminho mais adequado ao caso. Seja qual for o meio adotado, sempre haverá trabalho qualificado e a respectiva remuneração. Contudo, muitas vezes, notam-se nos advogados traços de uma postura litigiosa que vê na sentença o único meio de solução da controvérsia, obstando maior comprometimento com os meios consensuais. Em sessões de mediação e conciliação é comum que alguns profissionais tentem convencer o terceiro facilitador como se estivessem se dirigindo ao juiz da causa. É comum também a utilização da fala "não há acordo" como estratégia de defesa. A resistência à ideia de incorporar a adoção do meio mais adequado, por vezes, relaciona-se a critérios de êxito pela sucumbência, os quais não se sustentam em um paradigma consensual.

Sozinho, o Poder Judiciário não vai conseguir transformar a "cultura da sentença" na "cultura da pacificação". É necessário o envolvimento de todos e, em especial, dos advogados. Os meios consensuais trazem novas formas de atuação, mas exigem, igualmente, novas qualificações e habilidades. Trata-se de um grande desafio, mas também de uma grande oportunidade.

Art. 27. Se a petição inicial preencher os requisitos essenciais e não for o caso de improcedência liminar do pedido, o juiz designará audiência de mediação.

Kazuo Watanabe

Daldice Santana

Bruno Takahashi

1. COMENTÁRIO

Este artigo reforça a obrigatoriedade da realização de audiência preliminar para tentativa de solução consensual, conforme também é previsto no artigo 334 do Código de Processo Civil. Como regra, estando regular a petição inicial e não sendo o caso de improcedência liminar do pedido[1], **deve ser designada** audiência de mediação (ou conciliação). Referida audiência prévia segue tanto o disposto na Lei de Mediação como no Código de Processo Civil, dada a citada complementaridade entre as duas leis.

O artigo 334, § 4º, do CPC permite a dispensa da audiência de mediação (ou conciliação) somente se houver recusa de ambas as partes ou se o caso não admitir a autocomposição. A despeito dos estreitos limites legais que afastam a obrigatoriedade do ato, o que se nota é que muitos juízes não estão designando essa audiência, com base em diversas justificativas, tais como: falta de estrutura, ausência de prejuízo caso não haja sua realização, baixa probabilidade de autocomposição, ofensa à razoável duração do processo prevista no inciso LXXVIII do artigo 5º da Constituição Federal, violação à autonomia da vontade e à liberdade de contratar das partes, desnecessidade de se designar a audiência prévia, na medida em que o juiz possui o dever de promover a autocomposição das partes a qualquer tempo, conforme dispõe o artigo 139, V, do CPC etc. Além desse rol de motivos, há ainda as circunstâncias em que o artigo 334 é simplesmente ignorado pelos magistrados[2].

1. Nos termos do artigo 332 do CPC/2015, admite-se o julgamento liminar de improcedência nos casos em que o pedido contrariar enunciado de súmula do Supremo Tribunal Federal ou do Superior Tribunal de Justiça, acórdão proferido pelo Supremo Tribunal Federal ou pelo Superior Tribunal de Justiça em julgamento de recursos repetitivos, entendimento firmado em incidente de resolução de demandas repetitivas ou de assunção de competência, ou enunciado de súmula de tribunal de justiça sobre direito local. Do mesmo modo, é possível o julgamento de improcedência liminar quando se verificar, desde logo, a ocorrência de decadência ou prescrição.

2. Pesquisa realizada em 50 decisões proferidas por juízes das varas cíveis do Fórum Central da Comarca de São Paulo em ações distribuídas entre 13 de maio de 2016 e 02 de junho de 2016, no momento em que verificado que a petição inicial estava regular e não era o caso de julgamento de improcedência liminar,

Sobre a não observância da regra contida no artigo 334 do CPC, há uma falsa impressão quanto à aplicação de sanção apenas para as partes que não comparecem à audiência prévia de mediação ou conciliação[3], mas não para o juiz que deixa de designá-la. Trata-se, porém, de regra de procedimento – e não de critério de julgamento – que, portanto, vincula o juiz. Por isso, a não designação da audiência pode gerar a nulidade do processo.

Além disso, a recusa na designação da audiência representa descumprimento da Política Judiciária Nacional de tratamento adequado de conflitos prevista na Resolução CNJ n. 125/2010 e, em consequência, do princípio da eficiência administrativa (artigo 37 da CF/88). O ato, ademais, pode ser negativamente valorado na aferição do merecimento para fins de promoção.

De todo modo, para que a prática seja consolidada, além da devida estruturação dos centros judiciários de solução consensual de conflitos mencionada acima, é necessário estímulo à mudança de comportamento dos juízes.

Nesse sentido, é elogiável a Resolução da Escola Nacional de Formação e Aperfeiçoamento de Magistrados (ENFAM) n. 2/2016, alterada pela Resolução ENFAM n. 2/2017, que, ao estabelecer o conteúdo programático mínimo do curso de formação inicial de juízes, no seu Anexo II indica como obrigatório o tema "métodos consensuais de resolução de conflitos, processos autocompositivos e psicológica judiciária".

Além disso, o empenho dedicado ao desenvolvimento dos meios consensuais também deveria ser mais valorizado na ascensão funcional do juiz. Nesse aspecto, a Resolução CNJ n. 106/2010, que dispõe sobre os critérios objetivos para aferição do merecimento para promoção de magistrados, determina que o número de conciliações realizadas seja considerado para fins de produtividade, inclusive possuindo maior peso em relação às demais sentenças (artigo 6º, II, "b" e parágrafo único). A mesma resolução prevê ainda que a presteza seja avaliada levando-se em conta, dentre outros aspectos, medidas efetivas de incentivo à conciliação em qualquer fase do processo (artigo 7º, I, "h").

Embora tais determinações representem um avanço, ainda se nota a predominância do incentivo ao tratamento adjudicatório dos conflitos, o que não é compatível com o minissistema brasileiro de métodos consensuais, integrado por normas posteriores à Resolução CNJ n. 106/2010, em particular a Resolução CNJ n. 125/2010,

---

Fernando Hideki Mendonça constatou que somente foi designada a audiência prévia de conciliação ou mediação em 6 casos. Nos demais, além dos motivos enumerados acima, chamou a atenção de Mendonça o fato de que, em 6 processos, a audiência do artigo 334 não foi designada sem qualquer justificativa para tanto. (*Entrando em Consenso sobre a Obrigatoriedade da Audiência de Conciliação ou Mediação Preliminar*. Tese de Láurea. São Paulo: Universidade de São Paulo, 2016, p. 76-80)

3. Em relação às partes, o § 8º do artigo 334 do CPC prevê sanção pecuniária nos seguintes termos: "*§ 8º O não comparecimento injustificado do autor ou do réu à audiência de conciliação é considerado ato atentatório à dignidade da justiça e será sancionado com multa de até dois por cento da vantagem econômica pretendida ou do valor da causa, revertida em favor da União ou do Estado.*"

o Código de Processo Civil de 2015 e a Lei de Mediação. De fato, outros aspectos também poderiam ser contabilizados positivamente, como o envolvimento na criação e no desenvolvimento de projetos ligados aos meios consensuais e a atuação como coordenador de centro judiciário de solução consensual de conflitos.

Enfim, para que a audiência prévia de mediação ou conciliação torne-se uma realidade é imprescindível o aprimoramento não apenas da estrutura judicial, com a devida instalação de centros, mas também da atuação dos juízes que participarão desse novo Poder Judiciário.

Art. 28. O procedimento de mediação judicial deverá ser concluído em até sessenta dias, contados da primeira sessão, salvo quando as partes, de comum acordo, requererem sua prorrogação.

Parágrafo único. Se houver acordo, os autos serão encaminhados ao juiz, que determinará o arquivamento do processo e, desde que requerido pelas partes, homologará o acordo, por sentença, e o termo final da mediação e determinará o arquivamento do processo.

Kazuo Watanabe

Daldice Santana

Bruno Takahashi

1. COMENTÁRIO

O "caput" do artigo 28 prevê prazo para a conclusão do procedimento de mediação judicial, fixando-o em sessenta dias, mas admitindo prorrogação por acordo entre as partes. Tal previsão é mais flexível do que o disposto no artigo 334, § 2º, do CPC, que, apesar de possibilitar a realização de mais de uma sessão, fixa o prazo máximo de dois meses para o término do procedimento, sem prever a possibilidade de prorrogação.

Pelo critério da especialidade, entende-se que prevalece o disposto na Lei de Mediação, com possibilidade de prorrogação do prazo inicialmente fixado, desde que por acordo entre as partes. Além disso, a faculdade de majorar o prazo está de acordo com a flexibilidade procedimental que costuma ser associada aos meios consensuais. Dependendo da complexidade do conflito, o prazo de sessenta dias pode ser insuficiente, ainda que o uso do meio consensual possa permanecer recomendável após o seu término.

De todo modo, excepcionalmente, caberá ao juiz recusar a prorrogação caso seja comprovada colusão entre as partes ou imposição de uma das partes sobre a outra em manifesta situação de vulnerabilidade. De fato, é possível considerar a prorrogação do prazo como negócio processual atípico, sujeitando-a também ao disposto no parágrafo único do artigo 190 do CPC. Além disso, nos termos do artigo 139, incisos II e III, do CPC, incumbe ao juiz "*velar pela duração razoável do processo*" e "*prevenir ou reprimir qualquer ato contrário à dignidade da justiça e indeferir postulações meramente protelatórias*". Assim, embora prevaleça a vontade das partes, o juiz não se reduz a um mero expectador do processo, cabendo a ele zelar pela legitimidade do procedimento.

Em relação ao parágrafo único do artigo 28, é interessante observar que a homologação do acordo pelo juiz não é inserida como condição obrigatória para o término e arquivamento do processo. Também nesse aspecto, a Lei de Mediação é mais flexível do que o CPC, cujo § 11 do artigo 334 prevê: a "*autocomposição obtida será reduzida a termo e homologada por sentença*".

A desnecessidade da homologação judicial do acordo é mais um incentivo para o uso dos meios consensuais. Isso porque, uma vez submetido o acordo à homologação do juiz, passará ele a ter caráter de título judicial e, como tal, estará sujeito às regras de transparência e publicidade que regem os atos processuais (artigos 93, LX, da Constituição Federal, e 189 do CPC), sendo exceção o sigilo (189 do CPC). Dessa forma, caso as partes optem pela preservação de um grau ainda maior de confidencialidade, evitando até mesmo a divulgação da sentença do juiz, podem dispensar a homologação.

Se não for homologado, o acordo produzido não se reveste da condição de título executivo judicial. Isso porque, de acordo com os incisos II e III do artigo 515 do CPC, o que constitui o título executivo judicial é a decisão homologatória do juiz, seja de autocomposição judicial ou extrajudicial. Sem essa decisão, o acordo entre as partes não é vedado, mas somente poderá ser executado como título executivo extrajudicial.

Em outros termos, as partes não necessitam da homologação judicial do acordo para fazerem valer a autonomia da vontade. Todavia, se desejarem alterar a natureza do ajuste, transformando-o de título extrajudicial para título judicial, terão de submeter-se às regras gerais da transparência e publicidade, excepcionadas, fundamentadamente, pelas situações de sigilo previstas no ordenamento jurídico vigente. Assim, a permissão contida no artigo 28 refere-se à opção das partes por um ou outro regime.

No caso do acordo realizado durante o processo, mas não homologado judicialmente, cria-se uma situação semelhante à do cancelamento da distribuição do feito em razão do não pagamento das custas e despesas de ingresso (artigo 290 do CPC). Assim como naquela hipótese, haverá a prática de ato nos autos, mas o encerramento do processo não será decorrente de sentença judicial. Por não ter havido propriamente a utilização do serviço judicial, e até como forma de incentivo, dispensa-se o pagamento de custas judiciais finais. Desse modo, o artigo 28 possui relação com o artigo 29 comentado a seguir.

Art. 29. Solucionado o conflito pela mediação antes da citação do réu, não serão devidas custas judiciais finais.

Kazuo Watanabe

Daldice Santana

Bruno Takahashi

1. COMENTÁRIO

Com o objetivo de incentivar a solução consensual dos conflitos, o dispositivo prevê a dispensa de custas judiciais finais caso haja acordo antes da citação. Trata-se de mais uma medida em prol dos mecanismos consensuais que deve ser elogiada.

No entanto, o artigo 334 do CPC prevê que, não sendo caso de improcedência liminar do pedido, o juiz deverá designar audiência de conciliação ou mediação, devendo *"ser citado o réu"* para tanto. Desse modo, existe uma aparente contradição entre as normas, uma vez que a citação para a audiência de conciliação acabaria ensejando a necessidade de pagamento de custas judiciais, ainda que obtido o acordo antes ou durante essa audiência.

Reveste-se de razoabilidade o entendimento de que a citação para fins da audiência de conciliação ou mediação do artigo 334 do Código de Processo Civil não afasta a isenção de custas judiciais. Isso porque, se a finalidade do artigo 334 é justamente promover a tentativa de solução consensual, seria incoerente que servisse como obstáculo para tanto.

Cabe lembrar que o CPC/2015 insere a promoção dos meios consensuais no artigo 3° do Capítulo I, como uma das normas fundamentais do processo civil. Paulo Eduardo Alves da Silva[1] observa que os 12 artigos que compõem o Capítulo 1, dentre os quais se inclui o artigo 3°, são normas gerais e fundamentais a todo sistema, devendo ser considerados alicerces da legislação e assim interpretados.

Dessa forma, o artigo 3° serve como guia interpretativo dos demais artigos do CPC e do próprio minissistema brasileiro de métodos consensuais. No caso de dúvida, deve-se privilegiar a consensualidade. Assim, a interpretação que se mostra

1. As Normas Fundamentais do Novo Código de Processo Civil (ou "As Doze Tábuas do Processo Civil Brasileiro"?). In: VVAA. *O Novo Código de Processo Civil: questões controvertidas*. São Paulo, Atlas, 2015, p. 297.

mais coerente é aquela que dispensa o pagamento de custas judiciais caso o acordo seja obtido antes ou durante a audiência de mediação ou conciliação do artigo 334 do CPC[2].

2. REFERÊNCIAS BIBLIOGRÁFICAS

BRUYN JR., Herbert Cornélio Pieter de. O Direito Subjetivo à Conciliação no Estado democrático de Direito e sua aplicabilidade às causas de competência da Justiça Federal. In: GABBAY, Daniela Monteiro; TAKAHASHI, Bruno (coord.). *Justiça Federal: Inovações nos Mecanismos Consensuais de Solução de Conflitos*. Brasília: Gazeta Jurídica, 2014, p. 121-142.

GRINOVER, Ada Pellegrini. Os Métodos Consensuais de Solução de Conflitos no Novo CPC. IN: VVAA. *O Novo Código de Processo Civil: questões controvertidas*. São Paulo, Atlas, 2015, p. 1-21.

MENDONÇA, Fernando Hideki. *Entrando em Consenso sobre a Obrigatoriedade da Audiência de Conciliação ou Mediação Preliminar*. Tese de Láurea. São Paulo: Universidade de São Paulo, 2016.

SANDER, Frank E. A. Varieties of Dispute Processing. In: LEVIN, A. Leo; WHEELER, Russell R. *The Pound Conference: Perspectives on Justice in the Future*. Saint Paul: West Publishing, 1979, p. 65-87.

SILVA, Paulo Eduardo Alves da. As Normas Fundamentais do Novo Código de Processo Civil (ou "As Doze Tábuas do Processo Civil Brasileiro"?). In: VVAA. *O Novo Código de Processo Civil: questões controvertidas*. São Paulo, Atlas, 2015, p. 295-323.

2. De todo modo, para que não subsistam dúvidas, seria conveniente que as leis de custas, federais ou estaduais, previssem expressamente a dispensa do pagamento nessas hipóteses.

SEÇÃO IV
DA CONFIDENCIALIDADE E SUAS EXCEÇÕES

Art. 30. Toda e qualquer informação relativa ao procedimento de mediação será confidencial em relação a terceiros, não podendo ser revelada sequer em processo arbitral ou judicial salvo se as partes expressamente decidirem de forma diversa ou quando sua divulgação for exigida por lei ou necessária para cumprimento de acordo obtido pela mediação (1)

§ 1º O dever de confidencialidade aplica-se ao mediador, às partes, a seus prepostos, advogados, assessores técnicos e a outras pessoas de sua confiança que tenham, direta ou indiretamente, participado do procedimento de mediação, alcançando: (2)

I – declaração, opinião, sugestão, promessa ou proposta formulada por uma parte à outra na busca de entendimento para o conflito;

II – reconhecimento de fato por qualquer das partes no curso do procedimento de mediação;

III – manifestação de aceitação de proposta de acordo apresentada pelo mediador;

IV – documento preparado unicamente para os fins do procedimento de mediação. (3)

§ 2º A prova apresentada em desacordo com o disposto neste artigo não será admitida em processo arbitral ou judicial. (4)

§ 3º Não está abrigada pela regra de confidencialidade a informação relativa à ocorrência de crime de ação pública. (5)

§ 4º A regra da confidencialidade não afasta o dever de as pessoas discriminadas no caput prestarem informações à administração tributária após o termo final da mediação, aplicando-se aos seus servidores a obrigação de manterem sigilo das informações compartilhadas nos termos do art. 198 da Lei nº 5.172, de 25 de outubro de 1966 – Código Tributário Nacional. (6)

Ada Pellegrini Grinover

Valeria Ferioli Lagrasta

---

(1) Sendo a confidencialidade um princípio ético, é relevante esclarecer que os princípios éticos que informam a conciliação e a mediação e que as regras de conduta que regem seu procedimento constam tanto da Lei n. 13.140/2015 (arts. 2º, 4º, 5º, 6º, 7º, 8º, 14, 30 e 31), quanto da Lei n. 13.105/2015 – Novo Código de Processo Civil (arts. 166, 167, § 5º, 170, 171, 172 e 173). Mas o regime mais completo e detalhado

está no Código de Ética, constante do Anexo III, da Resolução n. 125, do CNJ, que estipula, de forma clara e didática, a conduta pela qual os conciliadores e mediadores judiciais devem se pautar.

Trata-se de um Código que utilizou como parâmetro o Código de Ética de Mediadores Judiciais da França e que é efetivo, pois prevê sanções para o descumprimento de suas estipulações. E é exatamente essa efetividade que o diferencia de outros Códigos de Ética existentes no Brasil, que foram elaborados pelo FONAME (Fórum Nacional de Mediação) e CONIMA (Conselho Nacional de Institutos de Mediação e Arbitragem) os quais, apesar de mais detalhados, não preveem sanções, configurando muito mais uma recomendação de boas práticas, para orientar a atuação de conciliadores e mediadores no âmbito privado. E, desta forma pode, quando muito, ser estabelecido nos documentos de constituição civil das entidades que deles participam uma sanção para seu descumprimento, mediante o devido processo administrativo.

Importante salientar, neste ponto, que o artigo 2º, da Lei 13.140/2015, além de misturar princípios éticos do mediador (imparcialidade e confidencialidade) e regras de conduta que regem o procedimento da mediação (autonomia da vontade das partes), traz princípios gerais do processo e princípios fundamentais, que não configuram, portanto, princípios próprios da mediação: assim ocorre com a oralidade, informalidade, isonomia entre as partes e boa-fé; e ainda, regra própria da conciliação, e não da mediação, que é a "busca do consenso". Na mediação, a regra é a ausência de obrigação de resultado. Ou seja, não se utilizou a lei da melhor técnica legislativa.

O Código de Ética da Resolução n. 125, que se destina a conciliadores e mediadores judiciais, por sua vez, é corretamente dividido em três partes: 1) Dos princípios e garantias da conciliação e mediação judiciais; 2) Das regras que regem o procedimento de conciliação/mediação; e 3) Das responsabilidades e sanções do conciliador/mediador.

Na primeira parte são trazidos os princípios éticos fundamentais, que devem nortear a atuação dos conciliadores e mediadores judiciais, quais sejam: confidencialidade, decisão informada, competência, imparcialidade, neutralidade, independência e autonomia, respeito à ordem pública e às leis vigentes, empoderamento e validação.

O princípio da *confidencialidade* consiste no dever de manter sigilo sobre todas as informações obtidas na sessão, salvo permissão expressa das partes, violação à ordem pública ou às leis vigentes. Em tal dever, inclui-se a vedação de servir como testemunha do caso e prestar serviços de advocacia aos envolvidos, nesse último caso, pelo prazo de 01 (um) ano (art. 6º, da Lei n. 13.140/2015). É esse princípio que contribui para que as partes se sintam mais à vontade ao discorrer sobre seus problemas, interesses e necessidades, pois permite que confiem na atuação do conciliador/mediador, no sentido de que este não irá levar as informações obtidas na sessão, quer para o juiz, quer para qualquer outra pessoa.

Diante desse princípio, no âmbito privado, os mediadores costumam assinar, no início de cada sessão, termo de sigilo, o que não é necessário no âmbito judicial, por já terem que assinar, no início do exercício, termo de compromisso, obrigando-se a seguir as disposições do Código de Ética, do Anexo III, da Resolução n. 125, como um todo e, mais recentemente, os princípios éticos constantes da Lei n. 13.140/2015, entre os quais, o da confidencialidade.

O "caput", do artigo 30 explicita que qualquer informação relativa ao procedimento de mediação não pode ser revelada, nem mesmo em processo arbitral ou judicial, "salvo se as partes expressamente decidirem de forma diversa ou quando sua divulgação for exigida pela lei ou necessária para o cumprimento de acordo obtido pela mediação".

Assim, a confidencialidade é princípio fundamental para o êxito da mediação, pois permite que os mediandos se sintam à vontade para o diálogo, revelando com plena liberdade seus sentimentos, preocupações, incertezas, interesses e necessidades, sem o receio de que tais informações possam ser usadas contra si num eventual julgamento. Isto permite a construção de uma relação de confiança entre os mediandos e o mediador, que é essencial, pois a influência que o mediador tem sobre o processo de resolução do conflito é diretamente proporcional à confiança que as partes depositam nele.

(2) O § 1°, do artigo 30 detalha a destinação do princípio da confidencialidade, explicitando que se trata de um dever que se aplica, não só ao mediador, mas a todos aqueles que, de alguma forma, participam do procedimento de mediação, tais como partes, prepostos, advogados, assessores técnicos e "outras pessoas de sua confiança". Incluem-se aqui eventuais servidores do Judiciário que prestam auxílio nas sessões.

(3) Segundo o § 2°, do artigo 30, a confidencialidade alcança: 1) declaração, opinião, sugestão, promessa ou proposta formulada por uma parte à outra na busca do entendimento para o conflito; 2) reconhecimento de fato por qualquer das partes no curso do procedimento de mediação; 3) manifestação de aceitação de proposta de acordo apresentada pelo mediador; e 4) documento preparado unicamente para os fins do procedimento de mediação.

Assim, no caso de mediação infrutífera, não deve o mediador fazer constar do termo de sessão qualquer dessas informações, mas simplesmente que a tentativa de composição foi negativa.

(4) Consequentemente, conforme previsto expressamente no § 2° do artigo 30, "a prova apresentada em desacordo" com o estipulado neste dispositivo, não será admitida em qualquer processo, seja judicial ou arbitral, sendo considerada prova ilícita.

Pode-se concluir que a confidencialidade pode ser afastada, principalmente, na mediação judicial, com a possibilidade de utilização das informações veiculadas, no caso de expressa autorização dos mediandos, hipótese na qual seu teor não pode "ser utilizado para fim diverso daquele previsto" (arts. 30, "caput)", da Lei n.

13.140/2015 e 166, § 1º, do CPC) nos casos em que necessária sua divulgação por lei ou para cumprimento do acordo obtido (art. 30, "caput").

(5) (6) A teor da lei (art. 30 §§ 3º e 4º), a confidencialidade será afastada quando se revelarem fatos relacionados à ocorrência de crime de ação pública ou no caso de serem necessários à administração tributária, aplicando-se aos servidores a obrigação de manterem sigilo das informações compartilhadas nos termos do art. 198 da Lei nº 5.172, de 25 de outubro de 1966 – Código Tributário Nacional.

Trata-se, em ambos os casos, de questões relevantes em relação à conduta de todos os protagonistas da mediação (art. 30, § 1º). Na verdade, configura- se nesses dispositivos um dever, e não uma obrigação, uma vez que o descumprimento do dever não é acompanhado de qualquer sanção. Por isto, pensamos que a observância ou não desse dever (mais ético do que jurídico) fica a inteiro critério dos protagonistas da mediação. que poderão, utilizar, em sua escolha, o critério da razoabilidade ou proporcionalidade, sopesando em cada caso concreto, a relevância da confidencialidade dos fatos revelados, de um lado, e da perseguição criminal ou do ilícito tributário, do outro lado. Se escolherem a informação, militará, a seu favor a excludente da ilicitude do estrito cumprimento do dever (art. 23, III, do Código Penal), Mas, se preferirem o silêncio, justificarão (desde que provocados) a escolha do valor considerado mais elevado no caso concreto, pela utilização do critério da razoabilidade ou proporcionalidade.

Art. 31. Será confidencial a informação prestada por uma parte em sessão privada, não podendo o mediador revelá-la às demais, exceto se expressamente autorizado (7)

Ada Pellegrini Grinover

Valeria Ferioli Lagrasta

1. COMENTÁRIOS

(7) Esse dispositivo refere-se à confidencialidade aplicada quando da utilização de uma ferramenta de mediação chamada "calcos", que também pode ser designada como sessões privadas.

Essas sessões privadas são realizadas pelo mediador com apenas um dos envolvidos de cada vez, podendo delas participar o advogado, acompanhando seu cliente. O mediador terá o cuidado de sempre realizar essas sessões com todos os envolvidos, em igual número.

O mediador deve ter sensibilidade e conhecimento suficiente das técnicas de mediação para avaliar a necessidade de realização dessas sessões, pautando-se sempre, pela imparcialidade e confidencialidade, durante seu decorrer.

A comunicação do mediador aos mediandos sobre o princípio da confidencialidade nessas sessões é essencial, pois é comum que as pessoas tenham resistência em apresentar certas informações relativas ao conflito como estratégia negocial ou tática de defesa; e assim, o mediador somente conseguirá conhecer os dados essenciais para a compreensão do conflito, nessas sessões privadas, após promessa de sigilo. Consequentemente, não poderá ele, salvo se expressamente autorizado pelos envolvidos, revelar qualquer das informações obtidas privadamente, na sessão conjunta, podendo apenas utilizá-las para direcionar seu trabalho, sob pena de trair a confiança da parte confidente, abalando toda a credibilidade do processo de mediação.

Melhor explicando, as pessoas envolvidas em conflito, tem por hábito esconder do outro seus verdadeiros interesses e necessidades ou até mesmo induzi-lo a erro sobre eles, como tática para obterem os melhores termos da troca para si. Por outro lado, o conhecimento preciso sobre os objetivos, prioridades, interesses, preferências e recursos disponíveis é fundamental para o mediador, a fim de que, no acordo eventualmente obtido, haja o máximo de ganho na troca, retirando-se a maior vantagem possível das diferenças de interesses, equilibrando-as e fazendo com que o acordo seja satisfatório para todas, levando ao seu cumprimento.

Assim, nas sessões privadas, o princípio da confidencialidade deve ser observado em toda plenitude, admitindo-se tão somente exceção no caso dos mediandos autorizarem expressamente a divulgação das informações obtidas pelo mediador, em posterior sessão conjunta.

2. CONCLUSÃO

Em outras palavras, o princípio da confidencialidade, além de admitir exceções, não pode ser utilizado para justificar atos abusivos e protelatórios, devendo haver uma interpretação sistêmica dos diplomas legais que regem a matéria (Resolução CNJ n. 125/2010; Código de Processo Civil e Lei n. 13.140/2015 – que compõem o minissistema brasileiro de justiça conciliativa), observando-se, em última análise, os princípios da boa-fé, da cooperação e do devido processo legal (arts. 4º, 5º e 6º, do CPC).

CAPÍTULO II
DA AUTOCOMPOSIÇÃO DE CONFLITOS EM QUE FOR PARTE PESSOA JURÍDICA DE DIREITO PÚBLICO
Seção I
Disposições Comuns

Art. 32. A União, os Estados, o Distrito Federal e os Municípios poderão criar câmaras de prevenção e resolução administrativa de conflitos, no âmbito dos respectivos órgãos da Advocacia Pública, onde houver, com competência para:

I – dirimir conflitos entre órgãos e entidades da administração pública;

II – avaliar a admissibilidade dos pedidos de resolução de conflitos, por meio de composição, no caso de controvérsia entre particular e pessoa jurídica de direito público;

III – promover, quando couber, a celebração de termo de ajustamento de conduta.

§ 1º O modo de composição e funcionamento das câmaras de que trata o caput será estabelecido em regulamento de cada ente federado.

§ 2º A submissão do conflito às câmaras de que trata o *caput* é facultativa e será cabível apenas nos casos previstos no regulamento do respectivo ente federado.

§ 3º Se houver consenso entre as partes, o acordo será reduzido a termo e constituirá título executivo extrajudicial.

§ 4º Não se incluem na competência dos órgãos mencionados no caput deste artigo as controvérsias que somente possam ser resolvidas por atos ou concessão de direitos sujeitos a autorização do Poder Legislativo.

§ 5º Compreendem-se na competência das câmaras de que trata o caput a prevenção e a resolução de conflitos que envolvam equilíbrio econômico-financeiro de contratos celebrados pela administração com particulares.

Luciane Moessa de Souza

1. INTRODUÇÃO

Ao analisar o capítulo que trata da "composição de conflitos no âmbito da Administração Pública" na Lei 13.140, de 2015, constata-se que, de um modo geral, o texto traz poucos avanços em relação ao que já estava previsto na Lei 9.469, de 1997, sobretudo pela excessiva remissão à necessidade de regulamentação, pois não são estabelecidos (como a referida lei tampouco fazia) quaisquer parâmetros ou diretrizes para nortear a celebração de acordos nos conflitos envolvendo o Poder Público, os quais indiquem de forma inequívoca o que deve ser tido em conta no **conteúdo** de tais acordos.

Outra omissão digna de nota diz respeito ao fato de que o regime jurídico diferenciado da Administração Pública, se comparado ao grau de liberdade que vigora no âmbito privado, coloca-lhe limites muito claros e relevantes no momento de se utilizar o caminho consensual na resolução de conflitos. Estas especificidades decorrem basicamente dos princípios da legalidade (ou da juridicidade), da isonomia e da publicidade.

O princípio da legalidade é um dos primeiros argumentos apresentados por aqueles que se opõem à utilização da consensualidade na esfera pública. Pretende-se extrair do princípio da legalidade a consequência de que o ordenamento jurídico não deixa nenhum espaço para a negociação no momento de aplicação da lei ao caso concreto. Ora, não é necessário sequer ter conhecimentos jurídicos especializados para se ter ouvido falar das múltiplas interpretações possíveis acerca de cada norma. Também é fato notório e frequente (embora evidentemente indesejável) a presença de lacunas e contradições em nossa ordem jurídica, nem todas solucionáveis pelos critérios hierárquico, temporal e de especialidade. A isto pode se acrescentar o fenômeno ineliminável da colisão entre direitos fundamentais, da qual decorre a potencial colisão entre políticas públicas. Forneço exemplos: pense-se na presença de recursos minerais estratégicos e valiosos em terras indígenas ou territórios quilombolas. Ora, a Constituição Federal assegura, a um só tempo, o reconhecimento de territórios a tais comunidades, e o interesse público na exploração de nossos recursos minerais. Pense-se ainda na coincidência geográfica parcial entre territórios de populações remanescentes de quilombos e os limites de unidades de conservação, cuja proteção também é um mandamento constitucional. O potencial de conflitos é imenso – e o recurso à legalidade pura e simples não fornece nenhuma solução. É preciso encontrar maneiras de compatibilizar as políticas públicas que devem garantir tais direitos fundamentais. Para este fim, a verificação das normas jurídicas aplicáveis ao caso é apenas o ponto de partida da negociação, a moldura que lhe traça os limites. Por tal razão, todos os acordos envolvendo o Poder Público devem ser devidamente fundamentados, e tal fundamentação deve ser fática e jurídica, de modo a deixar claro porque uma determinada solução é o caminho mais adequado para resolver o conflito, sob o ponto de vista da legalidade, da economicidade e todos os demais parâmetros que devem reger a atuação de entes públicos.

Uma segunda limitação igualmente relevante é o princípio da isonomia. O Poder Público, quando firma um acordo, assim como se dá em qualquer outro ato administrativo, está estabelecendo um precedente – ou seja, todo aquele que se veja em conflito com ente público na mesma situação ou em outra similar terá pleno direito de buscar para si a mesma solução, por decorrência do princípio da isonomia. Por tal razão, antes de firmar um determinado acordo, é necessário que o Poder Público busque averiguar se o conflito em questão é uma situação única ou um conflito repetitivo no qual outras pessoas também se enquadram. Em seguida, deve levar isso em conta não apenas por saber que terá que firmar o mesmo acordo em situações semelhantes, mas também para verificar se será viável, técnica e financeiramente, o cumprimento de tais acordos.

Por fim, a terceira peculiaridade da resolução consensual de conflitos na esfera pública se deve à incidência do princípio da publicidade. Quando se analisa a doutrina, seja brasileira, seja alienígena, sobre mediação de conflitos, muito se ouve falar sobre ser a confidencialidade essencial ao desenvolvimento da mediação. Assim não me parece, nem sequer na esfera privada. Na realidade, o que se busca com a confidencialidade é que as partes fiquem mais à vontade para negociar – e a confidencialidade não é o único fator relevante para chegar a este resultado. Não se pode negar que, havendo um terceiro como facilitador da negociação (no caso, o mediador), é fundamental que as partes envolvidas no conflito nele confiem e é também bastante salutar para o progresso da negociação que ele tenha sessões separadas com cada uma das partes – de cuja existência todas elas devem ter conhecimento. Neste espaço (sessões privadas), é eventualmente possível que entes públicos ou os particulares revelem ao mediador alguma informação que não desejem que chegue ao conhecimento da(s) outra(s) parte(s), normalmente por enfraquecer sua posição na negociação. Deve, nestes casos, o mediador manter sigilo sobre tais informações – desde que elas não se enquadrem nas exceções à confidencialidade da mediação que são reconhecidas inclusive na esfera privada (intenção de praticar um crime, revelação da violação a direitos de menores ou outras normas de ordem pública etc.).

Não se pode admitir, contudo, a ideia de confidencialidade para as sessões conjuntas de mediação, muito menos para a documentação produzida durante o procedimento de resolução consensual do conflito, a menos que se trate de informação acobertada por sigilo comercial, industrial, bancário, que coloque em jogo a intimidade ou a vida privada ou, ainda, que se trate de algum segredo de Estado. Vale dizer, quando se pensa em resolução consensual de conflitos envolvendo o Poder Público, a publicidade é a regra; a confidencialidade é a exceção e precisa ser juridicamente justificada.

Vale registrar que esta diferenciação (não aplicação da confidencialidade) é tão relevante que, justamente por conta dela, entendo que **não existe, na esfera pública, como existe nos conflitos na esfera privada, a necessidade de separação das figuras do terceiro que facilita o diálogo (o mediador) e do terceiro julgador (que decidirá o conflito se o acordo não for alcançado)**. Por tal razão, se forem devidamente capacitados, também os magistrados podem conduzir o processo de resolução consensual de conflito que envolva entes públicos, sendo de certa maneira artificial aqui a distinção que se costuma fazer entre mediação e conciliação [1].

1. Existem várias diferenças apontadas pela doutrina brasileira entre os dois métodos, sendo uma das mais comuns a de que o mediador não pode sugerir soluções para o conflito, ao passo que o conciliador pode. Esta distinção já caiu claramente por terra nos EUA, eis que um estilo mais ativo de mediação (conhecido

Registradas essas peculiaridades, passo a comentar as diferentes Seções do capítulo da lei que pretendeu disciplinar o assunto.

2. SEÇÃO I – DISPOSIÇÕES COMUNS ÀS TRÊS ESFERAS FEDERATIVAS

Em primeiro lugar, o artigo 32 prevê a possibilidade (não a obrigação) de União, Estados, Distrito Federal e Municípios criarem "câmaras de prevenção e resolução administrativa de conflitos". Muito embora se fale em "prevenção", não se inclui entre as competências ali incluídas nenhuma que a ela se relacione – mesmo porque tal seria inviável, já que a prevenção deve se dar no âmbito de cada órgão integrante da Administração Pública, mediante uma atuação que prime pelo diálogo e pela transparência, além de uma atuação efetiva da Consultoria Jurídica, e não no âmbito de um órgão específico que atenda a toda a Administração.

As competências de resolução de conflitos se desdobram em três:

"*I – dirimir conflitos entre órgãos e entidades da Administração Pública*" – aí incluídos, portanto, os conflitos internos;

"*II – avaliar a admissibilidade dos pedidos de resolução de conflitos, por meio de composição, no caso de controvérsia entre particular e pessoa jurídica de direito público*" – nota-se aqui uma falha técnica, pois, quando se diz "composição" (que abrange autocomposição e heterocomposição – esta última sendo a resolução por terceiro), o que se pretende dizer é "autocomposição", ou seja, resolução por acordo. O mais curioso é a menção a esta etapa de "avaliação da admissibilidade", sem que se estipulem quais seriam os critérios para tal admissão, e sem que se preveja, também, caso admitido o pedido, onde tramitaria a negociação, já que "avaliar a admissibilidade" é bem diferente de conduzir o processo de resolução consensual;

"*III – promover, quando couber, a celebração de termo de ajustamento de conduta*" – trata-se do único dispositivo que faz referência a este instrumento, que é utilizado, em realidade, em uma série de conflitos envolvendo direitos indisponíveis, de modo que a necessidade de uma regulamentação séria e completa é bastante evidente. [2]

Restringindo o campo de abrangência acima descrito, o parágrafo quarto exclui os conflitos em que seja necessária a prática de ato de competência do Poder Legislativo (o que é compreensível em certa medida, já que o limite da negociação será o quadro normativo vigente, neste caso).

---

como "mediação avaliativa" e que é muito utilizado) admite claramente que o mediador desempenhe um papel de condutor rumo ao acordo, sendo que, na prática, nem sequer se registra (aqui ou nos EUA) no acordo de onde partiram as propostas de solução – pois isto é irrelevante. A distinção mais relevante é a que diz respeito à abordagem, mais rasa ou mais aprofundada, do conflito e suas razões. Enquanto na conciliação esta abordagem é mais superficial, na mediação deve ser mais profunda, valorizando-se seu papel pedagógico, pois esta deve ser usada quando as partes têm um relacionamento entre si que querem preservar (exemplo: sócios de uma empresa, Fisco e contribuinte, indústria e órgão ambiental), ao passo que aquela (a conciliação) serve para os conflitos em que não há relacionamento entre elas (exemplo: acidente de trânsito).

2. Vale referir que o art. 4º-A da Lei 9.469, de 1997, que traz o conteúdo mínimo de termos de ajuste de conduta (TACs) envolvendo entes públicos federais, pode ser tido como parâmetro para todo tipo de TAC dada a ausência de norma para os demais TACs.

O parágrafo primeiro estipula que "*O modo de composição e funcionamento das câmaras de que trata o caput será estabelecido em regulamento de cada ente federado.*" Não há, neste ou nos dispositivos seguintes, qualquer referência aos parâmetros para a negociação, nem mesmo a menção de que os integrantes de tais câmaras deverão ser previamente capacitados em resolução consensual de conflitos.

Tampouco existe a previsão de um conteúdo mínimo para o acordo que vier a ser celebrado, com a previsão de obrigações e seus responsáveis, prazos, sanções, responsáveis pelo monitoramento de cada uma delas, necessidade de fundamentação fática e jurídica do acordo – nenhuma palavra a respeito. A única previsão concernente ao acordo (contida no parágrafo terceiro) é de que ele deverá ser escrito ("reduzido a termo") e constituirá título executivo extrajudicial.

Faltou, assim, a previsão de que o acordo (ou "termo final de mediação", como o denomina a lei) deve necessariamente incluir a adequada fundamentação (fática e jurídica) para os acordos celebrados. Este item é fundamental tanto para fins de homologação (no caso dos conflitos judicializados, o juiz sempre há de verificar se o acordo não viola norma de ordem pública) quanto para fins de controle interno (exercido no âmbito da própria Advocacia Pública) e externo (exercido pelo Tribunal de Contas) da atuação da Administração Pública, inclusive para dar segurança jurídica às autoridades que firmam o acordo, assim como controle do Ministério Público (quando esse não tomou parte no acordo) e ainda controle social.

Ainda, cabe ressaltar, que é impossível viabilizar a celebração de acordos no âmbito público enquanto não forem previstos procedimentos claros (sobretudo quem autoriza, como são identificados os casos semelhantes etc.) e critérios para celebração de acordos. Estes procedimentos e critérios podem ser estabelecidos por atos normativos editados pelos órgãos de Advocacia Pública competentes. Todavia, a lei já poderia prever desde logo os critérios gerais para a celebração de acordos (atos normativos aplicáveis ao caso, fatos comprovados durante o procedimento, jurisprudência administrativa e judicial sobre o tema, pareceres da própria Advocacia Pública, custos e duração da instrução e do processo judicial, interesses legítimos dos envolvidos no conflito), que poderiam ser detalhados, para cada matéria, por atos normativos da Advocacia Pública, de modo a fornecerem parâmetros para os advogados públicos e demais servidores que atuarem em cada conflito concreto.

Cabe comentar, ainda, a inadequação e possível inconstitucionalidade da regra do parágrafo segundo do artigo 32, que torna facultativa para os entes públicos a utilização do caminho consensual, submetendo o conflito às câmaras referidas. Uma regra como esta desconsidera o princípio constitucional da eficiência, do qual decorre que o caminho mais rápido, menos oneroso e menos desgastante, além de mais apto a produzir uma solução durável, deveria ser sempre buscado em primeiro lugar.

Art. 33. Enquanto não forem criadas as câmaras de mediação, os conflitos poderão ser dirimidos nos termos do procedimento de mediação previsto na Subseção I da Seção III do Capítulo I desta Lei.

Parágrafo único. A Advocacia Pública da União, dos Estados, do Distrito Federal e dos Municípios, onde houver, poderá instaurar, de ofício ou mediante provocação, procedimento de mediação coletiva de conflitos relacionados à prestação de serviços públicos.

Luciane Moessa de Souza

1. COMENTÁRIOS

O artigo 33, por seu turno, já prevendo decurso de um lapso temporal significativo até que ocorra a criação das tais câmaras administrativas (cuja existência no seio da própria Administração Pública traz o risco de não serem garantidas condições de imparcialidade dos mediadores), dispõe ser aplicável o procedimento de mediação previsto na Subseção I da Seção III do Capítulo I da Lei. Ora, as disposições ali previstas são aplicáveis a todo e qualquer tipo de mediação – seja ela administrativa, judicial ou extrajudicial, de modo que parece desnecessária tal previsão. Todavia, se o que o legislador pretendeu foi excluir de tal subseção a mediação que vier a ser desenvolvida no seio das câmaras administrativas, após a sua criação, temos aí uma perigosa exceção que pode vir a comprometer alguns princípios basilares da mediação. Em realidade, eventuais exceções somente se justificam em razão do regime jurídico próprio da Administração Pública. Fora disso, corre-se o risco de entrar no perigoso terreno da falta de técnica (comprometendo os bons resultados da mediação) ou, pior ainda, da arbitrariedade.

Quanto ao artigo 34, que trata da suspensão da prescrição quando iniciado processo de resolução consensual do conflito, a regra pouco acrescenta em face do que já previam os artigos 2º, IV, e 2º-A, V, da Lei 9.873, de 1999, exceto pelo fato de que esta última estabelecia a interrupção, ao invés da suspensão. O § 2º do artigo deixa claro que a regra em questão não se aplica em matéria tributária.

Interessante a previsão do parágrafo único do artigo 33, por seu turno, que pretende atribuir o papel de mediação à Advocacia Pública, no que se refere a "conflitos relacionados à prestação de serviços públicos." Certamente poderão ser suscitadas sérias dúvidas quanto à imparcialidade, já que os entes públicos defendidos pela Advocacia Pública serão partes em tais conflitos. Faria muito mais sentido falar em "procedimentos de negociação", já que a imparcialidade aqui parece inviável.

Art. 34. A instauração de procedimento administrativo para a resolução consensual de conflito no âmbito da administração pública suspende a prescrição.

§ 1º Considera-se instaurado o procedimento quando o órgão ou entidade pública emitir juízo de admissibilidade, retroagindo a suspensão da prescrição à data de formalização do pedido de resolução consensual do conflito.

§ 2º Em se tratando de matéria tributária, a suspensão da prescrição deverá observar o disposto na Lei nº 5.172, de 25 de outubro de 1966 – Código Tributário Nacional.

Leonardo Carneiro da Cunha

1. AUTOCOMPOSIÇÃO COM A ADMINISTRAÇÃO PÚBLICA

A partir da exigência de uma Administração Pública eficiente (CF, art. 37), que desenvolva um adequado modelo de gestão e incorpore técnicas da administração gerencial, e diante do incremento das ideias democráticas, a atividade administrativa passou a exigir maior participação social institucionalizada; o particular passa a poder participar da construção das decisões administrativas, sendo compartícipe da gestão pública. Há, enfim, uma atuação administrativa consensual.[1]

O modelo de atuação administrativa consensual exige maior diálogo e participação dos cidadãos na tomada de decisões[2], destacando-se a presença de uma multipolaridade de interesses e a coincidência entre os interesses público e privado[3].

É possível perceber uma ampliação gradativa, ao longo dos anos, de manifestações de consensualidade administrativa no Direito brasileiro. De igual modo, o ambiente da consensualidade tem sido incrementado no Direito Penal, no Direito Processual e, em geral, no Direito Público. Com efeito, existem a desapropriação amigável, a colaboração premiada, a transação penal e a suspensão condicional do processo, a autocomposição nos processos que tramitam nos Juizados Especiais

1. BARREIROS, Lorena Miranda Santos. *Convenções processuais e Poder Público*. Salvador: JusPodivm, 2016. n. 1.3, p. 45-49.

2. MUÑOS, Jaime Rodriguez-Arana. *Direito fundamental à boa administração pública*. Trad. Daniel Wuncher Hachem. Belo Horizonte: Fórum, 2012, p. 35.

3. OLIVEIRA, Gustavo Justino de. A administração consensual como a nova face da administração pública no século XXI: fundamentos dogmáticos, formas de expressão e instrumentos de ação. *Boletim de Direito Administrativo*. São Paulo: NDJ, n. 4, abr.-2009, p. 420-421.

Federais e nos Juizados Especiais da Fazenda Pública, os acordos de leniência, além do próprio incremento das Parcerias Público-Privadas.[4]

É nesse ambiente de maior consensualidade que a arbitragem tem se expandido para solução de disputas envolvendo entes da Administração Pública, aumentando os casos em que se viabiliza a autocomposição, por meio da mediação e da conciliação, de que participe o Poder Público.

Em 2007, foi criada, no âmbito federal, a Câmara de Conciliação e Arbitragem da Administração Federal – CCAF, com a finalidade de prevenir e solucionar conflitos que envolvam a União ou entidade integrante da Administração Pública Federal, vindo, posteriormente, a abranger as controvérsias entre entes federais e entidades componentes da Administração Pública dos Estados, do Distrito Federal e de Municípios.

Nos termos do art. 174 do CPC, a União, os Estados, o Distrito Federal e os Municípios devem criar câmaras de mediação e conciliação, com atribuições relacionadas à solução consensual de conflitos no âmbito administrativo. Tais câmaras devem contribuir para solucionar conflitos envolvendo órgãos e entidades da Administração Pública, aí incluídos conflitos internos dentro da própria Administração. De igual modo, as câmaras de conciliação e mediação podem avaliar a admissibilidade dos pedidos de resolução de conflitos, por meio de conciliação, no âmbito da própria Administração Pública. Também é possível que as referidas câmaras promovam a celebração de termo de ajustamento de conduta. Os termos de ajustamento de conduta, que têm sido celebrados no âmbito dos direitos difusos e coletivos, podem ser um bom instrumento de negociação em qualquer situação conflituosa, conduzida pelas câmaras de conciliação e mediação da Administração Pública.

A criação dessas câmaras, com tais finalidades, está igualmente prevista no art. 32 da Lei 13.140, de 2015, que trata da mediação entre particulares e entre particulares e, igualmente, sobre a autocomposição no âmbito do Poder Público. Criada a câmara pelo ente público, seu regulamento deve indicar quais casos podem ser submetidos à mediação. A submissão do conflito à câmara é facultativa e somente será cabível nos casos previstos no seu regulamento.

Enquanto não criadas as câmaras de prevenção e resolução administrativa de conflitos, as disputas podem ser resolvidas mediante procedimento de mediação, com marcação de reunião inicial, quando, então, será considerada instaurada a mediação. Na verdade, o art. 33 da Lei nº 13.140, de 2015, prevê a adoção do *procedimento* da mediação. Não há, rigorosamente, no que diz respeito às pessoas jurídicas de direito público, uma regulação a respeito da mediação.

Há a previsão de um procedimento para prevenção ou solução administrativa de conflitos, a ser conduzido pelos órgãos da Advocacia Pública, que se destina a dar

4. BARREIROS, Lorena Miranda Santos. Ob. cit. , n. 1.4, p. 49-92.

solução extrajudicial à disputa. A Administração Pública irá examinar a pretensão do particular para, então, verificar se há procedência, então, acolher ou propor uma solução (Lei nº 13.140, de 2015, art. 32, II). No caso de litígios entre órgãos da Administração Pública, o órgão da Advocacia Pública vai examinar e resolver; haverá, nessa hipótese, um julgamento administrativo (Lei nº 13.140, de 2015, art. 32, I).

A Fazenda Pública pode utilizar o procedimento previsto para a mediação com particulares, até que seja criada sua câmara de mediação (Lei 13.140, de 2015, art. 33). É possível, ainda, a instauração, de ofício ou por provocação, de procedimento de mediação coletiva de conflitos concernentes à prestação de serviços públicos (Lei 13.140, de 2015, art. 33, parágrafo único).

O advogado público pode atuar como mediador ou conciliador na câmara criada pelo ente público.[5] Nos termos do art. 6º da Lei 13.140, de 2015, *"o mediador fica impedido, pelo prazo de um ano, contado do término da última audiência em que atuou, de assessorar, representar ou patrocinar qualquer das partes"*. Sobre a aplicação de tal dispositivo ao advogado público que atue como mediador ou conciliador, o enunciado 1 do I Fórum Nacional do Poder Público – Brasília/DF assim está redigido: *"Após atuar como mediador ou conciliador no âmbito da Administração Pública, o advogado público não fica impedido de assessorar, representar ou patrocinar o respectivo ente público, senão em relação ao outro participante da mediação e ao seu objeto, cumulativamente"*.

A autocomposição com o Poder Público pode ser feita por adesão, nos termos dos arts. 35 a 40 da referida Lei 13.140, de 2015. O acordo celebrado entre o Poder Público e o particular constitui título executivo extrajudicial, podendo fundamentar a propositura de uma ação de execução (Lei 13.140/2015, art. 32, § 3º).

O processo de mediação, mesmo quando envolva a Fazenda Pública, deve ser confidencial. A confidencialidade, como já demonstrado, é norma inerente à mediação e à conciliação. Segundo registrado no enunciado 36 do II Fórum Nacional do Poder Público – Vitória/ES: *"Durante o processo de mediação do particular com a Administração Pública, deve ser observado o princípio da confidencialidade previsto no artigo 30 da Lei 13.140/2015, ressalvando-se somente a divulgação da motivação da Administração Pública e do resultado alcançado"*.

Há uma preocupação em compatibilizar a exigência de confidencialidade com o princípio da publicidade, inerente à atividade administrativa (CF, art. 37) e aplicável ao processo judicial. Por isso mesmo, não falta quem defenda a aplicação do § 3º do art. 1º da Lei 9.307, de 1996, à mediação ou conciliação com o Poder Público, afirmando que não deve haver confidencialidade, a não ser nos casos em que a Lei

5. Também pode o advogado público atuar como mediador em mediação privada. Nesse sentido, o enunciado 38 do II Fórum Nacional do Poder Público – Vitória/ES: "É compatível a atuação do advogado público como mediador na mediação privada".

12.527, de 2011 (Lei do Acesso à Informação), estabeleça o dever de sigilo.[6] Daí o teor do enunciado 6 do I Fórum Nacional do Poder Público – Brasília/DF: "*A confidencialidade na mediação com a Administração Pública observará os limites da lei de acesso à informação*".

É um exagero essa afirmação.

Aliás, o referido enunciado 6 conflita com o também mencionado enunciado 36, ambos do Fórum Nacional do Poder Público. O que é confidencial não é o processo no qual se realiza(m) a(s) sessão(ões) de mediação ou de conciliação. É preciso que se divulguem sua existência e os atos nele praticados. O conteúdo das sessões de mediação ou de conciliação é que é sigiloso. E deve ser mesmo; para que viabilize a autocomposição, as partes precisam ter a garantia de que tudo o que disserem não poderá servir para a defesa da parte contrária. O princípio da publicidade não tem a amplitude que fundamenta a destacada preocupação. Fosse assim, todas as reuniões realizadas por autoridades públicas deveriam ser públicas, devendo toda conversa, negociação, diálogo ser divulgado e publicizado. O conteúdo das sessões de mediação e conciliação é sigiloso, mas o resultado e a motivação da Administração Pública são públicos e devem ser divulgados.

O processo judicial é público. Todos os atos são públicos. Mas as conversas, os debates, a negociação travada na sessão de mediação são confidenciais. Não obtida a autocomposição, segue o procedimento, todo público, mas as conversas não podem ser divulgadas, sob pena de inviabilizar qualquer negociação. Obtida a autocomposição, aí serão divulgados o resultado e a motivação do Poder Público. O que importa é o resultado: houve ou não autocomposição. Se não houve, é irrelevante saber o que se conversou. Se houve, devem ser divulgados o resultado e a motivação, como, aliás, está no enunciado 36 do Fórum Nacional do Poder Público.

A sessão de mediação ou de conciliação é confidencial, tal como estabelece o art. 30 da Lei 13.140, de 2015. Se as conversas ou informações forem registradas de algum modo e apresentadas em processo judicial ou arbitral, não devem ser admitidas (Lei 13.140/2015, art. 30, § 2º). É ilícita a prova que atente contra a confidencialidade. Não estão abrigadas pela confidencialidade as informações relativas à ocorrência de crime de ação pública; a confidencialidade não afasta o dever de prestação de informações às autoridades fazendárias.

Enfim, a confidencialidade é medida que se impõe durante as sessões de mediação e conciliação de que participa a Fazenda Pública.

---

6. PEIXOTO, Ravi. A nova sistemática de resolução consensual de conflitos pelo Poder Público: uma análise a partir do CPC/2015 e da Lei 13.140/2015. *Revista de Processo*. São Paulo: RT, v. 261, nov. 2016, p. 476. No mesmo sentido: PEIXOTO, Ravi. Os "princípios" da mediação e da conciliação: uma análise da Res. 125/2010 do CNJ, do CPC/2015 e da Lei 13.140/2015. In: ZANETI JR., Hermes; CABRAL, Trícia Navarro Xavier (coords.). *Justiça multiportas*: mediação, conciliação, arbitragem e outros meios de solução adequada de conflitos. Salvador: JusPodivm, 2016. n. 2.4.4, p. 100-101.

2. RESTRIÇÕES LEGAIS NO ÂMBITO TRIBUTÁRIO

A Lei nº 13.140, de 2015, regula a autocomposição de conflitos em que for parte pessoa jurídica de direito público. Seu art. 32, secundando o disposto no art. 174 do CPC, prevê a faculta à União, aos Estados, ao Distrito Federal e aos Municípios a criação de câmaras de prevenção e resolução administrativa de conflitos, no âmbito dos respectivos órgãos da Advocacia Pública para (I) dirimir conflitos entre órgãos e entidades da Administração Pública; (II) avaliar a admissibilidade dos pedidos de resolução de conflitos, por meio de composição, no caso de controvérsia entre particular e a própria Fazenda Pública; (III) promover, quando couber, a celebração de termo de ajustamento de conduta.

Nos casos em que a controvérsia seja relativa a tributos federais, o art. 38 da Lei nº 13.140, de 2015, não permite a aplicação das hipóteses previstas nos incisos II e III do seu art. 32. Em outras palavras, a atuação da câmara de prevenção e resolução administrativa de conflitos, no âmbito tributário, somente pode ocorrer para dirimir conflitos entre órgãos e entidades da Administração Pública.

As empresas públicas, as sociedades de economia mista e suas subsidiárias que explorem atividade econômica não podem submeter seus litígios com órgãos ou entidades da Administração Pública federal à Advocacia-Geral da União, para fins de composição extrajudicial do conflito.

Quando for parte algum ente tributante federal, a submissão do conflito à composição extrajudicial pela Advocacia-Geral da União implica renúncia do direito de recorrer ao Conselho Administrativo de Recursos Fiscais. Além disso, a redução ou o cancelamento do crédito dependerá de manifestação conjunta do Advogado-Geral da União e do Ministro de Estado da Fazenda.

3. CAUSA DE SUSPENSÃO DA PRESCRIÇÃO

Nos termos do art. 17 da Lei nº 13.140, de 2015, "*Considera-se instituída a mediação na data para a qual for marcada a primeira reunião de mediação*". A partir daí, fica suspenso o prazo prescricional (Lei nº 13.140, de 2015, art. 17, parágrafo único).

A instauração de procedimento administrativo para resolução consensual do conflito no âmbito da Administração Pública – assim considerada quando o órgão ou entidade pública emitir juízo de admissibilidade – suspende a prescrição (Lei 13.140, de 2015, art. 34), independentemente de seu juízo positivo de admissibilidade[7]. O que importa é o juízo de admissibilidade. Seja ele negativo, seja ele positivo,

7. Nesse sentido, o enunciado 37 do II Fórum Nacional do Poder Público – Vitória/ES: "A suspensão da prescrição prevista no art. 34 da Lei 13.140/2015 ocorre independentemente do juízo positivo de admissibilidade". Em sentido contrário, entendendo que só há suspensão da prescrição se houver juízo positivo de admissibilidade: PEIXOTO, Ravi. A nova sistemática de resolução consensual de conflitos pelo Poder Público..., cit., p. 485.

uma vez emitido, haverá suspensão da prescrição da pretensão a ser exercida contra a Fazenda Pública. A suspensão da prescrição retroage à data da formalização do pedido de resolução consensual do conflito (Lei 13.140/2015, art. 34, § 1º).

Já se destacou que um dos meios de solução consensual no âmbito da Administração Pública é a celebração de transação por adesão. A formalização de resolução administrativa destinada à transação por adesão não implica interrupção ou suspensão da prescrição. De igual modo, não implica renúncia tácita à prescrição. Tudo isso está disposto no § 6º do art. 35 da Lei nº 13.140, de 2015.

4. AUSÊNCIA DE SUSPENSÃO DA PRESCRIÇÃO NAS QUESTÕES TRIBUTÁRIAS

Tradicionalmente, entre os doutrinadores brasileiros estabeleceu-se o critério segundo o qual a prescrição consistiria na perda ou extinção do direito de ação.[8] Na verdade, a prescrição apenas atinge a eficácia da pretensão e da ação. A prescrição não consiste na perda ou na extinção do direito de ação, sendo, isto sim, o encobrimento da *pretensão*, atingindo, por conseguinte, a ação.

O prazo de prescrição pode ser interrompido, suspenso ou renunciado, devendo as hipóteses de suspensão e interrupção estar expressamente previstas em lei.

No âmbito tributário, tanto a prescrição como a decadência são causas de extinção do crédito tributário (CTN, art. 156, V). O parágrafo único do art. 174 do CTN relaciona as causas de interrupção da prescrição no campo tributário. Por sua vez, o art. 151 do CTN discrimina as hipóteses que acarretam a suspensão da exigibilidade do crédito tributário. Suspensa a exigibilidade do crédito tributário, está, consequentemente, suspensa a prescrição. Pode-se, então, dizer que o art. 151 do CTN relaciona as causas de suspensão da prescrição na pretensão do crédito tributário.

Já se viu que a instauração de procedimento administrativo para resolução consensual do conflito no âmbito da Administração Pública suspende a prescrição. Tal hipótese não é causa de suspensão da prescrição da pretensão do crédito tributário. O § 2º do art. 34 da Lei nº 13.140, de 2015, expressamente a exclui do rol de causas de suspensão da prescrição tributária. As hipóteses de suspensão da prescrição no âmbito tributário são apenas aquelas previstas no próprio Código Tributário Nacional.

8. LEAL, Antônio Luis da Câmara. *Da prescrição e da decadência*. 3. ed. Rio de Janeiro: Forense, 1978. p. 22; MONTEIRO, Washington de Barros. *Curso de direito civil*. 33. ed. São Paulo: Saraiva, 1995. v. 1, p. 288.

Art. 35. As controvérsias jurídicas que envolvam a administração pública federal direta, suas autarquias e fundações poderão ser objeto de transação por adesão, com fundamento em:

I – autorização do Advogado-Geral da União, com base na jurisprudência pacífica do Supremo Tribunal Federal ou de tribunais superiores; ou

II – parecer do Advogado-Geral da União, aprovado pelo Presidente da República.

§ 1º Os requisitos e as condições da transação por adesão serão definidos em resolução administrativa própria.

§ 2º Ao fazer o pedido de adesão, o interessado deverá juntar prova de atendimento aos requisitos e às condições estabelecidos na resolução administrativa.

§ 3º A resolução administrativa terá efeitos gerais e será aplicada aos casos idênticos, tempestivamente habilitados mediante pedido de adesão, ainda que solucione apenas parte da controvérsia.

§ 4º A adesão implicará renúncia do interessado ao direito sobre o qual se fundamenta a ação ou o recurso, eventualmente pendentes, de natureza administrativa ou judicial, no que tange aos pontos compreendidos pelo objeto da resolução administrativa.

§ 5º Se o interessado for parte em processo judicial inaugurado por ação coletiva, a renúncia ao direito sobre o qual se fundamenta a ação deverá ser expressa, mediante petição dirigida ao juiz da causa.

§ 6º A formalização de resolução administrativa destinada à transação por adesão não implica a renúncia tácita à prescrição nem sua interrupção ou suspensão.

João Luiz Lessa Neto

1. COMENTÁRIOS

O Direito brasileiro privilegia a solução consensual das disputas. Mais especificamente, a *primazia da solução adequada* dos conflitos é norma fundamental do sistema processual e de resolução de disputas no Brasil. Kazuo Watanabe apontou para a necessidade de modificação da cultura tradicional na questão, ao invés de se resolver conflitos através da sentença, da decisão judicial, deve-se privilegiar a cultura da pacificação[1].

1. WATANABE, Kazuo. Cultura da sentença e cultura da pacificação. In: YARSHELL, Flávio Luiz; MORAES, Maurício Zanoide de. **Estudos em homenagem à professora Ada Pellegrini Grinover.** São Paulo: DPJ Editora, 2005, 685-687.

O princípio da primazia da solução adequada dos conflitos deve nortear *toda* a atuação estatal. Não é por acaso que o art. 3º, § 2º, do CPC/2015 estabelece que o Estado *promoverá*, sempre que possível, a solução consensual dos conflitos. Aquela norma tem não apenas o sentido de que o Estado deve estimular e fornecer os meios para a solução negociada de litígios entre particulares. É igualmente relevante a noção de que o próprio Estado, ao tentar resolver os seus conflitos, deve fazê-lo de maneira consensual e não litigiosa.

Assim, no comando legal de que o Estado promoverá a solução consensual de conflitos está contido três acepções: (i) o Estado deve fornecer um serviço público de justiça que proporcione o adequado tratamento dos conflitos, com a adoção de um modelo multiportas; (ii) o Estado deve disseminar e informar a população sobre os meios consensuais, promovendo sua utilização; (iii) o Estado deve promover, preferir, privilegiar, sempre que possível, a solução consensual das disputas em que for parte ou que tiver interesse.

A norma do art. 3º, § 2º, CPC/2015, portanto, não tem apenas relevância enquanto norma processual, mas indica um comando relevante para toda a atividade pública e administrativa[2]. O consensualismo representa uma nova oportunidade de ação para o Estado[3]. É neste contexto que deve ser compreendido o art. 35 da Lei de Mediação, pois o dispositivo apresenta uma possibilidade de solução consensual e não adversarial de controvérsias no âmbito da administração pública[4].

Na verdade, não há, como regra, uma necessidade de intervenção jurisdicional nas relações de Direito Público, que podem ser adequadamente resolvidas pela própria administração, em sua atuação, sem a necessidade de resolução da questão pelo Poder Judiciário[5].

2. MEGNA, Bruno Lopes. A Administração Pública e os meios consensuais de solução de conflitos ou "enfrentando o leviatã nos novos mares da consensualidade". In: **Revista da Procuradoria Geral do Estado de São Paulo.** São Paulo: PGE, jul./dez. 2015, n. 82, p. 3.

3. "É inegável que o consenso como forma alternativa de ação estatal representada para a Política e para o Direito uma benéfica renovação, pois contribui para aprimorar a governabilidade (eficiência), propicia mais freios contra os abusos (legalidade), garante a atenção de todos os interesses justiça), proporciona decisão mais sábia e prudente (legitimidade), evitam os desvios morais (licitude), desenvolve a responsabilidade das pessoas (civismo) e torna os comandos estatais mais aceitáveis e facilmente obedecidos (ordem)." MOREIRA NETO, Diogo Figueiredo. Novos institutos consensuais da ação administrativa. In: **Revista de Direito Administrativo.** Rio de Janeiro: FGV, jan.-mar. 2003, n. 231, p. 145.

4. Carlos Eduardo de Vasconcelos destaca "a importância substancial desses dispositivos indutores e reguladores de novas possibilidades democráticas e republicanas para a solução consensual de disputas envolvendo o ente público. VASCONCELOS, Carlos Eduardo de. **Mediação de conflitos e práticas restaurativas.** 3. ed. São Paulo: Método, 2014, p. 108.

5. TALAMINI, Eduardo. A indisponibilidade do interesse público: consequências processuais (composições em juízo, prerrogativas processuais, arbitragem, negócios processuais e ação monitória) – versão atualizada para o CPC/2015. In: ZANETI JR., Hermes; CABRAL, Trícia Navarro X.. **Justiça multiportas: mediação, conciliação, arbitragem e outros meios de solução adequada de conflitos.** Salvador: Juspodivm, 2017, p. 279.

Embora os direitos indisponíveis não comportem alienação, não é possível se afastar a prioristicamente a possibilidade de, em um juízo de ponderação a respeito da proporcionalidade e da razoabilidade, se admitir processos de negociação a seu respeito, na medida justamente em que isso se revele mais adequado para sua concretização ou proteção[6].

O art. 35 da Lei de Mediação traz a previsão da possibilidade de elaboração de proposta geral, formulada pela administração pública federal, para a solução consensual de controvérsias sobre determinado tema. Não se trata, a toda evidência, rigorosamente, de hipótese de mediação. Não há a presença de um terceiro facilitador da negociação, inexistindo a figura do mediador[7]. Aliás, tampouco trata-se de hipótese de negociação, não há espaço para negociação na acepção tradicional do termo[8]-[9]. O modelo é de solução consensual por adesão. A administração pública formula a proposta, estabelecendo os seus termos, e o particular pode optar por aceitar ou não a proposta formulada.

Nenhuma consequência há para o particular que opte por não aceitar ou aderir à proposta formulada pela administração federal. Ele poderá, livremente, optar por prosseguir com ou propor as medidas judiciais ou administrativas que entenda adequadas e nenhuma ilação negativa pode ser feita a partir desta sua opção. De outra maneira, não se poderia falar em solução consensual, mas imposta.

Não se trata, portanto, de hipótese de mediação ou mesmo de negociação. Não há espaço para efetiva negociação entre as partes interessadas e, tampouco, a participação de um terceiro que facilite esta negociação. A transação por adesão é um meio extrajudicial de solução de conflitos através do qual o interessado aceita, formulando pedido administrativo e juntando prova de atendimento aos requisitos e às condições estabelecidos, os termos da proposta geral formulada pelo ente público.

A administração pública formulará sua proposta de transação através de resolução administrativa própria. A resolução administrativa deverá estar fundamentada em autorização do Advogado-Geral da União, em assunto sobre o qual exista jurisprudência pacífica do Supremo Tribunal Federal ou dos Tribunais Superiores, ou em parecer do Advogado-Geral da União, que tenha sido aprovado pelo Presidente da república. Para ser possível a edição da resolução administrativa o entendimento

---

6. VENTURI, Elton. Transação de direitos indisponíveis? In: ZANETI JR., Hermes; CABRAL, Trícia Navarro X.. **Justiça multiportas: mediação, conciliação, arbitragem e outros meios de solução adequada de conflitos**. Salvador: Juspodivm, 2017, p. 417-418.

7. NOCE, Dorothy Della; BUSH, Robert Baruch; FOLGER, Joseph P. Clarifying the theoretical underpinnings of mediation: implications for practice and policy. In: **Pepperdine Dispute Resolution Law Journal**. Malibu: Pepperdine Libraries, 2002, n. 3, v. 1, p. 39.

8. MENKEL-MEADOW, Carrie. Toward another view of legal negotiation: the structure of problem solving. In: **University of California Los Angeles Law Review**. Los Angeles: UCLA, abr. 1984, v. 31, n. 4.

9. TARTUCE, Fernanda. **Mediação nos conflitos civis**. São Paulo: Método, 2016, p. 174-175.

jurídico sobre a questão deverá ser pacífico e previamente estabelecido. Este entendimento poderá ter sido formado judicialmente, por precedentes dos tribunais superiores, ou no âmbito da administração, através de parecer devidamente editado e aprovado.

Não é possível a edição de resolução administrativa sem que estejam presentes os fundamentos jurídicos requeridos pela lei. Assim, deve haver posição firme no âmbito judicial ou administrativo sobre a questão, não sendo possível que a proposta seja formulada na ausência dos fundamentos previstos nos incisos I e II do art. 35 da Lei de Mediação. A preocupação, evidentemente, volta-se para a garantia da legalidade na atuação da administração, de modo a assegurar que o conteúdo da resolução administrativa reflita interpretação adequada e firme da legislação aplicável. Por outro lado, o instituto permite que questões que já foram anteriormente adequadamente analisadas ou que possuem tese firmada sejam resolvidas sem o transcurso do processo judicial, permitindo a racionalização e melhor utilização dos recursos públicos, justamente por evitar os custos inerentes à condução do processo judicial.

A resolução administrativa deverá explicitar quais os requisitos e condições para que o interessado possa aderir aos termos da transação proposta. A resolução administrativa não se vincula a um caso específico, mas a situações de caráter repetitivo ou, nos termos da lei, a resolução terá caráter "geral". Por isso, qualquer interessado que se enquadre nos termos constantes da resolução administrativa poderá optar pela transação. Naturalmente, o Estado pode transigir em casos específicos e individuais, na forma da lei, mas esta não é a hipótese tratada pelo artigo 35 da Lei de Mediação.

Caso deseje aderir à proposta formulada pela administração pública, o particular deverá demonstrar o preenchimento dos requisitos estabelecidos na resolução administrativa, apresentando a documentação correspondente. Em razão da regra da impessoalidade da administração pública, não é possível que, uma vez apresentada a resolução administrativa, seja negada a adesão ao interessado que preencha os requisitos legais. A união está vinculada aos termos da proposta de transação por adesão que apresente, não havendo discricionariedade para celebrar ou não transação com o interessado que preencha os requisitos.

O § 4º do art. 35 da Lei de Mediação estabelece que "*a adesão implicará renúncia do interessado ao direito sobre o qual se fundamenta a ação ou o recurso, eventualmente pendentes, de natureza administrativa ou judicial, no que tange aos pontos compreendidos pelo objeto da resolução administrativa.*" Alguns esclarecimentos, contudo, precisam ser feitos sobre a questão. Rigorosamente, ao aderir aos termos da transação o interessado não renuncia ao direito sobre o qual se fundamenta a ação ou o recurso. O interessado não renuncia a direitos, mas *transige* sobre esses direitos, por celebrar negócio jurídico com a administração. O fato de o negócio jurídico ser por adesão em nada modifica o fato de não haver renúncia. O que se verifica neste caso é transação e ato negocial e não renúncia.

Questão diferente é a dos efeitos processuais dessa transação por adesão. O feito processual da celebração do negócio jurídico é a perda do objeto da ação ou do recurso judicial ou do processo administrativo. Não poderia ser diferente. Se a questão foi resolvida extrajudicialmente, não há mais objeto a ser discutido no processo. O que o § 4º do art. 35 da Lei de Mediação quer estabelecer é que o interessado estará vinculado pela transação que celebrou com a União e que os processos judiciais e administrativos sofrerão as consequências dessa transação e, eventualmente, deverão ser extintos. Caberá ao particular informar no processo sua adesão à oferta de transação e pedir a extinção do feito. Caso o particular não o faça, a própria União poderá noticiar esta situação nos autos do processo. Por outro lado, se a questão ainda não estava pendente judicialmente, a transação resolverá a questão extrajudicialmente.

Além disso, caso a transação celebrada abranja apenas parte do objeto litigioso do processo, a ação prosseguirá quanto ao restante. Não poderia ser diferente. Nada impede que a transação seja parcial e diga respeito a alguns, mas não a todos, dos pedidos deduzidos, os pedidos que não forem objeto de transação deverão ser julgados normalmente.

Por ter caráter de oferta geral e não se vincular a um caso particular a formalização de resolução administrativa destinada à transação por adesão não implica a renúncia tácita à prescrição nem sua interrupção ou suspensão. Ou seja, a resolução administrativa, enquanto proposta geral, não tem o condão de interromper ou suspender o curso da prescrição para nenhum caso concreto.

2. BIBLIOGRAFIA

MEGNA, Bruno Lopes. A Administração Pública e os meios consensuais de solução de conflitos ou "enfrentando o leviatã nos novos mares da consensualidade". In: **Revista da Procuradoria Geral do Estado de São Paulo.** São Paulo: PGE, jul./dez. 2015, n. 82.

MENKEL-MEADOW, Carrie. Toward another view of legal negotiation: the structure of problem solving. In: **University of California Los Angeles Law Review**. Los Angeles: UCLA, abr. 1984, v. 31, n. 4.

MOREIRA NETO, Diogo Figueiredo. Novos institutos consensuais da ação administrativa. In: **Revista de Direito Administrativo.** Rio de Janeiro: FGV, jan./mar. 2003, n. 231.

NOCE, Dorothy Della; BUSH, Robert Baruch; FOLGER, Joseph P.. Clarifying the theoretical underpinnings of mediation: implications for practice and policy. In: **Pepperdine Dispute Resolution Law Journal.** Malibu: Pepperdine Libraries, 2002, n. 3, v. 1.

TALAMINI, Eduardo. A indisponibilidade do interesse público: consequências processuais (composições em juízo, prerrogativas processuais, arbitragem, negócios processuais e ação monitória) – versão atualizada para o CPC/2015. In: ZANETI JR., Hermes; CABRAL, Trícia Navarro X.. **Justiça multiportas: mediação, conciliação, arbitragem e outros meios de solução adequada de conflitos.** Salvador: Juspodivm, 2017.

TARTUCE, Fernanda. **Mediação nos conflitos civis.** São Paulo: Método, 2016.

VASCONCELOS, Carlos Eduardo de. **Mediação de conflitos e práticas restaurativas.** 3. ed. São Paulo: Método, 2014.

VENTURI, Elton. Transação de direitos indisponíveis? In: ZANETI JR., Hermes; CABRAL, Trícia Navarro X.. **Justiça multiportas: mediação, conciliação, arbitragem e outros meios de solução adequada de conflitos**. Salvador: Juspodivm, 2017.

WATANABE, Kazuo. Cultura da sentença e cultura da pacificação. In: YARSHELL, Flávio Luiz; MORAES, Maurício Zanoide de. **Estudos em homenagem à professora Ada Pellegrini Grinover**. São Paulo: DPJ Editora, 2005.

Art. 36. No caso de conflitos que envolvam controvérsia jurídica entre órgãos ou entidades de direito público que integram a administração pública federal, a Advocacia-Geral da União deverá realizar composição extrajudicial do conflito, observados os procedimentos previstos em ato do Advogado-Geral da União(1).

§ 1º Na hipótese do *caput*, se não houver acordo quanto à controvérsia jurídica, caberá ao Advogado-Geral da União dirimi-la(2), com fundamento na legislação afeta(3).

§ 2º Nos casos em que a resolução da controvérsia implicar o reconhecimento da existência de créditos da União, de suas autarquias e fundações em face de pessoas jurídicas de direito público federais, a Advocacia-Geral da União poderá solicitar ao Ministério do Planejamento, Orçamento e Gestão a adequação orçamentária para quitação das dívidas reconhecidas como legítimas(4).

§ 3º A composição extrajudicial do conflito não afasta a apuração de responsabilidade do agente público que deu causa à dívida, sempre que se verificar que sua ação ou omissão constitui, em tese, infração disciplinar(5).

§ 4º Nas hipóteses em que a matéria objeto do litígio esteja sendo discutida em ação de improbidade administrativa ou sobre ela haja decisão do Tribunal de Contas da União, a conciliação de que trata o *caput* dependerá da anuência expressa do juiz da causa ou do Ministro Relator(6).

Claudio Madureira

1. COMENTÁRIOS

(1). O *caput* do artigo 36 da Lei nº 13.140/2015, quanto interpretado conjuntamente com o artigo 39 do mesmo diploma (que condiciona a propositura de ações judiciais por órgãos/entidades de direito público da União contra órgãos/entidades de direito público da União a prévia autorização do Advogado-Geral da União), revela imposição jurídico-normativa a que controvérsias entre pessoas jurídicas de direito público que integram a Administração Pública Federal sejam primeiramente submetidas à análise da Advocacia Geral da União, a quem compete solucioná-las inclusive por meio de autocomposição extrajudicial. Tradicionalmente, essa tarefa é desempenhada, nesse âmbito, pela Câmara de Conciliação e Arbitragem da Administração Federal[1], que integra a Consultoria Geral da União[2].

Desde a sua origem, compete a essa câmara de conciliação identificar litígios entre órgãos e entidades da Administração Federal, manifestar-se quanto ao cabimento e à possibilidade de conciliação, buscar a conciliação entre esses órgãos/ entidades e supervisionar as atividades conciliatórias no âmbito de outros órgãos da Advocacia-Geral da União[3]. Destarte, havendo conflitos entre órgãos e entidades federais, fundados na divergência de interpretação jurídica, a sua solução incumbe à Câmara de Conciliação e Arbitragem da Administração Federal.

Sobre a sua instituição, Maria Jovita Wolney Valente leciona que "a Lei Complementar nº 73, de 1993 (art. 4º, X, XI, XII, XIII, e § 2º), e a Lei nº 9.028, de 12 de abril de 1995 (art. 8º-C), trouxeram disposições destinadas a evitar que a solução controvérsias entre órgãos e entidades da Administração Federal se transferisse para a esfera judicial"[4]. E relata que, "com esse propósito, foi incluído o art. 11 na Medida Provisória nº 2.180-35, de 24 de agosto de 2001 [...], que incumbiu o Advogado-Geral da União de adotar todas as providências necessárias a que se deslindem tais controvérsias em sede administrativa"[5]. Como decorrência disso, "em 3 de outubro de 2002, foi editada a Medida Provisória nº 71, da qual constava a criação de câmara de conciliação da Administração Federal na Advocacia-Geral da União"[6]. Conforme Valente, "essa medida provisória [...] veio a ser rejeitada pelo Congresso Nacional em dezembro daquele ano, em razão de outras matérias ali tratadas"[7]. Porém, ainda antes da sua rejeição "algumas conciliações foram realizadas e, mesmo depois, considerados os dispositivos legais já citados [...], outras conciliações ocorreram e outras estão em andamento no âmbito da Advocacia-Geral da União"[8]. Assim, para viabilizar

---

1. Sobre a argumentação que se segue, cf.: (MADUREIRA, Claudio. *Advocacia Pública*. Belo Horizonte: Fórum, 2016. p. 153-162, passim) e (MADUREIRA, Claudio; COLODETTI, Bruno. *Advocacia Geral da União*. 5ª ed. Salvador: Juspodivm, 2017. p. 48-60, passim).

2. Ato Regimental 05. "Art. 4º Integram a Consultoria-Geral da União: [...] VIII – a Câmara de Conciliação e Arbitragem da Administração Federal – CCAF".

3. Ato Regimental 05. "Art. 17. Compete à Câmara de Conciliação e Arbitragem da Administração Federal – CCAF: I – identificar os litígios entre órgãos e entidades da Administração Federal; II – manifestar-se quanto ao cabimento e à possibilidade de conciliação; III – buscar a conciliação entre órgãos e entidades da Administração Federal; e IV – supervisionar as atividades conciliatórias no âmbito de outros órgãos da Advocacia-Geral da União".

4. VALENTE, Maria Jovita Wolney. Histórico e evolução da Advocacia-Geral da União. In: GUEDES, Jefferson Carús; SOUZA, Luciane Moessa de (Coord.). *Advocacia de Estado*: questões institucionais para a construção de um Estado de justiça. Belo Horizonte: Fórum, 2009. p. 384.

5. VALENTE, Maria Jovita Wolney. Histórico e evolução da Advocacia-Geral da União, cit., p. 384.

6. VALENTE, Maria Jovita Wolney. Histórico e evolução da Advocacia-Geral da União, cit., p. 384.

7. VALENTE, Maria Jovita Wolney. Histórico e evolução da Advocacia-Geral da União, cit., p. 384.

8. VALENTE, Maria Jovita Wolney. Histórico e evolução da Advocacia-Geral da União, cit., p. 384. Referindo-se ao seu funcionamento, Jefferson Carús Guedes relata que "a Câmara de Conciliação e Arbitragem

novas conciliações e orientar as entidades e órgãos interessados, "o Advogado-Geral da União expediu a Portaria nº 118, de 1º de fevereiro de 2007, dispondo sobre a conciliação entre órgãos e entidades da Administração Federal"[9]. Nesse contexto, a conciliação passou a ser exercida por câmaras de conciliação *ad hoc* instaladas, até que fosse instituída câmara permanente e regulamentada a conciliação entre órgãos e entidades da União[10]. Disposições semelhantes foram consolidadas, meses depois, no Ato Regimental nº 05/2007, que inseriu a Câmara de Conciliação e Arbitragem da Administração Federal no âmbito da Consultoria Geral da União[11], atribuindo a ela as competências dantes enunciadas[12].

Esses atos normativos *interna corporis* foram modificados, anos à frente, pelo Decreto nº 7.392/2010, que dispõe sobre a competência, a estrutura e o funcionamento da Consultoria-Geral da União. Esse decreto ampliou a competência da Câmara de Conciliação e Arbitragem da Administração Federal, permitindo-lhe, inclusive, promover a conciliação entre órgãos e entidades federais e a Administração Pública dos Estados, do Distrito Federal e dos Municípios[13]. Atualmente, a Câmara detém competência para (i) avaliar a admissibilidade dos pedidos de resolução de conflitos, por meio de conciliação, no âmbito da Advocacia-Geral da União; (ii) requisitar aos órgãos e entidades da Administração Pública Federal informações para subsidiar sua atuação; (iii) dirimir, por meio de conciliação, as controvérsias entre órgãos e entidades da Administração Pública Federal, bem como entre esses e a Administração Pública dos Estados, do Distrito Federal, e dos Municípios; (iv)

---

da AGU tem feito transações ou decidido por arbitragem conflitos entre entes da Administração, de modo a prevenir ou mesmo extinguir controvérsias". Também destaca a sua importância Ronaldo Jorge Araújo Vieira Junior; nos termos seguintes: "É importante destacar que a CCAF tem adotado, por orientação do Advogado-Geral da União, postura pró-ativa no sentido de identificar, num primeiro momento, no âmbito dos Tribunais Superiores, ações judiciais que envolvam órgãos e entidades da Administração Pública Federal com o objetivo de, com a aquiescência do Ministro responsável, suspender a ação enquanto se busca a conclusão das providências conciliatórias adotadas no âmbito administrativo" (VIEIRA JÚNIOR, Ronaldo Jorge Araújo. A advocacia pública consultiva e a sustentabilidade jurídico-constitucional das políticas públicas: dimensões, obstáculos e oportunidades na atuação da Advocacia-Geral da União. In: GUEDES, Jefferson Carús; SOUZA, Luciane Moessa de (Coord.). *Advocacia de Estado: questões institucionais para a construção de um Estado de justiça.* Belo Horizonte: Fórum, 2009. p. 446).

9. VALENTE, Maria Jovita Wolney. Histórico e evolução da Advocacia-Geral da União, cit., p. 384.

10. VALENTE, Maria Jovita Wolney. Histórico e evolução da Advocacia-Geral da União, cit., p. 384.

11. Ato Regimental 05. "Art. 4º Integram a Consultoria-Geral da União: [...] VIII – a Câmara de Conciliação e Arbitragem da Administração Federal – CCAF".

12. Ato Regimental 05. "Art. 17. Compete à Câmara de Conciliação e Arbitragem da Administração Federal – CCAF: I – identificar os litígios entre órgãos e entidades da Administração Federal; II – manifestar-se quanto ao cabimento e à possibilidade de conciliação; III – buscar a conciliação entre órgãos e entidades da Administração Federal; e IV – supervisionar as atividades conciliatórias no âmbito de outros órgãos da Advocacia-Geral da União".

13. Cf. VIEIRA JÚNIOR, Ronaldo Jorge Araújo. A advocacia pública consultiva e a sustentabilidade jurídico-constitucional das políticas públicas: dimensões, obstáculos e oportunidades na atuação da Advocacia-Geral da União, cit., p. 466.

buscar a solução de conflitos judicializados, nos casos remetidos pelos Ministros dos Tribunais Superiores e demais membros do Judiciário, ou por proposta dos órgãos de direção superior que atuam no contencioso judicial; (v) promover, quando couber, a celebração de Termo de Ajustamento de Conduta nos casos submetidos a procedimento conciliatório; (vi) propor, quando couber, ao Consultor-Geral da União o arbitramento das controvérsias não solucionadas por conciliação; e para (vii) orientar e supervisionar as atividades conciliatórias no âmbito das Consultorias Jurídicas nos Estados (Decreto nº 7.392/2010, art. 18).

Deve estar claro, contudo, que a vedação à propositura de demandas que situem em polos distintos órgãos e entidades da vinculadas à União sem autorização da Advocacia Geral da União (art. 39) e a imposição a que controvérsias dessa natureza sejam prioritariamente solucionadas por autocomposição extrajudicial (art. 36) não atinge as pessoas jurídicas de direito privado federais (empresas públicas, sociedades de economia mista etc.); porque o legislador foi incisivo ao aplicá-las tão somente aos "*órgãos e entidades de direito público* que integram a Administração Pública Federal"; e porque dispôs, no artigo 37, que é facultado (o que significa dizer que não é obrigatório) "às empresas públicas e sociedades de economia mista federais, submeter seus litígios com órgãos ou entidades da administração pública federal à Advocacia-Geral da União, para fins de composição extrajudicial do conflito"[14].

(2). Essa ressalva é importante sobretudo quando se tem em vista que o Decreto nº 7.392/2010 confere à Câmara de Conciliação e Arbitragem da Administração Federal, entre outras competências, "propor, quando couber, [...] o arbitramento das controvérsias não solucionadas por conciliação" (art. 18, VI). Em perfeita consonância com essa atribuição administrativa, o legislador fixou, no § 1º do artigo 36 da Lei nº 13.140/2015 (Lei da Mediação), que quando não for possível a autocomposição, "caberá ao Advogado Geral da União dirimi-la, com fundamento na legislação afeta".

Dispondo desse modo, o legislador submeteu a resolução do conflito a método heterocompositivo alternativo ao processo judicial, comumente conhecido como *arbitragem*. No ponto, Francisco José Cahali leciona que "na arbitragem, enquanto instrumento de heterocomposição, aparece a figura de um terceiro, ou colegiado, com a atribuição de decidir o litígio que a ele foi submetido pela vontade das partes", acrescentando tratar-se de "método adversarial, no sentido de que a posição de uma das partes se contrapõe à da outra", em que os litigantes outorgam "autoridade ao árbitro para solucionar a questão", num contexto em que "a decisão do árbitro se impõe às partes tal qual uma sentença judicial", embora não tenha sido proferida pelo Poder Judiciário"[15]. Em geral, a opção dos litigantes por submeter o conflito à

14. Disposição legislativa que também é aplicável aos Estados e Municípios, que de igual modo não estão obrigados a submeter a Advocacia Geral da União seus litígios com órgãos/entidades de direito público que compõem a Administração Pública Federal.

15. CAHALI, Francisco José. *Curso de arbitragem*. 5ª ed. São Paulo: Revista dos Tribunais, 2015. p. 44-45.

arbitragem é veiculada em instrumento contratual, pela via da instituição da chamada *cláusula compromissória*[16] e pela ulterior subscrição do *compromisso arbitral*[17] (que compõem, conjuntamente, a *convenção de arbitragem*[18]). Porém, porque se tem em vista, na hipótese analisada, litígios havido entre pessoas jurídicas de direito público que integram a Administração Federal, a manifestação de vontade dos litigantes pela submissão da contenda à arbitragem foi instrumentalizada no próprio texto legal, o que torna desnecessária a subscrição de *clausula compromissória* ou *compromisso arbitral*.

Assim, a conjugação do disposto no *caput* do artigo 36 da Lei nº 13.140/2015 com o que resta consignado no seu § 1º fecha as portas para a condução ao Poder Judiciário de contendas havidas entre órgãos e entidades com personalidade jurídica de direito público que integram Administração Pública Federal; porque, neles, o legislador conferiu à Advocacia Geral da União a sua resolução, quer por método autocompositivo (conciliação/mediação), quer por método heterocompositivo (arbitragem).

(3). A lei também estabelece que a resolução dos litígios pela Advocacia Geral da União deve ser feita "com fundamento na legislação afeta" (art. 36, § 1º, parte final). Essa assertiva precisa ser interpretada em conformidade com o regime jurídico administrativo, que impõe à Administração Pública atuação concreta compatível com as regras e princípios que compõem o ordenamento jurídico[19].

Dalmo de Abreu Dallari conceitua o Estado como "ordem jurídica soberana que tem por fim o bem comum de um povo situado em um território"[20]. Ora, se o Estado, enquanto institucionalização política de uma sociedade, resulta de uma ordem jurídica, por óbvio não lhe assiste, sob qualquer perspectiva, desafiá-la. Destarte, a sua atuação frente à sociedade pressupõe atenção aos limites que lhe atribui essa mesma ordem jurídica. Afinal, como ensina Maria Sylvia Zanella Di Pietro, "a lei [...] estabelece também os limites da atuação administrativa que tenha por objeto a restrição ao exercício de [...] direitos em benefício da coletividade"[21].

---

16. Qualificada pelo artigo 4º da Lei nº 9.307/1996 (Lei da Arbitragem) como "convenção através da qual as partes em um contrato comprometem-se a submeter à arbitragem os litígios que possam vir a surgir, relativamente a tal contrato".

17. Conceituado pelo artigo 9º da Lei nº 9.307/1996 como "convenção através da qual as partes submetem um litígio à arbitragem de uma ou mais pessoas, podendo ser judicial ou extrajudicial".

18. Quanto a isso, cf. o disposto no artigo 9º da Lei nº 9.307/1996; que restava vazado nos seguintes termos: "Art. 3º As partes interessadas podem submeter a solução de seus litígios ao juízo arbitral mediante convenção de arbitragem, assim entendida a cláusula compromissória e o compromisso arbitral".

19. Sobre a argumentação que se segue, cf.: MADUREIRA, Claudio. *Advocacia* Pública, cit., p. 31-41, passim.

20. DALLARI, Dalmo de Abreu. *Elementos de Teoria Geral do Estado*. 20ª ed. São Paulo: Saraiva, 1998. p. 118.

21. DI PIETRO, Maria Sylvia Zanella. *Direito Administrativo*. 13ª ed. São Paulo: Atlas, 2001. p. 67.

Disso decorre a noção de legalidade, que, na feliz observação de Celso Antônio Bandeira de Mello, traduz o propósito político "de submeter os exercentes do poder em concreto – o administrativo – a um quadro normativo que embargue favoritismos, perseguições e desmandos"[22]. Até porque, como lecionam Eduardo García de Enterría e Tomás-Ramón Fernández, "a legalidade a que a Administração está sujeita é antes de tudo uma técnica para garantir a liberdade", de tal sorte que "a violação à legalidade que leve o cidadão a suportar o que a lei não permite é uma agressão à sua liberdade e sua oposição a isto é uma defesa dela"[23].

Nessa senda, Bandeira de Mello acentua que "através da norma geral, abstrata e por isso mesmo impessoal", isto é, da "lei, editada, pois, pelo Poder Legislativo – que é o colégio representativo de todas as tendências (inclusive minoritárias) do corpo social", pretendeu-se "garantir que a atuação do Executivo nada mais seja senão a concretização dessa vontade geral"[24]. Por esse motivo é que os agentes estatais têm a sua atuação vinculada aos estritos limites do que lhes determinam a lei e a Constituição. Cumpre-lhes, pois, em suas atividades cotidianas, aplicar corretamente o Direito, servindo, assim, aos interesses juridicizados pelos legítimos representantes do povo.

Em rigor, não resta alternativa ao Estado brasileiro[25]. Com efeito, o agente estatal, na lição de Hely Lopes Meirelles, "não pode [...] deixar de cumprir os deveres que a lei lhe impõe, nem renunciar a qualquer parcela dos poderes e prerrogativas que lhes são conferidos", precisamente porque "os deveres, poderes e prerrogativas não lhe são outorgados em consideração pessoal, mas sim, para serem utilizados em benefício da comunidade administrada"[26]. Daí falar-se em legalidade estrita, a vincular a Administração Pública e seus agentes, que, conforme observa Bandeira de Mello, é "fruto da submissão do Estado à lei"[27]; e que se encontra positivada, entre nós, como princípio de sede constitucional, na medida em que restou assentada pelo poder constituinte originário no *caput* do artigo 37 da Constituição[28].

---

22. MELLO, Celso Antônio Bandeira de. *Curso de Direito Administrativo*. 27ª ed. São Paulo: Malheiros, 2010. p. 100.

23. ENTERRÍA, Eduardo García de; FERNÁNDEZ, Tomás-Ramón. *Curso de Derecho Administrativo, vol. II*. 11ª ed. Madri, Thomson Civitas, 2008. p. 48; *apud* MELLO, Celso Antônio Bandeira de. A noção jurídica de "interesse público". In: MELLO, Celso Antônio Bandeira de. *Grandes temas de direito administrativo*. São Paulo: Malheiros, 2010. p. 186.

24. MELLO, Celso Antônio Bandeira de. *Curso de Direito Administrativo*, cit., p. 100.

25. Sobre a argumentação que se segue, cf.: MADUREIRA, Claudio. *Advocacia Pública*, cit., p. 34-38, passim.

26. MEIRELLES, Hely Lopes. *Direito Administrativo Brasileiro*. 16ª ed. São Paulo: Revista dos Tribunais, 1991. p. 77.

27. MELLO, Celso Antônio Bandeira de. *Curso de Direito Administrativo*, cit., p. 100.

28. CRFB. "Art. 37. A administração pública direta e indireta de qualquer dos Poderes da União, dos Estados, do Distrito Federal e dos Municípios obedecerá aos princípios de *legalidade*, impessoalidade, moralidade, publicidade e eficiência e, também, ao seguinte: (Redação dada pela Emenda Constitucional nº 19, de 1998)" (destaques pessoais). A propósito, cf. BACELLAR FILHO, Romeu Felipe. A noção jurídica de

Di Pietro destaca a absoluta importância da legalidade para o regime jurídico administrativo, quando afirma que "este princípio juntamente com o de controle da Administração pelo Poder Judiciário, nasceu com o Estado de Direito e constitui uma das principais garantias de respeito aos direitos individuais"[29]. Nesse mesmo sentido se posiciona Romeu Felipe Bacellar Filho, quando expõe que o princípio administrativo da legalidade decorre "do Estado de Direito, respeitadas as nuances da construção do significado desse conceito em cada país"[30]. Trata-se, pois, como ensinam José Joaquim Gomes Canotilho e Vital Moreira, de "instrumento normativo de vinculação jurídico-constitucional da Administração"[31].

Por força desse princípio é que, na preciosa observação de Meirelles, "enquanto na administração particular é lícito fazer tudo o que a lei não proíbe, na Administração Pública só é permitido fazer o que a lei autoriza"[32]. Ou, como expressa Bandeira de Mello, "ao contrário dos particulares, os quais podem fazer tudo que não lhes seja proibido, a Administração pode fazer apenas o que lhe seja de antemão permitido por lei"[33]. Ou, ainda, como sintetiza Di Pietro, "a Administração Pública só pode fazer o que a lei permite"[34].

Disso resulta que os agentes estatais em geral e os advogados públicos em particular (entre eles os integrantes da Advocacia Geral da União) encontram-se vinculados, em suas atividades cotidianas, ao irrestrito cumprimento do Direito[35]. Mesmo a atividade administrativa desenvolvida pelos agentes estatais quando se propõem a defender o erário, assim como aquela desempenhada pelos advogados públicos quando atuam na consultoria jurídica e nas ações judiciais em que toma

---

interesse público no direito administrativo brasileiro. In: BACELLAR FILHO, Romeu Felipe; HACHEM, Daniel Wunder (Coord.). *Direito administrativo e interesse público*: estudos em homenagem ao Professor Celso Antônio Bandeira de Mello. Belo Horizonte: Fórum, 2010. p. 96.

29. DI PIETRO, Maria Sylvia Zanella. *Direito Administrativo*, cit., p. 67.

30. BACELLAR FILHO, Romeu Felipe. A noção jurídica de interesse público no Direito Administrativo Brasileiro, cit., p. 96.

31. CANOTILHO, José Joaquim Gomes de; MOREIRA, Vital. *Fundamentos da Constituição*. Coimbra: Coimbra Editora, 1991. p. 84.

32. MEIRELLES, Hely Lopes. *Direito Administrativo Brasileiro*, cit., p. 78.

33. MELLO, Celso Antônio Bandeira de. Legalidade – Discricionariedade: seus limites e controle. In: MELLO, Celso Antônio Bandeira de. *Grandes temas de direito administrativo*. São Paulo: Malheiros, 2010. p. 57. Sobre o assunto, consulte-se, ainda: MELLO, Celso Antônio Bandeira de. *Curso de Direito Administrativo*, cit., p. 76 e 101.

34. DI PIETRO, Maria Sylvia Zanella. *Direito Administrativo*, cit., p. 68.

35. Quando me reporto ao conteúdo do princípio da legalidade administrativa estou a referir à vinculação da Administração e de seus agentes não apenas à lei em sentido formal, mas ao Direito quando considerado em sua integralidade. Isso significa dizer que a Administração e seus agentes também se encontram vinculados aos enunciados prescritivos que compõem o texto constitucional, e que devem, por isso, quando de sua referência às leis, interpretá-las e aplicá-las em consonância com a Constituição. Ao ensejo, cf. MADUREIRA, Claudio. *Advocacia Pública*, cit., p. 34-38, passim.

parte o poder público, deve ser exercida com o propósito de possibilitar a integral fruição dos direitos subjetivos assegurados pelo ordenamento jurídico-positivo. Afinal, como assevera Di Pietro, "os poderes atribuídos à Administração têm o caráter de poder-dever; são poderes que ela não pode deixar de exercer, sob pena de responder pela omissão"[36].

Vê-se, pois, que os agentes estatais devem cultivar, em suas atividades cotidianas, uma correta aplicação do Direito; mesmo quando, em concreto, dela puder resultar contrariedade a interesses transitoriamente defendidos pelo poder público, comumente designados como interesses secundários, segundo a classificação de Renato Alessi[37]. É que esses interesses não se apresentam como legítima expressão do interesse público, mas se qualificam, simplesmente, como interesses particulares do Estado[38].

Ao ensejo, recobro a observação de Bandeira de Mello no sentido de que o Estado, "independentemente do fato de ser, por definição, encarregado de interesses públicos", também pode sustentar "tanto quanto às demais pessoas, interesses que lhe são particulares, individuais, e que, tal como os interesses delas, concebidas em suas meras individualidades, se encarnam no Estado enquanto pessoa"[39]. Esses interesses não são, conforme Bandeira de Mello, "interesses públicos", mas se qualificam, em verdade, como interesses individuais (ou particulares) do Estado, que só podem ser perseguidos pelo poder público quando instrumentais à realização do interesse público[40]. Para esse professor paulista, o interesse público consiste no interesse do Estado e da sociedade na observância da ordem jurídica estabelecida[41], pressupondo, assim, uma correta aplicação do Direito; e funciona, destarte, como limitador da intervenção estatal na esfera das disponibilidades jurídicas do cidadão, de modo a que essa intervenção se opere apenas nas hipóteses taxativamente admitidas pelo ordenamento jurídico-positivo.

Com essas observações, Bandeira de Mello procura por a claro que "uma coisa é a estrutura do interesse público" e outra, completamente diferente, é "a inclusão e

---

36. DI PIETRO, Maria Sylvia Zanella. *Direito Administrativo*, cit., p. 70. Em perfeita sintonia com essa conceituação, Clovis Beznos critica o emprego da expressão *poder-dever*, recomendando a sua substituição pela expressão *dever-poder*, à consideração de que "a Administração, na competência que lhe é atribuída para curar dos interesses públicos, de onde lhe decorre um poder de agir, tem em contrapartida um dever de atuar, configurando antes tal atribuição um dever-poder, do que um poder-dever" (BEZNOS, Clovis. Procuradoria Geral do Estado e defesa dos interesses públicos. *Revista de Direito Público,* São Paulo: Revista dos Tribunais, ano 23, n. 93, jan./mar. 1990. p. 138).

37. Cf. ALESSI, Renato. *Sistema instituzionale del diritto amministrativo italiano.* 3 ed. Milão: Giuffrè, 1960. p. 197.

38. Sobre a argumentação que se segue, cf. MADUREIRA, Claudio. *Advocacia Pública*, cit., p. 43-90, passim.

39. MELLO, Celso Antônio Bandeira de. A noção jurídica de "interesse público", cit., p. 188.

40. MELLO, Celso Antônio Bandeira de. A noção jurídica de "interesse público", cit., p. 188.

41. MELLO, Celso Antônio Bandeira de. *Curso de Direito Administrativo*, cit., p. 72.

o próprio delineamento, no sistema normativo, de tal ou qual interesse que, perante este mesmo sistema, será reconhecido como dispondo desta qualidade"[42]. Nessa concepção, não necessariamente constitui "interesse público a norma, medida ou providência que tal ou qual pessoa ou grupo de pessoas estimem que deva sê-lo [...], mas aquele interesse que como tal haja sido qualificado em dado sistema normativo"[43]. O interesse público terá, então, conforme Bandeira de Mello, a conotação que o Direito lhe atribuir. Afinal, "tratando-se de um conceito jurídico [...], é óbvio que a concreta individualização dos diversos interesses qualificáveis como públicos só pode ser encontrada no próprio direito positivo"[44].

Assim, "não é por outro motivo, senão para alcançar o interesse público, que a Administração Pública, antes de tudo, está presa ao princípio da legalidade", como expressa, em doutrina, Romeu Felipe Bacellar Filho[45]. O que se dá é que a legalidade se apresenta, como anota Bandeira de Mello, como decorrência natural do interesse público, bem como da sua indisponibilidade pela Administração[46]. Disso resulta que, sob a ótica da atuação da Administração Pública e de seus agentes, a realização do interesse público deve guardar irrestrita compatibilidade com o Direito, adequando-se, assim, aos ditames da legalidade administrativa. Dessa forma, também sob a ótica da realização do interesse público (que se qualifica, pelas razões dantes expostas, como interesse do Estado e da sociedade na observância da ordem jurídica estabelecida[47]) os agentes estatais encontram-se vinculados ao Direito.

Mas há mais. O constituinte conferiu aos advogados públicos as atividades de consultoria jurídica e de contencioso judicial; como sobressai da leitura dos artigos 131 e 132 da Constituição de 1988[48]: o primeiro desses dispositivos atribui à Advocacia Geral da União a representação jurídica da União Federal (atividade contenciosa) e a consultoria e o assessoramento do Poder Executivo; o outro, confere essas mesmas atribuições aos Procuradores dos Estados e do Distrito Federal[49]. A atividade de

42. MELLO, Celso Antônio Bandeira de. A noção jurídica de "interesse público", cit., p. 190.

43. MELLO, Celso Antônio Bandeira de. A noção jurídica de "interesse público", cit., p. 190. Quanto ao particular, ler também: MELLO, Celso Antônio Bandeira de. *Curso de Direito Administrativo*, cit., p. 68.

44. MELLO, Celso Antônio Bandeira de. *Curso de Direito Administrativo*, cit., p. 67.

45. BACELLAR FILHO, Romeu Felipe. A noção jurídica de interesse público no Direito Administrativo Brasileiro, cit., p. 95.

46. MELLO, Celso Antônio Bandeira de. *Curso de Direito Administrativo*, cit., p. 75.

47. MELLO, Celso Antônio Bandeira de. *Curso de Direito Administrativo*, cit., p. 72.

48. Sobre a argumentação que se segue, cf.: MADUREIRA, Claudio. *Advocacia Pública*, cit., p. 94-106, passim.

49. Muito embora esse dispositivo não refira textualmente à representação extrajudicial e ao assessoramento, e nem restrinja essa última atividade e a consultoria jurídica ao âmbito do Poder Executivo, de um modo geral as Constituições Estaduais assim o fizeram, mantendo simetria com o modelo concebido pela Carta da República para a Advocacia Pública Federal. Com efeito, das vinte e sete unidades federadas apenas seis (Bahia, Ceará, Mato Grosso, Pará, Piauí e Rio Grande do Sul) não restringem, em suas respectivas Constituições, a atividade consultiva de suas procuradorias ao âmbito do Poder Executivo (cf. MADUREIRA,

consultoria jurídica destina-se à orientação dos agentes estatais sobre como deve se dar a aplicação do Direito[50]. Nessa sua atividade consultiva, os advogados públicos são chamados (i) a se manifestar em processos administrativos instaurados para a prática de atos cuja confecção dependa de prévia análise jurídica (como ocorre, por exemplo, nos processos que demandam a análise de minutas de editais de licitação, contratos, acordos, convênios ou ajustes, de que trata o parágrafo único do artigo 38 da Lei nº 8.666/1993), (ii) a responder a consultas jurídicas que lhes são formuladas pela Administração Pública (como se verifica, exemplificativamente, quando deles se requer o esclarecimento de dúvida relativa a direitos subjetivos manifestados por servidores públicos, ou à concessão de aposentadorias e pensões, ou, ainda, à correta incidência de tributos, entre outras situações concretas) e (iii) a posicionar-se sobre a constitucionalidade de minutas de projetos de lei e de outros atos normativos (decretos, resoluções, portarias etc.). No contencioso judicial, por sua vez, os advogados públicos atuam como partícipes da atividade cognitiva desenvolvida pela comunidade de intérpretes no campo da aplicação do Direito[51], com a missão de procurar convencer o Poder Judiciário de que as posturas defendidas pela Administração Pública encontram amparo no ordenamento jurídico.

Em regra, essas posturas são lícitas, ou dotadas de juridicidade, precisamente porque, por concepção, a sua produção pressupõe a observância dos textos normativos. Afinal, a Administração Pública e seus agentes têm sua atuação vinculada aos ditames da legalidade, e por isso devem se preordenar, na esfera administrativa, a uma correta aplicação do Direito. Além disso, esses profissionais devem promover, em suas atividades cotidianas, a realização do interesse público, compreendido como interesse do Estado e da sociedade na observância da ordem jurídica estabelecida[52]. Disso resulta o que em doutrina se convencionou chamar presunção de legitimidade dos atos administrativos[53]; que é presunção relativa, admitindo prova em contrário,

---

Claudio. *Advocacia Pública*, cit., p. 95-101, passim). Além disso, a despeito de a Carta da República não o estabelecer expressamente, essas atividades típicas também foram adjudicadas à Advocacia Pública Municipal (cf. MADUREIRA, Claudio. Instituição de procuradorias jurídicas no âmbito dos Municípios: uma imposição constitucional. *Revista Fórum Municipal e Gestão de Cidades*, a. 2, n. 5, p. 28-39, maio/junho de 2014).

50. Afinal, como leciona Ricardo Marcondes Martins, "o Estado de Direito [...] veda o arbítrio dos agentes públicos", vinculando a atuação estatal à aplicação de normas jurídicas, o que faz com que, em concreto, o exercício da função pública pressuponha a concretização do ordenamento posto por esses agentes estatais (MARTINS, Ricardo Marcondes. Regime estatutário e estado de direito. *Revista Trimestral de Direito Público*, São Paulo: Malheiros, n.55, 2011. p. 141-142). Sobre o assunto, cf., também: MARTINS, Ricardo Marcondes. *Efeitos dos vícios do ato administrativo*. São Paulo: Malheiros, 2008. p. 64-102.

51. Quanto ao pormenor, cf. MADUREIRA, Claudio. *Direito, processo e justiça: o processo como mediador adequado entre o direito e a justiça*. Salvador: Juspodivm, 2013. p. 117-268, passim.

52. Cf. MELLO, Celso Antônio Bandeira de. *Curso de Direito Administrativo*, cit., p. 72.

53. A propósito, reporto-me, ainda, à seguinte passagem da obra de Hely Lopes Meireles: "Os atos administrativos, qualquer que seja a sua categoria ou espécie, nascem com a presunção de legitimidade, independentemente de norma legal que a estabeleça. Essa presunção decorre do princípio da legalidade da

em especial quando questionada em juízo[54]; pois podem ocorrer, na prática, equívocos na aplicação do Direito pela Administração Pública, preordenados, sobretudo, pela circunstância de nem todos os agentes estatais haverem sido formados para aplicar as regras e princípios que compõem o ordenamento jurídico-positivo.

Desses potenciais "equívocos"[55] é que resulta a configuração de controvérsias jurídicas entre e entidades da Administração Pública Federal, de que trata o artigo 36 da Lei nº 13.140/2015 (Lei da Mediação) e seus respectivos parágrafos. Afinal, se, na hipótese aventada pelo legislador, setores da Administração Pública confrontam-se contrapondo visões distintas sobre como deve se dar aplicação do Direito nos casos concretos, é natural que se conclua que ao menos um dos litigantes sustenta interpretação jurídica que, ao final, não irá prevalecer, quando instrumentalizada a resolução do litígio nos termos do § 1º do artigo 36, ou, talvez, que um e outro órgão/entidade contendor veicularam interpretações em parte "equivocadas" (ao menos na visão institucional da Advocacia Geral da União).

Por óbvio, *a resolução dos litígios pela Advocacia Geral da União*, nos termos desse dispositivo (art. 36, § 1º), mediante decisão de natureza arbitral, *não pode se fundamentar em simples juízo de conveniência e oportunidade*, e *tampouco se prestar a validar as opiniões pessoais dos governantes e demais gestores públicos*. Afinal, na precisa observação de Humberto Ávila, a Administração "não possui autonomia da vontade", devendo, em rigor, "executar a finalidade instituída pelas normas jurídicas constantes na lei, dando-lhes ótima aplicação concreta"[56]. Assim, *o Advogado Geral da União, coadjuvado pela Câmara de Conciliação e Arbitragem da Administração Federal, deverá aplicar o Direito aos casos concretos*, ou, na expressão consagrada pelo legislador, deverá dirimir o conflito "com fundamento na legislação afeta".

Esse mesmo raciocínio, se transportado para os integrantes da Advocacia Pública Federal (Advogados da União, Procuradores da Fazenda Nacional e Procuradores

---

Administração, que, nos Estados de Direito, informa a atuação governamental (MEIRELLES, Hely Lopes. *Direito Administrativo Brasileiro*, cit., p. 135).

54. Cf. MELLO, Celso Antônio Bandeira de. *Curso de Direito Administrativo*, cit., p. 419.

55. Que por vezes consubstanciam simples divergência na interpretação jurídica, já que o Direito de nosso tempo, por suas especificidades, não comporta uma única resposta correta (cf. GRAU, Eros Roberto. *Ensaio e discurso sobre a interpretação/aplicação do direito*. 3ª ed. São Paulo: Malheiros, 2005. p. 36). Retomarei esse ponto na sequência, nos comentários ao § 3º do artigo 36.

56. ÁVILA, Humberto. Repensando o princípio da supremacia do interesse público sobre o particular. In: SARMENTO, Daniel (Org.). *Interesses públicos versus interesses privados:* desconstruindo o princípio da supremacia do interesse público. Rio de Janeiro: Lumen Juris, 2005. p. 173. Nesse mesmo sentido se posiciona Ricardo Martins, quando acentua que o regime privado, porque "baseado na liberdade individual e na autonomia da vontade, na assegurada possibilidade de busca de interesses egoísticos", incompatibiliza-se "com a natureza do Estado, que, por definição, é um ente instrumental", isto é, "existe para o cumprimento de uma função, vale dizer, para a busca do bem comum, para a concretização do interesse público" (MARTINS, Ricardo Marcondes. Arbitragem e administração pública: contribuição para o sepultamento do tema. *Revista Trimestral de Direito Público*, São Paulo: Malheiros, n. 54, 2011. p. 200).

Federais[57]) que sustentam, na esfera administrativa, as posições jurídicas de um e outro órgão/entidade conflitante, presta-se, na casuística, a orientar, e também a induzir, a autocomposição reclamada pelo *caput* do artigo 36. Com efeito, a exemplo da atividade consultiva, também o contencioso deve ser exercido, num Estado de Direito, como forma de conferir juridicidade à atuação da Administração Pública[58]. Nesse campo, a incidência da legalidade administrativa[59], somada à imposição do regime jurídico administrativo a que a Administração Pública e seus agentes preordenem-se à realização do interesse público[60], conferem aos advogados públicos o controle interno da juridicidade do agir administrativo. Conforme Seabra Fagundes, esse controle administrativo (ou autocontrole) "tem por objetivos corrigir os defeitos de funcionamento interno do organismo administrativo, aperfeiçoando-o no interesse geral", bem como "ensejar reparação a direitos ou interesses individuais que possam ter sido denegados ou preteridos em consequência do erro ou omissão na aplicação da lei"[61].

---

57. Em âmbito federal, as atividades típicas de advocacia pública (consultoria jurídica e contencioso judicial) podem ser exercidas, por disposição constitucional expressa (art. 131), pela Advocacia Geral da União e também pelos chamados órgãos vinculados. Essa opção político-normativa é coerente com a previsão, no § 3º do artigo 131, de que determinados aspectos da atividade jurídica conferida pelo constituinte à Advocacia Pública Federal ficam a cargo de um outro órgão jurídico, denominado Procuradoria da Fazenda Nacional, serviço jurídico preexistente à promulgação da Carta de 1988. Além da Procuradoria da Fazenda Nacional, também operavam no regime legislativo pretérito as chamadas procuradorias e departamentos jurídicos das autarquias e fundações públicas. Esse ambiente fático parece haver induzido a previsão, no texto constitucional, de que, em âmbito federal, as atribuições típicas de advocacia pública (em especial as atividades de consultoria jurídica e de contencioso judicial) podem ser exercidas também por órgãos vinculados à Advocacia Geral da União. Por força dessa opção do constituinte por conferir, na esfera federal, as atividades típicas de advocacia pública não apenas à Advocacia Geral da União, mas também a órgãos a ela vinculados, concebeu-se, no plano infraconstitucional, estrutura tripartite para Advocacia Pública Federal, que é composta, atualmente, pela Procuradoria da União, pela Procuradoria da Fazenda Nacional e pela Procuradoria Federal (cf. MADUREIRA, Claudio. *Advocacia Pública*, cit., p. 133-163, passim).

58. Cf. MADEIRA, Danilo Cruz. O papel da Advocacia Pública no Estado Democrático de Direito. *Revista Virtual da AGU*, ano 10, n. 107, dez. 2010. Disponível em: <http://www.agu.gov.br/sistemas/site/TemplateImagemTextoThumb.aspx?idConteudo=152998&id_site=1115&ordenacao=1>. Acesso em: 23 out. 2012. p. 16.

59. Que precisa ser compreendida num sentido amplo, como juridicidade, de modo a também abarcar o cumprimento das regras e princípios insculpidos no texto constitucional. Ao ensejo, merece ser destacada passagem doutrinária em que Romeu Felipe Bacellar Filho procura explicitar o pensamento de Carmen Lúcia Antunes Rocha (ROCHA, Carmen Lúcia Antunes. *O princípio constitucional da igualdade*. Belo Horizonte: Lê, 1990. p. 78-79, 81, 84) acerca do relacionamento entre a legalidade e a juridicidade. Nas palavras de Bacellar Filho, Rocha considera que "o princípio da legalidade [...] conserva o nome de legalidade, embora signifique, hoje, juridicidade, de sorte que quando a Constituição refere-se à legalidade [...] deve-se ler juridicidade" (BACELLAR FILHO, Romeu Felipe. A noção jurídica de interesse público no Direito Administrativo Brasileiro, cit., p. 97).

60. O que pressupõe, sob acepção teórica adotada neste trabalho, uma correta aplicação do Direito, ou, na expressão consagrada por Celso Antônio Bandeira de Mello, a observância da ordem jurídica estabelecida (MELLO, Celso Antônio Bandeira de. *Curso de Direito Administrativo*, cit., p. 72).

61. FAGUNDES, Miguel Seabra. *O Contrôle dos Atos Administrativos pelo Poder Judiciário*. 4.ª ed. Rio de Janeiro: Forense, 1967. p. 108.

Assim, mesmo nos processos judiciais e administrativos os advogados públicos devem procurar apontar eventuais equívocos jurídicos cometidos no exercício da função administrativa. Cumpre-lhes, por dever de ofício, procurar adequar o agir administrativo aos ditames da legalidade, de modo a induzir a realização do interesse público pelos agentes estatais.

Ocorre que, tecnicamente, a qualificação de um interesse como público pressupõe a sua coincidência com o interesse primário[62]. A propósito da distinção teórica entre interesses primários e secundários, Ricardo Marcondes Martins observa, reportando-se diretamente à doutrina de Renato Alessi[63], que o interesse primário corresponde ao "complexo de direitos individuais prevalentes em uma determinada organização jurídica da coletividade", ao passo que o interesse secundário comporta "o interesse da administração enquanto aparato organizativo, unitariamente considerado"[64]. Entre nós, essa distinção foi propagada por Celso Antônio Bandeira de Mello, para quem o interesse primário qualifica-se como dimensão pública dos interesses individuais, porque se refere ao plexo de interesses dos indivíduos enquanto partícipes da sociedade, ao passo que o interesse secundário é o interesse particular (ou individual) do Estado, enquanto pessoa jurídica autônoma[65]. Assim, adverte Martins, o "interesse público secundário, enquanto interesse juridicamente reconhecido, não possui autonomia", precisamente porque "só é juridicamente acatado pelo ordenamento se for coincidente com o primário", pelo que, "noutros termos, o interesse secundário será um interesse juridicamente reconhecido somente quando for também um interesse primário"[66]. Trata-se, para esse professor paulista, "de uma armadilha conceitual: a Administração só pode perseguir o interesse primário e, por isso, só pode perseguir o chamado interesse secundário quando este for interesse

62. MARTINS, Ricardo Marcondes. Arbitragem e administração pública: contribuição para o sepultamento do tema, cit., p. 200.

63. Nas palavras de Alessi, oportunamente trascritas por Martins (MARTINS, Ricardo Marcondes. Arbitragem e administração pública: contribuição para o sepultamento do tema, cit., p. 198): "*Questi interessi pubblici, colletivi dei quali i'lamministrazione deve curare il soddisfacimento, non sono, si noti bene, semplicimente, l'interesse dell'amministrazione intesa come apparato organizzativo, sebbene quello che è stato chiamato l'interesse colletivo primario, formato dal complesso degli interessi individuali prevalenti in una determinata organizzazione guiridica della collettivittà, mentre l'interesse dell'apparato unitariamente considerato, sarebbe semplicemente uno degli interessi secondari che possono essere realizzati soltano in caso di coincidenza, e nei limiti di siffatta coincidenza con l'interesse colletivo primario*" (ALESSI, Renato. *Principi di Diritto Amministrativo, v. 1*. Milano: Giuffrè, 1966. p. 200-201).

64. MARTINS, Ricardo Marcondes. Arbitragem e administração pública: contribuição para o sepultamento do tema, cit., p. 197-198.

65. MELLO, Celso Antônio Bandeira de. *Curso de Direito Administrativo*, cit., p. 65-66. Quanto ao particular, cf., ainda: MARTINS, Ricardo Marcondes. Arbitragem e administração pública: contribuição para o sepultamento do tema, cit., p. 198.

66. MARTINS, Ricardo Marcondes. Arbitragem e administração pública: contribuição para o sepultamento do tema, cit., p. 201.

primário"[67]. Destarte, ou interesse secundário coincide com o interesse primário, qualificando-se, assim, como interesse público, ou não se trata de interesse público.

Posto isso, a disposição, pelos advogados públicos, sobre direitos e interesses transitoriamente defendidos pelo poder público mas contrários ao Direito pátrio é pressuposto necessário ao atendimento não apenas ao princípio da legalidade, mas também ao princípio da supremacia do interesse público sobre o privado[68]. Esse último princípio é inferido do texto constitucional[69], e tem fundamental importância para a estruturação do Direito Administrativo Brasileiro. Basta ver que Celso Antônio Bandeira de Mello o posicionou como princípio basilar do regime jurídico-administrativo, juntamente com o princípio da indisponibilidade do interesse público[70].

Ocorre que, sob certa ótica, a disposição, pelos advogados públicos, sobre direitos e interesses deduzidos em juízo pelo poder público em tese estaria a se contrapor à indisponibilidade do interesse público. A isso refere Jefferson Carús Guedes quando aduz que "a ideia inicial que promana desse princípio concebe a coisa pública como insuscetível de negociação", num contexto em que atos de disposição estariam proscritos à Administração Pública[71]. Guedes discorda dessa suposição, mas adverte que, na prática, a disposição sobre direitos e interesses de deduzidos em juízo pelo poder público é ainda prejudicada, entre outros fatores, "pelo baixo nível de regulamentação disponível"[72].

Creio ser possível afastar esse impedimento por simples exercício hermenêutico. Com efeito, à suposição de que a disposição sobre direitos e interesses deduzidos em juízo pelo poder público estaria condicionada à edição de leis autorizativas[73] oponho a constatação de que, em rigor, essa autorização pode ser extraída da própria Constituição, porque decorre da aplicação direta dos princípios legalidade e da supremacia do interesse público sobre o privado, bem como, conforme passarei a demonstrar, do próprio princípio da indisponibilidade do interesse público.

---

67. MARTINS, Ricardo Marcondes. Arbitragem e administração pública: contribuição para o sepultamento do tema, cit., p. 201.

68. Sobre a argumentação que se segue, cf.: MADUREIRA, Claudio. *Advocacia Pública*, cit., p. 315-318, passim.

69. Cf. MELLO, Celso Antônio Bandeira de. *Curso de Direito Administrativo*, cit., p. 96.

70. A propósito, cf., por todos: MELLO, Celso Antônio Bandeira de. *Curso de Direito Administrativo*, cit., p. 69-87, passim.

71. GUEDES, Jefferson Carús. Transigibilidade de interesses públicos: prevenção e abreviação de demandas da Fazenda Pública, cit., p. 251.

72. GUEDES, Jefferson Carús. Transigibilidade de interesses públicos: prevenção e abreviação de demandas da Fazenda Pública, cit., p. 252.

73. Cf. MADUREIRA, Claudio Penedo; RAMALHO, Lívio Oliveira. *Juizados da Fazenda Pública*: estruturação dos Juizados Especiais da Fazenda Pública Estadual e Municipal (Lei nº 12.153/09) em vista da teoria dos microssistemas e das particularidades da celebração de acordo pelo poder público. Salvador: Juspodivm, 2010.

Ao ensejo, Bandeira de Mello ensina que "a indisponibilidade dos interesses públicos significa que sendo interesses qualificados como próprios da coletividade – internos ao setor público – não se encontram à livre disposição de quem quer que seja", e que mesmo o "órgão administrativo que os representa não tem disponibilidade sobre eles, no sentido de que lhes incumbe apenas curá-los - o que é também um dever – na estrita conformidade do que predispuser a *intentio legis*"[74]. Por isso é que, em suas palavras, na Administração Pública "os bens e os interesses não se acham entregues à livre disposição de vontade do administrador", pois quem os titulariza "é o Estado, que, em certa esfera, os protege e exercita através da função administrativa, mediante o conjunto de órgãos"[75]. Esses órgãos, por sua vez, são qualificados por Bandeira de Mello como "veículos da vontade estatal consagrada em lei"[76].

Destarte, muito embora os agentes estatais em geral não possam, por deliberação própria, dispor sobre interesses deduzidos em juízo pelo poder público, a Administração poderá fazê-lo, sempre que verificar, sob a mediação da Advocacia Pública, que a adoção dessa medida corresponde ao que Bandeira de Mello convencionou chamar "vontade estatal consagrada em lei"[77]. Assim, o dogma da indisponibilidade não tem aplicação quando se depreende, em concreto, que a posição sustentada em juízo pelo poder público vai de encontro ao Direito pátrio, contrapondo-se, assim, a essa vontade estatal consagrada em lei[78]. Aliás, na hipótese, o interesse circunstancial ou transitório subjacente ao ato sobre o qual divergem as partes não se qualificará como interesse público (compreendido como interesse do Estado e da sociedade na observância da ordem jurídica estabelecida[79]), apresentando-se, em verdade, como simples interesse particular do Estado[80], que só pode ser perseguido pelo poder público quando instrumental à realização do interesse público[81].

Posto isso, a incidência do princípio da indisponibilidade do interesse público, longe de constituir impedimento jurídico a que os advogados públicos disponham, em juízo, sobre direitos e interesses transitoriamente defendidos pelo poder público

74. MELLO, Celso Antônio Bandeira de. *Curso de Direito Administrativo*, cit., p. 73-74.

75. MELLO, Celso Antônio Bandeira de. *Curso de Direito Administrativo*, cit., p. 74.

76. MELLO, Celso Antônio Bandeira de. *Curso de Direito Administrativo*, cit., p. 74.

77. MELLO, Celso Antônio Bandeira de. *Curso de Direito Administrativo*, cit., p. 74.

78. MELLO, Celso Antônio Bandeira de. *Curso de Direito Administrativo*, cit., p. 74.

79. MELLO, Celso Antônio Bandeira de. *Curso de Direito Administrativo*, cit., p. 72.

80. Afinal, conforme Bandeira de Mello, o Estado "independentemente do fato de ser, por definição, encarregado de interesses públicos, [...] pode ter, tanto quanto às demais pessoas, interesses que lhe são particulares, individuais, e que, tal como os interesses delas, concebidas em suas meras individualidades, se encarnam no Estado enquanto pessoa" (MELLO, Celso Antônio Bandeira de. A noção jurídica de "interesse público", cit., p. 188).

81. MELLO, Celso Antônio Bandeira de. A noção jurídica de "interesse público", cit., p. 188.

mas contrários ao Direito pátrio, torna impositivo o ato de disposição. Em primeiro lugar porque esses interesses transitórios, na medida em que se demonstram contrários ao Direito, não correspondem ao interesse público, e por isso não são interesses indisponíveis. Em segundo lugar porque se a equívoca aplicação do Direito pela Administração induz, na face oposta, negativa a direitos subjetivos assegurados pelo ordenamento, que resultam da observância da ordem jurídica estabelecida, o interesse público residirá justamente na disponibilidade desses interesses transitórios (ou meramente secundários).

Sendo assim, a adoção de semelhante postura administrativa é impositiva não apenas por exigência dos princípios da legalidade administrativa e da supremacia do interesse público sobre o privado, mas também por decorrência da indisponibilidade do interesse público. Disso resulta a possibilidade teórica da disposição sobre direitos e interesses deduzidos pelo poder público em processos administrativos e judiciais, que têm assento constitucional, não dependendo, por isso, da edição de leis administrativas que autorizem a Advocacia Pública a implementá-la.

Porém, no que concerne à Administração Pública Federal, esse exercício teórico sequer se faria necessário, já que a Lei nº 13.140/2015 (Lei da Mediação) prevê, de forma taxativa, procedimento para a celebração de acordos em processos envolvendo a Fazenda Pública (arts. 1º e 2º). Portanto, definido, no âmbito da Advocacia Pública Federal, como o Direito deve ser aplicado nos casos concretos, impõe-se, por taxativa disposição legal, a resolução, na esfera administrativa, dos conflitos havidos entre órgãos/entidades de direito público da União, seja por meio de autocomposição patrocinada pela Advocacia Geral da União através da Câmara de Conciliação e Arbitragem da Administração Pública Federal (art. 36, *caput*), seja pela prolação de decisão arbitral por esse mesmo órgão federal (art. 36, § 1º).

(4). Para além de orientar a autocomposição como método adequado à resolução de conflitos envolvendo órgãos/entidades de direito público da Administração Pública Federal (art. 36, *caput*) e de instituir juízo arbitral para a decisão dessas controvérsias (art. 36, § 1º), prevenindo, com isso, a instauração de processos judiciais para solucionar esse tipo de litígio (cuja deflagração de resto foi condicionada pelo artigo 39 a prévia autorização do Advogado Geral da União), *o legislador também teve o cuidado de conceber metodologia diferenciada para a satisfação dos créditos a eles correspondentes*.

Como regra geral, os créditos da Fazenda Pública são cobrados por meio de execuções fiscais, disciplinadas pela Lei nº 6.830/1980 (Lei das Execuções Fiscais), e, subsidiariamente, pelo Código de Processo Civil (Lei 6.830/1980, art. 1º). O artigo 2º da Lei 6.830/1980 expressou um conceito amplo de Dívida Ativa, prevendo a utilização da Execução Fiscal para a cobrança dos créditos tributários e não tributários dos entes públicos (União, Estados, Distrito Federal, Municípios e respectivas autarquias). Dessa forma, também podem dar origem a Execuções Fiscais créditos não tributários decorrentes, por exemplo, da aplicação de penalidades administrativas. Trata-se, pois, de ação própria para a Fazenda Pública cobrar débitos inscritos em Dívida Ativa, sejam eles de natureza tributária ou não tributária (LEF, art. 2º)[82].

Solucionada a controvérsia entre órgãos e entidades da União, quer por meio da autocomposição (art. 36, *caput*), quer pela via da sua resolução por decisão arbitral proferida no âmbito da Advocacia Geral da União (art. 36, § 1º), sequer se cogitaria, em rigor, da deflagração de procedimento executivo fiscal. É que o Código de Processo Civil de 2015 identifica a sentença arbitral (art. 515, VII) e a decisão homologatória de autocomposição extrajudicial (art. 515, III) como títulos executivos judiciais (a suscitar a deflagração de incidente de cumprimento de sentença), e qualifica os instrumentos de transação referendados pelo Ministério Público, pela Defensoria Pública, pela Advocacia Pública, pelos advogados dos transatores ou por conciliador ou mediador credenciado por tribunal (art. 784, VI) como títulos extrajudiciais (a suscitar a deflagração da competente ação de execução); o que torna desnecessária a emissão de Certidões de Dívida Ativa (e, por conseguinte, a deflagração dos processos administrativos que as antecedem) para ulterior ajuizamento de execuções fiscais.

Porém, dada a regra jurídica consignada no § 2º do artigo 36 da Lei nº 13.140/2015, a satisfação dos créditos da Fazenda Pública, como o seu acertamento via autocomposição (art. 36, *caput*) ou arbitragem (art. 36, § 1º), pode se concretizar sem a intervenção do Poder Judiciário. É que o legislador estabeleceu, nesse dispositivo, que quando "a resolução da controvérsia implicar o reconhecimento da existência de créditos da União, de suas autarquias e fundações em face de pessoas jurídicas de direito público federais, *a Advocacia-Geral da União poderá solicitar ao Ministério do Planejamento, Orçamento e Gestão a adequação orçamentária para quitação das dívidas reconhecidas como legítimas*".

(5). O § 3º do artigo 36 da Lei nº 13.140/2015 (Lei da Mediação) expressa que mesmo quando houver a composição extrajudicial do conflito a Administração Pública não pode se furtar a apurar eventual responsabilidade disciplinar do agente público. Contudo, é importante atentar, no ponto, para o risco de que se configurem, nesse contexto, ilegítimas tentativas de responsabilização fundadas em simples divergência de interpretação jurídica.

Conforme expus, podem se verificar, na casuística, "equívocos" na aplicação do Direito pela Administração Pública, que precisam ser corrigidos, com fundamento na autotutela, de modo a que se restabeleça a legalidade administrativa e a que se realize o interesse público (compreendido como interesse do Estado e da sociedade na observância da ordem jurídica estabelecida[83]).

82. Cf. MADUREIRA, Claudio; VALADÃO, José Arildo. *Execução Fiscal*. 6ª ed. Salvador: Juspodivm, 2017. p. 15.

83. Cf. MELLO, Celso Antônio Bandeira de. *Curso de Direito Administrativo*, cit., p. 72.

Todavia, esses "equívocos" podem consubstanciar simples divergência na interpretação jurídica[84]. Com efeito, a realização do Direito, conquanto parta da identificação e da seleção dos enunciados prescritivos em tese aplicáveis aos casos concretos, também abarca a interpretação desses textos normativos, o que conduz à necessidade de identificação do real sentido das palavras neles contidas, que se realiza no contexto de uma interpretação contextual, ou sistemática, do ordenamento jurídico positivo, por meio da qual se procura descobrir o sentido da lei (ou o seu espírito) a partir de uma referência do intérprete (aplicador) ao direito positivo quando considerado em sua integridade. Nesse contexto, também cumpre ao intérprete/aplicador verificar, à luz das especificidades do ambiente fático que emoldura a contenda, se a norma (abstrata) em tese aplicável está apta a incidir sobre o caso concreto, podendo chegar, num estágio mais avançado, notadamente quando se cogita da incidência de princípios jurídicos, à introdução do elemento axiológico nessa sua tarefa interpretativa, pela via de uma sua referência a valores juridicizados pelo legislador.

Essa perspectiva é aceita e sustentada inclusive por Hans Kelsen, que se qualifica, sem qualquer margem a dúvidas, como um dos teóricos mais influentes entre os positivistas da Era Contemporânea, e que enuncia, em sua "Teoria Pura do Direito", que a decisão judicial, em rigor, representa a continuação do processo de criação da norma jurídica[85]. Disso resulta que, mesmo sob a ótica estrita da teoria pura do direito, é irrefutável a afirmação de que os intérpretes põem norma no sistema, embora um tipo bastante específico de norma jurídica, comumente chamada de norma concreta, e adiante designada por José Joaquim Gomes de Canotilho como "norma de decisão"[86]. Essa constatação é reforçada por um dado histórico, consistente na consolidação, a partir do último quadrante do século passado, notadamente em vista do que se convencionou chamar "a crise do Poder Legislativo"[87], de uma nova forma de pensar o Direito, que singulariza as reflexões jurídicas de nosso tempo, a partir da qual se desenvolveu uma verdadeira revolução no método de construção política dos textos normativos, que

84. Sobre a argumentação que se segue, cf.: MADUREIRA, Claudio. *Advocacia Pública*, cit., p. 282-287, passim.

85. KELSEN, Hans. *Teoria pura do direito*. 7. ed. São Paulo: Martins Fontes, 2006. p. 265. Em suas próprias palavras: "[...] somente a falta de compreensão da função normativa da decisão judicial, o preconceito de que o direito apenas consta de normas gerais, a ignorância da norma jurídica individual, obscureceu o fato de que a decisão judicial é tão-só a continuação do processo de criação da norma jurídica e conduziu ao erro de ver nela apenas a função declarativa" (KELSEN, Hans. *Teoria Pura do Direito*, cit., p. 265).

86. CANOTILHO, José Joaquim Gomes. *Direito Constitucional e Teoria da Constituição*. 7ª ed. Coimbra: Almedina, 2000. p. 1.221.

87. Cf. TUCCI, José Rogério Cruz e. *Precedente judicial como fonte do direito*. São Paulo: Revista dos Tribunais, 2004. p. 179.

paulatinamente passaram a ser representados em termos abertos[88], mediante o emprego de cláusulas gerais e conceitos jurídicos indeterminados[89]. Mas esse não é, certamente, o único elemento histórico a ser considerado nesse processo; se o direito inclui, hoje, uma forte dose de indeterminação, tal não decorre apenas da profusão de normas de tecitura aberta, que não contêm a *fattispecie* e a consequência jurídica de forma determinada; mas abarca, ainda, a constitucionalização dos direitos e dos princípios ocorrida no período imediatamente posterior ao segundo pós-guerra; a partir da qual o direito se constitucionalizou [...], com a principialização da Constituição [...] e a sua renovada postura de elemento unificador da ordem normativa, de modo que "todo o direito hoje ou é direito constitucional (conforme à Constituição) ou não é direito"; conforme leciona Hermes Zaneti Júnior[90]. Por esse motivo, a consolidação da jurisdição constitucional também teve influência decisiva para a conformação da interpretação e aplicação do Direito, tal como ela hoje se apresenta, em seu "estado da arte"; ao que se agrega a imensa potencialidade reconstrutiva de nosso regime de controle da constitucionalidade das leis, que abarca, desde a promulgação Constituição de 1891, o modelo norte-americano de controle judicial do poder estatal (*judicial review*), conferindo a todo e qualquer magistrado (e, reflexamente, aos demais integrantes da comunidade de intérpretes) a prerrogativa de proceder ao controle da constitucionalidade dos atos normativos e concretos dimanados pelos entes estatais (controle difuso de constitucionalidade); que abriu espaço para que se discutisse, quando da apreciação dos casos concretos, não apenas a subsunção da atividade administrativa aos textos legais (controle de legalidade), mas também a sua conformidade aos enunciados prescritivos que compõem a Constituição (controle da validade constitucional)[91]. A esses elementos assoma-se, ainda, a notável flexibilização do Direito, no campo da sua aplicação, proporcionada pela distinção teórica entre regras e princípios jurídicos, inaugurada a partir

88. Cf. HABERMAS, Jürgen. *Direito e democracia entre facticidade e validade – Volume II*. Tradução de Flávio Beno Siebeneichler. Rio de Janeiro: Tempo Brasileiro, 2003. p. 174.

89. MAZZEI, Rodrigo Reis. Código Civil de 2002 e o Judiciário: apontamentos na aplicação das cláusulas gerais. In: DIDIER JÚNIOR, Fredie; MAZZEI, Rodrigo Reis (Coord.). *Reflexos do novo Código Civil no direito processual*. Salvador: Juspodivm, 2006. p. 34.

90. ZANETI JÚNIOR, Hermes. *Processo Constitucional: O modelo Constitucional do Processo Civil Brasileiro*, cit., p. 54-56.

91. Cf. MADUREIRA, Claudio Penedo. *Direito, processo e justiça: o processo como mediador adequado entre o direito e a justiça*, cit., p. 134-136.

da célebre dissensão entre Hart[92] e Dworkin[93]; vez que os princípios jurídicos introduzem os valores no campo da aplicação do Direito[94].

Por todas essas circunstâncias, o Direito de nosso tempo tornou-se mais flexível, ou talvez mais "suave", como sugere Gustavo Zagrebelsky[95]. O fato é que, conforme variam os intérpretes, a interpretação do Direito pode resultar em diferentes soluções jurídicas para um mesmo problema. Com efeito, na precisa alegoria construída por Eros Roberto Grau, "dá-se na interpretação de textos normativos algo análogo ao que se passa na interpretação musical"[96]. Grau observa, quanto a esse pormenor, que "não há uma única interpretação correta (exata) da Sexta Sinfonia de Beethoven", aduzindo, ao ensejo, que "a Pastoral regida por Toscano, com a Sinfônica de Milão, é diferente da Pastoral regida por Von Karajan, com a Filarmônica de Berlim", e que "não obstante uma seja mais romântica, mais derramada, a outra mais longilínea, as duas são autênticas – e corretas"[97]. Com essas considerações, esse professor paulista rejeita "a existência de uma única resposta correta (verdadeira, portanto) para o caso jurídico – ainda que o intérprete esteja, através dos princípios, vinculado pelo sistema jurídico"[98].

Essas peculiaridades da interpretação e aplicação do Direito[99] impossibilitam os interpretes de antecipar, com a necessária segurança, o posicionamento jurídico que prevalecerá quando da resolução da contenda sob a mediação da Advocacia Geral da União (art. 36, *caput*) ou por decisão arbitral dela (art. 36, § 1º); impedindo, juridicamente, a sua responsabilização disciplinar por simples equívoco jurídico;

---

92. HART, Herbert L. A. *O conceito de Direito*. 3ª ed. Tradução de A. Ribeiro Mendes. Lisboa: Fundação Calouste Gulbenkian.

93. DWORKIN, Ronald. *Levando os direitos a sério*. Tradução de Nelson Boeira. São Paulo: Martins Fontes, 2002. Quanto ao particular, recobro a lição de Humberto Ávila quando afirma, referindo-se ao magistério de Dworkin, que "as regras são aplicadas ao modo tudo ou nada (*all-or-nothing*)", de maneira que havendo colisão entre elas, uma delas deve ser considerada inválida; ao passo que os princípios "não determinam absolutamente a decisão, mas somente contêm fundamentos, os quais devem ser conjugados com outros fundamentos provenientes de outros princípios" (ÁVILA, Humberto. *Teoria dos princípios: da definição à aplicação dos princípios jurídicos*. 4ª ed. São Paulo: Malheiros, 2005. p. 28).

94. Conforme Ávila, "os *valores* constituem o aspecto axiológico das normas, na medida em que indicam que algo é bom e, por isso, digno de ser buscado ou preservado", ao passo que "os *princípios* constituem o aspecto deontológico dos valores, pois, além de demonstrarem que algo vale a pena ser buscado, determinam que esse estado de coisas deve ser promovido" (ÁVILA, Humberto. *Teoria dos princípios: da definição à aplicação dos princípios jurídicos*, cit., p. 95).

95. ZAGREBELSKY, Gustavo. *Il Diritto Mitte – Legge, Diritti, Giustizia*. Nuova edizione. Torino: Einaudi, 1992.

96. GRAU, Eros Roberto. *Ensaio e discurso sobre a interpretação/aplicação do direito*, cit., p. 36.

97. GRAU, Eros Roberto. *Ensaio e discurso sobre a interpretação/aplicação do direito*, cit., p. 36.

98. GRAU, Eros Roberto. *Ensaio e discurso sobre a interpretação/aplicação do direito*, cit., p. 36.

99. Sobre a argumentação que se segue cf. MADUREIRA, Claudio. *Advocacia Pública*, cit., p. 292-293.

porque ausente, indubitavelmente, requisito indispensável à coercibilidade do Direito, consistente na sua predeterminação formal. Essa é, na verdade, uma exigência da Teoria Geral do Direito, há muito expressada por Miguel Reale[100], que tem por finalidade assegurar a necessária segurança nas relações interpessoais. Reale observa, a propósito, que, "de todas as espécies de experiência social, o Direito é a que mais exige forma predeterminada e certa em suas regras"[101]. Para esse professor paulista, "não se compreende o Direito [...] sem um mínimo de legislação escrita, de certeza, de tipificação da conduta e de previsibilidade genérica", precisamente porque "o Direito, ao facultar-lhe a possibilidade de escolha entre o adimplemento ou não dos seus preceitos, situa o obrigado no âmbito de uma escolha já objetivamente feita pela sociedade, escolha esta revelada através de um complexo sistema de fontes"[102]. Daí que, nas palavras de Reale, "o Direito [...] exige predeterminação formal, sendo a lei a expressão máxima dessa exigência"[103-104].

Posto isso, configura-se, na hipótese, o que Celso Antônio Bandeira de Mello convencionou chamar "princípio da exigência de voluntariedade para incursão na infração"[105]. Quanto ao particular, Bandeira de Mello observa que "o Direito propõe-se a oferecer às pessoas uma garantia de segurança, assentada na previsibilidade de que certas condutas podem ou devem ser praticadas e suscitam dados efeitos", enquanto "outras não podem sê-lo, acarretando consequências diversas, gravosas para quem nelas incorrer"[106]. Disso decorre, para o publicista, a impropriedade da qualificação de "alguém como incurso em infração quando inexista a possibilidade de prévia ciência e prévia eleição, *in concreto*, do comportamento que o livraria da incidência na infração e, pois, na sujeição às sanções para tal caso previstas"[107]. Essa compreensão, que para Bandeira de Mello é externa a considerações sobre a culpabilidade do agente (investigação de dolo ou culpa), vez que incide "meramente no *animus* de praticar dada conduta"[108], é argumento suficiente ao afastamento da responsabilização de agentes públicos quando se está diante tão somente de simples

100. REALE, Miguel. *O Direito como experiência: introdução à epistemologia jurídica.* 2ª ed. São Paulo: Saraiva, 1992. p. 273.

101. REALE, Miguel. *O Direito como experiência: introdução à epistemologia jurídica*, cit., p. 273.

102. REALE, Miguel. *O Direito como experiência: introdução à epistemologia jurídica*, cit., p. 273.

103. REALE, Miguel. *O Direito como experiência: introdução à epistemologia jurídica*, cit., p. 273.

104. Sobre a exigência de predeterminação formal das normas jurídicas, cf., ainda, a doutrina de Márcio Cammarosano (CAMMAROSANO, Márcio. *O princípio constitucional na moralidade e o exercício da função administrativa*. Belo Horizonte: Fórum, 2006. p. 42 e 63-64).

105. MELLO, Celso Antônio Bandeira de. *Curso de Direito Administrativo*, cit., p. 855.

106. MELLO, Celso Antônio Bandeira de. *Curso de Direito Administrativo*, cit., p. 855.

107. MELLO, Celso Antônio Bandeira de. *Curso de Direito Administrativo*, cit., p. 855.

108. MELLO, Celso Antônio Bandeira de. *Curso de Direito Administrativo*, cit., p. 855.

divergência entre o posicionamento jurídico por eles externados e o posicionamento jurídico ulteriormente prevalente quando do exercício, pela Advocacia Geral da União, das competências delineadas no *caput* do artigo 36 (resolução dos litígios por autocomposição) e de seu § 1º (decisão arbitral que põe fim ao conflito). Afinal, dado o caráter flexível do Direito de nosso tempo, não lhes é dado, num juízo hipotético, de caráter abstrato, antecipar essas manifestações ulteriores com a segurança necessária a que se possa cogitar, em concreto, da voluntariedade da sua conduta e, bem assim, da sua responsabilização disciplinar; cuja configuração estará a depender, ainda, da verificação da sua culpabilidade[109].

(6). O § 4º do artigo 36 da Lei nº 12.140/2015 (Lei da Mediação) condiciona a resolução do litígio por meio da autocomposição aventada pelo seu *caput* à anuência do juiz da causa ou do Ministro Relator, quando, respectivamente, o ato impugnado esteja sendo discutido em ação de improbidade administrativa ou haja decisão do Tribunal de Contas da União. A ressalva é importante porque impede que a celebração de acordos fundados exclusivamente na conveniência pessoal de gestores e governantes prejudique a persecução estatal contra ilícitos administrativos.

No entanto, pelas razões dantes expostas, a composição que terá lugar entre órgãos/entidades de direito público da Administração Federal não pode se fundar em juízos de conveniência e oportunidade; dada a incidência, na espécie, dos princípios da legalidade, da supremacia do interesse público sobre o privado e da indisponibilidade do interesse público. Em rigor, é irrelevante, na hipótese aventada pelo legislador, a investigação sobre se o acordo assume a forma de *transação* (fundada na constatação de que a demanda não vale a pena quando considerados os seus custos e os seus benefícios, a suscitar alguma liberdade de decisão pelo agente estatal que o autoriza) ou de simples *composição do litígio* (fundada na constatação de que a parte adversária tem razão)[110]; precisamente porque não se cogita de desproporcio-

109. Afirmar o contrário corresponderia, ainda, a admitir a responsabilização objetiva de agentes imputados, quando se sabe que entre nós é requisito indispensável à sua integração ao polo passivo de procedimentos instaurados para lhes atribuir sanções de natureza criminal e/ou administrativo-sancionadora a efetiva demonstração da sua culpabilidade (cf. MADUREIRA, Claudio. *Advocacia Pública*, cit., p. 293-295). Incide, pois, na espécie, a responsabilização subjetiva dos agentes imputados, justificada por José Roberto Pimenta Oliveira a partir das seguintes considerações doutrinárias: "[...] O Estado Democrático de Direito tem, em seu epicentro axiológico, a dignidade da pessoa humana (art. 1º, III), que implica no direito fundamental de inviolabilidade à liberdade e à propriedade (art. 5º, *caput*). Como derivação surge a consagração da vedação constitucional de privação da liberdade e de bens sem o devido processo legal (art. 5º, LIV). Densificando, na própria esfera constitucional, esta magna garantia fundamental, contempla-se o princípio da individualização das sanções (art. 5º, XLVI), quando o Estado opera em sua atividade punitiva. [...] O resultado desta teia principiológica e fruto de conquista civilizatória na limitação dos poderes estatais desemboca na afirmação da normatividade do princípio da culpabilidade, imponível como condição constitucional de legitimação para edição de qualquer medida sancionatória por órgão ou estatal" (OLIVEIRA, José Roberto Pimenta. *Improbidade administrativa e a sua autonomia constitucional*. Belo Horizonte: Fórum, 2009. p. 215).

110. Em rigor, são de duas ordens distintas as motivações aptas a embasar uma deliberação da Advocacia Pública pela celebração de acordos no processo: (i) ou o procurador verifica que a parte adversária tem razão, o que significa dizer que o Direito assegura a ela a fruição de determinado direito subjetivo e/ ou que é legítima a sua resistência a pretensão articulada pelo poder público; (ii) ou depreende que a

nalidade entre o custo do litígio (que sequer será judicializado) e o seu resultado, já se confrontam, em concreto, "órgãos ou entidades de direito público que integram a administração pública federal". De toda sorte, essa compreensão não esvazia por completo o sentido (e a utilidade) do dispositivo; porque podem se verificar, na esfera administrativa, a despeito da impossibilidade teórica da celebração de acordos fundados tão somente em juízos de conveniência e oportunidade, ajustes que não se compatibilizam com o Direito pátrio; situação em que "nas hipóteses em que a matéria objeto do litígio esteja sendo discutida em ação de improbidade administrativa ou sobre ela haja decisão do Tribunal de Contas da União, a conciliação [...] dependerá da anuência expressa do juiz da causa ou do Ministro Relator" (art. 36, § 4º).

2. REFERÊNCIAS BIBLIOGRÁFICAS

ALESSI, Renato. *Principi di Diritto Amministrativo, v. 1*. Milano: Giuffrè, 1966.

ALESSI, Renato. *Sistema instituzionale del diritto amministrativo italiano*. 3 ed. Milão: Giuffrè, 1960.

---

demanda "não vale a pena", quando considerados os seus custos e os seus benefícios. Na primeira hipótese (o administrado tem razão), o acordo a ser proposto pela Advocacia Pública precisa assegurar ao cidadão a realização do interesse público ou, num plano mais amplo, uma correta aplicação do Direito pela Administração Pública; pelo que não há espaço, na espécie, para a celebração de transação, que é instituto regido pela lei material civil (art. 840), e demanda o estabelecimento de concessões mútuas entre as partes. O que se dá é que o poder público não pode tomar do administrado o que ele tem direito, ainda que com o propósito de justificar o acordo. Até porque o acordo se justifica, sob essa modalidade, pela tão só circunstância de a parte adversária ter razão. Então, é vedado aos procuradores condicionar a implementação do acordo ao estabelecimento de concessões mútuas entre as partes, porque não vige nas relações de direito público o princípio da autonomia da vontade, e porque incide, na espécie, o princípio da indisponibilidade do interesse público, que impõe à Administração Pública e a seus agentes a observância da ordem jurídica estabelecida (cf. MELLO, Celso Antônio Bandeira de. *Curso de Direito Administrativo*, cit., p. 72). Assim, quando a Advocacia Pública depreender que a parte adversária tem razão, ou seja, que agentes estatais incorreram em equívoco quando da aplicação originária do Direito, cumpre-lhe assegurar a fruição do direito sustentado pela parte adversária tal como ela o teria fruído se a Administração não tivesse se equivocado por ocasião da realização do ato impugnado. Nesse caso, o acordo aventado não poderá ser implementado sob a forma de transação (que exige concessões mútuas entre as partes), consistindo, portanto, em simples composição do litígio. Fincada essa premissa, cumpre indagar, ainda, sobre a viabilidade da realização de transação pelo poder público. Considero que a resposta a esse questionamento deve ser afirmativa. A transação é possível, mas apenas quando se verifica, em concreto, a segunda motivação aventada para a realização da conciliação nas demandas de que participa o poder público, ou seja, quando a manutenção da ação judicial "não vale a pena". Ocorre que, para o caso, o acordo somente poderá ser implementado se a lei expressamente o autorizar, pois não se fundando o ajuste em erro jurídico, não se cogitará, na hipótese, de violação ao princípios da legalidade administrativa, da supremacia do interesse público sobre o privado e da indisponibilidade do interesse público, o que significa dizer que não se aplica às transações a autorização genérica conferida pela Constituição à disposição sobre direitos e interesses deduzidos em juízo pelo poder público. Exemplificando, suponha-se que uma lei editada por determinada unidade federada (União, Estado ou Município) estabeleça que para causas de valor inferior a dois salários mínimos o procurador vinculado ao feito está autorizado a celebrar acordos no processo. Imagine-se, ainda, que essa lei condicione a celebração do ajuste a que a parte adversária abra mão, digamos, de vinte por cento do proveito da causa. Nesse caso, o acordo poderá ser instrumentalizado sob a forma da transação. A propósito, cf.: (MADUREIRA, Claudio Penedo; RAMALHO, Lívio Oliveira. *Juizados da Fazenda* Pública, cit. p. 120-124, passim) e (MADUREIRA, Claudio. Advocacia Pública, cit., p. 228-230, passim).

ÁVILA, Humberto. Repensando o princípio da supremacia do interesse público sobre o particular. In: SARMENTO, Daniel (Org.). *Interesses públicos versus interesses privados:* desconstruindo o princípio da supremacia do interesse público. Rio de Janeiro: Lumen Juris, 2005.

ÁVILA, Humberto. *Teoria dos princípios: da definição à aplicação dos princípios jurídicos.* 4ª ed. São Paulo: Malheiros, 2005.

BACELLAR FILHO, Romeu Felipe. A noção jurídica de interesse público no direito administrativo brasileiro. In: BACELLAR FILHO, Romeu Felipe; HACHEM, Daniel Wunder (Coord.). *Direito administrativo e interesse público*: estudos em homenagem ao Professor Celso Antônio Bandeira de Mello. Belo Horizonte: Fórum, 2010.

BACELLAR FILHO, Romeu Felipe; HACHEM, Daniel Wunder (Coord.). *Direito administrativo e interesse público*: estudos em homenagem ao Professor Celso Antônio Bandeira de Mello. Belo Horizonte: Fórum, 2010.

BEZNOS, Clovis. Procuradoria Geral do Estado e defesa dos interesses públicos. *Revista de Direito Público,* São Paulo: Revista dos Tribunais, ano 23, n. 93, jan./mar. 1990.

CAHALI, Francisco José. *Curso de arbitragem.* 5ª ed. São Paulo: Revista dos Tribunais, 2015.

CAMMAROSANO, Márcio. *O princípio constitucional na moralidade e o exercício da função administrativa.* Belo Horizonte: Fórum, 2006.

CANOTILHO, José Joaquim Gomes. *Direito Constitucional e Teoria da Constituição.* 7ª ed. Coimbra: Almedina, 2000.

CANOTILHO, José Joaquim Gomes de; MOREIRA, Vital. *Fundamentos da Constituição.* Coimbra: Coimbra Editora, 1991.

DALLARI, Dalmo de Abreu. *Elementos de Teoria Geral do Estado.* 20ª ed. São Paulo: Saraiva, 1998. p. 118.

DI PIETRO, Maria Sylvia Zanella. *Direito Administrativo.* 13ª ed. São Paulo: Atlas, 2001.

DIDIER JÚNIOR, Fredie; MAZZEI, Rodrigo Reis (Coord.). *Reflexos do novo Código Civil no direito processual.* Salvador: Juspodivm, 2006.

DWORKIN, Ronald. *Levando os direitos a sério.* Tradução de Nelson Boeira. São Paulo: Martins Fontes, 2002.

ENTERRÍA, Eduardo García de; FERNÁNDEZ, Tomás-Ramón. *Curso de Derecho Administrativo, vol. II.* 11ª ed. Madri, Thomson Civitas, 2008.

FAGUNDES, Miguel Seabra. *O Contrôle dos Atos Administrativos pelo Poder Judiciário.* 4.ª ed. Rio de Janeiro: Forense, 1967.

GRAU, Eros Roberto. *Ensaio e discurso sobre a interpretação/aplicação do direito.* 3ª ed. São Paulo: Malheiros, 2005.

GUEDES, Jefferson Carús; SOUZA, Luciane Moessa de (Coord.). *Advocacia de Estado*: questões institucionais para a construção de um Estado de justiça. Belo Horizonte: Fórum, 2009.

GUEDES, Jefferson Carús. Transigibilidade de interesses públicos: prevenção e abreviação de demandas da Fazenda Pública. In: GUEDES, Jefferson Carús; SOUZA, Luciane Moessa (Coord.). *Advocacia de Estado: questões institucionais para a construção de um Estado de justiça.* Belo Horizonte: Fórum, 2009.

HABERMAS, Jürgen. *Direito e democracia entre facticidade e validade – Volume II.* Tradução de Flávio Beno Siebeneichler. Rio de Janeiro: Tempo Brasileiro, 2003.

HART, Herbert L. A. *O conceito de Direito.* 3ª ed. Tradução de A. Ribeiro Mendes. Lisboa: Fundação Calouste Gulbenkian.

KELSEN, Hans. *Teoria pura do direito*. 7. ed. São Paulo: Martins Fontes, 2006.

MADEIRA, Danilo Cruz. O papel da Advocacia Pública no Estado Democrático de Direito. *Revista Virtual da AGU*, ano 10, n. 107, dez. 2010. Disponível em: <http://www.agu.gov.br/sistemas/site/TemplateImagemTextoThumb.aspx?idConteudo=152998&id_site=1115&ordenacao=1>. Acesso em: 23 out. 2012.

MADUREIRA, Claudio. *Advocacia Pública*. Belo Horizonte: Fórum, 2016.

MADUREIRA, Claudio. *Direito, processo e justiça: o processo como mediador adequado entre o direito e a justiça*. Salvador: Juspodivm, 2013.

MADUREIRA, Claudio; COLODETTI, Bruno. *Advocacia Geral da União*. 5ª ed. Salvador: Juspodivm, 2017.

MADUREIRA, Claudio Penedo; RAMALHO, Lívio Oliveira. *Juizados da Fazenda Pública*: estruturação dos Juizados Especiais da Fazenda Pública Estadual e Municipal (Lei nº 12.153/09) em vista da teoria dos microssistemas e das particularidades da celebração de acordo pelo poder público. Salvador: Juspodivm, 2010.

MADUREIRA, Claudio; VALADÃO, José Arildo. *Execução Fiscal*. 6ª ed. Salvador: Juspodivm, 2017.

MARTINS, Ricardo Marcondes. Arbitragem e administração pública: contribuição para o sepultamento do tema. *Revista Trimestral de Direito Público*, São Paulo: Malheiros, n. 54, 2011. p. 200.

MARTINS, Ricardo Marcondes. *Efeitos dos vícios do ato administrativo*. São Paulo: Malheiros, 2008.

MARTINS, Ricardo Marcondes. Regime estatutário e estado de direito. *Revista Trimestral de Direito Público*, São Paulo: Malheiros, n.55, 2011.

MAZZEI, Rodrigo Reis. Código Civil de 2002 e o Judiciário: apontamentos na aplicação das cláusulas gerais. In: DIDIER JÚNIOR, Fredie; MAZZEI, Rodrigo Reis (Coord.). *Reflexos do novo Código Civil no direito processual*. Salvador: Juspodivm, 2006.

MEIRELLES, Hely Lopes. *Direito Administrativo Brasileiro*. 16ª ed. São Paulo: Revista dos Tribunais, 1991.

MELLO, Celso Antônio Bandeira de. A noção jurídica de "interesse público". In: MELLO, Celso Antônio Bandeira de. *Grandes temas de direito administrativo*. São Paulo: Malheiros, 2010.

MELLO, Celso Antônio Bandeira de. *Curso de Direito Administrativo*. 27ª ed. São Paulo: Malheiros, 2010.

MELLO, Celso Antônio Bandeira de. *Grandes temas de direito administrativo*. São Paulo: Malheiros, 2010.

MELLO, Celso Antônio Bandeira de. Legalidade – Discricionariedade: seus limites e controle. In: MELLO, Celso Antônio Bandeira de. *Grandes temas de direito administrativo*. São Paulo: Malheiros, 2010.

OLIVEIRA, José Roberto Pimenta. *Improbidade administrativa e a sua autonomia constitucional*. Belo Horizonte: Fórum, 2009.

REALE, Miguel. *O Direito como experiência: introdução à epistemologia jurídica*. 2ª ed. São Paulo: Saraiva, 1992.

ROCHA, Carmen Lúcia Antunes. *O princípio constitucional da igualdade*. Belo Horizonte: Lê, 1990.

TUCCI, José Rogério Cruz e. *Precedente judicial como fonte do direito*. São Paulo: Revista dos Tribunais, 2004.

VALENTE, Maria Jovita Wolney. Histórico e evolução da Advocacia-Geral da União. In: GUEDES, Jefferson Carús; SOUZA, Luciane Moessa de (Coord.). *Advocacia de Estado*: questões institucionais para a construção de um Estado de justiça. Belo Horizonte: Fórum, 2009.

VIEIRA JÚNIOR, Ronaldo Jorge Araújo. A advocacia pública consultiva e a sustentabilidade jurídico-constitucional das políticas públicas: dimensões, obstáculos e oportunidades na atuação da Advocacia-Geral da União. In: GUEDES, Jefferson Carús; SOUZA, Luciane Moessa de (Coord.). *Advocacia de Estado: questões institucionais para a construção de um Estado de justiça*. Belo Horizonte: Fórum, 2009.

ZAGREBELSKY, Gustavo. *Il Diritto Mitte – Legge, Diritti, Giustizia*. Nuova edizione. Torino: Einaudi, 1992.

ZANETI JÚNIOR, Hermes. *Processo Constitucional: O modelo Constitucional do Processo Civil Brasileiro*. Rio de Janeiro: Lumen Juris, 2007.

Seção II
Dos Conflitos Envolvendo a Administração Pública Federal Direta, suas Autarquias e Fundações

Art. 37. É facultado aos Estados, ao Distrito Federal e aos Municípios, suas autarquias e fundações públicas, bem como às empresas públicas e sociedades de economia mista federais, submeter seus litígios com órgãos ou entidades da administração pública federal à Advocacia-Geral da União, para fins de composição extrajudicial do conflito.

Luciane Moessa de Souza

1. COMENTÁRIOS

Essa Seção, ao trazer normas específicas para os conflitos que envolvam ao menos um ente público federal, divide-os em quatro categorias: a) conflitos entre entes públicos federais e particulares que poderão ser objeto de "transação por adesão" (artigo 35); b) conflitos administrativos envolvendo entes federais (artigo 36) ou entre entes federais e entes de outra esfera federativa (artigo 37); c) conflitos em matéria tributária (artigo 38); d) conflitos judicializados entre entes públicos federais (artigo 39).

Quanto à primeira modalidade, trata-se de categoria que abrange os chamados "conflitos repetitivos", que envolvem matéria de direito e em que, a partir da pacificação da jurisprudência em nível de tribunais superiores, são traçadas condições para a celebração de acordos, bastando ao particular que comprove estar enquadrado na situação fática correspondente. Trata-se de caminho que, sem dúvida, prestigia o princípio da isonomia e facilita a celebração de transações em massa, mas, por outro lado, perde a oportunidade de melhorar o diálogo entre Poder Público e cidadão e de propiciar a consideração de situações peculiares eventualmente não pensadas pelo ato normativo que estipular as condições dos acordos.

No que tange à segunda categoria de conflitos, estipula-se, no artigo 36, a obrigatoriedade de utilização do caminho consensual, mediante procedimento de composição extrajudicial do conflito conduzido pela Advocacia-Geral da União, observados os regulamentos a serem emitidos pelo Advogado-Geral da União, que também solucionará a controvérsia mediante decisão unilateral caso não seja alcançado o acordo. Esse artigo simplesmente alça a nível legislativo disposições já em pleno vigor no âmbito da Advocacia-Geral da União. Isso já vem sendo praticado no âmbito da Câmara de Conciliação e Arbitragem da

Advocacia-Geral da União, criada por ato regulamentar do Advogado-Geral da União em fevereiro de 2007.

Se, por um lado, as normas previstas nesse ato normativo são adequadas para conflitos de natureza individual, como os que concernem meramente a questões tributárias ou outras questões orçamentárias, é preciso registrar que, no âmbito da referida Câmara de Conciliação, muitos equívocos já foram cometidos quando se pretende resolver conflitos coletivos, que afetam diretamente setores da comunidade ou outros atores do setor privado (inclusive grandes empresas), sem que estes participem da negociação. Já houve inclusive questionamento da 6ª. Câmara do Ministério Público Federal, com base na Convenção 169 da Organização Internacional do Trabalho, acerca da obrigação de se ouvir as comunidades tradicionais (no caso brasileiro, principalmente, mas não apenas, comunidades indígenas ou quilombolas) em procedimentos de conciliação nos quais seus direitos estão sendo discutidos. Este questionamento resultou na edição de uma Portaria do Consultor-Geral da União (nº 3, de dezembro de 2009), determinando a realização de audiências públicas com tais comunidades em tais procedimentos, mas a boa técnica, como visto acima, recomenda que, em caso de conflito coletivo, todos os atores afetados pelo conflito participem da negociação, ainda que por meio de representantes – e isto não se restringe aos conflitos que envolvam comunidades tradicionais. Tal procedimento não tem sido seguido pelo órgão em questão [1], dando margem a que conflitos coletivos sejam indevidamente tratados como conflitos internos ao âmbito da Administração Pública.

A inovação do artigo 36 fica por conta dos §§ 2º a 4º, que preveem: a) a participação do Ministério do Planejamento, Orçamento e Gestão quando houver o reconhecimento de créditos de um ente federal em face de outro; b) a responsabilidade disciplinar de servidor público que tiver dado causa à dívida; c) a necessidade de anuência do juiz da causa, em caso de ação de improbidade (como se não fosse suficiente prever a necessidade de homologação – pretende-se transformar o juiz em parte na negociação) ou do Ministro Relator, quando a matéria estiver em curso no Tribunal de Contas da União.

O artigo 37 causa estranheza, pois pretende que as demais entidades federadas submetam seus conflitos com ente federal à Advocacia-Geral da União, que também é ente federal. A par do desrespeito ao princípio constitucional federativo, a norma é de nenhuma utilidade, pois é pouco provável que Estados, Distrito Federal e Municípios dela façam uso. Teria caminhado muito melhor o legislador se previsse a criação de um órgão com tal incumbência no qual houvesse também a participação dos entes federados, representadas por suas Procuradorias dos Estados e dos Municípios. Enquanto esta entidade mista não existir, o que se tem nestes conflitos é uma

1. Eu atuei na Câmara de Conciliação e Arbitragem da AGU de outubro de 2010 a agosto de 2011 e realizei as primeiras (e, segundo tive notícia, únicas) audiências públicas envolvendo comunidades quilombolas.

Câmara de Negociação federal, sendo possível que cada Estado, o Distrito Federal ou o Município também criem câmaras equivalentes, fazendo surgir problemas de "competência" quando estiverem envolvidos no conflito entes públicos estaduais, distritais e municipais (característica comum aos conflitos em questões ambientais e/ou de moradia, por exemplo).

O artigo 38 exclui os conflitos de natureza tributária da competência das câmaras administrativas previstas no artigo 32, no que se refere à celebração de acordos em conflitos envolvendo particulares e à celebração de termos de ajustamento de conduta. Os conflitos em matéria tributária, normalmente, por óbvio, envolvem particulares (os contribuintes), de modo que eles ficaram de foram da nova lei. Supõe-se que o assunto será tratado em legislação própria, já que em 2009 a Procuradoria-Geral da Fazenda Nacional elaborou projeto de lei sobre transação tributária, que foi apresentado à Câmara dos Deputados. No que se refere à competência remanescente, ou seja, a de dirimir conflitos envolvendo a Administração Pública, quando houver ente federal envolvido, a submissão do caso à Advocacia-Geral da União implica renúncia do direito de recorrer ao Conselho Administrativo de Recursos Fiscais, segundo dispõe a norma.

Art. 38. Nos casos em que a controvérsia jurídica seja relativa a tributos administrados pela Secretaria da Receita Federal do Brasil ou a créditos inscritos em dívida ativa da União:

I – não se aplicam as disposições dos incisos II e III do caput do art. 32;

II – as empresas públicas, sociedades de economia mista e suas subsidiárias que explorem atividade econômica de produção ou comercialização de bens ou de prestação de serviços em regime de concorrência não poderão exercer a faculdade prevista no art. 37;

III – quando forem partes as pessoas a que alude o caput do art. 36:

a) a submissão do conflito à composição extrajudicial pela Advocacia-Geral da União implica renúncia do direito de recorrer ao Conselho Administrativo de Recursos Fiscais;

b) a redução ou o cancelamento do crédito dependerá de manifestação conjunta do Advogado-Geral da União e do Ministro de Estado da Fazenda.

Parágrafo único. O disposto neste artigo não afasta a competência do Advogado-Geral da União prevista nos incisos VI, X e XI do art. 4º da Lei Complementar nº 73, de 10 de fevereiro de 1993, e na Lei nº 9.469, de 10 de julho de 1997. (Redação dada pela Lei nº 13.327, de 2016)

João Luiz Lessa Neto

1. COMENTÁRIOS

O artigo 38 da Lei de Mediação cuida de estabelecer regras especificas sobre a possibilidade de mediação e transação nos casos que envolvam tributos administrados pela Receita Federal ou créditos inscritos em Dívida Ativa da União, o que inclui créditos tributários e não tributários (art. 2º da Lei de Execuções Fiscais, Lei nº 6.830/80, e art. 4º, incisos I e II, da Portaria MF n. 75/2012).

A discussão sobre mediação e transação envolvendo a fazenda pública e, particularmente, créditos tributários é marcada por controvérsias e forte carga ideológica, prevalecendo ainda a noção de que a sentença ou decisão adjudicatória é o melhor meio para resolver esse tipo de conflito[1]. É, por conseguinte, predominante a cultura da sentença, relembrando a designação de Kazuo Watanabe, sobre a cultura da

1. VENTURI, Elton. Transação de direitos indisponíveis? In: ZANETI JR., Hermes; CABRAL, Trícia Navarro X.. **Justiça multiportas: mediação, conciliação, arbitragem e outros meios de solução adequada de conflitos**. Salvador: Juspodivm, 2017, p. 416.

pacificação na matéria[2]. As preocupações voltam-se, particularmente, para questões relacionadas ao princípio da legalidade e a isonomia fiscal. O curioso é que pesquisa realizada pelo IPEA – Instituto de Pesquisa Econômica Aplicada demonstra que o sistema de execução e cobrança de créditos fiscais é extremamente ineficiente, sendo baixíssimos os índices de recuperação judicial dos créditos tributários[3].

Por outro lado, o âmbito de atuação do advogado público para transacionar ou participar de mediações era, tradicionalmente, bastante limitado. A Lei de Mediação, é verdade, cuidou de alargar estes limites, inclusive alterando a redação dos artigos 1º e seguintes da Lei 9.469/1997, que regulamenta a Lei Complementar 73/1993 – Lei Orgânica da Advocacia Geral da União –, para permitir uma atuação mais eficiente e racional da advocacia pública. Estabelecendo uma permissão geral para que o Advogado-Geral da União, diretamente ou mediante delegação, e os dirigentes máximos das empresas públicas federais, em conjunto com o dirigente estatutário da área afeta ao assunto, possam autorizar a realização de acordos ou transações para prevenir ou terminar litígios, inclusive os judiciais.

Entretanto, não se pode afirmar que a Lei de Mediação tenha, efetivamente, estabelecido as diretrizes para a mediação tributária[4]. Ela certamente não veda a possibilidade, mas, também, não regulamenta a matéria, optando por restringir em tese quem pode participar de mediação sobre tributos ou créditos inscritos em dívida ativa da União.

A transação sobre créditos da União, particularmente os tributos federais, é prevista no artigo 171 do Código Tributário Nacional, que estabelece a possibilidade de a lei estabelecer as condições, indicando a autoridade fiscal competente, e autorizar que os sujeitos ativo e passivo da obrigação tributária celebrem transação para a extinção do crédito tributário. O artigo 172 do Código Tributário Nacional, ao seu turno, traz hipóteses nas quais a lei poderá autorizar a concessão de remissão total ou parcial do crédito tributário.

Em qualquer uma das hipóteses, é necessária a edição de lei autorizadora específica. A Lei de Mediação não é lei autorizadora para os fins do Código Tributário Nacional. Na verdade, a dicção do artigo parece excluir do âmbito de incidência da mediação os particulares e as empresas públicas e sociedades de economia mista que atuam de maneira concorrencial no mercado. De modo semelhante, não é possível,

2. WATANABE, Kazuo. Cultura da sentença e cultura da pacificação. In: YARSHELL, Flávio Luiz; MORAES, Maurício Zanoide de. **Estudos em homenagem à professora Ada Pellegrini Grinover.** São Paulo: DPJ Editora, 2005, 684.

3. MAUTONE, Débora Cunha. A transação tributária como forma alternativa eficiente e eficaz no auxílio à recuperação do crédito público. In: REIS, Taciana; GOBETH, Gabriel Roberti. **O Direito Público em foco: temas atuais.** Erechim: Devient, 2015, versão Kindle.

4. Mediação entendida como a técnica de resolução de controvérsias em que um terceiro imparcial atua para facilitar a comunicação entre as partes, para facilitar a construção de consenso e de uma solução negociada. Vide: TARTUCE, Fernanda. **Mediação nos conflitos civis.** São Paulo: Método, 2016, p. 174-175.

com fulcro apenas na Lei de Mediação, a celebração de termo de ajustamento de conduta tributária.

Com efeito, o inciso I do artigo 38 de Lei de Mediação exclui a aplicabilidade da mediação tributária para os casos indicados nos incisos II e II de seu artigo 32. Por isso, não seria possível a solução de controvérsia por transação entre particular e pessoa jurídica de direito público em matéria tributária ou referente a débitos inscritos na Dívida Ativa da União e não seria admissível a celebração de ajustamento de conduta.

A redação legal, portanto, restringe significativamente o âmbito de atuação e as possibilidades de mediação relativa a créditos tributários, justamente por excluir os particulares, principais e verdadeiros pagadores de tributos. Coerente com esta opção legislativa, o inciso III do artigo 38 da Lei de Mediação cuidou de afastar as empresas públicas, sociedades de economia mista e suas subsidiárias que explorem atividade econômica de produção ou comercialização de bens ou de prestação de serviços em regime de concorrência da utilização de mediação, através da submissão de litígios com órgãos ou entidades da administração pública federal, à Advocacia-Geral da União. O sentido da regra está relacionado à manutenção da isonomia, dado o caráter de sua atuação no mercado.

Portanto, é facultado aos Estados, ao Distrito Federal e aos Municípios, suas autarquias e fundações públicas, bem como às empresas públicas e sociedades de economia mista federais, submeterem seus litígios com órgãos ou entidades da administração pública federal à Advocacia-Geral da União, para fins de composição extrajudicial do conflito. Contudo, as empresas públicas, sociedades de economia mista e suas subsidiárias que explorem atividade econômica de produção ou comercialização de bens ou de prestação de serviços em regime de concorrência não poderão se valer desta opção.

Assim, o âmbito de aplicação das diretrizes da Lei de Mediação parece estar restrito aos tributos federais entre entes da administração pública em todos os seus níveis e aos créditos não tributários. Naturalmente, há de ser bem entendida a possibilidade de mediação ou transação sobre impostos, pois há a vedação constitucional a que a União, os Estados, o Distrito Federal e os Municípios instituam impostos sobre patrimônio, renda ou serviços, uns dos outros (art. 150, VI, a, da Constituição Federal)[5].

5. Assunto: imposto sobre a renda retido na fonte – IRRF. Ementa: fundação pública de direito privado municipal. Retenção na fonte. Repartição de receitas. O direito de o Município apropriar-se do produto da arrecadação do imposto de renda, com base no art. 158, I da Constituição Federal, de 1988, restringe-se unicamente às retenções sobre os pagamentos efetuados a servidores e empregados do próprio Município, de suas autarquias ou das fundações que instituir e mantiver, sendo esses valores diretamente incorporados às receitas municipais. É considerada fundação instituída e mantida pelo Poder Municipal, a fundação pública criada pelo Município, vinculada a ele administrativa, orçamentária e financeiramente, que esteja sujeita a certas diretrizes e controles típicos dos órgãos públicos municipais e que seja sustentada total ou preponderantemente por recursos oriundos do orçamento municipal. O produto da arrecadação das retenções do imposto de renda nos demais casos pertence à União, devendo ser recolhido aos cofres federais, por meio de DARF, inclusive nas hipóteses do art. 647 do Regulamento do Imposto de Renda. Caso tenha

No caso de conflitos que envolvam controvérsia jurídica entre órgãos ou entidades de direito público que integrem a administração pública, a submissão do conflito à composição extrajudicial pela Advocacia-Geral da União implica renúncia do direito de recorrer ao Conselho Administrativo de Recursos Fiscais (CARF). Ou seja, ao se optar pela submissão do conflito à composição perante a AGU, estar-se-á abrindo mão do direito de ter a questão analisada pelo CARF. A redução ou o cancelamento do crédito dependerá de manifestação conjunta do Advogado-Geral da União e do Ministro de Estado da Fazenda.

A Lei de Mediação cuidou, também, de alterar o Decreto nº 70.235, de 6 de março de 1972, tendo lhe incluído o artigo 14-A. Por isso, sendo hipótese que verse sobre a determinação e exigência de créditos tributários da União e sendo o sujeito passivo órgão ou entidade de direito público da administração pública federal, a submissão do litígio à composição extrajudicial pela Advocacia-Geral da União será considerada reclamação, tendo por condão suspender a exigibilidade do crédito tributário até a resolução da questão, conforme art. 151, III, do Código Tributário Nacional.

2. BIBLIOGRAFIA

MAUTONE, Débora Cunha. A transação tributária como forma alternativa eficiente e eficaz no auxílio à recuperação do crédito público. In: REIS, Taciana; GOBETH, Gabriel Roberti. O Direito Público em foco: temas atuais. Erechim: Devient, 2015, versão Kindle.

MEGNA, Bruno Lopes. A Administração Pública e os meios consensuais de solução de conflitos ou "enfrentando o leviatã nos novos mares da consensualidade". In: **Revista da Procuradoria Geral do Estado de São Paulo.** São Paulo: PGE, jul./dez. 2015, n. 82.

MOREIRA NETO, Diogo Figueiredo. Novos institutos consensuais da ação administrativa. In: **Revista de Direito Administrativo.** Rio de Janeiro: FGV, jan./mar. 2003, n. 231.

TARTUCE, Fernanda. **Mediação nos conflitos civis.** São Paulo: Método, 2016.

WATANABE, Kazuo. Cultura da sentença e cultura da pacificação. In: YARSHELL, Flávio Luiz; MORAES, Maurício Zanoide de. **Estudos em homenagem à professora Ada Pellegrini Grinover.** São Paulo: DPJ Editora, 2005.

havido a retenção, mas o imposto não tenha sido recolhido à União, serão exigidos da fonte pagadora, pela Fazenda Nacional, o imposto, a multa de ofício e os juros de mora. DISPOSITIVOS LEGAIS: Constituição Federal, arts. 71, II e III, 158, I, 165, § 5º, I, 169, § 1º, I e II; Decreto-Lei nº 200, de 1967, arts. 4º, II, "d" e 5º, IV; Decreto nº 3.000, de 1999 (RIR/99), art. 624 e 647; Parecer Normativo nº 1, de 2002; Parecer Normativo nº 2, de 2012; Parecer/PGFN/CAT/ nº 276, de 2014; Lei Orgânica do Município, arts. 90, I, 127, § 5º, I e 131, § 1º, I e II e Lei Municipal nº 1.785, de 12 de dezembro de 2011, arts. 1º, 5º, 31 e 32. (BRASIL. Secretaria da Receita Federal. Solução de Consulta nº 28, de 29 de março de 2016.)

Art. 39. A propositura de ação judicial em que figurem concomitantemente nos polos ativo e passivo órgãos ou entidades de direito público que integrem a administração pública federal deverá ser previamente autorizada pelo Advogado-Geral da União.

Luciane Moessa de Souza

1. COMENTÁRIOS

O artigo 39 contém previsão bastante salutar (que também já constava de norma regulamentar da Advocacia-Geral da União) no sentido de evitar a judicialização de conflitos entre entes federais: qualquer ente público federal somente poderá propor ação em face de outro ente público federal com autorização expressa do Advogado-Geral da União ou autoridade a quem ele delegar esta competência.

Art. 40. Os servidores e empregados públicos que participarem do processo de composição extrajudicial do conflito, somente poderão ser responsabilizados civil, administrativa ou criminalmente quando, mediante dolo ou fraude, receberem qualquer vantagem patrimonial indevida, permitirem ou facilitarem sua recepção por terceiro, ou para tal concorrerem.

Luciane Moessa de Souza

1. COMENTÁRIOS

Por último, cabe referir a norma do artigo 40, de teor flagrantemente inconstitucional, por pretender excluir do regime constitucional de responsabilidade do agente público por todos os seus atos dolosos e culposos (conforme artigo 37, § 6°) os atos praticados por servidores e empregados públicos em processo de "composição" (leia-se "autocomposição") extrajudicial do conflito, salvo se comprovado: a) dolo ou fraude; b) percepção de vantagem indevida pelo próprio agente ou por terceiro. Ficam excluídos, portanto: a) os erros técnicos, por ação ou por omissão, não importando se grave, média ou leve; b) a negligência. Essa norma coloca em risco a seriedade necessária ao processo de resolução consensual de conflitos. Ora, o mesmo grau de responsabilidade que se exige em qualquer ato praticado por agente público há de ser exigido aqui – daí a necessidade de fundamentação muito clara, sob os prismas fático e jurídico, de cada acordo celebrado. Entender-se de modo diverso é abrir as portas para o descaso e os equívocos de todo tipo, sem falar na própria fraude – já que sempre existe dificuldade de prova desta ou do recebimento de vantagem indevida.

Alteram-se também alguns artigos da Lei 9.469, de 1997, a qual traz normas de alçada acerca de autoridades competentes para autorizar acordos em conflitos judicializados envolvendo entes públicos federais. No artigo 1°, elimina-se a previsão de necessidade de participação do Ministro de Estado da pasta correspondente para o Advogado-Geral da União autorizar acordos em conflitos envolvendo entes federais, a partir de um certo valor. Quanto ao valor máximo a partir do qual é necessária a autorização do Advogado-Geral da União, era estabelecido em quinhentos mil reais, com a redação do novo § 4°, esse passará a ser previsto em regulamento (o que é bastante adequado); só não se estipula qual será a autoridade competente para emitir o regulamento... À falta de previsão expressa, entendo que deve ser Decreto federal, expedido pela Presidência da República.

Já o § 5° traz a previsão de que os acordos "poderão" prever a responsabilidade pelo pagamento de honorários advocatícios – como se antes isto não fosse possível... Ora, a regra deveria ter previsto a obrigação, no caso, até para evitar conflitos posteriores envolvendo os advogados.

Além disso, estipula-se, no novo § 1°, a possibilidade de criação de "*câmaras especializadas, compostas por servidores públicos ou empregados públicos efetivos, com o objetivo de analisar e formular propostas de acordos ou transações*". Dada sua composição (conforme § 3°), caracterizam-se como câmaras de negociação.

Altera-se também o artigo 2° da mesma lei em dois pontos: a) substitui-se o "dirigente máximo" (leia-se, o Presidente) do Banco Central do Brasil pelo seu Procurador-Geral, de maneira similar aos demais dirigentes da advocacia pública federal, como autoridade competente para celebrar acordos até um certo patamar; b) elimina-se a previsão de que este teto máximo é de R$ 100.000,00 (cem mil reais), remetendo a fixação do valor a norma regulamentar; c) passa-se a prever que estes acordos podem constituir meros parcelamentos de débitos, mas não se limitam a estes, como consta na redação atual.

Sobre estes valores máximos para efeitos de autorização do acordo, vale dizer que esta fixação é claramente inadequada quando se pensa nos conflitos repetitivos, em que deveria ser considerado o valor global envolvido em todos eles e não os valores individuais envolvidos em cada caso. Muito embora, se houver jurisprudência pacificada em tribunais superiores, seja possível (mas não obrigatória) a expedição de ato do Advogado-Geral da União estipulando condições para "transações por adesão", quando a jurisprudência ainda não estiver pacificada ou quando o Advogado-Geral da União não expedir o ato que lhe cabe, fica aberta a porta para celebração de acordos díspares em situações idênticas, desde que os valores fiquem abaixo do teto estipulado em norma regulamentar para cada conflito individualmente considerado.

2. CONCLUSÕES

Não obstante seja necessário reconhecer a peculiaridade dos conflitos envolvendo o Poder Público, ainda assim o caminho da consensualidade se revela, em muitos casos – e aí se destaca a situação dos conflitos coletivos que envolvem políticas públicas – a solução mais adequada para o problema, para não dizer a única possível, notadamente em situações em que os impasses criados geram autênticas paralisações do aparato estatal.

Os métodos consensuais podem ser utilizados seja para prevenir conflitos, seja para resolvê-los, tudo a depender do momento em que se está na escalada do problema. Não podem, contudo, ser manejados sem consideração com os princípios constitucionais mais caros ao funcionamento de um Estado Democrático de Direito.

A estruturação de um quadro normativo bem elaborado pode contribuir em muito para a expansão, com qualidade e segurança, da utilização de tais métodos em nosso país. Entretanto, como procurei deixar claro ao longo deste trabalho, a redação atual do capítulo que trata dos conflitos envolvendo o Poder Público na nova lei sobre mediação de conflitos está muito aquém das necessidades do país no estágio atual, contendo falhas e omissões relevantes que demandam aprimoramento, seja por alteração legislativa, sejam pela própria via regulamentar.

Art. 41. A Escola Nacional de Mediação e Conciliação, no âmbito do Ministério da Justiça, poderá criar banco de dados sobre boas práticas em mediação, bem como manter relação de mediadores e de instituições de mediação.

José Herval Sampaio Júnior

1. COMENTÁRIOS

Em que pese o ano de 2015 ter sido revolucionário em termos normativos para a política consensual e em especial para a mediação[1], que finalmente passou a ter regramento em lei federal, já que até então apesar de ser praticada no Brasil e com a eficácia que lhe é peculiar – justamente por ser um procedimento aberto a acolher os contendores, ouvindo-os ativamente não só sobre o que motivou a disputa e em que patamar ela esteja, mas principalmente tentando descobrir a origem dos problemas e encaminhar uma solução que permita, pelo menos, o convívio social – precisávamos não só de uma lei própria como a que ora comentamos, mas especialmente de uma lei que ousasse na política consensual que deve ser implementada no seio de nossa sociedade.[2]

Essa tarefa não é fácil. Na realidade, o grande desafio da resolução nº 125/2010 do CNJ e que a lei segue o mesmo passo é se integrar com a sociedade, lhe apresentando uma forma de compor seus conflitos em que ela se encontre, ou seja, que o cidadão possa reconhecer na mediação um procedimento flexível e aberto para escutar as suas angústias, daí porque a previsão de uma Escola Nacional, vinculada a um Ministério que já encampou, há algum tempo, a ideia de que a judicialização

1. Ver artigos sobre o tema em: ZANETI JR., Hermes; CABRAL, Trícia Navarro Xavier. *Justiça Multiportas*: mediação, conciliação, arbitragem e outros meios de solução adequada de conflitos. (Coleção Grandes Temas do Novo CPC – vol. 9). Salvador: JusPODIVM, 2017.

2. "A aprovação da Lei de Mediação Civil no marco normativo do NCPC representa uma promessa de virada revolucionária na forma de tratamento dos conflitos. Lançando-se sobre ela um olhar prospectivo, vislumbra-se o paulatino empoderamento dos cidadãos e a possibilidade de que assumam, efetivamente, o papel de protagonistas na solução consensual de desavenças. Para que isto seja possível, contudo, será necessário que os magistrados em geral – e não só eles, mas também advogados, Defensores Públicos, MP, serventuários da Justiça – reconheçam a importância dos mecanismos consensuais e cedam espaço para que as partes dialoguem e busquem conjuntamente o entendimento". Aspectos polêmicos da mediação judicial brasileira: Uma análise à luz do novo Código de Processo Civil e da Lei da Mediação, Karime Silva Siviero, Mestra em Direito pela Universidade Federal do Espírito Santo – UFES. Graduada em Direito pela mesma instituição. Coordenadora do Núcleo de Prática Jurídica da Universidade Vila Velha – UVV/ES. Tem experiência na área de Direito, com ênfase em Direito Civil, Direito Processual Civil e Direito do Trabalho. Cadernos dos Programas de Pós-graduação de direito da UFGRS disponível na internet. Grifo nosso.

não é o caminho adequado para a grande maioria dos conflitos, se constitui como uma excelente estratégia para que o Poder Público também se prepare para a revolução que temos de fazer na consciência da sociedade quanto à eficácia dos meios consensuais.

A Escola Nacional da Medição e Conciliação (ENAM) já existia formalmente antes da referida lei e com ela se trabalhava junto com o Conselho Nacional de Justiça a conscientização da sociedade quanto aos meios consensuais e sua importância para que na prática tenhamos a tão sonhada pacificação social, já que em tese um conflito não resolvido gera para os envolvidos e a própria sociedade uma insegurança que põe em risco o convívio, gerando, por conseguinte, mais conflitos, ou seja, entramos em um círculo vicioso que desagua no Judiciário quase sempre, congestionando-o e principalmente não permitindo que ele consiga resolver de modo adequado os processos.

Colhemos da época de sua criação, o seu escopo maior:

> "O objetivo da Semana da Conciliação e da criação da Enam **é mudar a cultura da população,** formar um exército de mediadores que possam propor soluções mais harmônicas para os conflitos do dia a dia, reduzir o volume de processos em tramitação na Justiça e diminuir os gastos da administração pública." [3] Negrito nosso.

Essa parceria do Ministério da Justiça com o Conselho Nacional de Justiça vem ao longo desses últimos anos sendo muito frutífera, devendo ser impulsionada ainda mais, logo o artigo supra prevê não só a cultura de reprodução e sistematização das boas práticas em mediação, como, por exemplo, desde sua criação vem sendo feita pelo Fórum Nacional de Mediação e Conciliação, na qual reúne os coordenadores da política consensual de todos os Tribunais de Justiça do país, oportunidade em que acontece em cada encontro a necessária troca de experiências, permitindo aos Tribunais não só a oxigenação necessária, mas principalmente a possibilidade de se renovar em cada projeto que esteja materializando e a devida fruição que a política se propõe com a sociedade.

E é justamente isso que a lei estimula, dando a ENAM essa função de controlar o referido banco de boas práticas de mediação, estimulando a todos os agentes envolvidos na política que possam dele se utilizar e com isso termos uma mudança cultural mais rápida, em especial fora do âmbito do Poder Judiciário, já que neste, como visto, temos o seu estímulo através dos NUPEMECS (Núcleos Permanentes de Mediação e Conciliação) em cada um dos 27 Tribunais de Justiça, na qual mesmo com todas as dificuldades, vem evoluindo muito nos últimos anos.

A ENAM deve, nesse cenário, centralizar todas as boas práticas de mediação, promovendo a sua permanente divulgação e incentivando todos os órgãos, entidades,

3. Disponível em: [http://www.ebc.com.br/2012/11/cnj-e-ministerio-da-justica-lancam-a-escola-nacional-de-mediacao-e-conciliacao], acesso em: 30.08.2017.

pessoas físicas e jurídicas, bem como mediadores e conciliadores a desenvolverem projetos que possam contribuir para a implementação da política consensual, em especial aqueles que possam evitar processos, a semelhança com o banco já existente no Conselho Nacional de Justiça, que há algum tempo vem trabalhando nessa linha, incentivando inclusive o Fonamec, que por força da resolução nº 125/2010, se constitui com auxiliar do CNJ para consolidação dessa política e vem agora também se colocando como efetivo criador de novas políticas públicas na área.

Quem trabalha com a política consensual sabe que o maior desafio é disseminar essa cultura dentro da sociedade, através da cidadania ativa, envolvendo a comunidade, de modo que ela participando dos projetos, possamos realmente incutir esses meios no dia a dia das pessoas, logo incentivar boas práticas e, por conseguinte, fazer a sua catalogação é um trabalho primordial.

Desta forma, a ENAM poderá ser muito importante nesse processo, até porque o próprio Ministério da Justiça já é um grande parceiro do Conselho Nacional de Justiça e essa união de forças em prol da política consensual, trará a almejada mudança de cultura dentro da sociedade, fazendo com que esta produza e realize os projetos de mediação, já que a parte extrajudicial é indiscutivelmente a que mais precisamos incentivar nesse momento, pois na parte judicial o CNJ já vem tentando impulsionar junto a todos os Tribunais desse país e o mais interessante é que tanto a ENAM quanto o próprio Ministério da Justiça terão o próprio CNJ e os Tribunais como executores de toda a política pré-processual que desenvolvam, já que esta ainda é o maior objetivo da Justiça no sentido amplo do termo.

Outra previsão do comentado artigo é a necessidade de que a ENAM cadastre os mediadores e instituições de mediação do país, também a semelhança do que vem fazendo o CNJ para o âmbito judicial, contudo precisamos também do devido controle na iniciativa privada, justamente para que tenhamos a almejada qualidade, logo esse desafio de promover o cadastramento é uma tarefa hercúlea para a ENAM, também podendo contar com a expertise do CNJ e da própria ENFAM.

Não podemos deixar de enunciar que além de difícil o encargo, exigirá da Escola uma priorização de tal atividade, já que o campo de atuação dos mediadores e instituições é bem propício ao desenvolvimento, logo teremos várias empresas querendo explorar tal campo sob o aspecto econômico, o que demandará da Escola uma atuação bem rigorosa quanto à qualidade dos que desejarem se submeter a esse cadastro.

Se não houver a preocupação com a qualidade dos profissionais, haverá uma mercantilização da atividade e isso não contribuirá para a política, pelo contrário, a atrapalhará de forma muito intensa, não só na disseminação da cultura dentro da sociedade, mas também respingará na atuação dos mediadores judiciais, que pela política atual do CNJ e da ENFAM (Escola Nacional de Formação e Aperfeiçoamento dos Magistrados), através da resolução nº 03/2017, junto com os Tribunais, cuidará do controle das entidades que poderão formar mediadores e conciliadores em todo o país.[4]

Mesmo sendo cadastros distintos, não podemos permitir que não haja uma padronização em termos de qualidade na formação desses profissionais, pois integração geral foi a tônica da política consensual trazida com a resolução nº 125/2010, logo deve haver planejamento prévio em toda essa política pela ENAM, que pode inclusive pedir auxilio da própria ENFAM e CNJ, já que a boa atuação desse cadastramento propiciará a Escola e ao órgão de controle do Judiciário sucesso em sua supervisão finalística nas respectivas áreas.

Andou muito bem o legislador em prevê nas disposições finais essa atuação da ENAM e que o Ministério da Justiça possa assegurar as condições para o fiel cumprimento dessa tarefa importante para a efetiva consolidação da política consensual, ao tempo que se torne referencial para os mediadores e todas as instituições que trabalham com mediação, não só com o Banco de boas práticas, mas o controle formal e finalístico da qualidade de todos aqueles que se dispuserem a laborar com a mediação em nosso país.

4. RESOLUÇÃO ENFAM N. 3 DE 7 DE JUNHO DE 2017 Altera a Resolução ENFAM n. 6 de 21 de novembro de 2016, que dispõe sobre os procedimentos de reconhecimento de escolas ou instituições para a realização de cursos de formação de mediadores judiciais.

Art. 42. Aplica-se esta Lei, no que couber, às outras formas consensuais de resolução de conflitos, tais como mediações comunitárias e escolares, e àquelas levadas a efeito nas serventias extrajudiciais, desde que no âmbito de suas competências.

Parágrafo único. A mediação nas relações de trabalho será regulada por lei própria.

José Herval Sampaio Júnior

1. COMENTÁRIOS

A lei que ora comentamos nesse livro é o guia que deve ser seguido por todos que desejem laborar com qualquer tipo de mediação e na realidade com os meios consensuais em geral, daí porque a previsão de aplicação, no que couber, a todas as outras formas consensuais de resolução de conflitos, respeitadas, por óbvio, as peculiaridades de cada meio consensual, que tem suas especificidades e algumas delas inviabilizam, por si só, a aplicação da lei de mediação.

A primeira observação que devemos fazer é que a lei enunciou alguns outros meios consensuais, logo não há o que se falar em taxatividade, até mesmo porque a política em si, como já enunciamos é integrativa, dai porque, sempre que possível, deve haver auxílio entre todos os meios, por isso que a interpretação que se coaduna, inclusive com o novo CPC, que também trata de outros meios consensuais é no sentido de que os meios citados são exemplificativos.

No que tange à mediação comunitária, pensamos que a aplicação deve ser feita com parcimônia, já que a informalidade desse meio bem típico não se coaduna com a ritualística da lei, mesmo que já informal em relação ao procedimento judicial, contudo sabemos que tem um procedimento e talvez a mediação comunitária aceite no máximo um planejamento no seu início e os próprios envolvidos vão mudando de acordo com a capilaridade de cada assunto e a própria desenvoltura dos envolvidos, cabendo ao mediador o papel de tão somente intermediar e acolher os contendores.

A mediação comunitária tem a peculiaridade de que as pessoas da própria localidade, a partir de treinamento específico na política consensual, possam se habilitar para resolverem todos os conflitos que surgirem na comunidade, logo tal forma de solução consensual não combina com procedimento, devendo estar aberto para ouvir não só os que se encontram em um conflito peculiar, mas toda a comunidade.[1]

Essa particularidade e a própria definição de cada projeto em específico evidencia que esse meio consensual é aberto por excelência, em especial quanto aos participantes da sessão de mediação, devendo o(s) mediador(s) e demais auxiliares ampliarem o número de participantes com foco na efetiva pacificação de toda a coletividade envolvida e não somente naquelas pessoas que procuraram o núcleo que conduzirá o meio consensual em tela.

Na mediação escolar também temos outras peculiaridades, algumas parecidas com a comunitária, justamente porque as vezes o tipo de conflito precisa desse alcance maior dentro de toda a escola, até mesmo para servir de pedagogia quanto à algumas conclusões que os próprios envolvidos chegam e fazem o acordo, logo reiteramos o que dizemos acima.

Entretanto, a mediação escolar dependendo do tipo de conflito pode exigir o sigilo, daí que nesses casos vislumbramos com maior ênfase a aplicação do procedimento extrajudicial previsto na lei, porém como podemos depreender de todo o contexto da lei, a flexibilidade é uma das características do instituto, o que sempre deve primar a condução dos trabalhos.

Já no que tange às serventias extrajudiciais, defendemos a maior aplicação possível da lei, pois tanto se pode amoldar a mediação judicial quanto extrajudicial, não só pelas peculiaridades do conflito, mas também pelas previsões já existentes em outras leis, inclusive o novo CPC quanto à desjudicialização e procedimentos que podem também ser realizados por tais serventias.

Tomemos, como exemplo, o TJRN, que por meio de sua Corregedoria logo após a vigência da lei de mediação, regulamentou, por provimento [2], a possibilidade de que os oficiais e tabeliães possam realizar no âmbito de suas serventias os meios consensuais, prevendo, como condição principal que os referidos agentes tenham o curso promovido por entidades ou órgãos reconhecidos pelo CNJ, justamente porque a preocupação maior deve ser com a qualidade da atividade consensual a ser realizada pelos cartórios. Não basta ter o serviço a disposição da sociedade, este tem que ter a maior qualidade possível e será esta a diferença para que se alcance, na prática, a pacificação social e a satisfação específica dos contendores.

---

1. No TJRN, temos a particularidade de que a mediação comunitária foi firmada inicialmente em parceria com o Poder Legislativo, de modo que os vereadores, políticos mais próximos da população possam encontrar as pessoas mais habilitadas e competentes para se envolver nessa política, assumindo o compromisso com a comunidade e sendo devidamente capacitada pelo Tribunal, que sempre terá sua equipe dando apoio ao projeto e procurando o expandir para todos os locais possíveis.

2. Provimento 159, de 08 de novembro de 2016. Acrescenta o Capítulo XXIII – Da conciliação e mediação, artigos 662-A a 662-R, no Código de Normas da CGJ/RN, Caderno Extrajudicial, instituído pelo Provimento 156, de 18 de outubro de 2016, possibilitando a mediação e conciliação no âmbito das serventias extrajudiciais do Estado do Rio Grande do Norte.

A lei também se preocupou em não extravasar e foi clara em dizer que essa aplicação tem que estar atrelada a questão da competência de cada serventia e evidentemente tudo isso deve ser regulada por ato de cada Tribunal, como diligentemente agiu o TJRN, devendo essa atividade ser incentivada por todos os Tribunais, bem como a devida fiscalização por cada Nupemec, não podendo o CNJ, que pela própria resolução 125/2010 deve estimular a criação de espaços de consenso, limitar tal atividade, como infelizmente já aconteceu em uma decisão monocrática, que com certeza deve ser revista no plenário, justamente porque a lei ora em exame não acolhe a restrição feita.

Nas relações que envolvem conflitos trabalhistas, pela maior peculiaridade da matéria e até mesmo efeitos distintos dos acordos feitos em tal área, além dos limites e possibilidade de revisitação, a lei ora comentada remete o tratamento a lei específica, o que deve ser aplaudida também, contudo ainda nos atrevemos a dizer que alguns princípios previstos no artigo 2º da lei se aplicam, como por exemplo, o da imparcialidade do mediador, oralidade, busca do consenso e boa-fé, mesmo que a doutrina não aceite de forma unânime tal assertiva.

O mais importante é que tenhamos a ciência de que a lei da mediação tem um viés bem mais amplo do que se imagina e o tem pela própria grandeza do instituto e a sua patente eficácia no que tange a pacificação social, logo não devemos interpretar a sua aplicação de forma restrita, pelo contrário, devemos sempre prestigiá-la, respeitando às especificidades e a própria compatibilidade sistêmica, o que no caso da Justiça laboral já enunciamos.

2. BIBLIOGRAFIA

CAPPELLETI, Mauro e GARTH, Bryant. Acesso à Justiça. 1ª Edição, Porto Alegre: Sérgio Antonio Fabris Editor, 1988.

MARINONI, Luiz Guilherme. Teoria Geral do Processo. 1ª Edição, São Paulo: Editora RT, 2006.

ROCHA, José de Albuquerque. Teoria Geral do Processo. 7ª Edição, São Paulo: Editora Atlas, 2006.

SALES, Lília Maia de Morais. Justiça e mediação de conflitos. Belo Horizonte: Del Rey, 2004.

SALES, Lília Maia de Morais. VASCONCELOS, Mônica Carvalho Mediação Familiar: Um estudo histórico-social das relações de conflitos nas famílias contemporâneas, 1ª Edição, Fortaleza: Expressão Gráfica e Editora Ltda, 2006.

SAMPAIO, José Herval Júnior. Processo constitucional nova concepção de jurisdição, São Paulo, Grupo Gen, 2008.

SOUZA NETO, João Baptista de Mello e. Mediação em juízo Abordagem prática para obtenção de um acordo justo, 1ª Edição, São Paulo: Editora Atlas, 2000.

TARTUCE, FERNANDA. Mediação nos conflitos civis. São Paulo: Grupo Gen, 2016.

TAVARES, Fernando Horta. Mediação & Conciliação, 1ª Edição, Belo Horizonte: Editora Mandamentos, 2002.

VEZZULLA, Juan Carlos. Teoria e Prática da Mediação, V Edição Comentada e Corrigida, Florianópolis: Editado pelo Instituto de Mediação e Arbitragem no Brasil, 2001.

WARAT, Luis Alberto. O ofício do Mediador Florianópolis: Habitus Editora, 2001.

XAVIER CABRAL. Trícia Navarro e ZANETI JR. Hermes. Justiça Multiportas. Mediação, conciliação, arbitragem e outros meios de solução adequada dos conflitos. Salvador: Juspodvim, 2016.

Art. 43. Os órgãos e entidades da administração pública poderão criar câmaras para a resolução de conflitos entre particulares, que versem sobre atividades por eles reguladas ou supervisionadas.

Diego Faleck

1. COMENTÁRIOS

De início, o significado de "câmaras para a resolução de conflitos" não parece claro. Significam câmaras que ofereçam os mecanismos processuais de conciliação, mediação e arbitragem? Como o empirismo demonstra, muitas "câmaras" criadas por órgãos e entidades da administração pública tiveram baixa procura e pouca eficácia na resolução dos conflitos que procuram resolver.

Com efeito, a norma que propõe modelo único e engessado de câmara de resolução de conflitos para todas as situações entre particulares em atividades reguladas ou supervisionadas pela administração está calcada no princípio da transubstancialidade do processo, ou seja, de que normas processuais devem tender à generalidade, para abarcar um grande número de situações de direito material[1].

O problema é que, como comanda a melhor técnica processual, determinadas situações ou contextos requerem soluções processuais customizadas, capazes de responder às especificidades do caso concreto com que se busca lidar, principalmente quando se trata de métodos consensuais de resolução de conflitos. Apresenta-se aqui o conceito do processualista como um construtor de arranjos ou desenhos procedimentais, na linha da instrumentalidade metodológica do processo, que, ao contrário do conceito de transubstancialidade, não procura uma solução legislativa de problemas sob o manto da generalidade. Como explica Salles[2].

> A resposta da instrumentalidade metodológica é de estudar o processo a partir de um campo específico, de maneira a propiciar melhores condições para a avaliação da resposta processual dada em situações de grande especificidade, permitindo uma interpretação, aplicação e adequação mais abalizadas das normas processuais [...]. A instrumentalidade metodológica poderá, evidentemente, gerar subsídios para moldar procedimentos consensuais para a resolução de litígios. Nesse campo, há que se esperar do processualista, mais do que a simples aplicação das normas procedimentais, a capacitação para construir arranjos ou desenhos procedimentais aptos a atender a situações de grande complexidade.

1. SALLES, Carlos Alberto de. *Arbitragem em Contratos Administrativos*. Rio de Janeiro: Forense, 2011, p. 20.
2. Ibid., p. 23.

De fato, a premissa transubstancial do dispositivo engessa operadores do direito em uma linha da qual derivarão, muito provavelmente, respostas processuais inadequadas. Ainda que não esteja claro, a proposta do dispositivo é baseada na criação de um canal que ofereça, provavelmente, os mecanismos processuais de conciliação, mediação e arbitragem. Com efeito, os problemas entre particulares regulados e supervisionados pela administração pública podem requerer soluções procedimentais diversas e mais sofisticadas.

Por exemplo, os conflitos oriundos de um determinado setor regulado poderão compreender um alto número de demandas de baixo valor. Assim, nem a mediação nem a conciliação poderão ser mais adequadas, pelo alto custo relativo, do que a construção de canais de negociação diretos, supervisionados e informados[3].

Ou, por outra banda, uma situação específica pode requerer a construção de um programa de indenização com o uso de mecanismos processuais diversos além da mediação, entre os quais os híbridos, como por exemplo, a avaliação neutra preliminar, arbitragem não vinculante. Tais iniciativas vão além da definição de utilização de mecanismos, e requerem a construção participativa do sistema, consenso prévio sobre parâmetros de indenização, definições de fluxo, matrizes de comprovação, veículos jurídicos e controle de fraudes, entre outros[4]. Tal programa poderá ser temporário e não permanente.

Adentramos aqui um campo do conhecimento específico, denominado, Desenho de Sistemas de Disputas (DSD), que deveria ter sido considerado pelo legislador, entendido como a organização deliberada e intencional de procedimentos ou mecanismos processuais, que interagem entre si, e, quando aplicáveis, de recursos materiais e humanos, para a construção de sistemas de prevenção, gerenciamento e resolução de disputas.

À luz do DSD, como sustentamos[5], o caminho para a construção de respostas processuais adequadas é a utilização de uma lente *sistêmica,* que poderá ampliar substancialmente, para o operador do direito, a sua capacidade de invenção e implementação de estratégias adequadas à resolução de disputas.

---

3. Vide projeto estruturado pelo autor como designer do sistema, no setor de telecomunicações na Colômbia: CRC, Comisión de Regulación de Comunicaciones. Mecanismos alternativos de solución de conflitos. Bogotá, Colombia. Disponível em: [https://www.crcom.gov.co/es/pagina/mecanismos-alternativos-de-soluci-n-de-conflictos]. Acesso em: 1 dez. 2016. Vide também: PLAN busca agilizar solución de problemas entre usuários y operadores (por Tecnósfera). *El Tiempo*, Bogotá, Colombia, 23 abr. 2016. Disponível em: http://www.eltiempo.com/tecnosfera/novedades-tecnologia/soluciones-a-problemas-entre-usuarios-y-operadores/16570480. Acesso em: 1 dez. 2016.

4. Vide a respeito os casos de acidentes aéreos *in* FALECK, Diego. Introdução ao Design de Sistemas de Disputas: Câmara de Indenização 3054. *Revista Brasileira de Arbitragem,* Porto Alegre e Curitiba, ano V, n. 23, p. 7-32, jun.-ago.-set. 2009.

5. FALECK, Diego. *Desenho de Sistemas de Disputas*: Construção de Arranjos Procedimentais Adequados e Contextualizados para Gerenciamento e Resolução de Controvérsias. Tese (Doutorado em Direito Processual) – Faculdade de Direito, Universidade de São Paulo, São Paulo, 2017.

Tais lentes compreendem a mudança do enfoque de análise de um mecanismo particular (conciliação, mediação ou arbitragem) para o reconhecimento de toda a ordem de mecanismos processuais e canais disponíveis às partes em um determinado contexto, como estes funcionam e principalmente como eles interagem e podem ser organizados – uma análise de *sistemas*.

Sob esta perspectiva, existe um outro importante pressuposto para a construção de arranjos procedimentais: a adequação. O fator que incrementará as chances da adequação da resposta processual ao contexto será o *processo de construção e implementação* do arranjo procedimental, sob a perspectiva sistêmica. O processualista deve estar atento aos passos inexoráveis que a tarefa de desenhar sistemas de resolução de disputas requer: (i) iniciativa; (ii) diagnóstico da situação conflituosa; (iii) definições acerca de objetivos e variáveis intrínsecas do sistema; (iv) construção do sistema; (v) implementação e avaliação do procedimento.

É necessário que se conduza um devido diagnóstico sobre a situação conflituosa que se procura resolver, avaliando-se quais são os temas das disputas, como estas são resolvidas, por quais canais e mecanismos, quais os custos e riscos jurídicos que cada um destes temas (mérito) e canais e mecanismos (processo) implicam, quem são as partes interessadas e afetadas, quais são seus interesses e alternativas, quais são as vantagens e desvantagens do sistemas existente, por que as partes prefere tal ou qual mecanismo, entre outros. O desenho do sistema deve ser colaborativo, com algum grau de participação e/ou consulta às partes interessadas e afetadas.

A norma deveria incentivar a flexibilidade e a criatividade, para melhor se alinhar à escola do pluralismo de processos, corolário do movimento pelos métodos consensuais de resolução de controvérsias, no sentido de que a forma dos processos deve evoluir para atender às necessidades das disputas.

O dispositivo passa a idéia também da criação de câmaras permanentes, quando a realidade e a noção de instrumentalidade metodológica do processo comanda a criação de respostas processuais adequadas para cada situação conflituosa, ou para cada categoria de demanda, o que pode ser construído de forma transitória, temporária, de maneira externa, independente ou por múltiplas formas. A tendência é que o dispositivo se torne letra morta, ou direcione iniciativas engessadas e pouco eficazes.

Além disso, o artigo poderia incluir os próprios órgãos e entidades da administração pública como legitimados a participar e utilizar tais iniciativas, e não apenas os particulares regulados ou supervisionados, já que não são raros os conflitos que envolvam ambos os particulares e os próprios órgãos e entidades da administração.

Por fim e em nota positiva, de maneira louvável, o dispositivo procura fomentar que a administração pública se valha de mais ferramentas para a resolução de disputas entre seus particulares. Talvez uma redação mais moderna e técnica caminhe na seguinte linha:

"Art. 43. Órgãos e entidades da administração pública poderão promover ou participar de iniciativas de construção de sistemas ou mecanismos processuais de resolução de disputas adequados, desenhados sob medida para a resolução dos conflitos que versem sobre a atividade por eles reguladas.

Parágrafo Primeiro. A construção de tais iniciativas deverá compreender, na medida do possível, o diagnóstico da situação conflituosa e o envolvimento e escuta das partes interessadas e afetadas.

Parágrafo Segundo. Tais iniciativas não se limitam a, mas poderão compreender a criação de câmaras permanentes de resolução de conflitos, iniciativas temporárias ou externas, feitas sob medida para as disputas que se procura resolver."

Art. 44. Os arts. 1º e 2º da Lei nº 9.469, de 10 de julho de 1997, passam a vigorar com a seguinte redação:

"Art. 1º O Advogado-Geral da União, diretamente ou mediante delegação, e os dirigentes máximos das empresas públicas federais, em conjunto com o dirigente estatutário da área afeta ao assunto, poderão autorizar a realização de acordos ou transações para prevenir ou terminar litígios, inclusive os judiciais.

§ 1º Poderão ser criadas câmaras especializadas, compostas por servidores públicos ou empregados públicos efetivos, com o objetivo de analisar e formular propostas de acordos ou transações.

§ 3º Regulamento disporá sobre a forma de composição das câmaras de que trata o § 1º, que deverão ter como integrante pelo menos um membro efetivo da Advocacia-Geral da União ou, no caso das empresas públicas, um assistente jurídico ou ocupante de função equivalente.

§ 4º Quando o litígio envolver valores superiores aos fixados em regulamento, o acordo ou a transação, sob pena de nulidade, dependerá de prévia e expressa autorização do Advogado-Geral da União e do Ministro de Estado a cuja área de competência estiver afeto o assunto, ou ainda do Presidente da Câmara dos Deputados, do Senado Federal, do Tribunal de Contas da União, de Tribunal ou Conselho, ou do Procurador-Geral da República, no caso de interesse dos órgãos dos Poderes Legislativo e Judiciário ou do Ministério Público da União, excluídas as empresas públicas federais não dependentes, que necessitarão apenas de prévia e expressa autorização dos dirigentes de que trata o *caput*.

§ 5º Na transação ou acordo celebrado diretamente pela parte ou por intermédio de procurador para extinguir ou encerrar processo judicial, inclusive os casos de extensão administrativa de pagamentos postulados em juízo, as partes poderão definir a responsabilidade de cada uma pelo pagamento dos honorários dos respectivos advogados."

"Art. 2º O Procurador-Geral da União, o Procurador-Geral Federal, o Procurador-Geral do Banco Central do Brasil e os dirigentes das empresas públicas federais mencionadas no caput do art. 1º poderão autorizar, diretamente ou mediante delegação, a realização de acordos para prevenir ou terminar, judicial ou extrajudicialmente, litígio que envolver valores inferiores aos fixados em regulamento.

§ 1º No caso das empresas públicas federais, a delegação é restrita a órgão colegiado formalmente constituído, composto por pelo menos um dirigente estatutário.

§ 2º O acordo de que trata o caput poderá consistir no pagamento do débito em parcelas mensais e sucessivas, até o limite máximo de sessenta.

§ 3º O valor de cada prestação mensal, por ocasião do pagamento, será acrescido de juros equivalentes à taxa referencial do Sistema Especial de Liquidação e de Custódia – SELIC para títulos federais, acumulada mensalmente, calculados a partir do mês subsequente ao da consolidação até o mês anterior ao do pagamento e de um por cento relativamente ao mês em que o pagamento estiver sendo efetuado.

§ 4º Inadimplida qualquer parcela, após trinta dias, instaurar-se-á o processo de execução ou nele prosseguir-se-á, pelo saldo."

Lorena Miranda Santos Barreiros

1. COMENTÁRIOS

O art. 44 da Lei de Mediação confere nova redação aos arts. 1º e 2º da Lei nº 9.469, de 10 de julho de 1997. Referidos dispositivos normativos regulamentam o disposto no inciso VI do art. 4º da Lei Complementar nº 73, de 10 de fevereiro de 1993 (Lei Orgânica da Advocacia-Geral da União), que estabelece serem atribuições do Advogado-Geral da União, dentre outras, "desistir, transigir, acordar e firmar compromisso nas ações de interesse da União, nos termos da legislação vigente".

O art. 1º, *caput*, da Lei nº 9.469/1997 possuía, originalmente, a seguinte redação:

> "Art. 1º O Advogado-Geral da União e os dirigentes máximos das autarquias, das fundações e das empresas públicas federais poderão autorizar a realização de acordos ou transações, em juízo, para terminar o litígio, nas causas de valor até R$ 50.000,00 (cinquenta mil reais), a não propositura de ações e a não interposição de recursos, assim como requerimento de extinção das ações em curso ou de desistência dos respectivos recursos judiciais, para cobrança de créditos, atualizados, de valor igual ou inferior a R$ 1.000,00 (mil reais), em que interessadas essas entidades na qualidade de autoras, rés, assistentes ou opoentes, nas condições aqui estabelecidas".

A atuação consensual, em juízo, da União e das autarquias, fundações e empresas públicas federais sujeitava-se, portanto, a limites restritos relacionados: **a)** à competência para autorizar a prática dos negócios jurídicos (unilaterais ou bilaterais) descritos no dispositivo, afeta apenas ao Advogado-Geral da União e aos dirigentes máximos das autarquias, fundações e empresas públicas federais; **b)** às causas em que possível essa atuação consensual, cujo valor não poderia exceder R$ 50.000,00 (cinquenta mil reais), nos acordos e transações extintivos do litígio e R$ 1.000,00 (um mil reais) – valor do crédito atualizado – para o não ajuizamento ou o pedido de extinção de demandas e a não interposição ou o pedido de desistência de recursos interpostos.

Acresça-se, ainda, que, na prática, apesar da existência da Lei nº 9.469/1997, a conciliação envolvendo a Fazenda Pública era obstada, sobretudo, por dois fatores, intrinsecamente relacionados. O primeiro consistia na necessidade de que cada caso concreto submetido a Juízo contasse com autorização legal específica para a conciliação. O segundo residia no receio de que as conciliações realizadas fossem posteriormente questionadas em auditorias administrativas, com a possibilidade de responsabilização dos servidores que as efetivaram[1].

1. ALVES, Francisco Glauber Pessoa. A conciliação e a Fazenda Pública no direito brasileiro. *Revista de processo*, São Paulo, ano 35, n. 187, set./2010, p. 90-91.

O espaço de consensualidade da Fazenda Pública[2] ampliou-se com o advento da Lei nº 10.259/2001 (que regulamentou o atual art. 98, § 1º, da CF/1988), em razão da qual foram criados os Juizados Especiais Cíveis e Criminais no âmbito da Justiça Federal (Juizados Especiais Federais). O diploma legislativo em referência também conferiu relevo à utilização de instrumentos consensuais pelos entes públicos[3], facultando aos representantes judiciais da União, autarquias, fundações e empresas públicas federais conciliar, transigir ou desistir nos processos de competência dos Juizados Especiais Federais (art. 10, parágrafo único, da Lei nº 10.259/2001).

A despeito de tal circunstância e do espaço de consensualidade aberto pela Lei nº 10.259/2001, os anos que se seguiram à sua entrada em vigor não registraram quantidade expressiva de acordos celebrados com os entes públicos federais. Tal circunstância ultimou por compelir parcela dos juízes federais a promover adaptação do rito dos Juizados Especiais Federais, suprimindo a audiência de conciliação e, em alguns casos, também a de instrução e julgamento, em busca de conferir maior agilidade aos feitos[4-5]. A autorização normativa conferida pelo ordenamento jurídico não se fez acompanhar da necessária mudança cultural viabilizadora de sua efetivação, frustrando o intento legal de ampliação do campo de consensualidade administrativa.

Existia, assim, de um lado, uma autorização genérica de celebração de acordo pela União e pelas autarquias, fundações e empresas públicas federais, apenas por intermédio de seus dirigentes máximos, para causas de valor até cinquenta mil reais (montante que extrapolava, quando da edição da Lei dos Juizados Especiais Federais, o limite de sessenta salários mínimos). E outra, também genérica – e especial –, destinada a todos os representantes judiciais da União e das autarquias, fundações e empresas públicas federais, para demandas em curso nos Juizados Especiais Federais.

Objetivando regulamentar a atuação da Advocacia Pública Federal nos Juizados Especiais Federais, inclusive quanto ao exercício das atribuições decorrentes do art. 10, parágrafo único, da Lei nº 10.259/2001, a Advocacia-Geral da União expediu a Portaria

---

2. Sobre o tema da consensualidade administrativa, conferir: BARREIROS, Lorena Miranda Santos. Convenções processuais e poder público. Salvador: Juspodivm, 2016, p. 29-94.

3. ALVIM, J. E. Carreira. *Juizados Especiais Federais*. Rio de Janeiro: Forense, 2002, p. 33; SOUZA, Marcia Cristina Xavier de. *Juizados Especiais Fazendários*. Rio de Janeiro: Forense, 2010, p. 02; FIGUEIRA JUNIOR, Joel Dias. *Juizados Especiais da Fazenda Pública*: comentários à Lei 12.153, de 22 de dezembro de 2009. 2. ed. São Paulo: RT, 2010, p. 34. Joel Figueira Junior afirma que a autocomposição é o eixo central, nuclear dos Juizados Especiais.

4. A constatação fática acima apontada (verificável, por exemplo, no âmbito dos Juizados Especiais Federais da Seção Judiciária do Estado da Bahia) é relatada (embora sem referência à Seção Judiciária antes referida) por CHIMENTI, Ricardo Cunha. *Teoria e prática dos Juizados Especiais Cíveis Estaduais e Federais*. 11. ed. São Paulo: Saraiva, 2009, p. 23-24. O autor faz menção a Enunciados de Turmas Recursais do Distrito Federal e do Rio de Janeiro que registram a viabilidade de dispensa da audiência de conciliação sem que tal circunstância enseje, por si só, a decretação de invalidade do processo.

5. Reputando tal prática incompatível com o sistema dos Juizados, que objetiva, primordialmente, a autocomposição: CÂMARA, Alexandre Freitas. *Juizados Especiais Cíveis Estaduais, Federais e da Fazenda Pública:* uma abordagem crítica. 7. ed. Rio de Janeiro: Lumen Juris, 2012, p. 232.

nº 109 de 30.01.2007. Nela, foram explicitadas as hipóteses em que os Advogados da União e os Procuradores da Fazenda Nacional estariam previamente autorizados a transigir e a praticar outros atos de disposição (não interposição de recurso, desistência de recursos interpostos, concordância com a desistência do pedido).

No ano seguinte, em 2008, a Medida Provisória nº 449 alterou a redação do art. 1º da Lei nº 9.469/1997, prevendo a possibilidade de delegação, pelo Advogado-Geral da União e pelos dirigentes máximos das empresas públicas federais, do poder de celebrar acordos judiciais que encerrassem litígios[6]. Tal Medida Provisória foi convertida na Lei nº 11.941/2009, que modificou novamente a redação do dispositivo[7], desta feita para ampliar o limite pecuniário para realização de acordo, passando a prever o valor de R$500.000,00 (quinhentos mil reais)[8].

Com a redação dada ao *caput* do art. 1º da Lei nº 9.469/1997 pela Lei de Mediação, três alterações basilares são observadas no texto normativo, em relação à sua versão imediatamente anterior: a) exclusão de referência, na lei, a limite pecuniário máximo para a realização de acordo por autorização do Advogado-Geral da União (diretamente ou por delegação) e dos dirigentes mencionados no artigo; b) previsão de que os dirigentes máximos das empresas públicas federais, para autorizarem a realização de acordos ou transações, em juízo ou fora dele, deverão fazê-lo em conjunto com o dirigente estatutário da área afeta ao assunto; c) previsão de possibilidade de celebração de acordos e transações preventivas ou extintivas de litígios, judiciais ou

6. Redação dada ao art. 1º da Lei nº 9.469/1997 pela MP nº 449/2008: "Art. 1º O Advogado-Geral da União, diretamente ou mediante delegação, e os dirigentes máximos das empresas públicas federais poderão autorizar a realização de acordos ou transações, em juízo, para terminar o litígio, nas causas de valor até R$ 50.000,00 (cinquenta mil reais)".

7. Redação dada ao art. 1º da Lei nº 9.469/1997 pela Lei nº 11.941/2009: "Art. 1º O Advogado-Geral da União, diretamente ou mediante delegação, e os dirigentes máximos das empresas públicas federais poderão autorizar a realização de acordos ou transações, em juízo, para terminar o litígio, nas causas de valor até R$ 500.000,00 (quinhentos mil reais)". Observem-se, ainda, os teores dos arts. 1º-A e 1º-B da Lei nº 9.469/1997, inseridos pela Lei nº 11.941/2009: "Art. 1º-A. O Advogado-Geral da União poderá dispensar a inscrição de crédito, autorizar o não ajuizamento de ações e a não interposição de recursos, assim como o requerimento de extinção das ações em curso ou de desistência dos respectivos recursos judiciais, para cobrança de créditos da União e das autarquias e fundações públicas federais, observados os critérios de custos de administração e cobrança. Parágrafo único. O disposto neste artigo não se aplica à Dívida Ativa da União e aos processos em que a União seja autora, ré, assistente ou opoente cuja representação judicial seja atribuída à Procuradoria-Geral da Fazenda Nacional. Art. 1º-B. Os dirigentes máximos das empresas públicas federais poderão autorizar a não-propositura de ações e a não interposicão de recursos, assim como o requerimento de extinção das ações em curso ou de desistência dos respectivos recursos judiciais, para cobrança de créditos, atualizados, de valor igual ou inferior a R$ 10.000,00 (dez mil reais), em que interessadas essas entidades na qualidade de autoras, rés, assistentes ou opoentes, nas condições aqui estabelecidas. Parágrafo único. Quando a causa envolver valores superiores ao limite fixado neste artigo, o disposto no caput, sob pena de nulidade, dependerá de prévia e expressa autorização do Ministro de Estado ou do titular da Secretaria da Presidência da República a cuja área de competência estiver afeto o assunto, excluído o caso das empresas públicas não dependentes que necessitarão apenas de prévia e expressa autorização de seu dirigente máximo".

8. A Portaria AGU nº 990, de 16 de julho de 2009, cuidou da delegação de competência prevista no art. 1º da Lei nº 9.469/1997.

extrajudiciais (ampliando-se, portanto, o espectro de incidência objetiva da norma, antes restrita à esfera judicial, para terminação de litígios já instaurados).

Eis as redações anterior e atual do dispositivo, com destaque às alterações havidas:

Redação anterior (dada pela Lei nº 11.941/2009)	Redação atual (dada pela Lei nº 13.140/2015)
"Art. 1º O Advogado-Geral da União, diretamente ou mediante delegação, e os dirigentes máximos das empresas públicas federais poderão autorizar a realização de acordos ou transações, em juízo, para terminar o litígio, **nas causas de valor até R$ 500.000,00 (quinhentos mil reais)**".	"Art. 1º O Advogado-Geral da União, diretamente ou mediante delegação, e os dirigentes máximos das empresas públicas federais, **em conjunto com o dirigente estatutário da área afeta ao assunto**, poderão autorizar a realização de acordos ou transações **para prevenir** ou terminar litígios, **inclusive os judiciais**".

A nova redação dada ao § 1º do art. 1º da Lei nº 9.469/1997 pela Lei de Mediação dispõe sobre a possibilidade de criação de câmaras especializadas, integradas por servidores públicos ou empregados públicos efetivos, com atribuição para analisar e formular propostas de acordos ou transações. A composição dessas câmaras será estabelecida em regulamento, nos termos da nova redação conferida ao § 3º do art. 1º da Lei nº 9.469/1997 pela Lei de Mediação, sendo indispensável a participação de membro efetivo da Advocacia-Geral da União ou, no caso das empresas públicas, de assistente jurídico ou ocupante de função equivalente.

A exclusão, do *caput* do art. 1º da Lei nº 9.649/1997, da referência a limite pecuniário máximo para a atuação consensual nele regrada implicou alteração na regra estabelecida no § 1º do aludido artigo, que passou a figurar, com o advento da Lei de Mediação, como § 4º do art. 1º da Lei nº 9.469/1997. Eis os teores confrontados dos textos normativos em exame:

Redação anterior (dada pela Lei nº 11.941/2009)	Redação atual (dada pela Lei nº 13.140/2015)
"Art. 1º (...) § 1º Quando **a causa** envolver valores superiores **ao limite fixado neste artigo**, o acordo ou a transação, sob pena de nulidade, dependerá de prévia e expressa autorização do Advogado-Geral da União e do Ministro de Estado **ou do titular da Secretaria da Presidência da República** a cuja área de competência estiver afeto o assunto, ou ainda do Presidente da Câmara dos Deputados, do Senado Federal, do Tribunal de Contas da União, de Tribunal ou Conselho, ou do Procurador-Geral da República, no caso de interesse dos órgãos dos Poderes Legislativo e Judiciário, ou do Ministério Público da União, excluídas as empresas públicas federais não dependentes, que necessitarão apenas de prévia e expressa autorização **de seu dirigente máximo**".	"Art. 1º (...) § 4º Quando **o litígio** envolver valores superiores **aos fixados em regulamento**, o acordo ou a transação, sob pena de nulidade, dependerá de prévia e expressa autorização do Advogado-Geral da União e do Ministro de Estado a cuja área de competência estiver afeto o assunto, ou ainda do Presidente da Câmara dos Deputados, do Senado Federal, do Tribunal de Contas da União, de Tribunal ou Conselho, ou do Procurador-Geral da República, no caso de interesse dos órgãos dos Poderes Legislativo e Judiciário ou do Ministério Público da União, excluídas as empresas públicas federais não dependentes, que necessitarão apenas de prévia e expressa autorização **dos dirigentes de que trata o *caput***".

Passou-se a prever que os valores máximos para a realização de acordo por autorização do Advogado-Geral da União (diretamente ou por delegação) e dos dirigentes mencionados no *caput* do art. 1º da Lei nº 9.469/1997 serão fixados em regulamento (e não mais na lei, como antes ocorria). Trata-se de medida que objetiva conferir maior flexibilidade à regra criada, viabilizando sua mais célere atualização, para acompanhar a realidade social e econômica do país. A previsão legal de tal limite máximo engessa a regra, uma vez que subordina a sua atualização a procedimento legislativo mais complexo e demorado[9].

Há de se registrar, ainda, que o § 4º do art. 1º da Lei nº 9.469/1997, incluído pela Lei de Mediação, substitui o termo "causa" (referido no § 1º da Lei nº 9.469/1997, com a redação dada pela Lei nº 11.941/2009) por "litígio". Referida alteração não é apenas vocabular; intenta realçar a alteração, já consignada no *caput* do art. 1º da Lei nº 9.469/1997, no sentido de que a atuação consensual regrada no dispositivo abrange não apenas as "causas" (termo que se relaciona às demandas já ajuizadas), mas, também, a atuação preventiva ou terminativa de "litígios", termo que se refere tanto ao âmbito judicial como ao extrajudicial.

A Lei de Mediação acrescentou, ainda, o § 5º ao art. 1º da Lei nº 9.469/1997, contemplando previsão normativa quanto à possibilidade de a transação ou o acordo celebrado com o escopo de extinção de processo judicial (inclusive nos casos de extensão administrativa de pagamentos postulados em juízo) contemplar capítulo específico versando sobre a responsabilidade de cada parte pelo pagamento dos honorários devidos aos seus respectivos advogados[10].

O dispositivo em questão há de ser compatibilizado com o art. 85, § 19, do CPC/2015, segundo o qual "os advogados públicos perceberão honorários de sucumbência, nos termos da lei". Há de ser observado, ainda, o regramento extraível da Lei nº 13.327/2016, arts. 29 e seguintes, que dispôs sobre os honorários advocatícios de sucumbência relativamente às causas em que forem parte a União, suas autarquias e fundações.

Em artigo elaborado antes da entrada em vigor da Lei nº 13.327/2016, Bruno Garcia Redondo e Julio Guilherme Müller defendem que a credora dos honorários sucumbenciais nas demandas em que vitoriosa a Fazenda Pública é, em regra, a própria pessoa jurídica de direito público (e não o advogado público), podendo a lei dispor em sentido diverso, nos termos do art. 85, § 19, do CPC/2015[11].

---

9. Em sentido semelhante: TALAMINI, Eduardo. A (in)disponibilidade do interesse público: consequências processuais (composições em juízo, prerrogativas processuais, arbitragem, negócios processuais e ação monitória) – versão atualizada para o CPC/2015. *Revista de processo*, São Paulo, ano 42, v. 264, fev./2017, p. 95. O autor registra, porém, que o novo sistema apresenta o inconveniente de estar o seu funcionamento dependente da existência de uma efetiva regulamentação da matéria.

10. Em razão desse novo regramento, o art. 6º, § 2º, da Lei nº 9.469/1997 ("Art. 6º Os pagamentos devidos pela Fazenda Pública federal, estadual ou municipal e pelas autarquias e fundações públicas, em virtude de sentença judiciária, far-se-ão, exclusivamente, na ordem cronológica da apresentação dos precatórios judiciários e à conta do respectivo crédito. (...) § 2º O acordo ou a transação celebrada diretamente pela parte ou por intermédio de procurador para extinguir ou encerrar processo judicial, inclusive nos casos de extensão administrativa de pagamentos postulados em juízo, implicará sempre a responsabilidade de cada uma das partes pelo pagamento dos honorários de seus respectivos advogados, mesmo que tenham sido objeto de condenação transitada em julgado") foi expressamente revogado pelo art. 48 da Lei de Mediação. De todo modo, ele já se encontrava com sua eficácia suspensa por medida cautelar deferida na ADIN 2527.

11. REDONDO, Bruno Garcia; MÜLLER, Julio Guilherme. Negócios processuais relativos a honorários advocatícios. *In:* COELHO, Marcus Vinícius Furtado; CAMARGO, Luiz Henrique Volpe (coord.). *Honorários advocatícios*. Salvador: Juspodivm, 2015, p. 123.

A prevalecer tal entendimento, não haveria qualquer entrave à possibilidade de celebração no negócio jurídico a que se refere o art. 1°, § 5°, da Lei n° 9.469/1997, com a redação que lhe foi dada pela Lei de Mediação. Diante, porém, da constatação de que: a) os advogados públicos também exercem advocacia, nos termos do art. 3°, § 1°, da Lei n° 8.906/1994 (Estatuto da OAB); b) conforme disciplina o art. 23 do EOAB, os honorários sucumbenciais pertencem ao advogado e, principalmente; c) o art. 29 da Lei n° 13.327/2016 expressamente afirma pertencerem os honorários de sucumbência aos membros da advocacia pública federal, nas causas em que forem parte a União, as autarquias e as fundações públicas federais, é questionável a eficácia, perante os titulares da verba honorária, de acordo celebrado pela pessoa jurídica de direito público alterando subjetivamente a relação obrigacional existente.

Seguindo a mesma linha de ampliação do espaço de consensualidade (atuação concertada) da Administração Pública, inclusive com a implementação de novas atribuições legais para a prática de atos consensuais aos representantes judiciais dos entes administrativos, o art. 44 da Lei de Mediação também alterou a redação do art. 2° da Lei n° 9.469/1997:

Redação anterior	Redação atual (dada pela Lei nº 13.140/2015)
"Art. 2° O Procurador-Geral da União, o Procurador-Geral Federal e os dirigentes **máximos** das empresas públicas federais e do Banco Central do Brasil poderão autorizar a realização de acordos, homologáveis pelo Juízo, nos autos do processo judicial, para o pagamento de débitos de valores não superiores a R$ 100.000,00 (cem mil reais), em parcelas mensais e sucessivas até o máximo de 60 (sessenta). (Redação dada pela Lei n° 12.716/2012) § 1° O valor de cada prestação mensal, por ocasião do pagamento, será acrescido de juros equivalentes à taxa referencial do Sistema Especial de Liquidação e de Custódia – SELIC para títulos federais, acumulada mensalmente, calculados a partir do mês subsequente ao da consolidação até o mês anterior ao do pagamento, e de 1% (um por cento) relativamente ao mês em que o pagamento estiver sendo efetuado. (Redação dada pela Lei n° 11.941/2009) § 2° Inadimplida qualquer parcela, pelo prazo de trinta dias, instaurar-se-á o processo de execução ou nele prosseguir-se-á, pelo saldo".	"Art. 2° O Procurador-Geral da União, o Procurador-Geral Federal, o Procurador-Geral do Banco Central do Brasil e os dirigentes das empresas públicas federais mencionadas no caput do art. 1° poderão autorizar, **diretamente ou mediante delegação**, a realização de acordos para **prevenir** ou terminar, judicial **ou extrajudicialmente**, **litígio** que envolver valores inferiores aos fixados em regulamento. § 1° No caso das empresas públicas federais, a delegação é restrita a órgão colegiado formalmente constituído, composto por pelo menos um dirigente estatutário. § 2° O acordo de que trata o caput poderá consistir no pagamento do débito em parcelas mensais e sucessivas, até o limite máximo de sessenta. § 3° O valor de cada prestação mensal, por ocasião do pagamento, será acrescido de juros equivalentes à taxa referencial do Sistema Especial de Liquidação e de Custódia – SELIC para títulos federais, acumulada mensalmente, calculados a partir do mês subsequente ao da consolidação até o mês anterior ao do pagamento e de um por cento relativamente ao mês em que o pagamento estiver sendo efetuado. § 4° Inadimplida qualquer parcela, após trinta dias, instaurar-se-á o processo de execução ou nele prosseguir-se-á, pelo saldo." (NR)

As alterações havidas no *caput* do art. 2° da Lei n° 9.469/1997 confirmam a tendência legal de ampliação da esfera de atuação administrativa consensual, que se verifica nas seguintes mudanças legislativas: a) houve menção expressa à possibilidade de delegação dos poderes legalmente outorgados ao Procurador-Geral da União, ao Procurador-Geral Federal, ao Procurador-Geral do Banco Central do Brasil e aos dirigentes das empresas públicas federais para a prática dos atos consensuais referidos no dispositivo; b) previu-se a atuação consensual preventiva de litígio (a redação anterior do dispositivo apenas se referia à realização de acordos que fossem passíveis de homologação judicial nos autos de processo judicial existente, o que pressupunha litígio já submetido ao crivo do Poder Judiciário); c) previu-se a atuação consensual exclusivamente extrajudicial (preventiva de litígio ou compositiva de litígio já existente, mas ainda não judicializado), que não dependerá de homologação judicial; d) exclusão de previsão legal de limite máximo para o exercício de tal atribuição (referido limite passará a ser fixado em regulamento).

O § 1º do art. 2º da Lei nº 9.469/1997, com a redação dada pela Lei de Mediação, esclarece que, no caso das empresas públicas federais, a delegação de atribuição consensual prevista no *caput* do artigo somente poderá ser feita a órgão colegiado formalmente constituído, em cuja composição deverá figurar ao menos um dirigente estatutário.

Manteve-se a possibilidade de parcelamento do débito a ser pago em até 60 (sessenta) parcelas mensais e sucessivas, previsão esta que agora consta do § 2º do art. 2º da Lei nº 9.469/1997. Os atuais §§ 3º e 4º reproduzem as regras antes insertas nos §§ 1º e 2º do art. 2º da Lei nº 9.469/1997.

Art. 45. O Decreto nº 70.235, de 6 de março de 1972, passa a vigorar acrescido do seguinte art. 14-A:

"Art. 14-A. No caso de determinação e exigência de créditos tributários da União cujo sujeito passivo seja órgão ou entidade de direito público da administração pública federal, a submissão do litígio à composição extrajudicial pela Advocacia-Geral da União é considerada reclamação, para fins do disposto no inciso III do art. 151 da Lei nº 5.172, de 25 de outubro de 1966 – Código Tributário Nacional.

Lorena Miranda Santos Barreiros

1. COMENTÁRIOS

O art. 45 da Lei de Mediação acrescentou o art. 14-A ao Decreto nº 70.235/1972, que dispõe sobre o processo administrativo fiscal. Referido dispositivo versa sobre créditos tributários da União cujo sujeito passivo seja órgão ou entidade de direito público da Administração Pública federal e dispõe que, havendo litígio em derredor desse crédito e vindo tal litígio a ser submetido à composição extrajudicial pela Advocacia-Geral da União (AGU), esse fato será considerado reclamação, para os fins do disposto no art. 151, III, do CTN[1].

Por reclamação deve-se entender o instrumento de defesa, de cunho não recursal, apto a impugnar uma exigência fiscal[2]. O termo foi utilizado pelo Código Tributário Nacional em sentido amplo, indicativo de meio de defesa. Assim, ainda que determinada lei reguladora do procedimento tributário administrativo confira outra nomenclatura a tal instrumento (defesa, impugnação etc.), seu oferecimento suspende a exigibilidade do crédito tributário[3].

Em outras palavras, a submissão do litígio supramencionado à composição extrajudicial pela AGU tem o poder de suspender a exigibilidade do crédito tributário. A *ratio* do dispositivo, ao equiparar a tentativa de composição extrajudicial do conflito à reclamação é a de obstar a exigibilidade do crédito tributário se e enquanto existente qualquer pendência a ser solvida entre os sujeitos da obrigação

1. CTN, art. 151. Suspendem a exigibilidade do crédito tributário: (...) III – as reclamações e os recursos, nos termos das leis reguladoras do processo tributário administrativo; (...)".

2. COSTA, Regina Helena. *Curso de direito tributário*: Constituição e Código Tributário Nacional. 6. ed. São Paulo: Saraiva, 2016, p. 265.

3. MACHADO, Hugo De Brito. *Curso de direito tributário*. 33. ed. São Paulo: Malheiros, 2013, p. 201.

tributária no âmbito administrativo[4]. Trata-se de medida que visa estimular a busca de soluções administrativas (no caso, consensuais), reduzindo-se a litigiosidade judicial.

2. REFERÊNCIAS

ALVES, Francisco Glauber Pessoa. A conciliação e a Fazenda Pública no direito brasileiro. *Revista de processo*, São Paulo, ano 35, n. 187, p. 84-98, set./2010.

ALVIM, J. E. Carreira. *Juizados Especiais Federais*. Rio de Janeiro: Forense, 2002.

BARREIROS, Lorena Miranda Santos. Convenções processuais e poder público. Salvador: Juspodivm, 2016.

CÂMARA, Alexandre Freitas. *Juizados Especiais Cíveis Estaduais, Federais e da Fazenda Pública:* uma abordagem crítica. 7. ed. Rio de Janeiro: Lumen Juris, 2012.

CHIMENTI, Ricardo Cunha. *Teoria e prática dos Juizados Especiais Cíveis Estaduais e Federais*. 11. ed. São Paulo: Saraiva, 2009.

COSTA, Regina Helena. *Curso de direito tributário*: Constituição e Código Tributário Nacional. 6. ed. São Paulo: Saraiva, 2016.

FIGUEIRA JUNIOR, Joel Dias. *Juizados Especiais da Fazenda Pública*: comentários à Lei 12.153, de 22 de dezembro de 2009. 2. ed. São Paulo: RT, 2010.

MACHADO, Hugo De Brito. *Curso de direito tributário*. 33. ed. São Paulo: Malheiros, 2013.

REDONDO, Bruno Garcia; MÜLLER, Julio Guilherme. Negócios processuais relativos a honorários advocatícios. *In:* COELHO, Marcus Vinícius Furtado; CAMARGO, Luiz Henrique Volpe (coord.). *Honorários advocatícios*. Salvador: Juspodivm, 2015, p. 109-125.

SOUZA, Marcia Cristina Xavier de. *Juizados Especiais Fazendários*. Rio de Janeiro: Forense, 2010.

TALAMINI, Eduardo. A (in)disponibilidade do interesse público: consequências processuais (composições em juízo, prerrogativas processuais, arbitragem, negócios processuais e ação monitória) – versão atualizada para o CPC/2015. *Revista de processo*, São Paulo, ano 42, v. 264, p. 83-107, fev./2017.

4. MACHADO, Hugo De Brito. *Curso de direito tributário*. 33. ed. São Paulo: Malheiros, 2013, p. 201.

Art. 46. A mediação poderá ser feita pela internet ou por outro meio de comunicação que permita a transação à distância, desde que as partes estejam de acordo.

Parágrafo único. É facultado à parte domiciliada no exterior submeter-se à mediação segundo as regras estabelecidas nesta Lei.

Cesar Felipe Cury

1. CONSIDERAÇÕES GERAIS: O ORDENAMENTO JURÍDICO-NORMATIVO DA MEDIAÇÃO NO BRASIL

A **política nacional de tratamento adequado dos conflitos** começou a ser **implementada**, ao longo da última década, a partir da edição da Resolução 125, de 29 de novembro de 2010, pelo Conselho Nacional de Justiça (CNJ), que a instituiu no âmbito do Poder Judiciário. Mais recentemente, a **Lei de Mediação** (Lei n. 13.140, de 26 de dezembro de 2015), que regulamenta a autocomposição entre particulares e na administração pública, e o **Código de Processo Civil de 2015** (Lei 13.105, de 18 de março de 2016, CPC/15) completaram o **microssistema normativo da autocomposição**.

Esse sistema regulatório tem como **principais diretrizes** (a) a predileção pela solução consensual à adversarial[1], (b) preferencial ao processo judicial, com (c) a obrigatoriedade dos agentes processuais ao estímulo à sua utilização.

Para a adequada execução das diretrizes políticas, a Res. CNJ 125/10 determinou que todos os tribunais instalassem **Núcleos Permanentes de Métodos Consensuais de Solução de Conflitos (Núcleos)**, coordenados por magistrados e compostos por magistrados da ativa ou aposentados e servidores[2]. Esses Núcleos devem formar uma rede de serviços ao cidadão por meio dos **Centros Judiciários de Solução de Conflitos e Cidadania** – Cejuscs, unidades judiciárias organicamente distribuídas pelo respectivo território com atribuição precípua para a realização das sessões de

1. CPC/15, Art. 3º:
Não se excluirá da apreciação jurisdicional ameaça ou lesão a direito.
§ 1º É permitida a arbitragem, na forma da lei.
§ 2º O Estado promoverá, sempre que possível, a solução consensual dos conflitos.
§ 3º A conciliação, a mediação e outros métodos de solução consensual de conflitos deverão ser estimulados por juízes, advogados, defensores públicos e membros do Ministério Público, inclusive no curso do processo judicial.

2. Res. 125/10, art. 7º.

autocomposição prévia (ratificados no CPC/15, art. 3º, § 3º, e na Lei de Mediação, art. 24) e incidental (CPC/15, arts. 3º, § 3º, 165 e 334, Lei 13.140/15, art. 27) ao processo.

O desenho normativo mostra o propósito de introduzir os métodos autocompositivos no ordenamento jurídico brasileiro com a formação de ampla **rede de serviços em regime de cooperação** entre os entes públicos (tribunais, órgãos da administração direta e indireta) e a iniciativa privada (mediadores autônomos, Câmaras de Solução de Conflitos, empresas), inclusive com a utilização de sistemas digitais. Num país assolado por demandas seriadas, apresentadas diretamente aos tribunais por inexistência ou ineficácia dos filtros antecedentes e uma concepção de acesso irrestrito ao judiciário[3], a instituição de um complexo de serviços públicos e privados constitui importante medida para reversão do quadro de concentração de demandas na Justiça.

Nesse sentido, a utilização dos sistemas digitais é tão bem-vinda quanto urgente, por facilitar ainda mais o acesso aos mecanismos de solução consensual, com a aproximação e o diálogo entre os interessados, a gestão dos conflitos e o planejamento de eventual demanda (art. 190 CPC/15)[4], permitindo assim a racionalização do uso dos tribunais, em linha com o preconizado por Frank Sander[5].

Os meios virtuais, embora sejam um fenômeno relativamente recente, estão plenamente integrados às mais diversas atividades públicas e privadas, sendo imprescindíveis em praticamente todos os setores. No entanto, por inúmeros fatores, ainda são incipientes na solução dos conflitos, mesmo nos tribunais, onde são empregados apenas como substitutos dos recursos analógicos.

Sem dúvida, o aspecto cultural é dos principais obstáculos a serem superados, e a análise da trajetória, ainda que sucinta, desde as primeiras conciliações informais até o marco legal da mediação e os sistemas digitais permite entender como esse processo pode se desenvolver.

2. BREVE HISTÓRICO: DA CONCILIAÇÃO INFORMAL À MEDIAÇÃO DIGITAL

No **CPC/39** não havia previsão expressa em relação à conciliação e à mediação, e o acordo, embora devesse o juiz promovê-lo sempre que possível, a exemplo do que

3. A concepção de que o acesso à justiça não encontra limitação além condições da ação, ainda predominante nos tribunais, começa a ganhar nova interpretação. Decisões como as dos TJRJ etc...

4. DIDIER JUNIOR, Fredie (Coord. Geral). Princípio do respeito ao autorregramento da vontade no processo civil. In: CABRAL, Antonio do Passo; NOGUEIRA, Pedro Henrique (Coord.). Negócios processuais. Salvador: JusPodivm, 2015. p. 22.

5. SANDER, Frank. Variety of Dispute Processing. Pound Conference: Perspectives on Justice in the future, St. Paul. Minessota, 1979, p. 65.

constava do **CPC/73**[6], era tratado apenas superficialmente pelo legislador[7]. Nessa época, não havia legislação especial sobre o tema.

Em meados da década de 80, em uma sociedade que se modernizava rapidamente[8], a Justiça convencional[9] começa a apresentar **dificuldade para resolver os problemas cada vez mais recorrentes**[10], como os triviais decorrentes dos contratos relacionais – planos individuais e coletivos de saúde, financiamentos hipotecários e *leasing* – e temas cada mais complexos – como os relativos às sociedades empresárias e às novas entidades familiares –, que encontravam resolução apenas no processo judicial.

A necessidade de alternativas para algumas dessas exigências ensejou **reformas processuais** pontuais concentradas na adaptação do direito estrangeiro (*small claims, class action*) e adoção de técnicas de tratamento como a **coletivização das ações** (Lei 7437/85) e de verticalização das decisões, nos julgamentos sumários –, que pretenderam racionalizar o processo –, na deformalização de temas naturalizados pela sociedade e na desjudicialização[11].

Por iniciativas de alguns magistrados e seus colaboradores, foram instituídos **juizados informais de conciliação**[12], resultado da experiência com os *Small Claims Courts* norte-americanos[13] que influenciou a confecção do projeto de lei que viria a se tornar a **primeira regulamentação específica** sobre a justiça consensual no país, por meio da **Lei 7244/84**.

Nessa época, em pleno movimento de acesso à Justiça, ainda predominava o entendimento de que o judiciário era o destinatário ideal para todas as demandas, e que sua estrutura deveria ser ampliada. Segundo Watanabe na ocasião, "[a] grande preocupação (da lei que criou os juizados de pequenas causas) foi **remover aquela ideia negativa de que não vale a pena ir à Justiça.** (...) **O objetivo perseguido** (...) **é o de canalizar para o Judiciário todos os conflitos de interesses, mesmo os de pequena expressão, uma vez que é aí o *locus* próprio para sua solução**".[14] (grifei).

---

6. CPC/73, art. 125, IV; art. 448

7. A exceção eram as questões de família, em relação as quais as soluções consensuais sempre mereceram maior ênfase

8. STRECK, Lênio. *Verdade e Consenso*. São Paulo: Saraiva, 2014, p. 68.

9. CUNHA, Luciana Gross. Juizado Especial – criação, instalação, funcionamento e a democratização do acesso à Justiça. SP: Saraiva-FGV, 2009, p. 16.

10. MANCUSO, Rodolfo de Camargo. *Acesso à Justiça*. SP: Revista dos Tribunais, 2015, p. 150.

11. MANCUSO, Rodolfo de Camargo. *Op. cit.*, p. 163.

12. CUNHA, Luciana Gross. *Op. cit.*, p. 15.

13. CARNEIRO, João Geraldo Piquet. Análise da estruturação e do funcionamento do juizado de pequenas causas da cidade de Nova Iorque. In: WATANABE, Kazuo (org.). Juizado especial de pequenas causas: SP: RT, 1985.

14. WATANABE, Kazuo (org.). Juizado especial de pequenas causas: SP: RT, 1985.

Como previsível, a massificação da economia e a complexidade das novas relações produziram **conflitos na mesma proporção**, que na ausência de outra instância resolutiva foram direcionados quase que exclusivamente aos juizados. Embora admitidos como um microssistema da solução consensual, os juizados não conseguiram se distanciar da ritualidade do processo tradicional, e aquelas que deveriam ser suas principais características, de orientar-se "pelos critérios da oralidade, simplicidade, informalidade, economia processual e celeridade, buscando sempre que possível as conciliações das partes", inclusive pela equidade, não se sustentaram diante de uma litigiosidade latente e contida[15] que aportava nos tribunais. A consequência em curtíssimo prazo foi a **hipertrofia dos juizados especiais**, com extravasamento para todo o sistema de justiça[16].

A aposta de ampliação do sistema de juizados, com a **Lei 9099/95**, para receber as demandas de massa não alcançou o efeito desejado, na medida em que a produtividade judiciária não conseguiu acompanhar o volume de demandas ingressas. Adaptações contingenciais, com a realização de mutirões e agendas concentradas de conciliação[17], a permanência, nas dependências dos tribunais, de representantes das empresas mais acionadas[18] e o acesso direto às empresas por meio de endereço eletrônico do tribunal[19] não atenderam satisfatoriamente a demanda.

Segundo dados recentes do CNJ[20], na fase de conhecimento dos juizados especiais, o índice de conciliação foi de 16%, sendo de 19% na Justiça Estadual e de exíguos 6% na Justiça Federal. Na execução, os índices são ainda menores e alcançam 5%. No 1º grau, a conciliação foi de 13,6%. No 2º grau, a conciliação é praticamente inexistente (...), sendo que as sentenças homologatórias de acordo representaram, em 2016, apenas 0,4% do total de processos julgados. Não houve variações significativas no indicador de conciliação no 2º e 1º grau em relação ao ano anterior, observando-se, respectivamente, aumento de 0,1 ponto percentual e 0,6 ponto percentual. Apesar dos procedimentos simplificados e mais ágeis, **a taxa**

15. Ferraz, Leslie Sherida. Acesso à Justiça – uma análise dos juizados especiais cíveis no Brasil. RJ: FGV, 201°, p. 33.

16. O custo do sistema de Juizados Especiais do TJRJ alcança cerca de R$860.000.000,00 (oitocentos e sessenta milhões de reais), anualmente.

17. Disponível em: [http://www.tjrj.jus.br/web/guest/home/-/noticias/visualizar/2237367?p_p_state=maximized], acesso em: 03 de setembro de 2017.

18. Disponível em: [http://www.tjrj.jus.br/web/guest/home/-/noticias/visualizar/2305?p_p_state=maximized], acesso em: 03 de setembro de 2017.

19. Conciliação pré-processual do TJRJ: [http://www.tjrj.jus.br/web/guest/institucional/conciliacao-pre-processual], acesso em 03 de setembro de 2017.

20. Disponível em: [http://www.cnj.jus.br/files/conteudo/arquivo/2017/09/904f097f215cf19a2838166729516b79.pdf, acesso em 03 de setembro de 2017].

de congestionamento dos juizados[21], um dos indicadores que mais impactam o Judiciário, chegou a 52% em 2014, de acordo com o Relatório Justiça em Números. E estudo realizado por pesquisadores de Direito da Universidade de São Paulo (USP) e da Universidade de Brasília (UnB), a pedido do CNJ, identificou que o tempo de tramitação dos processos nos Juizados Especiais Cíveis tem sido de 200 dias em média, com a realização da primeira audiência em até 168 dias, muito superior ao prazo desejável de 60 dias.

O resultado é que nenhuma das iniciativas legislativas promovidas desde a décadas de 1980 alcançou o efeito pretendido[22], e o volume de ações direcionadas aos tribunais permaneceu em ascensão, assim como o tempo médio de duração de cada ação, conforme dados do Justiça em Números do CNJ[23].

Em verdade, o quadro somente começa a apresentar sinais de mudança em 2009, com o advento do II Pacto Republicano e o compromisso de "(...) [f]ortalecer a mediação e a conciliação, estimulando a resolução de conflitos por meios autocompositivos, voltados a maior pacificação social e menor judicialização (...)".

Em sequência a esse Pacto, foi editada a Res. 125, em 2010, pelo CNJ[24]. Em 2011, o Projeto de Lei 517/2011 foi apresentado, e em 2013, o PLS 517, o PLS 405/2013[25] e o PLS 434/2013[26] foram unificados.

Ainda em 2013, a Comissão presidida pelo Min. Luis Felipe Salomão, do STJ, apresentou o anteprojeto de Lei de Mediação (PL 405/2013), que previa a mediação extrajudicial física e eletrônica (mediação on line).

Em paralelo, a comissão de especialistas convocada pelo Ministério da Justiça, por intermédio da Secretaria de Reforma do Judiciário, em parceria com o Conselho Nacional de Justiça, também apresentou emenda substitutiva, por meio do Parecer 2013, de relatoria do Senador Vital do Rego – PMDB/PB, que se utilizou de disposições parecidas do PLS nº 405, de 2013, de autoria do Senador Renan Calheiros – PMDB/AL e do PLS nº 434, de 2013, de autoria do Senador José Pimentel – PT/AC, dando origem ao até então artigo 33, dispondo sobre mediação judicial, extrajudicial, pú-

---

21. A taxa de congestionamento é o "indicador que compara o que não foi baixado com o que tramitou durante o ano-base (soma dos casos novos e dos casos pendentes iniciais)". Cf. CNJ – Conselho Nacional de Justiça. **Relatório Justiça em Números.** 2015. Disponível em: <http://www.cnj.jus.br/programas-e-acoes/pj-justica-em-numeros>. Acesso em: 01.jun. 2017, p. 37.

22. Lembre-se aqui a advertência de Thomas Kuhn de que a aplicação da lei, para além de ser efetiva, deve ser aferida pela melhoria proporcionada à sociedade.

23. CNJ, Justiça em Números 2016, disponível em: [http://www.cnj.jus.br/programas-e-acoes/pj-justica-em-numeros], acesso em: 02 de setembro de 2017.

24. Em 2014, o CNMP editou a Res. 118, que dispõe sobre a Política Nacional de incentivo à autocomposição no âmbito do Ministério Público.

25. Comissão instituída pelo Senado, e presidida pelo Min. Luis Felipe Salomão, do STJ.

26. Comissão instituída pelo CNJ e pelo Ministério da Justiça, presidida pelos Ministros Nancy Andrighi e Marco Buzzi, ambos do STJ.

blica e on line como meio de solução de conflitos nos casos de comercializações de bens ou prestação de serviços via internet, com o objetivo de solucionar quaisquer conflitos de consumo no âmbito nacional. O Adendo ao Parecer 2013, também de autoria do Senador Vital do Rego, renumerou a disposição para artigo 42 e alterou sua redação para o texto que está em vigor.

O PLS 517/11 apresentado pelo Sen. Vital do Rego, Relator da matéria do Senado, integrou as melhores propostas contidas nos três projetos em tramitação e foi aprovado pela Comissão de Constituição e Justiça e Cidadania do Senado em 18.12.2013. Em seguida (12.02.2014), o projeto foi encaminhado para a Câmara dos Deputados, passando a tramitar como Substitutivo (SCD) PL 7.169/2014 sob a relatoria do Deputado Sérgio Zveiter – PMDB/RJ. Na Comissão de Constituição e Justiça, o parecer do Deputado Sergio Zveiter renumerou a norma sobre mediação on line como o artigo 46, sem alteração de texto, permanecendo dessa forma até sua aprovação. Em 29 de junho de 2015, foi publicada a Lei 13.140/2015.

O conjunto legislativo formado pela Resolução CNJ 125/10, a Lei 13.140/15 e o CPC/15 introduziu no ordenamento jurídico brasileiro o Sistema Multiportas concebido por Frank Sander. A escolha política pela nova metodologia em verdade representa uma virada ampliativa do sentido de jurisdição e do conceito de acesso à justiça[27]. Sob o argumento de se tornar mais participativa e cooperativa, abrindo-se às exigências de "um novo paradigma, em que o cidadão deverá ter a oportunidade de influir nos centros decisórios onde o público não se resume ao estatal"[28], as formas de resolução de conflitos extrapolam os limites do judiciário e encontram nos mecanismos da convencionalidade, baseados no diálogo convergente ou na arbitragem, opções legítimas[29].

3. MEDIAÇÃO ON-LINE

A mediação eletrônica é um mecanismo de solução de disputa on line que se desenvolve mediante o emprego de tecnologia da informação e da comunicação, especialmente através da internet. Por se tratar de um mecanismo virtual, disponível permanentemente na rede mundial, a mediação digital consegue superar um importante obstáculo ao acesso a ordem jurídica justa ao propiciar a comunicação à **distância** entre os interessados.

Os mecanismos digitais permitem tratar de conflitos potenciais ou já instalados, o que pode ocorrer nas **modalidades on line, em tempo real, ou de modo assíncrono**, em que cada um dos interessados pode ter acesso aos dados armazenados ao seu tempo e de acordo com as suas condições.

27. MANCUSO, Rodolfo de Camargo. *Op. cit.*, p. 350

28. NUNES, Dierle. *Acesso à Justiça Democrático*. Brasília: 2013, Gazeta Jurídica, p. 62

29. GRINOVER, Ada Pelegrini. *Op. cit.*, p. 62.

De par a isso, os contatos entre os interessados podem ocorrer por meios **audiovisuais ou por escrito**, através da correspondência eletrônica, assim como por sistemas abertos, como os e-mails, ou fechados, como plataformas de uso exclusivo que exigem prévio cadastro.

Os modelos mais recentes admitem o **carregamento de documentos** e a **autenticação dos usuários** por meio de certificados digitais, aspectos que podem vir a dispensar a homologação judicial à medida em que as transações diretas sejam normalizadas e culturalmente assimiladas, com o uso, por exemplo, das certificações digitais.

Sem dúvida, uma reconhecida vantagem dos sistemas informáticos é a de proporcionar maior **autonomia às partes**. Por um lado, os próprios interessados podem escolher, dentre os **mecanismos disponíveis, aquele que se apresente como mais adequado** – on line ou assíncrono, audiovisual ou por escrito, sistemas inteligentes ou convencionais, com ou sem assistência de um facilitador, ou ainda os modelos híbridos. Por outro, permite-se a eleição da **melhor oportunidade** para início do diálogo, o que enseja o adequado **planejamento da negociação**, uma extensão do princípio da voluntariedade.

A utilização dos meios digitais por certo será **ampliada**, à exemplo do que ocorre nas demais áreas da sociedade, nas quais os recursos da informática se tornaram indispensáveis. E o estímulo à utilização dos métodos consensuais, tal como previsto no art. 3° § 3° do CPC/15 e extensivo aos meios digitais, contribui para a difusão e plena incorporação cultural, assim como para o incremento da responsabilidade individual pela autocomposição.

Com efeito, os tribunais não deixarão de aderir aos métodos consensuais como um dos serviços a serem disponibilizados aos usuários, e, nesse campo, os sistemas digitais serão um recurso tecnológico inevitável, como de resto ocorre em todos os segmentos públicos e privados.

No Brasil, a exemplo do que ocorre na **Comunidade Europeia**, os principais órgãos responsáveis pela política pública, como **o CNJ e o Min. da Justiça**, disponibilizaram sistemas que facilitam a aproximação entre os interessados para a autocomposição, especialmente em questões derivadas das relações de consumo.

O sistema **consumidor.gov** foi disponibilizado pelo Min. da Justiça na rede mundial de computadores. A plataforma utiliza o sistema de mensagens assíncronas, com campos predeterminados e espaços narrativos, além de prazos estipulados. Mais de 300 empresas estão cadastradas e fazem uso regular do sistema.

O CNJ seguiu a mesma diretriz (art. 18-A da Resolução 125 do CNJ) e disponibilizou aos interessados acesso livre ao portal "Mediação Digital"[30] para apresentação

30. CNJ – Conselho Nacional de Justiça. **Mediação Digital**: a justiça a um clique. Disponível em: <http://www.cnj.jus.br/mediacaodigital/.>. Acesso em: 19 jun. 2016.

e tratamento do conflito também por meio do diálogo assíncrono, com possibilidade de prosseguimento em mediação presencial.[31]

Os tribunais brasileiros, a partir de convênios com os órgãos oficiais, disponibilizaram o acesso aos sistemas públicos a partir de seu portal na internet. Com isso, iniciativas, ainda que isoladas, começaram a ser realizadas combinando o uso dos sistemas com atendimentos presenciais, como o Mutirão de Mediação Digital, no Estado do Ceará, envolvendo as empresas mais demandadas[32]. Mato Grosso e Rio Grande do Sul também têm projetos semelhantes. Neste último, o projeto "Solução Direta Consumidor do TJ/RS[33]", utilizado nas relações de consumo, exige a prévia utilização do sistema como uma condição de admissibilidade do processo[34], iniciativa que pode induzir à tendência à reinterpretação do conceito de acesso à Justiça e às condições da ação.

A exemplo de países da Comunidade Europeia e nos EUA, as ODRs têm sido empregadas como mecanismo de solução dos conflitos relacionados às questões do consumo, especialmente do consumo de massa[35].

Para além dos atos meramente mecânicos do processo, os recursos tecnológicos da informática propiciam ampliar significativamente as formas de relacionamento procedimental, sejam elas no ambiente interno do processo judicial, sejam na esfera pré-processual, o que evidentemente também vale para os métodos não adversariais.

Os **requisitos** para a mediação digital permanecem os mesmos. Direitos transacionáveis[36], não importando a qualidade dos participantes – mesmo envolvendo menores, incapazes e o poder público –, são passíveis de solução contratualizada, intervindo o MP e a homologação judicial quando exigidos. A voluntariedade[37], a

31. CNJ – Conselho Nacional de Justiça. **Mediação online é apresentada a magistrados em Seminário.** Disponível em: <http://cnj.jusbrasil.com.br/noticias/210589/mediacao-online-e-apresentada-a-magistrados-em-se'minario>. Acesso em: 23 jun. 2017.

32. ESTADO DO CEARÁ. Poder Judiciário. **Mutirão de Mediação Digital é tema de audiência pública no CNJ.** Disponível em: <http://www.tjce.jus.br/noticias/mutirao-de-mediacao-digital-e-tema-de-audiencia-publica-no-cnj/>. Acesso em: 19 jul. 2016

33. ESTADO DO RIO GRANDE DO SUL. Tribunal de Justiça. **Projeto Solução Direta-Consumidor.** Disponível em: <'. Acesso em: 26 jun..2017.

34. Apelação Cível. Responsabilidade civil. Ação de consumo. Suspensão do processo para comprovação de tentativa de conciliação. Projeto solução direta-consumidor. Comando judicial não atendido. Processo extinto sem julgamento de mérito. Sentença mantida. Apelação Cível Nº 70071361976, 9ª CC, TJ/RS.

35. M.A. Alqudah. Enforceability of arbitration lauses in online business-to-consumer contracts. J. Int'l. Arb., vol. 28, núm. 1, 2011, pp. 67 a 79.

36. Observando-se que a "A indisponibilidade do direito material não impede, por si só, a celebração de negócio jurídico processual", conforme Enunciado 135 do FPPC.

37. "A realização de sessões adicionais de conciliação ou mediação depende da concordância de ambas as partes", conforme o Enunciado 577 do FPPC. (arts. 166, § 4º; 696; art. 2º, II e V da Lei 13.140/2015).

elegibilidade da oportunidade (CPC/15 art. 139, V)[38], mecanismos e dos facilitadores, a decisão informada e o sigilo também devem ser observados no ambiente digital.

Além disso, os tribunais devem dotar os juízos[39] e Centros Judiciários de Solução de Conflitos de condições técnicas para a utilização, em caráter preferencial, dos mecanismos digitais para a mediação, sempre que esses se mostrarem como o modo mais adequado, inclusive sob os aspectos da comodidade e economicidade.

Cabe registrar que os mecanismos digitais, haja ou não a participação de um facilitador, podem constituir-se em excelente ferramenta para a **preparação do processo em curso ou futuro** em caso de não atingimento de acordo pleno, permitido pela combinação entre os desportivos da mediação on-line (CPC/15 art. 334, § 7º e Lei 13.140, art. 46) e a **clausula geral de convenções processuais** (CPC/15, art. 190). Essa é ademais a conclusão do Enunciado nº 628 do FPPC[40].

Atualmente, o avanço tecnológico permitiu incorporar a **inteligência artificial** (computação evolucionária) aos sistemas digitais de solução de conflitos, o que pode representar a superação da última fronteira do acesso à solução adequada. Esses sistemas têm a capacidade de aplicar regras lógicas a um conjunto de dados disponíveis para chegar a uma conclusão, e por isso são chamados de inteligentes, além da capacidade de aprender com os erros e acertos de forma a no futuro agir de maneira mais eficaz e de reconhecer padrões visuais, sensoriais e comportamentais, e de conseguir aplicar o raciocínio nas situações do nosso cotidiano.

Como se disse, para as demandas seriadas, repetitivas, comuns nas relações de consumo de massa, esses sistemas podem representar uma forma de tratamento automatizado, com resultados validados pelas partes, sem necessidade de intervenção judicial em processo contencioso, ou mesmo homologação do acordo. A identificação de padrões fáticos ou decisórios podem constituir parâmetros para tomada de decisão em negociação diretamente com o sistema, traduzindo-se assim em mecanismo facilitador da solução do caso. Via de regra, são casos simples que sequer deveriam alcançar o sistema convencional de justiça, e que aportam aos tribunais por absoluta ausência de acesso à instancia resolutiva, segura e efetiva.

Não se olvide que a prévia sessão de negociação direta ou com a intervenção de facilitador, caso não haja acordo, pode ensejar a **dispensa do ato incidental ao curso do processo**, conforme orienta o Enunciado 19 do FPPC.

---

38. Observe-se que o Enunciado 485 do FPPC conclui que "É cabível conciliação ou mediação no processo de execução, no cumprimento de sentença e na liquidação de sentença, em que será admissível a apresentação de plano de cumprimento da prestação". (Art. 3º, §§ 2º e 3º; art. 139, V; art. 509; art. 513).

39. Inclusive no sistema de Juizados Especiais, conforme o Enunciado 397 do FPPC: "A estrutura para autocomposição, nos Juizados Especiais, deverá contar com a conciliação e a mediação". (Arts. 165 a 175; Lei 9.099/1995, Lei 10.259/2001, Lei 12.153/2009), exceto em relação aos prazos, conforme Enunciado 509". "Sem prejuízo da adoção das técnicas de conciliação e mediação, não se aplicam no âmbito dos juizados especiais os prazos previstos no art. 334". (Art. 334; Lei n. º 9.099/1995).

40. "As partes podem celebrar negócios jurídicos processuais na audiência de conciliação ou mediação"

Deve-se notar, também, que os sistemas digitais constituem apenas um facilitador aos métodos autocompositivos, e por isso não excluem **a participação do advogado**, inclusive na esfera pré-judicial, cuja presença fica ao alvedrio do interessado. Nas medicações incidentais, ao contrário, a representação por advogado é cogente – salvo nas hipóteses excepcionadas pela própria Lei 9099/95 – mesmo que por meio de sistemas digitais.

Os ODR's têm sido utilizados em diversos países da **União Europeia** e nos EUA com reconhecido êxito[41]. A mediação e demais modalidades de soluções consensuais foi instituída no âmbito da EU pela Diretiva 2008/52/CE do Parlamento Europeu e do Conselho. A partir daí, por meio da Diretiva 2013/11/EU, o Parlamento Europeu e o Conselho instituíram o sistema de resolução de disputa on line para as questões derivadas das relações do consumo, sob o Regulamento no. 2006/2004, facultada a adesão interna aos países membros.

O objetivo principal das ADRs e ODRs consistia em assegurar um melhor acesso à justiça, como parte da política da União Europeia para estabelecer um espaço de liberdade, de segurança e de ordem jurídica, o que inclui o acesso a modos de resolução de litígios tanto judiciais como extrajudiciais. Nos termos do artigo 26, nº 2, do Tratado de Funcionamento da União Europeia, que complementa a Diretiva 2013/11/EU, o mercado interno compreende um espaço sem fronteiras internas no qual é assegurada a livre circulação de mercadorias e serviços. Para que os consumidores tenham confiança no mercado interno e se beneficiem da sua dimensão digital, é necessário que tenham acesso a meios simples, eficazes, céleres e econômicos de resolver os litígios que decorram da venda de bens ou da prestação de serviços em linha. Este aspecto assume especial importância quando os consumidores adquirem produtos e serviços internacionais.

Um dos fatores mais relevantes para o êxito das ODRs na Comunidade Europeia talvez consista na **obrigatoriedade de as empresas de e-commerce** e formadoras de grandes volumes de demandas disponibilizarem em seus sítios da internet acesso a um sistema de resolução de disputa on line, o que se traduz em excelente medida para o Brasil, país de dimensões continentais e que se beneficiaria das facilidades proporcionadas pelos recursos avançados da tecnologia da comunicação e da informática cognitiva.

4. CONSIDERAÇÕES FINAIS

A experiência forense cotidiana dá mostras da iminente insolvabilidade do sistema convencional de Justiça em relação à multiplicidade de demandas que o

41. Diretiva nº 2008/52/CE do Parlamento Europeu e do Conselho, de 21 de maio de 2008. Relativa a certos aspectos da mediação em matéria civil e comercial. Disponível em <http://eur-lex.europa.eu/legal-content/PT/TXT/?uri=CELEX%3A32008L0052>. Acesso em 28 set. 2017.

assolam continuamente[42]. Questões triviais são diária e repetitivamente apreciadas e decididas por juízes que têm seu tempo ocupado com demandas que não deveriam exigir a atividade prestacional judiciária por absoluta desnecessidade, característica que onera não apenas os agentes públicos diretamente envolvidos, mas a toda sociedade, que se vê compelida a cumprir o ônus de judicializar conflitos que poderiam ser tratados em instâncias resolutivas primárias.

Parece certo que as inovações e adaptações legislativas apresentadas pelo novo CPC/15, como as técnicas de julgamento de questões repetitivas e de assunção de competência, contribuem sensivelmente para a equalização do grave problema, mas estão longe de representar solução definitiva, isoladamente, devendo sua aplicação ser conjugada com institutos como as convenções processuais, o acesso preliminar à prova (CPC/15 art. 381) e às modalidades de solução contratualizada, como a mediação e conciliação.

Nesse sentido, as inovações tecnológicas, que se sucedem com velocidade incalculável, devem integrar-se definitivamente no ordenamento jurídico por meio de metodologias dialógicas que propiciem a construção de solução dos conflitos, preferencialmente em ambiente privado, facultando aos interessados novas opções ao judiciário. As questões decorrentes das relações do consumo, especialmente, são de fato uma importante razão do atual estado de litigiosidade. Num país de dimensões continentais, em que cerca de 23 milhões de processos são iniciados anualmente, mecanismos de solução privada por meio de sistemas informatizados inteligentes podem constituir a principal contribuição do legislador para a conformação de uma nova forma de solução de conflitos e de um novo Poder Judiciário.

5. BIBLIOGRAFIA

CARNELUTTI, Francesco. Instituições do Processo Civil. São Paulo: ClassicBook, 2000.

COMOGLIO, Luigi Paolo. Garanzie costituzionali e "giusto processo" (modelli a confronto). Revista de Processo, São Paulo: RT, ano 23, n. 90, p. 125-126, abr.-jun. 1998.

CONSELHO NACIONAL DE JUSTIÇA (Brasil). Justiça em números 2016: ano-base 2015. Brasília: CNJ: Conselho Nacional de Justica, 2016. 404 p., il. Contém bibliografia. Disponível em: < http://www.cnj.jus.br/files/conteudo/arquivo/2016/10/b8f46be3dbbff344931a933579915488.pdf>. Acesso em 12 jun. 2017.

CONSELHO NACIONAL DE JUSTIÇA (Brasil). Resolução nº 125, de 29 de novembro de 2010. Dispõe sobre a Política Judiciária Nacional de tratamento adequado dos conflitos de interesse. Disponível em: <http://www.cnj.jus.br/images/stories/docs_cnj/resolucao/Resolucao_n_125-GP.pdf>. Acesso em: 14 set. 2016.

42. MARRAFON, Marco Aurélio, *in* O futuro do Direito como Direito fraterno. *Consultor Jurídico*, 29 de dezembro de 2014. Disponível em <http://www.conjur.com.br/2014-dez-29/constituicao-poder-futuro-direito-direito-fraterno>. Acesso em 26.mar. 2017.

DIDIER JUNIOR, Fredie (Coord. Geral). Princípio do respeito ao autorregramento da vontade no processo civil. In: CABRAL, Antonio do Passo; NOGUEIRA, Pedro Henrique (Coord.). Negócios processuais. Salvador: JusPodivm, 2015. p. 22.

DINAMARCO, Candido Rangel. Instituições de direito processual civil. 8. ed. rev. e atual. São Paulo: Malheiros, 2016. v.

Diretiva nº 2008/52/CE do Parlamento Europeu e do Conselho, de 21 de maio de 2008. Relativa a certos aspectos da mediação em matéria civil e comercial. Disponível em <http://eur-lex.europa.eu/legal-content/PT/TXT/?uri=CELEX%3A32008L0052>. Acesso em 28 set. 2017.

FERRAZ, Leslie Sherida. Acesso à justiça: Uma análise dos juizados especiais cíveis no Brasil. Rio de Janeiro, RJ: FGV, 2010. 234 p. Contém bibliografia. ISBN 978-85-225-0840-2.

GABBAY, Daniela Monteiro; CUNHA, Luciana Gross. Litigiosidade, morosidade e litigância repetitiva no judiciário. 1. ed. São Paulo: Saraiva, 2012.

GRECO, Leonardo. Instituições de Processo Civil: Introdução ao Direito Processual Civil. 5. ed. Rio de Janeiro: Forense, 2015.

GRINOVER, Ada Pellegrini. Ensaio sobre a Processualidade: Fundamentos Para Uma Nova Teoria Geral do Processo. Brasília: Gazeta Jurídica, 2016.

LEGISLAÇÃO europeia: Diretiva nº 2008/52/CE do Parlamento Europeu e do Conselho, de 21 de maio de 2008. Relativa a certos aspectos da mediação em matéria civil e comercial. Disponível em <http://eur-lex.europa.eu/legal-content/PT/TXT/?uri=CELEX%3A32008L0052>. Acesso em 28 abr. 2017.

LEGISLAÇÃO europeia: Diretiva nº 2013/11/EU do Parlamento Europeu e do Conselho, de 21 de maio de 2013. Sobre a resolução alternativa de litígios de consumo. Disponível em <http://eur-lex.europa.eu/legal-content/PT/TXT/?uri=celex%3A32013L0011>. Acesso em 28 abr. 2017.

M.A. Alqudah. Enforceability of arbitration causes in online business-to-consumer contracts. J. Int'l. Arb., vol. 28, núm. 1, 2011, pp. 67 a 79.

MANCUSO, Rodolfo de Camargo. Rodolfo de Camargo. Acesso à justiça – Condicionantes legítimas e ilegítimas. São Paulo: Revista dos Tribunais, 2015.

MARINONI, Luiz Guilherme Bittencourt; ARENHART, Sérgio Cruz. Curso de Processo Civil: processo do conhecimento. 6. ed. São Paulo: Saraiva, 2006. v.2.

PEDRON, Flávio Barbosa Quinaud. Reflexões sobre o "acesso à justiça" qualitativo no Novo Código de Processo Civil Brasileiro, In: Normas Fundamentais. Salvador: JusPodium, 2013.

PICARDI, Nicola; OLIVEIRA, Carlos Alberto Alvaro de (Org.). Jurisdição e processo. Rio de Janeiro, RJ: Gen: Forense, 2008. 155 p.

SANDER, Frank. E. A. Varieties of Dispute Processing. Federal Rules Decisions, 1976.

SANTOS, Boaventura de Souza. Para uma revolução democrática da Justiça. SP: Cortêz Ed., 2010, p. 76

STRECK, Lênio. Verdade e Consenso. São Paulo: Saraiva, 2014, p. 68.

Art. 47. Esta Lei entra em vigor após decorridos cento e oitenta dias de sua publicação oficial.

José Herval Sampaio Júnior

1. COMENTÁRIOS

Considerando que a publicação oficial da Lei de Mediação no DOU ocorreu em 29.6.2015, e o prazo de cento e oitenta dias estabelecido pelo dispositivo para a sua entrada em vigor, tem-se como o início de sua vigência o dia 26.12.2015. A previsão supra, também feita de modo acertado, restringiu temporariamente a aplicação da lei, dentro do que chamamos de vacatio legis, na qual a lei mesmo válida não possui eficácia porque se traz em seu bojo uma espécie de período de adaptação, justamente para que se conheça o fundo e quando de sua aplicação, tenhamos a maior segurança possível, o que inclusive já se observou e hodiernamente temos a sua irrestrita aplicação, dentro dos limites já comentados, logo o que precisamos agora é estarmos abertos a todas as essas novidades, que instituíram no âmbito judicial uma nova espécie de jurisdição, a consensual e no âmbito extrajudicial, uma nova forma de ver e resolver o conflito, a partir do diálogo franco e aberto, deixando as emoções florescerem como um método de se chegar ao final ao consenso, objetivo maior dessa lei e de todos os regramentos que traçam a política consensual.

Art. 48. Revoga-se o § 2º do art. 6º da Lei nº 9.469, de 10 de julho de 1997.

Claudio Madureira

1. COMENTÁRIOS

Este dispositivo dispôs sobre a revogação expressa do § 2º do artigo 6º da Lei nº 9.469/1997, que estabelecia, em apertada síntese, que nos acordos envolvendo a Fazenda Pública incumbia a cada uma das partes arcar com os honorários dos seus advogados. Essa prescrição legislativa foi impugnada no corpo da Ação Direta de Inconstitucionalidade nº 2.527, proposta pelo Conselho Federal da Ordem dos Advogados do Brasil, e teve sua eficácia suspensa pelo Plenário do Supremo Tribunal Federal quando do deferimento da medida cautelar requerida naquele processo, em virtude do reconhecimento, pela maioria dos integrantes do Tribunal Constitucional, da aparente violação aos princípios da isonomia e da proteção à coisa julgada[1].

Ressalvado esse preceito de lei (Lei nº 9.469/1997, art. 6º, § 2º), cuja incidência já havia sido sustada ainda antes da edição da Lei nº 13.140/2015 (Lei da Mediação), não há em seu texto previsão quanto à revogação de outros dispositivos legais. Tal não impede, todavia, que se cogite da revogação tácita de normas contidas em leis anteriores.

Nesse contexto, questão relevante que se coloca diz respeito à investigação sobre se esse diploma legislativo (publicado em 29/06/2015), enquanto lei posterior, estaria apto a revogar dispositivos do Código de Processo Civil de 2015 (publicado em 17/03/2015, portanto três meses antes) e, talvez, da Resolução nº 125/2010 do

1. Cf. o que restou assentado na Ementa do julgado sobre esse específico aspecto da *vexata quaestio*: "Medida Cautelar em Ação Direta de Inconstitucionalidade. Medida Provisória 2.226, DE 04.09.2001. Tribunal Superior do Trabalho. Recurso de revista. Requisito de admissibilidade. Transcendência. Ausência de plausibilidade jurídica na alegação de ofensa aos artigos 1º; 5º, *caput* e II; 22, I; 24, XI; 37; 62, *caput* e § 1º, I, *b*; 111, § 3º E 246. Lei 9.469/97. *Acordo ou transação em processos judiciais em que presente a fazenda pública. Previsão de pagamento de honorários, por cada uma das partes, aos seus respectivos advogados, ainda que tenham sido objeto de condenação transitada em julgado. Reconhecimento, pela maioria do plenário, da aparente violação aos princípios constitucionais da isonomia e da proteção à coisa julgada.* [...] *5. A introdução, no art. 6º da Lei nº 9.469/97, de dispositivo que afasta, no caso de transação ou acordo, a possibilidade do pagamento dos honorários devidos ao advogado da parte contrária, ainda que fruto de condenação transitada em julgado, choca-se, aparentemente, com a garantia insculpida no art. 5º, XXXVI, da Constituição, por desconsiderar a coisa julgada, além de afrontar a garantia de isonomia da parte obrigada a negociar despida de uma parcela significativa de seu poder de barganha, correspondente à verba honorária. 6. Pedido de medida liminar parcialmente deferido* (STF. ADI 2527 MC. Relator(a): Min. ELLEN GRACIE. Julgamento: 16/08/2007. Órgão Julgador: Tribunal Pleno. Publicação DJe-147 DIVULG 22-11-2007 PUBLIC 23-11-2007 DJ 23-11-2007 PP-00020 EMENT VOL-02300-01 PP-00107 RTJ VOL-00205-01 PP-00044) (destaques pessoais).

Conselho Nacional de Justiça (publicada em 29/11/2010, e posteriormente modificada, em 08/03/2016, pela Emenda nº 02/2016). É que a conciliação e a mediação foram concomitantemente disciplinadas, entre nós, pela Resolução nº 125/2010 do Conselho Nacional de Justiça, pelo Código de Processo Civil de 2015 e pela Lei da Mediação (Lei nº 13.140/2015).

O primeiro ato normativo editado com a pretensão de disciplinar o tema em âmbito nacional foi a Resolução nº 125/2010 do Conselho Nacional de Justiça, que "dispõe sobre a Política Judiciária Nacional de tratamento adequado dos conflitos de interesses no âmbito do Poder Judiciário e dá outras providências". No ponto, Francisco José Cahali leciona que esse ato normativo trouxe "resultados proveitosos, não só pelas estatísticas, mas pela positiva influência cultural no sentido de se estimular a pacificação", inclusive o de "conscientizar juristas e o legislador envolvidos com a reforma do Código de Processo Civil, fazendo com que no Diploma de 2015 a mediação e conciliação tenham especial destaque"[2]. A Resolução nº 125/2010 foi modificada, após a edição do código de 2015 e da Lei da Mediação, pela Emenda nº 2/2016. Assim, esse ato normativo, para além de inspirar a edição daqueles diplomas legislativos, também tem a funcionalidade de regulamentar os seus enunciados prescritivos.

O código de 2015 trata da conciliação e da mediação em diversos de seus dispositivos. Esses métodos autocompositivos são abordados já no Capítulo 1 ("Das Normas Fundamentais do Processo Civil") do Título Único ("Das Normas Fundamentais e da Aplicação das Normas Processuais") do Livro I ("Das Normas Processuais Civis) de sua Parte Geral"), que elenca entre as normas fundamentais do Novo Processo Civil Brasileiro orientação a que o Estado promova a solução consensual dos conflitos (art. 3º, § 2º) e recomendação a que juízes, advogados, defensores públicos e membros do Ministério Público estimulem a conciliação, a mediação e outros métodos de solução consensual de conflitos (art. 3º, § 3º). Depois disso, no Capítulo I ("Dos Poderes, dos Deveres e da Responsabilidade dos Juízes") do Título IV ("Do Juiz e dos Auxiliares da Justiça") do Livro III ("Dos Sujeitos do Processo") da Parte Geral, confere aos juízes promover a autocomposição a qualquer tempo, preferencialmente com auxílio de conciliadores e mediadores judiciais (art. 139, V). Na sequência, no Capítulo III ("Dos Auxiliares da Justiça") dos mesmos Título e Livro, alinha o conciliador e o mediador entre os auxiliares da justiça (art. 149); dedicando a eles a Seção V ("Dos Conciliadores e Mediadores Judiciais"); contexto em que dispõe, entre outras coisas, que o conciliador atuará preferencialmente nos casos em que não houver vínculo anterior entre as partes, contexto em que poderá sugerir soluções para o litígio, mas lhe é vedada a utilização de qualquer tipo de constrangimento ou intimidação para que as partes conciliem (art. 165, § 2º), enquanto que o mediador atua preferencialmente nos casos em que houver vínculo anterior entre as partes,

2. CAHALI, Francisco José. *Curso de arbitragem*. 5ª ed. São Paulo: Revista dos Tribunais, 2015. p. 44.

com a função de auxiliar os interessados a compreender as questões e os interesses em conflito, criando as condições para que eles possam, pelo restabelecimento da comunicação, identificar por si próprios soluções consensuais que gerem benefícios mútuos (art. 165, § 3º). Ainda na Seção V do Capítulo III do Título IV do Livro III da Parte Geral, o legislador propôs a utilização de técnicas negociais com o propósito de proporcionar ambiente favorável à autocomposição (art. 166, § 3º). Por fim, o código de 2015 instituiu, no Capítulo V ("Da Audiência de Conciliação ou de Mediação") do Título I ("Do Procedimento Comum") do Livro I ("Do Processo de Conhecimento e do Cumprimento de Sentença") da Parte Especial, a audiência de conciliação/mediação; que substitui, no novo regime processual, a antiga audiência preliminar disciplinada pelo artigo 331 do código de 1973.

Também a Lei nº 13.140/2015 disciplina a conciliação e a mediação. Muito embora tenha ficado amplamente conhecido como Lei da Mediação, esse diploma legislativo "dispõe sobre a mediação entre particulares como meio de solução de controvérsias e sobre a autocomposição de conflitos no âmbito da Administração Pública" (art. 1º), entre as quais se inserem, pelas razões dantes expostas, a conciliação e a mediação. Por tais razões, considera-se, a partir de uma leitura conjugada da Lei nº 13.140/2015 com o que prescrevem o código de 2015 e a Resolução nº 125/2010 do Conselho Nacional de Justiça, que suas disposições são diretamente aplicáveis inclusive à conciliação judicial, mesmo àquela que se destinar a promover a autocomposição entre partes privadas, que não foram textualmente contempladas em seu texto, mas podem (na verdade devem) ser alcançadas pelas suas disposições. É que se configura, na espécie, um microssistema normativo, composto por esses três diplomas fundamentais, que, conjugados, conferem disciplina ao emprego de métodos autocompositivos para a resolução de conflitos judiciais.

Problema semelhante[3] foi depreendido pelos juristas no momento seguinte à edição da Lei nº 8.078/90, comumente designada como Código de Defesa do Consumidor, a propósito da estruturação da tutela coletiva, dada a depreensão, naquela lei consumerista, de uma série de disposições gerais em tese aplicáveis à integralidade das ações de cunho coletivo admitidas pelo ordenamento jurídico-positivo brasileiro, como é o caso da ação popular, regida pela Lei nº 4.717/65, e da ação civil pública, disciplinada pela Lei nº 7.345/85. Por isso é que Rodrigo Mazzei[4], entre outros[5],

3. Sobre a argumentação que se segue, cf.: MADUREIRA, Claudio; RAMALHO, Lívio Oliveira. *Juizados da Fazenda Pública: estruturação dos Juizados Especiais da Fazenda Pública Estadual e Municipal (Lei nº 12.153/09) em vista da Teoria dos Microssistemas e das Particularidades da Celebração de Acordos pelo Poder Público*. Salvador: Juspodivm, 2010. p. 54-56.

4. MAZZEI, Rodrigo Reis. *A ação popular e o microssistema da tutela coletiva*. In: GOMES JÚNIOR, Luiz Manoel; SANTOS FILHO, Ronaldo Fenelon (Coord.). *Ação popular – Aspectos relevantes e controvertidos*. São Paulo: RCS Editora, 2006.

5. A propósito, confira-se, por todos: GOMES, Orlando. *A caminho dos microssistemas*. In: GOMES, Orlando (Org.). *Novos temas de direito civil*. Rio de Janeiro: Forense, 1983. p. 47.

defende a aplicação aos processos coletivos da doutrina do jurista italiano Natalino Irti[6], e registra a existência de um microssistema coletivo.

Para Mazzei, esse microssistema emerge da circunstância de "a tutela de massa, à míngua de uma regulação codificada" ser disciplinada, entre nós, "por uma gama de diplomas interligados, com princípios comuns e que, por tal passo, formam um 'microssistema' que permite a comunicação constante da legislação atrelada ao direito coletivo"[7]. Em reforço a essas considerações, observe-se a seguinte passagem da obra de Patrícia Miranda Pizzol, citada por Mazzei[8] na sequência de sua exposição:

> "[...] antes do advento do Código de Defesa do Consumidor, já havia leis que disciplinavam, de forma esparsa, a tutela dessa categoria de direitos e interesses. O legislador, ao estabelecer normas materiais e processuais relativas aos direitos dos consumidores, sentiu a necessidade de criar mecanismo de adaptação entre os sistemas já existentes e o do Código, sob pena de ensejar duplicidade de regimes ou, o que seria pior, conflitos normativos com as disposições processuais do Código de Defesa do Consumidor. Por conta dessa interação entre o Código de Defesa do Consumidor esses outros diplomas legais, especialmente a Lei de Ação Civil Pública, foi dedicada a última parte do Código à tarefa de adaptá-los, o que ensejou o surgimento de um microssistema único, destinado à tutela de todos os direitos e 'interesses' coletivos, com base na qual se vem sustentando a existência da denominada jurisdição civil coletiva"[9].

É evidente a sintonia entre os tratamentos normativos conferidos pelo Parlamento à tutela coletiva e ao regramento dos métodos autocompositivos no código de 2015 e na Lei nº 13.140/2015, cuja edição foi inspirada pela Resolução nº 125/2010 do Conselho Nacional de Justiça, que, na sequência, depois de atualizada pela Emenda nº 2/2016, passou a regulamentar seus dispositivos, tratando-os como normas que se complementam umas às outras. Afinal, tal como ocorre com o processo coletivo, a conciliação e a mediação são regidos não apenas pelo código de 2015, mas, também, pela Lei nº 13.140/2015, lei especial específica que, ademais, foi editada posteriormente à lei geral processual. Destarte, não se cogita, tecnicamente, de regulação codificada, mas da interação entre o código e a lei especial. Além disso, a exemplo do que se verifica com relação ao processo coletivo, os diplomas normativos que regulam, entre nós, a conciliação e a mediação, possuem disposições compatíveis, num contexto em que determinadas matérias encontram-se melhor especificadas em um dos textos, enquanto que outras receberam tratamento mais exaustivo e contundente na outra norma, donde se verifica que há comunicação normativa interna entre eles.

---

6. IRTI, Natalino. *La edad de La descodificación*. Barcelona: Bosch, 1992. Aspecto oportunamente anotado por Didier e Zaneti (Cf. DIDIER JÚNIOR, Fredie; ZANETI JÚNIOR, Hermes. *Curso de direito processual civil, v. 4 – Processo coletivo*. Salvador: Juspodivm, 2009. p. 50).

7. MAZZEI, Rodrigo Reis. *A ação popular e o microssistema da tutela coletiva*, cit., p. 408.

8. MAZZEI, Rodrigo Reis. *A ação popular e o microssistema da tutela coletiva*, cit., p. 409.

9. PIZZOL, Patrícia Miranda. *Liquidação nas ações coletivas*. São Paulo: Lejus, 1998. p. 145.

Fredie Didier Júnior e Hermes Zaneti Júnior ensinam[10] que "os microssistemas evidenciam e caracterizam o policentrismo do direito contemporâneo", composto por "vários centros de poder e harmonização sistemática: a Constituição (prevalente), o Código Civil, as leis especiais"[11]. Esse arquétipo decorre de "uma nova configuração social", que se situa, conforme Mazzei, na passagem do Estado liberal para o Estado Social[12]; contexto histórico que se qualifica, entre outros fatores[13], pela inflação legislativa decorrente do surgimento e proliferação de novos direitos, em especial direitos coletivos, e que ocasionou, adiante, a descodificação, com gradual perda de coerência, ou de sistematicidade, do ordenamento jurídico[14].

Nesse quadrante "os códigos 'oitocentistas' (que tinham a intenção de regular – com 'completude' – o direito privado) se revelam como falhos, sem superfície para regular as relações jurídicas materiais que passaram a se apresentar"; isso, devido, entre outros fatores, ao surgimento de questões relacionadas direito de grupos e de classes, o que fez com que fossem editadas leis especiais para as novas questões emergentes que tinham por objetivo "atender a reclames muito além da tutela individualista das codificações, pois, repita-se, seu impulsionamento está atrelado a um novo tipo de regulação, qual seja: os estatutos de grupo"[15]. Como consequência, "o ordenamento vai sendo substituído por uma legislação 'descodificada', que rompe com as noções de unidade formal do ordenamento e aponta na direção de múltiplos sistemas normativos"[16], conforme leciona Celso Fernandes Campilongo.

Por isso é que, segundo Didier e Zaneti, os microssistemas singularizam-se "por tratarem de matéria específica, dotada de particularidades técnicas e importância que justificam uma organização autônoma", e portanto "não se incompatibilizam com cláu-

10. Sobre a argumentação que se segue, cf. MADUREIRA, Claudio Penedo; RAMALHO, Lívio Oliveira. *Juizados da Fazenda Pública*, cit., p. 56-58.

11. DIDIER JÚNIOR, Fredie; ZANETI JÚNIOR, Hermes. *Curso de direito processual civil, v. 4 – Processo coletivo*, cit., p. 46.

12. MAZZEI, Rodrigo Reis. *A ação popular e o microssistema da tutela coletiva*, cit., p. 399.

13. O Estado Social (ou Estado Providência) também se qualifica pelo o colapso da teoria da separação dos poderes (cuja principal consequência é o surgimento de um centralismo no Poder Executivo), pela forte presença de um conteúdo promocional do direito, o que provocou a "*juridificação*" da "*justiça distributiva*" (ZANETI JÚNIOR, Hermes. *Processo Constitucional: o modelo Constitucional do Processo Civil Brasileiro*. Rio de Janeiro: *Lumen Juris*, 2007. p. 161). Ao ensejo, cf., ainda: SANTOS, Boaventura de Sousa; MARQUES, Maria Manoel Leitão; e PEDROZO, João. Os tribunais nas sociedades contemporâneas. *Revista Brasileira de Ciências Sociais*, ano 11, nº 30, fev. 1996. p. 34.

14. Cf. (ZANETI JÚNIOR, Hermes. *Processo Constitucional: o modelo Constitucional do Processo Civil Brasileiro*, cit., p. 161) e (SANTOS, Boaventura de Sousa; MARQUES, Maria Manoel Leitão; e PEDROZO, João. Os tribunais nas sociedades contemporâneas, cit., p. 34). Sobre o assunto, ler também: MADUREIRA, Claudio. *Direito, processo e justiça: o processo como mediador adequado entre o direito e a justiça*. Salvador: Juspodivm, 2013. p. 124-130, passim.

15. MAZZEI, Rodrigo Reis. *A ação popular e o microssistema da tutela coletiva*, cit., p. 400-401.

16. CAMPILONGO, Celso Fernandes. *Política, sistema jurídico e decisão judicial*. São Paulo: Max Limonad, 2002. p. 39.

sulas gerais ou princípios", muito embora ostentem os princípios próprios, concebidos, internamente, como necessidade intrínseca de organização e ordenação de seus conteúdos[17]. Com o propósito de aclarar-lhes o conteúdo, Mazzei[18] alude à obra do jurista italiano Natalino Irti[19], que relata que as leis especiais se apropriaram, em tal conjuntura, de determinadas matérias e classes de relações, desafiando, com isso, a disciplina codificada[20]. E dispõe, na sequência, que tal ocorreu porque essas leis especiais, que surgiram, em outro tempo, como veículos para a especificação de conteúdos gerais consignados nos textos codificados, passaram a alcançar um alto grau de consolidação, revelando lógica autônoma e princípios próprios, que por vezes se contrapõem àqueles estabelecidos pela disciplina codificada[21]. Seguindo no raciocínio, Irti refere à impropriedade de a aplicação casuística dessas leis especiais lastrear-se sempre nos princípios gerais extraídos do código, bem como em interpretação sistemática ou em aplicação analógica dos enunciados prescritivos nele consignados; para dispor, adiante, que é necessário romper com essa fascinação pelo código, e reconhecer que as leis especiais constituem hoje direito geral para o regramento integral de matérias específicas[22].

Em vista de tais premissas, Orlando Gomes assentou, em referência a essa proposta teórica de Natalino Irti, "que os microssistemas são refratários à unidade sistemática dos códigos, porque têm sua própria filosofia e enraízam em solo irrigado com águas tratadas por outros critérios, influxos e métodos distintos"[23]. Desse modo, onde eles se apresentam (os microssistemas), o Código de Processo Civil perde, na preciosa observação de Didier e Zaneti, a "sua função de garantir uma disciplina única para o direito processual", de maneira que "seus princípios e regras não mais contêm o caráter subsidiário que anteriormente lhes era natural"[24].

17. DIDIER JÚNIOR, Fredie; ZANETI JÚNIOR, Hermes. *Curso de direito processual civil, v. 4 – Processo coletivo*, cit., p. 69.

18. MAZZEI, Rodrigo Reis. *A ação popular e o microssistema da tutela coletiva*, cit., p. 402-nota de rodapé.

19. IRTI, Natalino. *La edad de La descodificación*, cit.

20. IRTI, Natalino. *La edad de La descodificación*, cit., p. 32.

21. IRTI, Natalino. *La edad de La descodificación*, cit., p. 32-33.

22. IRTI, Natalino. *La edad de La descodificación*, cit., p. 33. Ipse literis: "Las leyes especiales apropiándose de determinadas materias y classes de relaciones, vacían de contenido la disciplina codificada, y expressan principios que asunen uma relevancia decididamente general, Alcanzado un alto grado de consolidación, las leyes especiales, surgidas en outro tiempo como mero desarrollo de disciplinas generales, revelan lógicas autónomas y principios orgánicos, que em principio se contraponem a aquéllos fijados por el Código Civil y después acaban por suplantarlos del todo. A una fase de conflicto le sigue así una fase definitiva de preponderancia y de substituición. Entrados en este ciclo histórico, no es ya lícito extraer los principios genrales de Código Civil, o razonar el problema de la interpretatión sistemática y la analogía iuris em termos clásicos. Es necesario romper la fascinación del código, y reconocer francamente que las leyes especiales constituyen hoy en dia el derecho general de una instituición o de una materia completa" (IRTI, Natalino. *La edad de La descodificación*, cit., p. 32-33).

23. GOMES, Orlando. *A caminho dos microssistemas*, cit., p. 47.

24. DIDIER JÚNIOR, Fredie; ZANETI JÚNIOR, Hermes. *Curso de direito processual civil, v. 4 – Processo coletivo*, cit., p. 52.

Ocorre que, na hipótese analisada, *o código de 2015 se apresenta como um dos diplomas que compõem o microssistema*. Sua aplicação, então, não será subsidiária, mas direta; embora precise ser harmonizada com as disposições normativas positivadas na Lei nº 13.140/2015; contexto em que regulamento instituído pela Resolução nº 125/2010 do Conselho Nacional de Justiça tem papel fundamental na compatibilização de seus dispositivos.

Essa interação é possível porque, como observa Mazzei em trabalho mais recente, a evolução do Direito conduziu a uma reorientação da função dos códigos. Tendo em vista a estrutura do Código Civil de 2002, Mazzei destaca que esse diploma legal se diferencia da codificação revogada porque reconheceu a importância dos microssistemas, abrindo "mão da pretensão de completude (= *regulação total*), ideal característico dos códigos oitocentistas"[25]. Está na base dessa opção político-legislativa a constatação de que "os microssistemas são instrumentos para a manutenção da vitalidade do diploma codificado, senão do próprio ordenamento jurídico", o que reverte a tendência, característica do modelo anterior, de que a legislação especial se apresentava "como elemento de corrosão do código"[26]. Nesse contexto, a própria função do código foi alterada, porque passou a atuar, a partir de então, "por meio de aberturas, propositadamente inseridas em seu corpo", que fornecem "ao ordenamento uma salutar coesão"[27]. Disso resulta a conclusão de Mazzei, referindo-se ao Código Civil de 2002, no sentido de que "o legislador pátrio concebeu o novo diploma para ser instrumento de *ressistematização*, resgatando a importância da codificação, sem entretanto, deixar de buscar a mobilidade do sistema"[28].

Essa mesma *abertura* é encontrada no Código de Processo Civil de 2015, que deixou muito claro que a prolação de uma decisão de mérito por integrantes do Poder Judiciário não é o único caminho para acesso dos jurisdicionados a uma ordem jurídica justa[29], quando dispôs, entre outras coisas, que cumpre ao Estado promover, "sempre que possível, a solução consensual dos conflitos" (art. 3º, § 2º) e que "a conciliação, a mediação e outros métodos de solução consensual de conflitos deverão ser estimulados por juízes, advogados, defensores públicos e membros do Ministério Público, inclusive no curso do processo judicial" (art. 3º, § 3º). So-

25. MAZZEI, Rodrigo Reis. O Código Civil de 2002 e sua interação com os Microssistemas e a Constituição Federal: breve análise a partir das contribuições de Hans Kelsen e Niklas Luhmann. *Revista do Curso de Mestrado e Doutorado da Faculdade Autônoma de Direito*. Ano 1, n. 1, p. 245-277, 2011. p. 246.

26. MAZZEI, Rodrigo Reis. O Código Civil de 2002 e sua interação com os Microssistemas e a Constituição Federal: breve análise a partir das contribuições de Hans Kelsen e Niklas Luhmann, cit., p. 246.

27. MAZZEI, Rodrigo Reis. O Código Civil de 2002 e sua interação com os Microssistemas e a Constituição Federal: breve análise a partir das contribuições de Hans Kelsen e Niklas Luhmann, cit., p. 248.

28. MAZZEI, Rodrigo Reis. O Código Civil de 2002 e sua interação com os Microssistemas e a Constituição Federal: breve análise a partir das contribuições de Hans Kelsen e Niklas Luhmann, cit., p. 266.

29. Quanto a isso, cf. MADUREIRA, Claudio. *Fundamentos do Novo Processo Civil Brasileiro: o processo civil do formalismo-valorativo*. Belo Horizonte: Fórum, 2017.

bressai desses dispositivos determinação do legislador a que os atores processuais não apenas empreguem métodos consensuais para a resolução de litígios, mas que estimulem a sua utilização por quem quer que seja. Um dos caminhos apresentados pelo legislador para a consecução desse objetivo é a mediação, disciplinada, após a edição do código, pela Lei nº 13.140/2015, em suas vertentes judicial e extrajudicial.

O código de 2015 disciplina a conciliação e a mediação, e estabelece um procedimento para a sua utilização no curso do processo judicial, com vistas a promover a autocomposição entre as partes. A Lei nº 13.140/2015, por sua vez, embora não se refira textualmente à instrumentalização de conciliação entre partes privadas (o que sugere que o legislador prescreveu a conciliação para a resolução de contendas envolvendo o poder público e a mediação para os litígios instaurados exclusivamente entre partes privadas), cuida de especificar esse procedimento, impondo-se, nesse contexto, como lei posterior e especial. Por esse motivo, e porque não há sentido em adotarmos, quando se tem em vista o relacionamento entre a conciliação e a mediação judicial, procedimentos distintos para procurar obter a autocomposição, a começar porque a sistemática concebida pelo legislador propõe, inclusive, o intercâmbio entre esses métodos autocompositivos, num contexto em que conciliadores e mediadores podem remeter a contenda uns aos outros, se verificarem, nos casos concretos, que o método autocompositivo empregado (conciliação ou mediação) não é o mais aconselhável para as especificidades da contenda, opta-se por adotar, como forma de orientar a conjugação dos dispositivos colhidos de um e outro diploma legislativo, a teoria dos microssistemas, que permite a aplicação do código de 2015 também à mediação e possibilita a utilização da Lei nº 13.140/2015 para iluminar a aplicação da lei processual no que se refere à conciliação (por aplicação extensiva) e à mediação (por aplicação direta).

Disso resulta que a Lei nº 13.140/2015 (lei especial posterior) não revoga tacitamente dispositivos do Código de Processo Civil de 2015 (lei geral anterior) que disciplinam a conciliação e a mediação.

2. REFERÊNCIAS BIBLIOGRÁFICAS

CAHALI, Francisco José. *Curso de arbitragem*. 5ª ed. São Paulo: Revista dos Tribunais, 2015.

CAMPILONGO, Celso Fernandes. *Política, sistema jurídico e decisão judicial*. São Paulo: Max Limonad, 2002.

DIDIER JÚNIOR, Fredie; ZANETI JÚNIOR, Hermes. *Curso de direito processual civil, v. 4 – Processo coletivo*. Salvador: Juspodivm, 2009.

GOMES, Orlando. *A caminho dos microssistemas*. In: GOMES, Orlando (Org.). *Novos temas de direito civil*. Rio de Janeiro: Forense, 1983.

GOMES, Orlando (Org.). *Novos temas de direito civil*. Rio de Janeiro: Forense, 1983.

GOMES JÚNIOR, Luiz Manoel; SANTOS FILHO, Ronaldo Fenelon (Coord.). *Ação popular – Aspectos relevantes e controvertidos*. São Paulo: RCS Editora, 2006.

IRTI, Natalino. *La edad de La descodificación*. Barcelona: Bosch, 1992.

MADUREIRA, Claudio. *Direito, processo e justiça: o processo como mediador adequado entre o direito e a justiça*. Salvador: Juspodivm, 2013.

MADUREIRA, Claudio. *Fundamentos do Novo Processo Civil Brasileiro: o processo civil do formalismo-valorativo*. Belo Horizonte: Fórum, 2017.

MADUREIRA, Claudio; RAMALHO, Lívio Oliveira. *Juizados da Fazenda Pública: estruturação dos Juizados Especiais da Fazenda Pública Estadual e Municipal (Lei nº 12.153/09) em vista da Teoria dos Microssistemas e das Particularidades da Celebração de Acordos pelo Poder Público*. Salvador: Juspodivm, 2010.

MAZZEI, Rodrigo Reis. *A ação popular e o microssistema da tutela coletiva*. In: GOMES JÚNIOR, Luiz Manoel; SANTOS FILHO, Ronaldo Fenelon. *Ação popular – Aspectos relevantes e controvertidos*. São Paulo: RCS Editora, 2006.

MAZZEI, Rodrigo Reis. O Código Civil de 2002 e sua interação com os Microssistemas e a Constituição Federal: breve análise a partir das contribuições de Hans Kelsen e Niklas Luhmann. *Revista do Curso de Mestrado e Doutorado da Faculdade Autônoma de Direito*. Ano 1, n. 1, p. 245-277, 2011.

PIZZOL, Patrícia Miranda. *Liquidação nas ações coletivas*. São Paulo: Lejus, 1998.

SANTOS, Boaventura de Sousa; MARQUES, Maria Manoel Leitão; e PEDROZO, João. Os tribunais nas sociedades contemporâneas. *Revista Brasileira de Ciências Sociais*, ano 11, nº 30, fev. 1996.

ZANETI JÚNIOR, Hermes. *Processo Constitucional: o modelo Constitucional do Processo Civil Brasileiro*. Rio de Janeiro: *Lumen Juris*, 2007.